新世纪应用型高等教育电子商务类课程规划教材

跨境电子商务

微课版

主 编／张和荣 刘 翔 陈燕予
副主编／林 锦 任今方 王 莹
　　　　祝秀梅 林丽萍 陈 尘

大连理工大学出版社

图书在版编目(CIP)数据

跨境电子商务 / 张和荣，刘翔，陈燕予主编. -- 大连：大连理工大学出版社，2021.8(2024.8重印)
新世纪应用型高等教育电子商务类课程规划教材
ISBN 978-7-5685-3136-8

Ⅰ.①跨… Ⅱ.①张… ②刘… ③陈… Ⅲ.①电子商务—高等学校—教材 Ⅳ.①F713.36

中国版本图书馆 CIP 数据核字(2021)第 158427 号

大连理工大学出版社出版

地址：大连市软件园路 80 号　邮政编码：116023
发行：0411-84708842　邮购：0411-84708943　传真：0411-84701466
E-mail:dutp@dutp.cn　URL:https://www.dutp.cn
大连朕鑫印刷物资有限公司印刷　　大连理工大学出版社发行

幅面尺寸:185mm×260mm	印张:16.25	字数:395 千字
2021 年 8 月第 1 版		2024 年 8 月第 5 次印刷

责任编辑：王晓历　　　　　　　　　　　责任校对：李明轩
　　　　　　　　　封面设计：张　莹

ISBN 978-7-5685-3136-8　　　　　　　　　　定　价：50.80 元

本书如有印装质量问题，请与我社发行部联系更换。

前　言

国家的政策扶持，国内外庞大的市场需求，国际物流、金融等配套设施的不断完善，以及"互联网＋外贸"新业态的发展，使得跨境电子商务成为推动中国外贸增长的新动能。2020 年，新冠肺炎疫情的蔓延持续助推线上消费习惯的转变，电子商务渗透率进一步提升，互联网数字化进程加速。2020 年，通过海关跨境电子商务管理平台验放进出口清单 24.5 亿票，同比增长 63.3％；跨境电子商务进出口 1.69 万亿元，同比增长 31.1％。随着以国内大循环为主体、国内国际双循环相互促进的新发展格局加快形成，我国跨境电子商务市场规模将继续保持高速增长态势。

跨境电子商务是指分属不同关境的交易主体，通过各类跨境电子商务平台达成交易、进行支付结算，并通过跨境物流送达商品、完成交易的一种国际商业活动。跨境电子商务属于交叉学科，它既有国际经济与贸易的特点，又具备电子商务的特点，还包含国际物流的特点，这就要求跨境电子商务从业者不仅要掌握国际贸易的相关知识，还要具备跨境电子商务方面的相关技能，并了解国际物流相关流程。由于不同国家和地区在语言、政策、文化与消费习惯等方面存在差异，跨境电子商务一开始就对从业者提出了较高的要求。同时，跨境电子商务的迅速发展直接推动着中国企业转变经营理念，创新业务模式，打破发展困局，真正实现外贸的转型升级。跨境电子商务的不断发展对人才的需求巨大，专业实践型人才的培养势在必行。本教材的编者结合多年电子商务教学和实践经验，并通过大量走访跨境电子商务企业、深入跨境电子商务企业实践等方式，明确了跨境电子商务企业对人才的实践技能要求，在此基础上编写了本教材。

本教材主要结合跨境电子商务自身的特点及我国的发展现状，对跨境电子商务基础知识进行深度解析。全书共分为九章，包括：跨境电子商务概述、跨境电子商务模式与运作流程、跨境电子商务营销、跨境电子商务物流、跨境电子商务支付、跨境电子商务税收与保险、跨境电子商务客户服务、跨境电子商务法律、跨境电子商务职业发展与创业。

本教材适用于高等学校电子商务、国际贸易、工商管理等

跨境电子商务

相关专业的在校学生，旨在普及跨境电子商务的相关知识，帮助读者了解和掌握跨境电子商务的相关概念、基本理论和发展趋势，提供全面系统的知识梳理和讲解。本教材不仅囊括了跨境电子商务领域需要了解和掌握的理论基础，而且运用案例的方式将理论结合实际，使学生能够准确、快速、全方位地掌握跨境电子商务相关知识。

本教材全面推进党的二十大精神和习近平新时代中国特色社会主义思想进教材、进课堂、进头脑。为响应教育部全面推进高等学校课程思政建设工作的要求，本教材将学习目标划分为"知识目标""能力目标"和"思政目标"三部分，逐步培养学生正确的思政意识，树立肩负建设国家的重任，从而实现全员、全过程、全方位育人。学生树立爱国主义情感，能够积极学习跨境电子商务知识，立志成为社会主义事业建设者和接班人。

本教材由闽江学院张和荣、福州外语外贸学院刘翔、闽江学院陈燕予任主编；由闽江学院林锦、任今方、王莹、祝秀梅、林丽萍，福州外语外贸学院陈尘任副主编。具体编写分工如下：第一章、第三章和第五章由张和荣、陈燕予编写；第二章由林锦编写；第四章由王莹编写；第六章由林丽萍编写；第七章由任今方编写；第八章由祝秀梅编写；第九章第一节由刘翔编写，第二节由陈尘编写。全书由张和荣、陈燕予统稿并定稿。

在编写本教材的过程中，编者参考、引用和改编了国内外出版物中的相关资料以及网络资源，在此表示深深的谢意！相关著作权人看到本教材后，请与出版社联系，出版社将按照相关法律的规定支付稿酬。

限于水平，书中仍有疏漏和不妥之处，敬请专家和读者批评指正，以使教材日臻完善。

编　者

2023 年 3 月

所有意见和建议请发往：dutpbk@163.com
欢迎访问高教数字化服务平台：https://www.dutp.cn/hep/
联系电话：0411-84708445　84708462

目 录

第一章　跨境电子商务概述 1
- 第一节　跨境电子商务基础 2
- 第二节　跨境电子商务的影响与意义 14
- 第三节　发展跨境电子商务现存的问题及对策 17
- 本章小结 19

第二章　跨境电子商务模式与运作流程 21
- 第一节　跨境电子商务模式分类 23
- 第二节　跨境电子商务运作流程 27
- 第三节　主流跨境电子商务平台认知 43
- 本章小结 51

第三章　跨境电子商务营销 55
- 第一节　跨境电子商务营销概述 56
- 第二节　跨境电子商务选品与定价 68
- 第三节　跨境电子商务营销推广 72
- 本章小结 99

第四章　跨境电子商务物流 101
- 第一节　跨境电子商务物流与关境 102
- 第二节　海外仓建设运营 117
- 本章小结 132

第五章　跨境电子商务支付 134
- 第一节　跨境电子商务支付概述 136
- 第二节　跨境电子商务的支付方式 140
- 第三节　跨境电子商务与贸易融资 147
- 第四节　跨境电子商务支付的外汇管理与金融监管 154
- 本章小结 159

第六章　跨境电子商务税收与保险 162
- 第一节　跨境电子商务税收概述 163
- 第二节　跨境电子商务税收重复征税问题及解决方法 170
- 第三节　跨境电子商务保险 184
- 本章小结 191

第七章　跨境电子商务客户服务·········193
第一节　跨境电子商务客服职业技能·········194
第二节　跨境电子商务的基本礼仪·········199
第三节　跨境电子商务客户关系管理·········209
本章小结·········216

第八章　跨境电子商务法律·········219
第一节　跨境电子商务的法律规则概述·········220
第二节　跨境电子商务运营活动的法律规范·········228
第三节　跨境电子商务的风险防范与争议解决·········240
本章小结·········242

第九章　跨境电子商务职业发展与创业·········244
第一节　跨境电子商务职业发展·········245
第二节　跨境电子商务创业·········248
本章小结·········252

参考文献·········254

第一章

跨境电子商务概述

学习目标

◆ 知识目标：

熟悉跨境电子商务概念；了解跨境电子商务特征；明确跨境B2B电子商务、跨境零售概念；知晓跨境电子商务进口流程与出口流程；明确跨境电子商务与境内电子商务的差异；了解跨境电子商务发展历程及主要特征；了解跨境电子商务发展现存的问题及其对策。

◆ 能力目标：

能够在实践（或案例分析）中，能正确区分不同跨境电子商务类型及特征；能够在实践（或案例分析）中了解跨境电子商务发展过程中存在的问题及采取的相应策略。

◆ 思政目标：

理解正确价值观念之跨境电子商务的重要性；树立社会责任意识下开展跨境电子商务经济活动；能够用正确的跨境电子商务理念，分析、判断跨境电子商务发展过程中存在的问题，树立大国自信，培养家国情怀。

引导案例

深圳有棵树：跨境电子商务集团 助推中国品牌顺利出海

随着经济全球化浪潮和国内成本的上涨，制造业开始逐渐由我国向泰国、越南等价值低洼地带转移，我国传统制造业正面临第四次产业转移带来的挑战。这势必会影响出口贸易的品类选择、价格体系，同时也为中小卖家进军海外市场提供了机遇。与此同时，越来越多的中国卖家开始关注海外消费趋势，根据消费者的需求不断地对产品进行优化创新，从而获得大量境外消费者的青睐。伴随着卖家在第三方平台开店的不断发展，加之信息、资本、技术等资源的集聚，跨境电子商务行业由此应运而生。跨境电子商务在助推中国品牌出海的过程中扮演了重要角色。跨境企业通过压缩供应链成本，采买适销对路的高质量产品,专注中国品牌的构建,致力于提升"中国制造"的国际竞争力。

深圳有棵树创立于2010年,目前已挂牌新三板。集团定位于互联网＋跨境贸易,深度布局跨境电子商务产业链,致力于构建全球商品贸易流通体系。集团全球雇员超过1 800人,业务辐射全球200多个国家和地区。集团跨境电子商务的出口业务主要依托eBay、亚马逊、Wish、速卖通等第三方平台上的300多家成熟店铺,通过整合上游供应链、优化渠道、压缩物流、控制单价等方式,将高性价比的中国产品销往北美、欧洲、东南亚等200多个国家和地区,年销售额超过15亿元。

作为跨境电子商务行业领军企业的深圳有棵树,借助亚马逊平台的全球影响力,自2010年成立以来便迅速实现平台布局,开设亚马逊店铺成为深圳有棵树跨境B2C贸易的重要组成部分。如今,品牌出海成为跨境贸易的常态,大型跨境电子商务卖家已率先布局具有品牌附加值、高质量的商品,打造自有品牌、增强消费者品牌黏性,以期在激烈的跨境电子商务贸易中拔得头筹。一方面,深圳有棵树通过OEM模式积极打造自有品牌,深度整合上游产业链资源,与配套制造商、方案公司、磨具公司联合创新,使自有品牌的产品具备更贴近市场的设计、更轻的重量以及更有利于电商快递的包装。另一方面,深圳有棵树对于中国品牌构建及出海的支持也集中体现在其供应链管理的全新布局。深圳有棵树开放自身以敏捷、柔性为特点的跨境电子商务供应链体系,通过S2B(供应链平台到B端客户)商业模式,以跨境电子商务的方式服务更多的传统制造厂商。依靠其强大的IT系统后台支持及大数据基础,深圳有棵树率先集成了跨境电子商务的IT大数据智慧云系统,并在美、英、德、法、荷、澳、日等多地建立了海外仓,仓储面积达数万平方米。依托于海外市场的仓储物流体系以及背后的大数据云计算,深圳有棵树建立了灵活的供应链体系,能够助推中国品牌顺利出海。

(资料来源:深圳有棵树,2017-12-26 10:12;新闻转自:中国财经新闻网)

第一节 跨境电子商务基础

一、跨境电子商务产生的背景及发展现状

作为一种新兴的商业交易模式,电子商务正在从单一关境内部的交易服务延伸为跨越关境的全球化交易服务,跨境电子商务正成长为全球商品与服务的重要流通方式。这种新商品交易形式的兴起是在经济全球化、贸易一体化与电子商务发展到新阶段,由多因素综合作用驱动形成的。目前,中国电子商务蓬勃发展,已成为全球市场的重要力量。以中小企业为主的中国跨境电子商务市场同样呈现出迅猛态势,以其强大的生命力不断发展壮大。

(一)跨境电子商务产生的背景

1. 全球经济一体化趋势日趋加深

自20世纪70年代以来,随着跨国公司的全球扩张,生产要素和活动在全球范围内开始

重组。生产组织活动的全球化带来了全球经济发展的同步性,同时,也带来了对相应生产性服务业的全球需求,服务业开始全球化,全球化发展进入新阶段;而新兴经济体经过一定阶段的高速发展,生产和消费能力提升,表现出对发达地区消费品的需求。这样,全球生产、消费、市场一体化趋势愈加明显;而国际组织和各国政府也积极推动相关规则的制定,国家(地区)间的自由贸易协定大量签订,通过推动贸易便利化来提高贸易过程的效率。全球信息和商品等流动更加自由,贸易全球化进一步发展,跨境贸易日益频繁。

2. 传统国际贸易增长呈现疲软态势

2008 年全球金融危机的爆发,给各国的经济带来了沉重的打击。后金融危机时代,主要国家经济增长疲软,全球范围内传统国际贸易呈现出增长疲软的态势。以中国为例,2008年之后中国经济增速也出现了放缓,国内经济发展进入了"新常态"阶段并形成共识。在随后几年里中国传统外贸增长也呈现出下滑,据海关统计,2015 年我国货物贸易进出口总值24.59 万亿元人民币,比 2014 年下降了 7%;其中,出口 14.14 万亿元,下降 1.8%;进口10.45 万亿元,下降 13.2%;贸易顺差 3.69 万亿元,扩大 56.7%。传统进口与出口均出现负增长,这与高速增长的跨境电子商务形成显著反差。尽管中国经济增速放缓,但是经济新常态下的结构调整,将为跨境电子商务的发展提供机遇。

3. 关联基础设施发展与完善

基础设施是跨境电子商务发展的基石,网络、技术、物流、支付等相关基础设施与资源的建设与完善,推动了跨境电子商务的快速发展。与互联网络、移动网络关联的网络基础设施推动了互联网普及率的提升,打通了跨境电子商务的实现媒介;支付工具及技术、金融网络与设施等方面的布局,完善了跨境电子商务所需的支付载体;以物流网点、交通运输为代表的物流基础设施的大力发展,满足了跨境电子商务的商品流通需求。个人计算机(PC)的性能提升以及价格走低,智能手机的普及,缩小了各个国家的时空距离,使得国际交往日益便利和频繁,推动了移动网络以及电商网络的发展,新兴市场对跨境电子商务发展的推力尤其显著。

4. 政府及政策红利的驱动

政府与政策的推力是巨大的,甚至能够起到决定性与导向性作用。在跨境电子商务成为全球热点后,各国政府纷纷开始重视跨境电子商务市场,出台了一系列政策推动其发展。跨境电子商务面临政策红利的驱动,进一步加快了发展步伐。以中国为例,在国家"一带一路"政策和各地政府大力建设跨境产业园的相关背景下,出口跨境电子商务迎来了诸多机遇。据不完全统计,世界上主要经济体国家都密集出台了诸多促进跨境电子商务发展的相关政策,特别是在 2016 年的 G20 峰会上,跨境电子商务首次进入了 G20 议程,旨在推动跨境电子商务的发展。2015 年 6 月在圣彼得堡经济论坛期间,俄罗斯提出将拉动经济增长的源头从能源(石油、天然气、核电)开始转向互联网经济、物流与跨境贸易。在印度,政府实施新自由主义经济政策,涉及印度的财政、货币、物价及外资等多个领域,为服务业的发展创造了环境。在澳大利亚,政府鼓励中小企业通过跨境电子商务渠道开拓海外市场,并通过中国电商平台"京东商城"与"一号店"促销试验。在拉美地区,2014 年习近平主席访问期间,与巴西等国协商,推动跨境电子商务发展等。

5. 国内电子商务发展日趋成熟

境内电子商务主要是在境内进行的电子商务交易,而跨境电子商务是和不同国家或地区的客户进行电子商务交易。虽然二者在地域和形式上存在一定的差异,但是商务模式大同小异。境内电子商务的充分发展对跨境电子商务起到了一个先行者的作用,很多经验和模式都是跨境电子商务可以直接借鉴的。随着互联网和电子商务在各国的发展,人们对网购不再陌生和排斥,在观念上没有障碍。由于各国信息交流日益方便、快捷,消费者能够轻松地在互联网上搜索到来自世界各地的商品信息,为实现跨境电子商务提供了条件。加上价廉物美的中国制造在国际上的优势地位,这也令中国出口跨境电子商务迈上了一个新的台阶。

(二)我国跨境电子商务的发展现状

1. 各种业务模式蓬勃发展

跨境电子商务从萌芽到兴盛的整个过程中,衍生出了各种各样的组织形态和业务模式,比如 B2C、C2C、B2B、F2B、F2C、C2F 等,一方面是跨境生产工厂或跨境贸易公司通过在跨境平台上开设店铺直抵国外终端消费者,另一方面是跨境商家通过网络寻找外国经销商,开展国际批发业务。还有一些出口跨境电子商务的大卖家,为了避免对跨境平台的过度依赖,也开始建立和运营品牌独立的官方跨境网站。

2. 跨境电子商务业务量由 B2B 向 B2C 转移

越来越多的中国跨境卖家开始建立自有品牌,并将品牌在诸如亚马逊、eBay 等平台和官方网站上进行宣传和推广。由于 B2B 订单量较为稳定且交易金额巨大,所以在较长的一段时间内,跨境电子商务的主体形式会是 B2B 为主,但未来跨境电子商务的业务量会逐渐由 B2B 向 B2C 甚至是 F2C 进行转移,有许多中国卖家已开始提前做好思考和布局。

3. 跨境电子商务的交易品类较为集中

我国跨境出口交易品类较为集中,主要为 3C 电子产品、服装服饰、家居用品、鞋履箱包和母婴产品等,一是因为我国在这些产品的制造方面存在一定的优势,二是因为这些产品非常标准化,便于运输和存储且退货率相对较低,容易通过电商这种渠道销售给跨境买家。当然我们也相信,随着各国在通关、物流、仓储方面的持续改进,汽车、工程机械等大型产品的销售也会进一步拓展。

4. 卖家主要集中在外贸发达的地区

目前中国出口跨境卖家主要集中在外贸较为发达的沿海地区,因为它们的地理位置相对优越,总体经济实力较强,比如目前广东、浙江、江苏、福建四个省的跨境交易额就占中国出口跨境电子商务交易总额的七成以上。这几个省份原本就是外贸大省,包括电商生产企业、跨境电子商务平台、跨境配套企业、政府相关政策在内的各个方面,一同构建起了一个相对良好的跨境生态圈,比如深圳平湖的华南城。

5. 欧美发达国家在出口端所占比例很高

中国卖家当前针对的主要跨境市场为美国、英国、德国、法国等欧美发达国家,一些崛起的新兴市场也有一些卖家在涉及,比如巴西、印度、俄罗斯等,其他诸如中东、非洲、东南亚等市场的交易额也在增长中,这些国家的政府也渐渐意识到跨境电子商务所带来的收益和好处,在海关、物流、税费等方面都做出了一定的改善和调整。

6. 客户群体通常是一个国家的中产阶级

国外跨境买家的年龄大部分集中在 23～45 岁,以高职位、高学历、高薪资的人群为主,基本上是一个国家或地区的中产阶级,他们对价格的敏感度不是太高,反而对购物体验和产品品质特别在意。他们比较愿意尝试新鲜事物,消费升级的愿望比较强烈,更加倾向于购买价格合理、质量卓越、功能实用的商品。

二、跨境电子商务的内涵及特点

(一)跨境电子商务的内涵

1. 跨境电子商务的含义

跨境电子商务发展历程仍较短。如何定义跨境电子商务？学者从不同角度提出了不同的定义，尚未有一个统一的结论，以下列举部分有代表性的观点。

来有为、王向前：跨境电子商务是指不同关境的交易主体，通过电子商务平台达成交易、进行支付结算，并通过跨境物流送达商品、完成交易的一种国际(地区间)贸易活动。跨境电子商务是一种新型的贸易方式，它依靠互联网和国际(地区间)物流，直接对接终端，满足客户需求。

张夏恒、马天山：跨境电子商务指处于不同国家或地区的交易主体，以电子商务平台为媒介，以信息技术、网络技术、支付技术等为技术支撑，通过互联网实现商品的陈列、展示、浏览、比价、下单、处理、支付、客服等活动，通过线下的跨境物流实现商品从卖方流向买方及最后的商品配送，以及与之相关的其他活动内容。这是一种新型的电子商务应用模式。

柯丽敏、王怀周：跨境电子商务指分属不同国家(地区)的交易主体，通过电子商务手段将传统进出口贸易中的展示、洽谈和成交环节电子化，并通过跨境物流及异地仓储送达商品、完成交易的一种国际(地区间)商业活动。

阿里研究院：跨境电子商务有广义和狭义之分。其中，广义的跨境电子商务是指分属不同关境的交易主体通过电子商务手段达成交易的跨境进出口贸易活动。狭义的跨境电子商务特指跨境网络零售，指分属不同关境的交易主体通过电子商务平台达成交易，进行跨境支付结算，通过跨境物流送达商品、完成交易的一种国际(地区间)贸易新业态。跨境网络零售是互联网发展到一定阶段所产生的新型贸易形态。

艾瑞咨询：跨境电子商务分为广义和狭义两种。从狭义上看，跨境电子商务实际上基本等同于跨境零售。跨境零售指的是分属于不同关境的交易主体，借助计算机网络达成交易、进行支付结算，并采用快件、小包等行邮的方式通过跨境物流将商品送达消费者手中的交易过程。跨境电子商务在国际上流行的说法叫 Cross-border E-commerce，其实指的是跨境零售，基本上针对个人消费者。从严格意义上说，随着跨境电子商务的发展，跨境零售消费者中也会有一部分碎片化小额买卖的B类商家用户，但现实中B类商家和C类个人消费者很难严格区分。从总体来讲，这部分针对B类商家的销售也归属于跨境零售部分。从广义上看，跨境电子商务是指分属不同关境的交易主体，通过电子商务的手段将传统进出口贸易中的展示、洽谈和成交环节电子化，并通过跨境物流送达商品、完成交易的一种国际(地区间)商业活动。从更广的意义上看，跨境电子商务指电子商务在进出口贸易中的应用，是传统国际(地区间)贸易商务流程的电子化、数字化和网络化。它涉及许多方面，包括货物的电子贸易、在线数据传递、电子资金划拨、电子货运单证等内容。从这个意义上看，在国际(地区间)贸易环节中，只要涉及电子商务应用的都可以纳入这个统计范畴内。

综合上述观点，我们发现跨境电子商务的界定，有多个不同的分析视角。有人认为它是一种新的贸易方式，有人认为它是一种国际(地区间)商务活动，有人认为它是一种新型的电子商务应用模式。还有人将跨境零售视为跨境电子商务的狭义范畴，并相应地提出广义范

跨境电子商务

畴的跨境电子商务概念。结合跨境电子商务企业实践专家的意见,本书旨在提出一个活动具有代表性、含义具有包容性、范畴具有概括性的跨境电子商务定义。

跨境电商是跨境电子商务的简称,是指分属不同国家或地区的交易主体,通过电子商务平台实现商品交易的各项活动,并通过跨境物流实现商品从卖家流向买家以及相关的其他活动内容的一种新型电子商务应用模式。跨境电子商务源于电子商务,属于电子商务范畴,是电子商务的一种新型应用模式。跨境电子商务既包括海淘、代购、跨境零售,又包括跨境B2B模式等,凡是借助电子商务模式实现跨越关境的商业活动都归属于跨境电子商务的范畴。

2. 跨境B2B电子商务与跨境零售的概念

目前,跨境电子商务主要分为以企业为交易对象的跨境B2B电子商务和以消费者为交易对象的跨境零售两种类型。

(1) 跨境B2B电子商务

跨境B2B(企业对企业)电子商务是指分属不同关境的企业,通过电子商务平台实现商品交易的各项活动,并通过跨境物流实现商品从卖家流向买家以及相关的其他活动内容的一种新型电子商务应用模式。现已经纳入海关一般贸易统计。

(2) 跨境零售

跨境零售包括跨境B2C(企业对消费者)电商和跨境C2C(个人对个人)电商。其中,跨境B2C电商是指分属不同关境的企业直接面对消费个人开展在线销售产品或服务,在电子商务平台上实现商品交易的各项活动,并通过跨境物流实现商品从卖家流向买家以及相关的其他活动内容的一种新型电子商务应用模式。跨境C2C电商是指分属不同关境的个人卖方对个人买家开展在线销售产品或服务,个人卖家与个人买家在电子商务平台上实现商品交易的各项活动,并通过跨境物流实现商品从卖家流向买家以及相关的其他活动内容的一种新型电子商务应用模式。

在跨境电子商务市场中,如图1-1所示,跨境B2B电商的交易规模近几年占据着整个跨境电子商务市场交易规模的90%左右,在跨境电子商务行业中尤为重要,扮演着支柱型产业的角色。从2013年我国跨境电子商务的交易模式看,跨境电子商务B2B交易占比达到94.8%,占据绝对优势。跨境零售电商直面终端客户,目前在跨境电子商务中比重较低。但是,近年来其增长速度不容小觑。

3. 跨境电子商务与境内电子商务的差别

(1) 交易主体差异

境内电子商务的交易主体一般在同一国家(地区),如境内企业对企业、境内企业对个人或者境内个人对个人。跨境电子商务的交易主体突破了同一关境的界限,强调不同关境,可能是境内企业对境外企业、境内企业对境外个人或者境内个人对境外个人。交易主体遍及全球,有不同的消费习惯、文化心理、生活习俗,这要求跨境电子商务对各国流量引入、各国推广营销、国外消费者行为、国际品牌建设等有更深入的了解,复杂性远远超出境内电子商务。

(2) 支付环节差异

境内电子商务由于交易主体同属一个关境,商品交易时涉及的支付环节仍属于同一关境,使用同一币种实现商品交易,也不会涉及跨境支付业务。跨境电子商务由于交易主体不在同一关境,商品交易需要通过跨境支付方式实现,通常会涉及不同国家或地区,使用不同

图 1-1　2013—2019 年我国跨境电子商务业务结构
(资料来源:国家统计局、艾瑞咨询)

币种,还涉及不同国家或地区的金融政策以及不同货币的汇率问题。

(3)物流环节差异

境内电子商务只涉及同一国家(地区)内的物流与配送,以快递方式将货物送达消费者,路途近,到货速度快,货物损坏概率低。跨境电子商务则需要通过跨境物流来实现。因为涉及不同国家或地区,跨境物流不仅涉及输出关境与商检、输入关境与商检,还涉及输入国家或地区物流与配送,退换货而产生的逆向物流更是一种严峻的挑战。

(4)适用规则差异

跨境电子商务比境内电子商务所需要适应的规则更多、更细、更复杂,特别是平台规则。跨境电子商务除了借助境内的平台经营,还可能在国外平台上开展交易,各个平台均有不同的操作规则。跨境电子商务以国际(地区间)一般贸易协定和双边或多边的贸易协定为基础,要求贸易主体及时了解国际(地区间)贸易体系、规则,进出口管制、关税细则、政策的变化,对进出口形势也要有更强的理解和分析能力。

(5)交易风险差异

跨境电子商务所涉及的环境要远复杂于境内电子商务,交易双方的国家(地区)间政治、技术、经济、文化、社会等各方面环境都会对跨境电子商务造成影响。境内电子商务行为发生在同一个国家(地区),交易双方对商标、品牌等知识产权有统一的认识,侵权引起的纠纷较少。即使产生纠纷,处理时间也较短,处理方式也较为简单。

(二)跨境电子商务的特点

1. 多边化

传统的国际(地区间)贸易主要表现为两国(地区)之间的双边贸易,即使有多边贸易,也是通过多个双边贸易实现的,呈线状结构。跨境电子商务可以通过 A 国(地区)的交易平台、B 国(地区)的支付结算平台、C 国(地区)的物流平台,实现其他国家(地区)间的直接贸易。贸易过程相关的信息流、商流、物流、资金流由传统的双边逐步向多边演进,呈网状结构,正在重构世界经济新秩序。

2. 直接化

传统的国际(地区间)贸易主要由一国(地区)的进/出口商通过另一国(地区)的出/进口商集中进/出口大批量货物,然后通过境内流通企业的多级分销,最后到达有进/出口需求的

跨境电子商务

企业或消费者,进出口环节多、时间长、成本高。跨境电子商务,可以通过电子商务交易与服务平台,实现多国(地区)企业之间、企业与最终消费者之间的直接交易,进出口环节少、时间短、成本低、效率高。

3. 小批量

跨境电子商务的批量很小,甚至可能只有一件商品。这就大大扩大了消费面,降低了平台的销售门槛,因此,其销售的灵活性是传统外贸的大批量采购、集中供应所无法比拟的。

4. 高频度

跨境电子商务具有直接交易和小批量的特点,再加上跨境电子商务跳过一切中间环节与市场实时互动,就注定了其具有即时采购的特点,交易频率大大超过传统外贸行业。

5. 数字化

传统的国际(地区间)贸易,主要是实物产品或服务交易。随着信息网络技术的深化应用,数字化产品(软件、影视、游戏等)的品类和贸易量快速增长,且通过跨境电子商务进行销售或消费的趋势更加明显。但对于"数字化"的一大挑战是,目前数字化产品的跨境贸易还没有被纳入海关等政府相关部门的有效监管、贸易量统计、收缴关税的范围。

三、跨境电子商务主要模式

我国跨境电子商务的交易模式主要分为跨境一般贸易模式和跨境零售模式。跨境零售模式包括 B2C 和 C2C。下面分别介绍不同的跨境电子商务模式和代表企业。

(一)跨境电子商务常见四种模式

1. 根据商品流向可分为跨境进口和跨境出口

(1)跨境进口

跨境进口的传统模式是"海淘",即国内消费者直接到外国 B2C 电商网站上购物,然后通过转运或直邮等方式把商品邮寄回国的购物方式。除直邮品类之外,中国消费者只能借助转运物流的方式完成收货。简单讲,就是在海外设有转运仓库的转运公司代消费者在位于国外的转运仓地址收货,之后再通过第三方/转运公司自营的跨国物流将商品发送至中国口岸。

此外,主要的跨境进口模式还有"直购进口"模式和"保税进口"模式。"直购进口"模式是指符合条件的电商平台与海关联网,境内消费者跨境网购后,电子订单、支付凭证、电子运单等由企业实时传输给海关,商品通过海关跨境电子商务专门监管场所入境,按照个人邮递物品征税。

"保税进口"模式则是指国外商品整批抵达国内海关监管场所——保税港区,消费者下单后,商品从保税区直接发出,在海关等监管部门的监管下实现快速通关,能在几天内配送到消费者手中。

与传统的"海淘"模式相比,"直购进口"模式货物符合国家海关监管政策,清关操作更为阳光,消费信息也更透明,同时,商品来源和服务都会比较有保障。

"保税进口"模式则借助了保税港区特殊监管园区的政策优势,采取"整批入区、B2C 邮快件缴纳行邮税出区"的方式,大大降低了电商企业进口货品的价格,同时,从国内发货的形式也缩短了消费者从下单到收货的时间。

"直购进口"与"保税进口"是两种并行的跨境电子商务进口模式,适用于不同类型的电商企业。其中,"直购进口"模式对代购类、品类较宽泛的电商平台以及海外电商来说比较适用,可从海外直接发货,在商品种类的多样性上具有优势。"保税进口"模式则在价格和时效上具有优势,适用于品类相对专注、备货量大的电商企业,两者对比见表1-1。跨境电子商务的进口流程如图1-2所示。

表1-1　　　　　　"直购进口"模式和"保税进口"模式的对比

对比项目	直购进口	保税进口
模式类型	进口 B2C 模式	进口 B2B2C 保税备货模式
海关监管特色	电子订单、支付凭证、电子运单实时传输,实现阳光化清关	货物存放在海关监管场所,可实现快速通关
适用企业	代购、品类宽泛的电商平台、海外电商	品类相对专注、备货量大的电商企业
发货地点	国外	保税港、保税区
时效	7～10 天	5 天以内
商品种类	更丰富	有限制

资料来源:根据亿邦动力网整理。

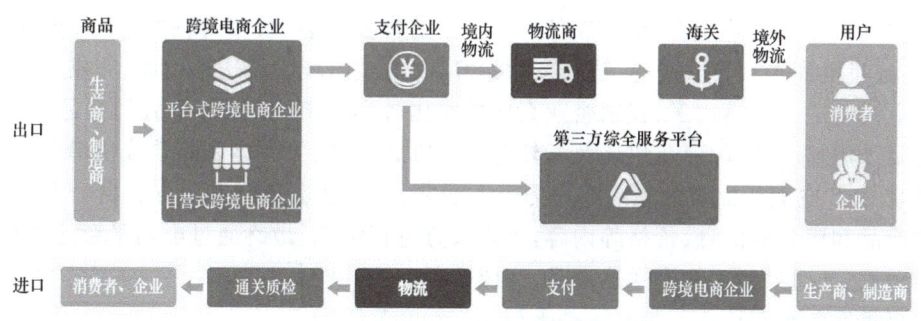

图1-2　跨境电子商务的进口流程

(2)跨境出口

跨境出口是指国内电子商务企业通过电子商务平台达成出口交易、进行支付结算,并通过跨境物流送达商品、完成交易的一种国际商业活动。跨境电子商务的出口流程如图1-3所示。

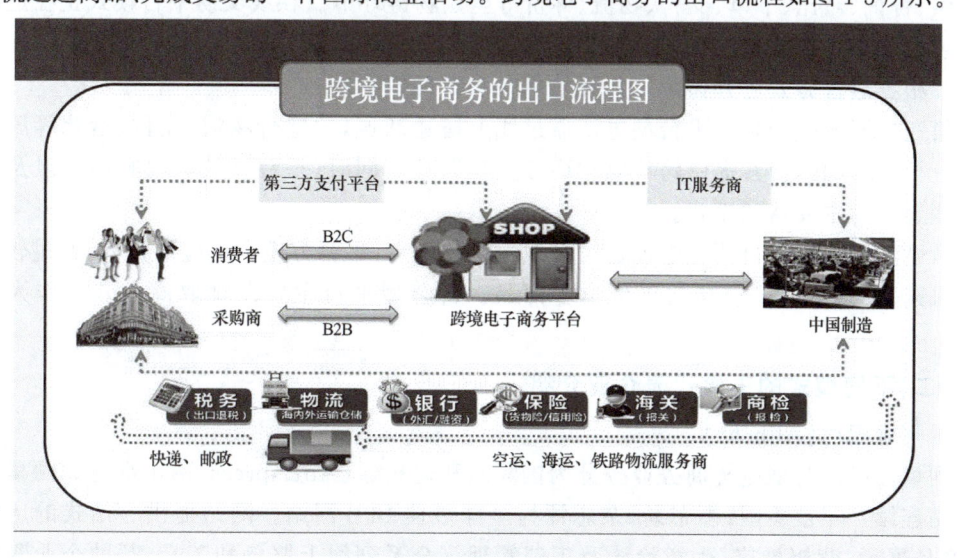

图1-3　跨境电子商务的出口流程

2. 根据交易主体可分为跨境一般贸易和跨境电子商务零售

(1) 跨境一般贸易

跨境一般贸易也称为跨境B2B贸易,是指分属不同关境的企业对企业,通过电商平台达成交易、进行支付结算,并通过跨境物流送达商品、完成交易的一种国际商业活动。已纳入海关一般贸易统计。

跨境B2B电商或平台所面对的最终客户为企业或集团客户,提供企业、产品、服务等相关信息。目前,中国跨境电子商务市场交易规模中跨境B2B电商市场交易规模占总交易规模的90%以上。在跨境电子商务市场中,企业级市场始终处于主导地位。

(2) 跨境电子商务零售

跨境电子商务零售又可分为跨境B2C和跨境C2C。跨境B2C电商是指分属不同关境的企业直接面向消费个人开展在线销售产品和服务,通过电商平台达成交易、进行支付结算,并通过跨境物流送达商品、完成交易的一种国际商业活动。跨境B2C电商所面对的最终客户为个人消费者,以网上零售的方式将产品售卖给个人消费者。

跨境C2C电商是指分属不同关境的个人卖方对个人买方开展在线销售产品和服务,由个人卖方通过第三方电商平台发布产品和服务的售卖信息、价格等内容,个人买方进行筛选,最终通过电商平台达成交易、进行支付结算,并通过跨境物流送达商品、完成交易的一种国际商业活动。B2C模式下,我国企业直接面对国外消费者,以销售个人消费品为主,物流方面主要采用邮政物流、商业快递及海外仓储等方式,其报关主体是邮政或快递公司。

跨境C2C电商所面对的最终客户为个人消费者,商家也是个人卖方。由个人卖方发布售卖的产品和服务的信息、价格等内容,个人买方进行筛选,最终通过电商平台达成交易、进行支付结算,并通过跨境物流送达商品、完成交易。

3. 根据服务类型可分为信息服务平台和在线交易平台

信息服务平台主要是为境内外会员商户提供网络营销平台,传递供应商或采购商等商家的商品或服务信息,促成双方完成交易。

在线交易平台不仅提供企业、产品、服务等多方面信息展示,并且可以通过平台线上完成搜索、咨询、对比、下单、支付、物流、评价等全购物链环节。在线交易平台模式正在逐渐成为跨境电子商务中的主流模式。

4. 根据运营方式可分为第三方开放平台和自营型平台

第三方开放平台是指平台型电商通过在线上搭建商城,并整合物流、支付、运营等服务资源,吸引商家入驻,为其提供跨境电子商务交易服务。同时,平台以收取商家佣金以及增值服务佣金作为主要营利模式。

自营型平台是指自营型电商通过在线上搭建平台,平台方整合供应商资源,通过较低的进价采购商品,然后以较高的售价出售商品。自营型平台主要以赚取商品差价作为营利模式。

(二) 不同模式的主要代表企业介绍

1. 阿里巴巴(Alibaba)

阿里巴巴的跨境电子商务业务分为国际站和速卖通(AliExpress)两个部分。阿里巴巴国际站连续7年被美国《福布斯》杂志评为全球最佳B2B网站。网站提供一站式的店铺装修、产品展示、营销推广、生意洽谈及店铺管理等全系列线上服务和工具,帮助企业降低成本、高效率地开拓外贸大市场。在阿里巴巴国际站，海外买家可以搜索卖家并发布采购信息，卖家可以搜索买家并发布公司产品及产品信息。

速卖通也是阿里巴巴旗下面向全球市场打造的在线交易平台，被广大卖家称为国际版的淘宝。2010年4月上线，目前已经覆盖220多个国家和地区的海外买家。目前速卖通在俄罗斯是最受欢迎的跨境网购平台，交易额占俄罗斯跨境网购市场总值的35%。

2. eBay

eBay在线交易平台利用其强大的平台优势和旗下全球市场占有第一的支付工具PayPal（贝宝）为全球商家提供网上零售服务。eBay对入驻其平台进行跨境电子商务交易的商家收取两项费用：一项是刊登费，即收取的商家在eBay上刊登商品的费用；另一项是成交费，即当交易成功时会收取的一定比例的佣金。eBay的优势在于品牌的国际影响力和全球市场覆盖率、健全的买家保障体系和与PayPal支付的紧密合作。在物流方面，eBay联合第三方合作伙伴——中国邮政速递，为中国卖家提供便捷、快速、经济的国际e邮宝货运服务，并逐渐从美国、澳大利亚、德国等发达国家向俄罗斯等新兴市场延伸。eBay推出卖家保护政策，通过大数据技术及买家质量评估，强化对卖家的支持和保护，助力卖家业务的快速发展。

3. 亚马逊（Amazon）

亚马逊以优质的仓储物流系统和售后服务体系闻名于世，除了自营业务外还对第三方卖家开放。亚马逊的优势在于品牌的国际影响力和优质的买家服务体系，以及领先的国际物流仓储服务。亚马逊在北美市场提供FBA服务，能实现2～3天到货，最快次日送货；在欧洲市场，可以帮助卖家实现欧洲五国（英国、法国、德国、意大利、西班牙）的统一仓储和物流服务，并可配送至欧盟其他国家，方便卖家向亚马逊欧洲网站的顾客提供本地化客户服务及快捷的送货服务。亚马逊平台提供免费的站内推广服务及向消费精准推荐商品的服务。

4. 敦煌网（DHgate）

敦煌网是中国首个实现在线交易的跨境电子商务B2B平台，以中小额外贸批发业务为主，开创了"成功付费"的在线交易佣金模式，免卖家注册费，只有买卖双方交易成功后才收取相应的手续费，将传统的外贸电子商务信息平台升级为真正的在线交易平台。

敦煌网提供第三方网络交易平台，中国卖家通过商铺建设、商品展示等方式吸引海外买家，并在平台上达成交易意向，生成订单，可以选择直接批量采购，也可以选择先少量购买样品后再大量采购。并且提供货源、海外营销、在线支付和国际物流、保险、金融、培训为一体的供应链整合服务体系，实现一站式外贸购物体验。

5. 环球资源（Global Sources）

环球资源是一家多渠道整合推广的B2B媒体公司，致力于促进中国的对外贸易，2000年在美国纳斯达克证券交易所公开上市。环球资源为其所服务的行业提供最广泛的媒体及出口市场推广服务，公司的核心业务是通过一系列英文媒体，包括环球资源网站、印刷及电子杂志、采购资讯报告、买家专场采购会、贸易展览会等形式促进亚洲各国的出口贸易。环球资源同时提供广告创作、教育项目和网上内容管理等支持服务。

6. 中国制造网（Made-in-China）

中国制造网是焦点科技旗下代表性跨境B2B电商平台。中国制造网创建于1998年，是国内最早专业从事电子商务开发及应用的高新技术企业之一，主要为中国供应商和全球

跨境电子商务

采购商提供信息发布与搜索等服务,已成为全球采购商采购中国制造产品的重要网络渠道之一。

2015年6月,焦点科技境外仓储、物流系统成功打通,公司将在中国制造网上直接提供外贸综合服务,进一步加速外贸综合服务平台的增长。除自建海外展示仓外,公司还积极寻找并购标的,筹建海外销售网络。同时,焦点科技拟设立互联网科技小额贷款公司,为中国制造网上企业提供供应链金融服务:一方面,可以完善公司的产品服务线,增强客户黏性;另一方面,将有效地增强公司的营利能力。

7. Wish

Wish是跨境电子商务移动端平台的一匹黑马,只用了三年时间,就成为北美最大的移动购物平台,95%的订单量来自移动端,89%的卖家来自中国。Wish的优势在于坚持追求简单直接的风格,通过技术算法将消费者与想要购买的物品连接起来。卖家入驻门槛低、平台流量大、成单率高,利润率远高于传统的电商平台。

四、跨境电子商务发展历程

直到2011年9月,"跨境电子商务"这个名词才在媒体上出现,之前多使用"外贸电商"这一术语。跨境电子商务是沿着传统外贸→外贸电商→跨境电子商务的演变轨迹出现的。

(一)跨境电子商务1.0阶段(1999—2003年)

跨境电子商务1.0阶段的主要商业模式是网上展示、线下交易的外贸信息服务模式。跨境电子商务1.0阶段第三方平台主要的功能是为企业信息以及产品提供网络展示平台,并不在网络上涉及任何交易环节。此时的营利模式主要是向进行信息展示的企业收取会员费(如年服务费)。跨境电子商务1.0阶段发展过程中,逐渐衍生出竞价推广、咨询服务等,为供应商提供的一条龙信息流增值服务。

在跨境电子商务1.0阶段中,阿里巴巴国际站、环球资源网为典型的代表平台。阿里巴巴成立于1999年,以网络信息服务为主、线下会议交易为辅,是中国最大的外贸信息黄页平台之一。环球资源网成立于1971年,前身为亚洲资源网,是亚洲较早的贸易市场信息提供者,并于2000年4月28日在纳斯达克证券交易所上市,股票代码GSOL。在此期间还出现了中国制造网、韩国EC21网、Kellysearch(开利)等大量以供需信息交易为主的跨境电子商务平台。跨境电子商务1.0阶段虽然通过互联网解决了贸易信息面向世界买家的难题,但是依然无法完成在线交易,对于外贸电商产业链仅完成信息流整合环节。

(二)跨境电子商务2.0阶段(2004—2012年)

这个阶段,跨境电子商务平台开始摆脱纯信息黄页的展示行为,实现线下交易、支付、物流等流程的电子化,逐步实现在线交易。与跨境电子商务1.0阶段相比,跨境电子商务2.0阶段更能体现电子商务的本质,借助电子商务平台,通过服务、资源整合有效打通上下游供应链,包括B2B平台及B2C平台两种模式。跨境电子商务2.0阶段,B2B平台模式为跨境电子商务主流模式,通过直接对接中小企业商户实现产业链的进一步缩短,提升商品销售利润空间。

第一章　跨境电子商务概述

在跨境电子商务2.0阶段,第三方平台实现了营收的多元化,同时实现后向收费模式,将会员收费改为以收取交易佣金为主,即按成交效果来收取百分点佣金,还通过在平台上营销推广、开展支付服务、开展物流服务等获得增值收益。这个阶段大致又可以细分为三个时期。

1. 2004—2006年

在这个时期,很多人,确切地说是一批海外留学生在eBay(易贝)、亚马逊上卖游戏币,大龙网最早也是做游戏币起家的,很多人就是通过售卖游戏币,赚到了人生的"第一桶金"。2006年后,网络游戏没那么流行了,随后2007年eBay宣布不再从事虚拟游戏币交易,这个阶段也就随之终止了。2004年王树彤从卓越网离职后创办敦煌网,主打小额在线批发。2006年以eBay起家的Dealextreme(即后来的DX)上线,以销售电子产品为主。这个时期平台电商开始活跃。

2. 2007—2010年

2007年,eBay.cn(eBay中国)上线,主营外贸方式的B2C跨境电子商务。当时跨境电子商务还只是一个概念,敦煌网、兰亭集势(2007年上线)等也刚起步。显然eBay希望利用自己在国际市场的先发优势再次吸引中国商家的兴趣。事实证明,eBay这次做出了正确的选择。几乎在淘宝夺下境内在线零售市场的同时,eBay夺取了跨境电子商务市场,实现了卷土重来。2008年全球金融危机全面催生和成就了中国外贸B2C行业。那一年,美国最大的3000家进口商在中国市场采购中所占的市场份额下降了10%。同时越来越多的进口商开始尝试以小额度多频次的形式来规避风险。但更深层的原因在于,互联网减少了信息不对称和世界扁平化。网络支付工具PayPal(贝宝)的流行及快递渠道的完善,打破了网络贸易全球化的壁垒。且与境内电子商务尚在起步阶段不同,欧美发达国家电子商务环境已甚为成熟。在线贸易类型的中小企业数量众多,为外贸电子商务提供了极佳的用户土壤。

越来越多的人开始乐于相信,以跨境小额交易为代表的跨境电子商务更具诱惑力和爆发力。最为浅显的理由是,价格低廉的中国制造商品在国外往往以数倍的价格出售,这无疑为绕过诸多中间环节的网上贸易提供了足够的利润空间。跨境电子商务利润一般比境内电子商务高10%~20%,个别产品利润可达到100%。市场的爆发令eBay、敦煌网等跨境小额交易平台的交易数据猛增;Bay中国平台上2009年的交易额为7亿~8亿美元,比上年提高一倍;敦煌网上的交易额以每月20%的速度增长,2009年的交易额达3亿美元。当然,和中国庞大的出口额相比,这些电子商务网站的交易只是九牛一毛。但很显然,电子商务平台成为境内企业走向世界的新窗口。在传统外贸市场受到金融危机打击后,境内大量剩余产品正在寻找各种新的销售渠道。这时,跨境电子商务主要做法有两种:一种是成为亚马逊或eBay大卖家,另一种就是建立独立网站。前者比较适合中小企业和创业者。但随着规模的壮大或资本的介入,一些更有雄心的外贸B2C卖家则愿意直接脱离eBay和敦煌网,建立批发兼零售的独立网站,如兰亭集势、兴隆兴(Chinavasion)等。这类网站通常需要充足的资金支持以及丰富的在线营销经验,但其优势同样明显:首先是不需要再支付给平台交易费用,而且容易整合采购、物流等环节,产生规模效应,利润空间更高;其次是减少了平台环节后,更容易赢得买家的信赖,比如交易出现纠纷,买家和卖家直接沟通,比通过交易平台的第三方沟通更为快捷方便。

3. 2011—2012 年

2011 年后,"跨境电子商务"开始为大家所熟知,国家也开始重视,相关法规密集出台,各地区政府的扶持力度加强,当然,竞争也越来越激烈了。有传统的行业转型进入,有线下供应商、物流商、服务商,并且越来越多"阿里系"的卖家涌入速卖通。经过前一轮的"野蛮生长",中国跨境电子商务开始出现比较激烈的竞争。仅仅深圳一地,短短几年内就涌现出千余家外贸 B2C 企业,很多潜在的问题也随之暴露出来。

最突出的是国际上对仿品和假货的抵制越来越严厉。2012 年 12 月 2 日凌晨,美国有关部门关停了 82 家商业网站,声称涉嫌销售假冒产品,其中假冒商品包括运动装备、鞋、手提包、太阳镜等。谷歌开始对仿牌关键字进行封杀。亚马逊、eBay、PayPal 等都对仿牌"零容忍"。

除了"山寨",成本急剧增加也成了一道难解的题。做 B2C,搜索引擎的排名前后相当重要。近年来,Google(谷歌)的关键字优化搜索价格越来越贵,外国人在支付时习惯使用的 PayPal,每笔交易也要产生 4% 左右的交易费,这在利润压缩的背景下是个不小的数目。人民币升值,也直接带来了产品成本的增加。而同行拼价,进一步恶化了营商环境。一件婚纱,过去成本为 300 元人民币,以 300 美元卖给美国人;现在成本为 800 元人民币,却以 200 美元卖出去。这种恶性竞争挤压了行业的生存空间。此外,还有来自人才缺乏的压力。

(三)跨境电子商务 3.0 阶段(2013 年至今)

2013 年成为跨境电子商务重要转型之年,跨境电子商务全产业链都出现了商业模式的变化。随着跨境电子商务的转型,跨境电子商务 3.0"大时代"随之到来。首先,跨境电子商务 3.0 阶段具有大型工厂上线、B 类买家成规模、大中额订单比例提升、大型服务商加入和移动用户量爆发五方面特征。其次,跨境电子商务 3.0 阶段服务全面升级,平台承载能力更强,全产业链服务在线化也是 3.0 阶段的重要特征。在跨境电子商务 3.0 阶段,用户群体由创业草根向工厂、外贸公司转变,且具有极强的生产、设计、管理能力。平台销售产品由网商、二手货源向一手货源、好产品转变。3.0 阶段的主要卖家群体正处于从传统外贸业务向跨境电子商务业务艰难转型期,生产模式由大生产线向柔性制造转变,对代运营和产业链配套服务需求较高。再次,3.0 阶段的主要平台模式也由 C2C、B2C 向 B2B、M2B(生产商直接面对经销商)模式转变,批发商与买家的中大额交易成为平台主要订单。

第二节　跨境电子商务的影响与意义

一、跨境电子商务对传统外贸企业的影响

(一)跨境电子商务与传统外贸

互联网经济正在成为中国经济增长的重要引擎之一。与传统外贸相比,跨境电子商务交易拥有更高的效率,各国和地区的消费者对跨境电子商务的接纳程度越来越高,传统外贸电子商务化是一条新的出路。

第一章　跨境电子商务概述

1. 跨境电子商务与传统外贸的模式对比

与传统外贸相比,跨境电子商务拥有极大的优势。跨境电子商务与传统外贸的模式对比,见表1-2。

表1-2　　　　　　　　　跨境电子商务与传统外贸的模式对比

对比项目贸易形式	传统外贸	跨境电子商务
交易主体交流方式	面对面,直接接触	通过互联网平台交易,间接接触
运作模式	基于商务合同的运作模式	需借助互联网电子商务平台
订单类型	大批量、少批次、订单集中、周期长	小批量、多批次、订单分散、周期相对较短
价格、利润率	价格高,利润率相对较低	价格实惠,利润率高
商品类目	商品类目少,更新速度慢	商品类目多,更新速度快
规模、增长速度	市场规模大,但由于受地域限制,增长速度相对缓慢	面向全球市场,规模大,增长速度快
交易环节	复杂(生产商—贸易商—进口商—批发商—零售商—消费者),涉及的中间商较多	简单(生产商—零售商—消费者,或者是生产商—消费者),涉及的中间商较少
支付	电汇、信用证等	电汇、信用证、互联网第三方支付等,支付方式更加多样
物流运输	通过空运、集装箱海运、铁路运输完成	通过邮政小包、专线物流、海外仓等进行运输
争端处理	拥有健全的争端处理机制	争端处理不畅,效率低

2. 跨境电子商务对传统外贸产生的影响

中国商品在全球范围内有着较高的性价比,因此"中国制造"拥有的优势依旧十分明显,而跨境电子商务的发展为中国传统外贸企业提供了新的销售渠道和增长空间。

(1)缩短对外贸易中间环节,提升进出口贸易效率

传统外贸存在过度依赖传统销售、买家需求封闭、订单周期长、利润空间小等问题,制约着中小企业进出口贸易的发展。

跨境电子商务作为基于互联网的运营模式,正在重塑中小企业的国际贸易链条。如图1-4所示为传统外贸和跨境电子商务的交易流程。

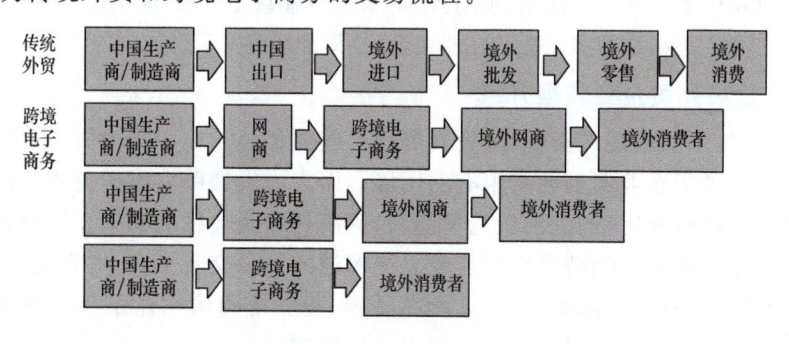

图1-4　传统外贸和跨境电子商务的交易流程

跨境电子商务打破了传统外贸模式下商品的境外销售渠道,如进口商、批发商、分销商甚至零售商在商品交易中的垄断地位,使企业可以直接面对个体批发商、零售商,甚至直接面对商品的终端消费者,有效地减少了贸易的中间环节和商品流转成本,而节省的中间环节成本为提升企业营利能力及消费者获得实惠提供了可能。

跨境电子商务

(2)跨境电子商务帮助外贸企业实现客户资源管理

在传统外贸中,企业的运作方式多是由业务员包揽从客户选择、签订合同、组织货源、验货报关到货款支付的全过程,企业的大量客户资源被业务员掌握着,这导致企业的管理者无法准确掌握客户的情况,业务员在很大程度上影响着企业的生存和发展,一旦人才流失,将会导致企业竞争力急剧下降。而在跨境电子商务中,外贸企业的网络化、信息化建设使企业中所有人员每天的工作日程与行动记录都有据可查,每个人的工作细节一目了然,信息主动权更多地掌握在外贸企业的管理者手中。

(3)跨境电子商务帮助外贸企业获得更多的贸易机会

跨境电子商务的发展进一步推动了商品生产和服务的全球化,加速了全球市场一体化和生产国际化的进程,促使供应商和消费者建立更紧密的联系。借助互联网,外贸企业可以全天候地向消费者提供商品信息和服务,企业能够获得更多的贸易机会,消费者也可以随时随地在全球范围内选择最佳供应商。

(4)跨境电子商务有利于减轻外贸企业对实物基础设施的依赖

传统企业开展境内贸易业务必须拥有相应的基础设施,与开展境内贸易相比,外贸对实物基础设施的依赖程度更高。如果企业利用跨境电子商务开展国际贸易业务,这方面的投入就要少得多。美国亚马逊网上书店几乎没有豪华的办公室和宽敞的营业大厅,甚至除了少量的畅销书有部分库存外,其他大多数图书品种都是在接到客户订单后再向各个出版社订购,几乎不占库存。

二、发展跨境电子商务的意义

二十大报告中明确提出必须完整、准确、全面贯彻新发展理念,坚持社会主义市场经济改革方向,坚持高水平对外开放,加快构建以国内大循环为主体、国内国际双循环相互促进的新发展格局。跨境电子商务的崛起对国际(地区间)贸易产生了积极的影响,成为行业发展的中流砥柱。与传统贸易相比,跨境电子商务能有效地节约制造费用,缩减中间程序,加快制造业变革的步伐,促进贸易模式的转型升级,从而提升产品的国际竞争力,改善当下外贸行业的发展形势。同时"二十大"倡导推进中国高水平对外开放,稳步扩大规则、规制、管理、标准等制度型开放,加快建设贸易强国,推动共建"一带一路"高质量发展,维护多元稳定的国际经济格局和经贸关系。

(一)推动传统外贸企业转型升级

受到全球经济增长放缓的影响,外贸发展状况整体欠佳。以中国为例,进出口贸易交易额增长缓慢,传统外贸企业遇到前所未有的困境。而大力发展跨境电子商务,有助于在成本和效率层面增强各国(地区)的进出口竞争优势,提高外贸企业的利润率。同时,随着电商渠道的深入渗透,企业和最终消费者之间能建立更畅通的信息交流平台,对企业及时掌握市场需求、调整产品结构、提升产品品质、树立产品品牌、建立电商信用体系具有重要作用,进一步增强了各国(地区)外贸的整体竞争力,稳定了外贸增长。

(二)促进各国产业结构优化升级

跨境电子商务的发展,直接推动了配送、电子支付、电子认证、信息内容服务等现代服务业和相关电子信息制造业的发展。目前,我国电商平台企业已超过5 000家,一批知名电商平台、物流快递公司、第三方支付本土企业加快崛起。跨境电子商务将会引发生产方式、产

第一章 跨境电子商务概述

业组织方式的变革。面对多样化、多层次、个性化的境外消费者需求,企业必须以消费者为中心,加强合作创新,构建完善的服务体系,在提升产品制造工艺、质量的同时,加强研发设计、品牌销售,重构价值链和产业链,最大限度地促进资源优化配置。

(三)推动企业应对全球贸易新格局

跨境电子商务带给各国(地区)出口导向型企业的不仅仅是一条外贸销售渠道,也不只是全新的产业链利润分配格局,而是实现品牌升级、推动附加值沿微笑曲线向两端拓展、实现产业模式转变的绝佳机会。当前,各国(地区)许多企业的产品的性能和服务的质量很好,但不为境外消费者所知。跨境电子商务能够有效打破渠道垄断,减少中间环节,节约交易成本,缩短交易时间,为各国(地区)企业提升品牌的知名度提供了有效途径,尤其是给一些"小而美"的中小企业创造了新的发展空间,催生出很多具有国际竞争力的"隐形冠军"。

第三节 发展跨境电子商务现存的问题及对策

跨境物流存在的问题分析

一、发展跨境电子商务现存的问题

(一)产品同质化严重

近两年跨境电子商务发展迅速,吸引了大量商家的涌入,行业竞争加剧。一些热销且利润空间较大的产品如 3C 产品(计算机、通信和消费类电子产品三者结合,亦称信息家电)及部件等,众多跨境电子商务公司都在销售,产品同质化现象严重。各大跨境电子商务企业之间市场竞争十分激烈,尤其以价格竞争为主要手段,尝试着在发展初期快速抢占市场份额。价格恶性竞争,直接导致传统产品从"蓝海"快速跨越到"红海",以消费电子产品、家用电器、服装与鞋类、化妆品、食物与饮料、婴幼儿用品等传统产品的表现最为明显。

(二)缺乏品牌建设

跨境电子商务能发展起来很大程度上是源于中国制造业大国的优势,以价格低廉的产品吸引消费者。目前跨境电子商务行业很多产品是从一些小工厂出货,包括一些 3C 产品、服装等,整个产品质量控制相对来说还有一定的问题,大部分跨境电子商务企业还未涉及品牌化建设阶段。

(三)通关壁垒

尽管基于互联网的信息流动畅通无阻,但货物的自由流动仍然受到关境的限制。对于各关境而言,对小额进出口货物的管理本身就是一个复杂的问题:完全放开小额进出口,不利于关境控制,容易给国家(地区)造成损失;而对小额进出口管制过严,必然会阻碍产业的发展,也将出现更多不通过正规途径的地下交易。

(四)跨境物流滞后

作为整个产业链中的上、下两环,线上商品交易与线下货物配送的发展须相辅相成,当前跨境外贸电子商务的快速发展却让国际(地区间)物流运输渠道措手不及。跨境电子商务情况较复杂,且各国(地区)间政策差异较大,很难像内贸电商一样通过自建物流的方式来解决物流问题。跨境电子商务的物流,周期是非常长的,到美国和欧洲一般要 7~15 天,到南

17

跨境电子商务

美洲更长(25～35天)。除了物流时间长之外,还存在投递不稳定的问题,收货时间波动很大,有时7天收到,有时20天才能收到。

(五)人才缺失

跨境电子商务贸易在快速发展的同时,逐渐暴露出综合型外贸人才缺口严重等问题。跨境电子商务人才缺失主要是因为:①语种限制。目前做跨境电子商务的人才主要还是来自外贸行业,但英语专业居多,一些小语种电商人才缺乏。但事实上,像巴西、印度、俄罗斯、蒙古国等国家,跨境电子商务具有很大的发展潜力,也是跨境电子商务企业关注的重点。②能力要求高。从事跨境电子商务业务的人才,除了要突破语种的限制外,还要能了解境外的市场、交易方式、消费习惯等,同时,要了解各大平台的交易规则和交易特征。基于这两个原因,符合跨境电子商务要求的人才很少,跨境电子商务人才缺乏已经成为业内常态。

二、跨境电子商务发展的对策建议

(一)构建跨境电子商务法律法规体系

与跨境电子商务规模快速发展形成鲜明对比的是,目前尚未建立针对跨境电子商务的法律法规体系。因此,构建跨境电子商务法律法规体系十分迫切。一方面,在跨境电子商务法律法规的制定过程中,既要以确定的安排弥补技术和信用的不足,又要给跨境电子商务发展创造相对宽松的法制环境,避免过度监管;另一方面,构建跨境电子商务法律法规体系,不仅需要新制定专门的法律法规,也要合理解释原有法律和制定有利于跨境电子商务发展的配套法律法规。

(二)完善跨境电子商务管理体制

跨境电子商务面临着比境内交易更为复杂的交易环境,但我国在跨境电子商务的监管、结汇、税收等方面的管理还处于探索阶段,需要进一步完善跨境电子商务管理体制,适应跨境电子商务管理的实践需求。具体措施包括制定与促进跨境贸易电子商务通关服务相关的配套管理制度和标准规范,完善跨境电子商务安全认证体系和信用体系,建立跨境电子商务的检验检疫监管模式以及跨境电子商务产品质量的安全监管和溯源机制,优化海关、国检、国税、外管、电商企业、物流企业等之间的流程衔接。

(三)打造跨境电子商务贸易平台

由于缺乏完善的跨境电子商务贸易平台,贸易双方的利益难以通过有公信力的第三方服务平台进行保障,特别是一直处于"半地下"状态的"海淘"行业。因此,建议打造公平、开放、具有公信力的跨境电子商务第三方服务平台,引进大型电子商务、进口免税、金融服务、百货、跨境物流等企业。要通过监管服务模式创新、低成本便捷通关、便利缴税等举措,降低传统进出口环节成本,保证跨境交易具有质量保障、价格合理、税费透明、物流便捷、售后保障等优势,使平台能够成为全球商家面向中国消费者开展个性化服务的便利渠道。

(四)加强跨境电子商务监管的国际(地区间)合作

跨境电子商务交易具有全球性特征,需要不同国家或地区之间有跨区域、跨文化、跨体制的监管合作。要探索针对跨境电子商务的新型国际(地区间)合作监管方式和方法,更好地保护消费者使用跨境电子商务服务的权益,促进跨境电子商务的健康发展。同时,还要积

第一章 跨境电子商务概述

极参与跨境电子商务多边谈判,在跨境电子商务规则制定中争取话语权,为境内企业参与竞争提供规则。

(五)加强跨境电子商务行业自律

跨境电子商务行业的健康发展,固然离不开政策的规范指导及法律法规的约束,但也需要行业的自我约束。加强跨境电子商务行业自律,就是要鼓励跨境电子商务企业界、非营利性组织、第三方平台、评价机构等建立行业自律体系,推动跨境电子商务业务相关行业标准出台,对跨境电子商务的交易渠道、交易过程等环节进行内部规范,营造统一、开放、竞争、有序的跨境电子商务市场环境,促进跨境电子商务的快速、可持续、健康发展。

本章小结

跨境电子商务是指分属不同关境的交易主体,通过电子商务平台实现商品交易的各项活动,并通过跨境物流实现商品从卖家流向买家以及相关的其他活动的一种新型电子商务应用模式。跨境电子商务以跨境B2B与跨境零售模式为主。跨境电子商务特征鲜明,表现为多边化、直接化、小批量、高频度、数字化。跨境电子商务与境内电子商务具有显著差异,主要表现为交易主体差异、支付环节差异、物流环节差异、适用规则差异、交易风险差异等。

跨境电子商务由传统外贸→外贸电商→跨境电子商务的演变轨迹发展而来,并历经跨境电子商务1.0阶段、跨境电子商务2.0阶段、跨境电子商务3.0阶段。随着跨境电子商务的发展,一些突出问题成为其发展障碍,如产品同质化严重、缺乏品牌建设、通关壁垒、跨境物流滞后、人才缺失等。通过加强跨境电子商务法律法规体系建设、完善管理体制、打造跨境电子商务贸易平台、加强国际间的合作等措施,能更好地促进跨境电子商务发展。

关键概念

跨境电子商务、跨境B2B电子商务、跨境零售

思考题

1. 什么是跨境电子商务?跨境电子商务具有哪些特征?
2. 什么是跨境B2B电子商务?什么是跨境零售?
3. 跨境电子商务进口流程与出口流程包括哪些内容?
4. 跨境电子商务与境内电子商务具有哪些差异?
5. 简述跨境电子商务发展历程中几个阶段的主要特征。
6. 简述跨境电子商务发展存在的问题。

本章案例

敦煌网:新业态、新模式

敦煌网是全球领先的在线外贸交易平台。敦煌网致力于帮助中国中小企业通过跨境电子商务平台走向全球市场,开辟一条全新的国际贸易通道,让在线交易变得更

加简单、安全、高效。

　　敦煌网是国内首个为中小企业提供B2B网上交易的网站。它采取佣金制,免注册费,只在买卖双方交易成功后收取费用。PayPal交易平台数据显示,敦煌网是在线外贸交易额中亚太排名第一、全球排名第六的电子商务网站。

　　作为中小额B2B境外电子商务的创新者,敦煌网采用EDM(电子邮件营销)的营销模式,低成本、高效率地拓展境外市场,自建的DHgate平台为境外用户提供了高质量的商品信息,用户可以自由订阅英文EDM商品信息,第一时间了解市场最新供应情况。2011年在深圳设立华南总部的敦煌网决定在深圳部署物流相关工作。敦煌网2013年新推出的外贸开放平台实质上是一个外贸服务开放平台,而敦煌网此举应该是在试探外贸B2B中大额交易。通过开放的服务拉拢中大型的制造企业,最终引导它们在线上交易。

　　敦煌网打破了以往的传统电子商务"会员收费"的经营模式,既减小了企业风险,又节省了企业不必要的开支,同时避开了与B2B阿里巴巴、中国制造网、环球资源网、环球市场等的竞争。

　　一个标准的卖家是这样做生意的:把自己产品的特性、报价、图片上传到平台,接到境外买家的订单后备货和发货;买家收到货后付款,双方通过多种方式进行贸易结算。整个周期5～10个工作日。在敦煌网,买家可以根据卖家提供的信息来生成订单,可以选择直接批量采购,也可以选择先少量购买样品,再大量采购。这种线上小额批发一般使用快递发货,快递公司一般在一定金额范围内会代理报关。举例来说,敦煌网与DHL(敦豪快递)、联邦快递等国际物流巨头保持密切合作,以网络庞大的业务量为基础,可使中小企业的同等物流成本至少下降50%。一般情况下,这类订单的数量不会太大,有些可以省去报关手续。以普通的数码产品为例,买家一次的订单量从十几个到几十个不等。这种小额交易比较频繁,不像传统的外贸订单,可能是半年下一次订单,一个订单几乎就是卖家一年的"口粮"。"用淘宝的方式卖阿里巴巴B2B上的货物",是对敦煌网交易模式的一个有趣概括。

　　(资料来源:敦煌网:新业态、新模式[EB/OL].[2017-10-1].)

第二章
跨境电子商务模式与运作流程

学习目标

◆ 知识目标：

了解跨境电子商务模式分类；明确跨境进口电子商务和跨境出口电子商务具体运作流程；明确各主流跨境电子商务平台的主要规则，知晓各主流跨境电子商务平台的禁忌与偏好。

◆ 能力目标：

能够将所学的知识用于实际问题，对跨境电子商务的各种模式比较了解，目前或未来适合跨境电子商务发展模式有一定的分析能力。

◆ 思政目标：

能够通过课程实践环节，采用项目小组团队合作方模式，培养学生的集体主意和团队协作精神，逐步形成科学的学习观和方法论。

引导案例

敦煌网的运营模式

相对于国内货物贸易，国际货物贸易一般具有风险更大、线长面广、中间环节多、竞争激烈等特点。为了给客户提供价值，为买卖双方营造可靠的在线交易平台，帮助国内中小企业更快速、准确地捕捉商机，更低成本地融入全球供应链，让外贸更加简单与轻松，并解决敦煌网国内外客户面临的各类痛点，敦煌网联手国内外各类企业、地方政府以及部分院校等组织，搭建起生态完整的跨境电子商务服务体系，不断发展并完善各项服务。

2017年敦煌网提出数字贸易智能生态体系（DTIS），如图 2-1 所示。DTIS 是以大数据运营为核心服务能力的独特架构。DTIS 能为外贸企业提供全流程服务，包括海外营销、品牌推广、物流、金融、支付、通关、检验检疫、结汇、退税等，并能不断沉淀和留存国内外市场供需关系数据；线上平台（DHgate 和 DHport）则利用海量数据进行不同类型的供需双向精准匹配，重塑贸易流程。DTIS 的设计逻辑是以服务沉淀数据、以数据建立信用、以信用保障交易、以交易升级服务，在这一闭环中实现信息层面、资金层面、流通层面的循环优化，进化衍生贸易服务新物种，促进外贸整体生态不断进化。

跨境电子商务

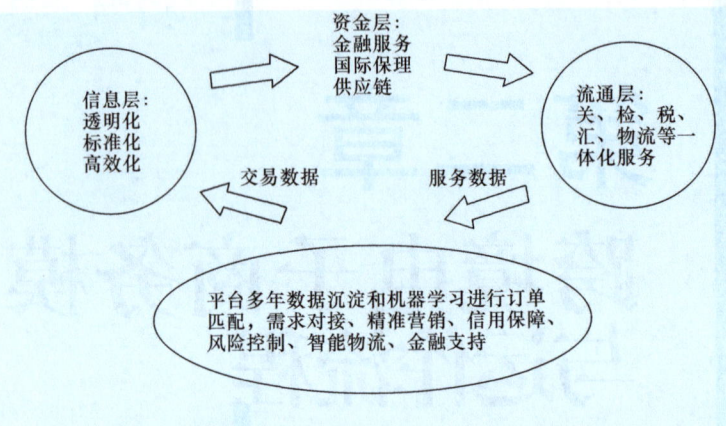

图 2-1 敦煌网数字贸易智能生态体系(DTIS)设计思路

(资料来源:网经社.敦煌网发布数字贸易智能生态体系 全球数字贸易进入"中国时间"[EB/OL].[2017-12-05])

以 DTIS 为载体,敦煌网创新性提出了贸易即服务(TaaS)模式,即一整套乐高式模块化数字贸易解决方案,其具有快复制、轻落地、强延展等特性。TaaS 模块化数字贸易解决方案包含多维度、小颗粒、标准化的服务模块,它们能组成生态体系最基本的活动单元,针对不同贸易场景和主体灵活变化,从而覆盖国际贸易全流程,见表 2-1。王树彤指出,以中国-土耳其、中国-秘鲁为代表的国与国之间数字贸易双边合作、数字贸易能力建设,以及智能化数字贸易中心(DTC)创新商业模式等样板可以复制到更多国家。

表 2-1 敦煌网 TaaS 服务贸易链上不同类型的主体

供应链条服务	生产端			流通端					采购端		
	产业带服务模块			供应链服务					本地化服务		
	政府合作	数字贸易中心	卖家指导	行业指导	支付	金融	物流	信保	买家指导	客户关怀	数字贸易中心	社交
					外贸综合服务							
					报关	报检	退税	结汇				
基础支撑服务	平台服务、风险控制、数据支持、培训服务、技术服务										

资料来源:网经社.敦煌网发布数字贸易智能生态体系 全球数字贸易进入"中国时间"[EB/OL].[2017-12-05]

还有一个例子能体现"贸易即服务"的特点。一个中国卖家如果要和全球数十个国家的采购商做生意,仅物流一个环节,就要面对飞机、火车、轮船等运输工具以及运输路线的排列组合问题,时长、成本不一的路线组合可能保守估计就有几百甚至上千种。选择太多则难以决策,而敦煌网在这方面有优势。一位深圳企业家在 2018 年春节前收到 2 个集装箱的订单,但当时大部分出口服务机构已进入过年状态,不再受理业务。在他焦头烂额之际,敦煌网的外综服务团队解了他的燃眉之急。敦煌网根据货物性质,结合大数据挖掘加上人工智能,为企业家从国内到南美的数十条航线中匹配最优方案,并派专人登门在 24 个小时内将货物运输到码头并完成了清关手续。第二天这批货物就搭上了一艘前往南美的货轮,费用还比平时低了 5%。这位企业家称,以前订舱、拖车、报关报检每个节点都得亲自盯,赶上节假日舱位不稳定还很容易出问题,而敦煌网的智能物流一条龙服务,不仅时效快,没想到价格还挺有优势。

2018 年 3 月,王树彤提出"新贸易"概念。她概括了新贸易的三个特点:贸易即服务;数字化、智能化;融合无界,包括线上线下的融合、全球化与本地化的融合。支撑这一概念的是敦煌网所提供与发展的各项服务。

第一节　跨境电子商务模式分类

二十大报告指出:我们要坚持以推动高质量发展为主题,把实施扩大内需战略同深化供给侧结构性改革有机结合起来,增强国内大循环内生动力和可靠性,提升国际循环质量和水平,加快建设现代化经济体系,着力提高全要素生产率,着力提升产业链供应链韧性和安全水平,着力推进城乡融合和区域协调发展,推动经济实现质的有效提升和量的合理增长。推进高水平对外开放,稳步扩大规则、规制、管理、标准等制度型开放,加快建设贸易强国,推动共建"一带一路"高质量发展,维护多元稳定的国际经济格局和经贸关系。

一、按进出口方向划分

跨境电子商务按照进出口方向划分,可分为跨境进口电子商务和跨境出口电子商务两大类。

(一)跨境进口电子商务

跨境进口电子商务因对传统对外贸易方式与监管模式的颠覆最彻底而备受关注。从广义层面上来看,跨境进口电子商务是指跨境电子商务的交易主体通过相关的互联网信息平台实现把其他国家和地区的商品进口至本国的贸易方式。从狭义层面上来看,跨境进口电子商务是指帮助境内消费者实现境外购物的交易模式,所以通常所说的跨境进口电子商务大多指的是跨境进口电子商务零售,即一国消费者在线购买其他国家或地区的商品。

跨境电子商务进口是将国外商品通过电子商务渠道销售到本国市场,通过电子商务平台完成商品的展示、交易、支付,并通过线下的跨境物流送达商品、完成商品交易的电商企业,其代表性企业有天猫国际、京东全球购、洋码头、小红书等。

跨境进口电子商务业务的界定点是商品是否是从境外商家销售给境内的消费者/企业,并且在交易过程中有没有发生商品所有权的转移,而不需要考虑进口业务使用的网络信息平台位于境内还是境外。如果网络交易的实质是在境内法人(或者个体工商户)与消费者/企业之间发生,其本质只是一般贸易的境内线上销售,属于传统的电子商务模式。

(二)跨境出口电子商务

跨境电子商务出口指的是将本国商品通过电子商务渠道销售到国外市场,通过电子商务平台完成商品的展示、交易、支付,并通过线下的跨境物流送达商品、完成商品交易的电商企业,其代表性企业有亚马逊海外购、易贝、阿里速卖通、环球资源、大龙网、兰亭集势、敦煌网等。

跨境电子商务

跨境出口电子商务是跨境电子商务的交易主体通过跨境电子商务平台将一国境内的商品或服务销往别的国家或地区的贸易方式，涵盖了商品电子贸易、线上数据传递、跨境电子资金支付及电子货运单证和跨境物流等业务内容。目前中国商品或服务出口到境外市场主要有传统的贸易出口和跨境电子商务出口两种正规途径，它们在业务流程上不同，因此在效率和成本上也体现出较大的差异。

二、按交易主体划分

跨境电子商务还可以基于交易主体属性进行划分。交易主体分为企业与个人，再结合买方与卖方属性，可将跨境电子商务分为 B2B 跨境电子商务、B2C 跨境电子商务、C2C 跨境电子商务三类。

(一) B2B 跨境电子商务

B2B 是 Business－to－Business 的缩写，是指企业与企业之间通过网络进行数据信息的交换、传递，开展交易活动的商业模式。B2B 跨境电子商务是指分属不同关境的卖方企业与买方企业，基于电子商务信息平台或交易平台完成的跨境贸易活动。B2B 跨境电子商务中具有代表性的是阿里巴巴集团旗下的 1688 全球购物网站、大龙网等。

(二) B2C 跨境电子商务

B2C 是 Business-to-Customer 的缩写，是指企业直接面向个体消费者销售产品和服务的电子商务零售模式。B2C 跨境电子商务是指分属不同关境的卖方企业与个体消费者之间，基于电子商务信息平台或交易平台实现的产品或服务的跨境贸易活动。B2C 跨境电子商务典型代表企业有天猫国际、京东全球购、网易考拉等。

(三) C2C 跨境电子商务

C2C 是 Consumer-to-Consumer 的缩写，是指通过第三方交易平台实现个人对个人的电子交易活动。跨境 C2C 是指分属不同关境的个人卖方对个人买方开展在线销售产品和服务，由个人卖家通过第三方电商平台发布产品和服务信息、价格等内容，个人买方进行筛选，最终通过电商平台达成交易，进行支付结算，并通过跨境物流送达商品、完成交易的一种国际商业活动。从事跨境 C2C 的平台主要是一些海淘网，如淘世界等。

三、按跨境电子商务网站开发与运营主体划分

跨境电子商务按照网站开发与运营主体可划分为第三方平台型电商(或称平台型电商)和自营型电商两个基础类型。

(一) 第三方平台型跨境电子商务

平台式模式又可以称为信息中介模式。这种模式是通过集中买卖双方的信息，并提供给供应商或者客户进行直接交易。

最典型的是以敦煌网、全球速卖通、洋码头、环球资源、阿里巴巴国际站等为代表的电商模式。1999 年创立的阿里巴巴是全球 B2B 电子商务的著名品牌，为数千万网商提供海量商机信息和便捷安全的在线交易市场。买家如果在国际站上采购样品或外贸试单，就像在自

由市场买东西,产品价格需要买卖双方商议确认订单后才能继续进行。环球资源网1971年成立,前身为Asian Source,是亚洲较早地提供贸易市场资讯的,为专业买家提供采购信息。这种模式下的电商只是作为不同国家或地区企业之间的贸易平台来进行信息展示的,其收入来源主要是向会员收取一定额度的会员费。

平台型跨境电子商务的主要特征,一是平台运营方提供商品交易的跨境电子商务平台,并不参与商品购买、销售等相应的交易环节;二是国外品牌商、制造商、经销商、网店店主等入驻该跨境电子商务平台,从事商品展示、销售等活动;三是商家云集,商品种类丰富。

平台型跨境电子商务的优势:一是商品货源广泛而充足;二是商品种类繁多;三是支付方式便捷;四是平台规模较大,网站流量较大。其劣势表现为一是跨境物流、海关、商检等环节缺乏自有稳定渠道,服务质量不高;二是商品质量保障水平较低,容易出现各种类型的商品质量问题,导致消费者信任度偏低。

这种模式下的跨境电子商务企业的价值链中,信息流即企业的"物质流"。其生产与销售的都是信息。平台式跨境电子商务的价值链模型如图2-2所示。

图2-2 平台式跨境电子商务的价值链模型

(二)自营型跨境电子商务

自营式模式是指企业以标准化的要求,对其经营的产品进行统一生产或者采购、产品展示、在线交易,并通过物流配送将产品投放到最终消费群体的行为。自营型跨境电子商务的主要特征,一是开发和运营跨境电子商务平台,并作为商品购买主体从海外采购商品与备货;二是涉及从商品供应、销售到售后的整条供应链。

这种模式比较有代表性的是DX、兰亭集势、Focalprice、Pandawill等。大宗制造业的外贸门槛较高,所以催生企业自建外贸平台来向海外销售自己的产品。上述几个跨境电子商务大都通过组建自己的一整套的渠道供应链,销售特定类型的产品。与平台式模式相比,自营式模式有两个显著的特点:产品集中差异化以及货物的小包化。所谓产品集中差异化,是指这类电商大都选取一类或几种利润比较高的产品,如数码、婚纱等;而货物的小包化则指的是其客户大多是终端的消费者,无须大宗货物的物流,而只需要特定的国际快递来解决。

自营型跨境电子商务的主要优势:一是电商平台与商品都是自营的,掌控能力较强;二是商品质量保障水平高,商家信誉度好,消费者信任度高;三是货源较为稳定;四是跨境物流、海关与商检等环节资源稳定;五是跨境支付便捷。自营型跨境电子商务的主要劣势:一是整体运营成本高;二是资源需求多;三是运营风险高;四是资金压力大;五是商品滞销、退换货等问题显著。

自营式模式的价值链与传统企业的价值链一样,也包括基础活动与支持性活动。图2-3所示为简单的自营式跨境电子商务的价值链模型。

跨境电子商务

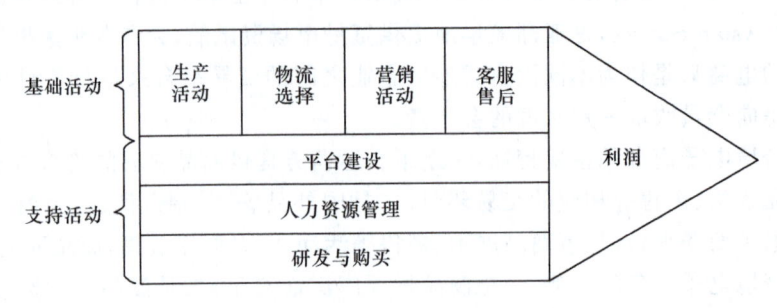

```
基础活动  ┌──────┬──────┬──────┬──────┐
          │ 生产 │ 物流 │ 营销 │ 客服 │
          │ 活动 │ 选择 │ 活动 │ 售后 │
          ├──────┴──────┴──────┴──────┤ ╲
支持活动  │        平台建设           │  ╲  利润
          │       人力资源管理         │  ╱
          │        研发与购买         │ ╱
          └───────────────────────────┘
```

图 2-3　自营式跨境电子商务的价值链模型

四、按照服务类型分类

跨境电子商务按照服务类型分类可划分为信息服务平台与在线交易平台两个类型。

(一)信息服务平台

信息服务平台主要是为境内外会员商户提供网络营销平台,传递供应商或采购商等商家的商品或服务信息,促成双方完成交易。代表企业:阿里巴巴国际站、环球资源网、中国制造网。

(二)在线交易平台

在线交易平台提供企业、产品、服务等多方面信息,并且可以通过平台在线上完成搜索、咨询、对比、下单、支付、物流、评价等全购物链环节。在线交易平台模式正逐渐成为跨境电子商务中的主流模式。代表企业:敦煌网、速卖通、DX、炽昂科技、米兰网、大龙网。

五、按照涉及的行业范围分类

跨境电子商务按照涉及的行业范围分类可划分为垂直跨境电子商务与综合跨境电子商务两个类型。

(一)垂直跨境电子商务

垂直跨境电子商务指在某一个行业或细分市场深化运营的跨境电子商务模式。垂直跨境电子商务不仅有品类垂直跨境电子商务,还有地域垂直跨境电子商务。所谓品类垂直跨境电子商务,主要指专注于某一类产品的跨境电子商务模式,比如近几年比较火热的母婴类;而地域垂直跨境电子商务,则是指专注于某一地域的跨境电子商务模式。

(二)综合跨境电子商务

综合跨境电子商务是与垂直跨境电子商务相对应的概念,不像垂直跨境电子商务那样专注于某些特定的领域或某种特定的需求,展示与销售的商品种类繁多、涉及多个行业,如速卖通、亚马逊、eBay、Wish、兰亭集势、敦煌网等。

第二节　跨境电子商务运作流程

一、跨境进口电子商务

跨境电子商务流程

(一)跨境进口电子商务的概念

跨境电子商务是国际贸易的一次深刻变革,是网络时代发展的必然结果。其中,跨境进口电子商务因对传统对外贸易方式与监管模式的颠覆最彻底而备受关注。从广义层面上来看,跨境进口电子商务是指跨境电子商务的交易主体通过相关的互联网信息平台实现把其他国家和地区的商品进口至本国的贸易方式。从狭义层面上来看,跨境进口电子商务是指帮助境内消费者实现境外购物的交易模式,所以通常所说的跨境进口电子商务大多指的是跨境进口电子商务零售,即一国消费者在线购买其他国家或地区的商品。

(二)跨境进口电子商务业务流程

海外商品进入境内市场通常包含传统贸易进口和跨境电子商务进口两种途径。

1. 传统贸易进口业务流程

传统国际贸易的交易流程复杂、交易成本高、对交易双方的资质要求高。为了弥补交易成本,实现盈利目标,多数交易标的物均为大批量(货物),跨国公司是主要参与者。所以传统贸易进口大多是企业之间的一种商业行为,境外的制造商/供应商先将货物销售给本国的出口商,出口商再经跨境贸易将货物销售给另一国境内进口商,另一国境内进口商再将货物销售给本国零售企业,最后再向消费者售卖。其业务流程如图 2-4 所示。

境外生产商/供应商 → 境外出口商 → 境内进口商 → 境内批发商 → 境内零售商 → 境内消费者

图 2-4　传统贸易进口业务流程

在传统的贸易进口模式下,一笔进口业务从交易双方进行磋商开始,到货物验收、结算经历磋商、确定交易条件、签订进口合同、开证、货物运输、保险、报关、提货、验收、结算等几个阶段,涉及银行、海关、商检、运输公司、保险公司、外管局等机关和部门。进口时需要缴纳进口环节的各种税费(关税、海关代收的消费税等),入境后就可以在商场、超市销售了。

传统贸易进口过程具有如下特点:

(1)涉及的单位和部门较多,交涉过程复杂。

(2)在业务细则方面需要不停地磋商,直到买卖双方都能够确认所有的细节为止,各系统间的数据往来十分频繁。

（3）交易业务以单据交易为表现，即凭单据而不是凭物进行交易，其最独特的是在供需意愿基本吻合、贸易磋商初步完成之后的实际单证事务处理过程。

（4）传统贸易进口过程可细分为"四流"，即商流、物流、信息流和资金流：商流是进口交易过程中的所有实务操作；物流是商品的流通过程；信息流是贸易过程中所有单据的传递；资金流是交易过程中资金在双方单位（包括银行）中的流动过程。

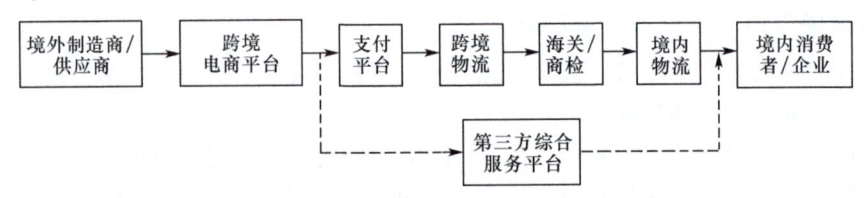

2. 跨境进口电子商务业务流程

跨境进口电子商务降低了交易成本，普通消费者借助跨境电子商务平台即可实现在线跨境购物，小批量、个性化、高频次的交易订单也可以履行，因而跨境进口电子商务的交易主体扩充到中小微企业和普通消费者。

跨境进口电子商务的业务流程如图 2-5 所示，其基本流程是境外制造商或供应商通过跨境电子商务平台进行产品线上展示，境内的消费者或企业从中挑选订购并支付，产品供应方把产品交给物流公司，随后经历出口、进口两次清关商检之后，最终抵达消费者手中。部分跨境电子商务将其中物流、通关手续均交给电商平台或第三方综合服务平台完成（图 2-5 虚线所示）。

图 2-5 跨境进口电子商务业务流程

在图 2-5 中，制造商/供应商是商品的供应方，它们制造或提供商品，境内的企业或个人买家通过跨境电子商务平台与之在线磋商和交易。

跨境电子商务平台是指能够为境外商品供应方（卖方）和境内的买方提供在线交易、支付结算、物流、通关等服务的平台。这些平台需要在海关系统中提前备案。

支付平台是指能够为买方和卖方提供在线跨境支付与结算的第三方支付机构或企业，如 Paypal、支付宝、银联等。

物流是指为跨境电子商务企业提供商品运输与配送的企业。跨境进口电商交易过程包含跨境和境内两类物流服务。国际物流商提供跨境物流服务，而国内物流商主要提供境内物流服务，如邮政、快递等。

第三方综合服务平台是指外贸综合服务型企业搭建的服务平台，基于该平台，外贸服务企业能够为从事进出口的买家和卖家提供商品的物流运输、通关等一站式服务。

海关/商检是指进口商品入关时检查、清关、交税等环节涉及的相关政府部门，它们的主要责任是对商品进行检验检疫、清关服务等。

一方面，与传统贸易进口不同，境外企业将商品信息发布到跨境电子商务平台，境内消费者企业也通过跨境电子商务平台选择来自世界各地的商品，减少了原有的批发商、零售商等一些中间环节，使得跨境交易更加便捷。从更宽泛的角度来说，跨境进口电子商务不仅仅是商品的转移，也包括了中间数据信息的传送、资金往来、信息凭证的传达等方面，能够即时传递信息、快速应对消费者的反馈，在节省了成本的同时提高了效率。

另一方面,跨境电子商务的进口渠道与传统贸易的进口渠道有很大不同。传统贸易进口通常是从生产厂家直接进货,所以能够提供原产地证书、合同、发票、装箱单以及相关批文等,但跨境电子商务进口多为采购团队或买手在海外商超、卖场等大量购买的商品,所以跨境电子商务企业只能提供商品的销售发票,很难取得原产地证书及合同等单证。

(三)跨境进口电子商务的商业模式

按照跨境电子商务的交易主体,跨境进口电商主要有 B2B、B2C 和 C2C 三种商务模式。跨境进口电商 B2B 模式主要是指分属在不同关境的企业,利用跨境电子商务平台将传统贸易中的洽谈、展示、交易环节电子化和数字化,并使商品通过跨境物流进行送达的一种国际商业活动。

跨境 B2B 电子商务模式代表着跨境电子商务未来发展的方向,但目前的跨境进口 B2B 电子商务交易过程中,卖方企业主要是通过电子商务平台发布产品信息和广告,交易和支付等环节还需要通过线下辅助完成,所以本质上还是属于传统贸易进口模式。因此,本章在讨论跨境进口电子商务时,主要讨论面向消费者的模式,即跨境进口电子商务零售模式。

1. 跨境进口电子商务零售交易主体特征

跨境进口电商零售是指境外企业或商家利用跨境电子商务平台发布产品信息,境内消费者获取产品信息并选择有意向购买的产品,在提交订单和支付货款后,境外企业或商家采用快件、邮政小包等方式通过跨境物流和境内物流将产品送达消费者手中的交易过程。典型的企业有天猫国际、速卖通、eBay、亚马逊海外购、洋码头等。

随着跨境电子商务的蓬勃发展,跨境进口电子商务零售消费者中有一部分小额跨境电子商务企业,现实中这类小额跨境电子商务企业和个人消费者难以区分与界定,所以总体上,针对小额跨境电子商务的进口也归属于跨境进口电商零售部分。另外利用保税区或者特殊监管区开展的 B2B2C 进口模式也归属于跨境进口电商零售之列。

与一般电商零售模式相同,跨境进口电商零售主要有 B2C、C2C 两种模式。其中"B"这个主体主要有 3 种形式。

(1)跨境电子商务平台本身

这种主体下的 B2C 模式,实际上是平台自营模式,一些跨境电子商务平台通过如下的几种方式实现产品进口:

①海外品牌方的国内总代理采购。
②国外订货直接采购,经过各口岸走一般贸易进口的形式。
③国外订货,通过国内跨境电子商务试点城市报关入境。
④国外订货,以直邮等模式报关入境,将海外商品采购到国内进行自主销售。

这种模式能够缩短消费者的收货时间,但对平台方的资金占用要求很高。并且,平台采购的产品种类通常比较单一,可选择性太少。另外,近年来各类电商平台售假事件时有发生,消费者对这种模式自然会有所顾忌。

(2)境外品牌授权的国内代理商或经销商

这种主体下的 B2C,一般是指"境内企业入驻平台,销售境外品牌商品",即一国企业获得境外品牌的授权,入驻某些跨境电子商务平台,面向境内消费者销售海外品牌产品,发货方式一般为保税仓发货。

跨境电子商务

这种模式能够缩短消费者的收货时间,但因为代理商、经销商层层加价,商品价格通常很高,在境内变成了奢侈品。另外,由于海外品牌对于境内经销商或代理商疏于管理,或难以管理到位,"假洋品牌"问题层出不穷。

(3)海外商超或电商企业

这种主体下的 B2C,指的是"海外商家入驻直售直邮",即拥有海外零售资质的实体商超或电商企业入驻一国的跨境电子商务平台,自主销售、自主发货,并通过 DHL、PostNL 等国际物流公司,或是跨境电子商务平台自建的国际物流路线将产品直邮到国内。这种模式下,产品品质有保障,品类也更丰富,并且省去中间商赚差价,产品价格更亲民。

2. 跨境进口电子商务零售商业模式分类

跨境进口电子商务零售进入境内主要有快件(含邮政快件)和批量两种方式,主要取决于跨境电子商务平台是用于集聚多个卖家还是仅用于销售自己的产品,以及交付给消费者的货品是来自原产国家还是来自保税仓库。批量模式有满足监管部门监管需要、加快物流配送时效、降低物流成本等诸多优势。保税进口是批量模式常采用的一种方式,但大多数国外大型电商平台出于物流、成本、经营模式以及本国法律等方面的考虑,目前没有参与到批量模式中来。而快件模式,消费者可以在全世界数以万计的购物网站中去选择,其优势也是显而易见的,跨境直邮是快件模式的常见运营模式。

所以根据跨境进口电商零售入境方式的不同,跨境进口电商零售主要有个人代购、直邮进口、保税进口和"保税进口+直邮进口"复合商务模式。

(1)直邮进口模式

直邮进口是一种典型的跨境进口电商 B2C 模式,指消费者从国内或者国外的购物网站上下订单,海外商品通过国际邮政、国际快递、海外仓、物流专线等多种直邮模式直接从境外运送到消费者手中。

①直邮进口模式业务流程

直邮进口模式业务流程如图 2-6 所示,主要包含如下步骤:

• 消费者在注册备案的跨境电子商务平台上购物、下单支付。

• 境外商品供应商按照合同约定向买家发货,经海关清关后直接发送给消费者或者是消费者收货。

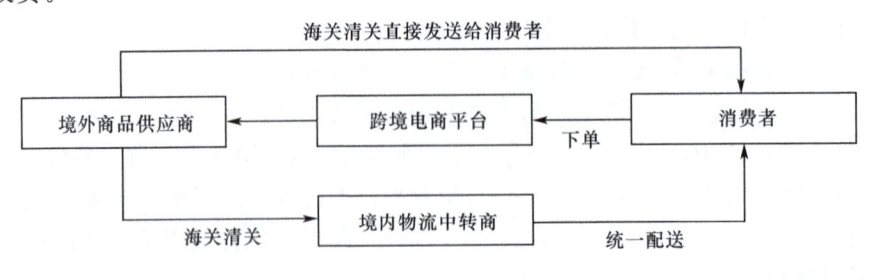

图 2-6 直邮进口业务流程

②直邮进口模式特点

• 货品供应丰富

直邮进口是先有订单,再直接从境外发货。货品供应丰富,如亚马逊自有商品总计达 8 000 万种。未来随着市场的不断发展,国内消费者可以通过国内、国外的购物网站买到海量的海外商品。所以消费者拥有更大的选择余地,可以购买到保税仓库中没有的最新海外产品,这也是直邮进口的优势之一。

- 运输成本较高

在直邮进口模式下,商品下单后从国外直接发货,通过国际邮政、国际快递、海外仓、物流专线或者空运等形式运送到消费者手中,运费较高。以当前中国购买需求最旺的母婴产品为例,国外知名品牌 babybjorn 的婴儿背带($30.2\ cm \times 13.5\ cm \times 7.9\ cm$),在海外网站的标价为 31.99 美元,在直邮进口模式下,babybjorn 的婴儿背带(386g),通过国际物流公司以快递形式从纽约寄送到上海,运费起价约为 300 元人民币。

- 物流时间较长

直邮进口模式的最大劣势就在于物流方面,运输时间一般需 9～15 天,部分加急可以 2～5 天到达,不过需要支付较高的运费。另外直邮进口模式下订单跟踪比国内难度大。由于跨境进口订单的碎片化,对物流的信息化、清关、运输速度等都提出了较高的要求。要使消费者能够跟踪订单的物流信息,这在国内物流部分问题不大,大多数的快递公司都已经实现了在线物流信息的实时跟踪。但国际部分就需要不同国家间形成国际统一的物流信息共享渠道,方便信息的对接与传递。并且物转流程得不到海关有力的监管,无法保证商品的质量,在某种程度上加大了消费者承担的风险。

- 清关查验效率低

在直邮进口模式下,一件件商品从国外直接打包发货,大量碎片化的订单加大了海关的查验难度,降低了通关效率。2014 年 8 月 1 日,中国海关总署第 56 号公告出台,规定电子商务企业和个人直邮进口模式下,都要向通关管理平台传送交易、支付、仓储和物流等数据。当商品到达海关时,海关信息系统自动调出数据进行快速清关,大大提高通关效率,而检验部门与海关"一致申报、一致查验、一致放行"。

- 退换货服务难

消费者以直邮进口模式购买商品时,往往面临着退货难、维权难、售后服务不到位等问题,并且直邮进口的退换货流程相比之下要更加烦琐,需要更长的时间和更高的费用。再者,国外网站一般客服人员很少,联系之后需要填写英文的退货申请,退货速度较慢,动辄一两个月,而且退回欧美国家需要的快递费用高达 50～60 元,是国内的 5～10 倍。

(2)海外代购模式

海外代购模式实际上也属于直邮进口模式,简单讲,为身处境外之人或商家为境内消费者在本地采购所需产品,由物流企业完成其中产品转送的商业模式。从其业务来看,这一模式主要有下述两类:

①海外代购平台

这一类平台的运营关键是平台上卖家均为第三方,平台本身不参与或很少参与交易环节。而平台上的卖家通常均为具备在境外区域采购能力的个体或小型企业,它们将依据消费需求,定期在目的地批量购入商品,待消费者下单之后以直邮方式发送商品。这一类平台的交易应属于 C2C 进口电商模式。平台收取入驻商家的入驻费,或从平台产出的交易提成,或收取一定服务费等方式获利。其优势在于能够为消费群体提供更加多样的国外产品,可以吸纳更多用户。而其劣势在于消费群体可能怀疑其资质,因此"信用"是此平台最需解决的困难。很多消费者发现从平台上购买到的产品为仿冒货物时,往往因为很难维权而十分郁闷。虽说代购销售平台存在很大潜力,可是这一问题倘若不能被有效管控,这一市场恐怕很难长期存在。

②朋友圈海外代购

这一模式主要是熟人或关系不太密切的社交关系网络中,利用手机特殊平台搭建的商业形态。尽管由于进行代购的多数为日常交往的朋友,对产品的真实、安全具备背书作用,可是上当的案例仍然极多。伴随海关方面收紧政策,监管机构可能会将此模式判定为走私。

③"保税进口"模式

"保税进口"模式是指电商企业根据大数据分析提前将热卖商品批量运入自贸区、保税区、保税仓库等境内海关特殊监管区域,发挥这些特殊监管区域的保税功能与物流分拨功能,再根据境内消费者网络订单情况,将相应商品从境内这些特殊监管区域清关,并交由物流企业直接配送至境内收货人的进口模式。"保税进口"模式实际上是一种 B2B2C 模式。

以这种模式进口的商品以个人物品清关,不需要像传统贸易进口那样经过烦琐的检验检疫程序,只需要缴纳较低的行邮税,大大缩短了消费者下单后的等待时间,与国内电子商务交易流程相似。跨境电子商务"保税进口"模式是在特殊监管区域实行保税制度的基础上开展的。进口商品进入这些特殊监管区域可以暂缓缴纳进口税、免领进口许可证或其他进口批件,并在规定期限内复运出口或办理正式进口手续或提取用于保税加工。

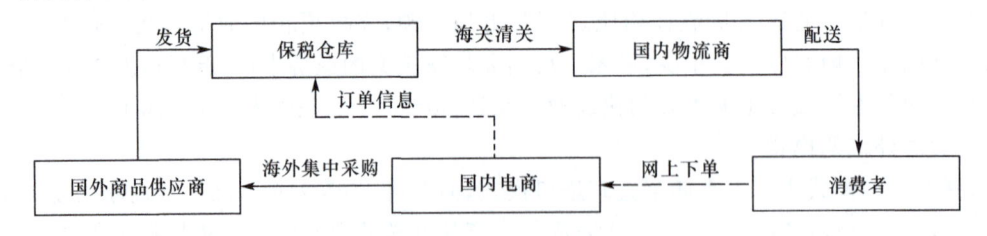

• "保税进口"模式业务流程

"保税进口"模式业务流程如图 2-7 所示,主要包含如下步骤:

境内电商企业从境外进口一批商品至境内保税区域,货物入区集中申报,一次检验检疫。

消费者在电商平台上选购商品,下订单。

电商企业从保税仓发货,经海关清关后通过境内物流发送给消费者。

消费者收货。

图 2-7 "保税进口"模式业务流程

• "保税进口"模式优势

a. 成本低,价格便宜

跨境电子商务"保税进口"商品有着较大的价格优势,与其他方式相比更节省成本、更有竞争力。以妈妈们青睐的荷兰美素佳儿奶粉为例,淘宝上的个人代购价格是 168 元,而跨境电子商务"保税进口"模式才卖 118 元,相比便宜了 50 元。跨境"保税进口"节省下的成本主要来源于三个方面:

i. 运输成本。进口商品从国外批量运输回来,分摊到每一件商品的运输成本就要比直邮进口或从海外网站直购发回国内的成本低。另外,跨境电子商务进口商品批量运输一般

第二章　跨境电子商务模式与运作流程

可以采用海运方式,而直邮或直购常采用空运方式,这样也可节省一部分运输成本。还是以当前国内购买需求最旺的母婴产品为例,国外知名品牌 Babybjorn 的婴儿肩带包被(30.2 cm×13.5 cm×7.9 cm,羊毛)保税备货模式下,若电商企业先行储备货品到上海自贸区的保税仓库,从纽约到上海 20 英尺集装箱的运费约为 950 美元(850 美元班轮运费+50 美元租约港报关费+50 美元文件费),保险费 602.5 美元(一切险 0.2%)。而一个 20 英尺集装箱(590 cm×235 cm×235 cm)可以装下 9 367 件婴儿肩带包被,则每件单品平均分摊的运保费为:(950+ 602.5)/9 367=0.166 美元,以 1 美元兑换 6.212 5 元人民币的汇率计算,每件分摊的运费约为人民币 1 元。

ii. 经销成本。跨境电子商务使消费突破了地域的限制,只要在有网络的地方消费者均可下单,跨境电子商务通常不需要像传统实体店模式那样设置层层的中间经销环节,而是采用集中化、扁平化的管理模式,直接面对消费者开展销售,节省了经销成本。

iii. 关税成本。传统贸易进口商品需要缴纳关税、消费税、增值税等进口税费,而以保税模式进口的商品实行保税和行邮税,总税率要比传统贸易低。以电子产品为例,如果是传统贸易进口,其关税税率为 10%,增值税税率为 17%,综合税率为 27%。而在"保税进口"模式下,商品是按照对入境旅客行李物品和个人邮递物品征收的行邮税计算的,综合税率在 8%~10%,这就大大节省了关税成本。

b. 收货时间缩短

以保税模式进口的商品已提前从海外备货至国内保税仓,消费者网络下单后,货物直接从保税仓通过国内物流快递给消费者。提前备货节省了国外运输段的时间,国内保税仓发货缩短了国内消费者的收货时间,在正常情况下国内消费者 3~7 天就可以收到从保税仓发出的商品。

c. 品质有保障

在商品质量监管方面,"保税进口"产品整个物转流程是在海关监管下进行操作的,比直邮等模式更安全规范,每件商品都可追溯,品质有保障。

d. 售后服务更方便

消费者以海外直邮、海外代购等方式购买商品时,往往面临着退货难、维权难、售后服务不到位等问题。而跨境"保税进口"商品未过海关分拣线之前,可以全额退货退款,与国内网购一样在收到商品 7 日内可以申请退换货。

e. 消费体验更舒适

上海市的跨境通、宁波市的跨境购、杭州市的跨境一步达、郑州市的 E 贸易,这些跨境电子商务服务平台展示的是中文的购物页面,消费者可以突破地域语言的障碍,以更实惠的价格购买到优质的国外商品。在这些跨境平台上购物以人民币结算,省去了货币兑换的不便与风险;且支付方式也是常用的信用卡、支付宝、银行转账等。这些都使国内消费者购买国外商品更方便、更舒适。部分试点城市如重庆市保税区商品展示交易中心,设立跨境电子商务体验店,开展线下展示、线上交易为消费者提供多种选择,消费体验更佳。

• "保税进口"模式的局限性

a. 商品品种的限制

目前"保税进口"模式下能储备和供应的商品种类是有限的。"保税进口"是跨境电子商务基于大数据分析,提前将热卖商品运至国内保税仓库,等消费者下单后,再直接从保税仓库通过国内物流发给消费者。这些提前备货的商品主要是一些规模化生产的标品,如奶粉、化妆品、电子产品等。而且如果订单数量超出预期,则需要临时加运。时尚化、个性化的商品销售周期长,资金回收慢,则不适于批量提前备货。目前知名的天猫国际、洋码头等电商合作的国外商户有限,可供货品为10万多种,也主要是规模化生产的标品。宁波市跨境贸易电子商务进口商品在试点一年后,海关审核备案商品5 150种,上架销售商品3 543种。当然,随着国外合作供货商的增加,货品也会迅速增加。

b. 购买金额和数量的限制

《关于跨境电子商务服务试点网购保税进口模式问题通知》中规定开展"保税进口"的试点网购商品以"个人自用、合理数量"为原则,海关总署公告2010年第43号《关于调整进出境个人邮递物品管理措施有关事宜》要求:每次限值为1 600元人民币,超出规定限值的,应按照货物规定办理通关手续。基于这个规定,消费者通过"保税进口"购买商品时,就要将购买金额限定在100元以内,否则就要按照一般进口货物规定办理。

c. "保税进口"企业条件限制

2013年8月以来,海关总署连续发布了第56号、第57号公告,对跨境电子商务的具体业务进行了规范,要求参与试点的电商、物流企业必须在境内注册,并按照现行海关管理规定进行企业注册登记,开展相关业务。海关还要求参与试点的电商、物流企业要实现与海关等管理部门的信息系统互联互通。如果电商、物流企业达不到这样的条件,则很难开展"保税进口"业务。

• "保税进口+直邮"复合模式

跨境电子商务进口业务的快速增长,为外贸稳增长、调结构提供了新动能和新思路,也助力实现"买全球"的宏伟目标。然而在跨境电子商务进口业务快速发展的同时,也出现了不少新情况、新问题。不少跨境电子商务企业恶意利用海关监管的政策"洼地",即相比货物属性的进境商品而言,海关对物品属性的进境商品的监管环境相对宽松。电商企业将大量进境货物属性商品拆分成小包装,假扮成物品属性的商品,单个包裹的应交税费额度大都被控制在物品免征税额上下,从而化整为零,以逃避监管。这不仅造成国家税款的大量流失,也给一般贸易项下进境商品造成巨大冲击,形成不公平的市场价格竞争环境。

为了支持跨境电子商务这一新兴业态的发展,本着在"发展中规范"的基本原则,国务院相关部委和海关总署对此反应迅速,于2016年4月先后出台跨境电子商务新政和进境物品税率新政,予以规范。为了适应海关新政所带来的影响,部分国内电商企业对传统电子商务模式的优缺点进行了全面反思,在此基础上提出了基于大数据的"保税进口+直邮"复合型电子商务模式,具体流程如图2-8所示。

在图2-8中,国内跨境电子商务对国外商品采取"保税进口+直邮"复合型电商模式,实际上是将海外商品分为两类:一类是对消费者经常购买的商品由跨境电子商务提前预测需求量并进行集中采购;另一类则是沿用此前的方式对部分商品进行直邮。整体而言,这是一种以"保税进口"模式为主、"直邮"模式为辅的复合型电子商务模式。

3. 跨境进口电子商务企业运营模式分类

电子商务企业运营模式是指在网络环境下基于电商平台完成的企业运作方式和营利模式。根据跨境电子商务平台的经营主体不同,可以将跨境进口电商企业分为三类:一是自建跨境电子商务平台开展进口业务的企业;二是利用第三方跨境电子商务平台开展电子商务

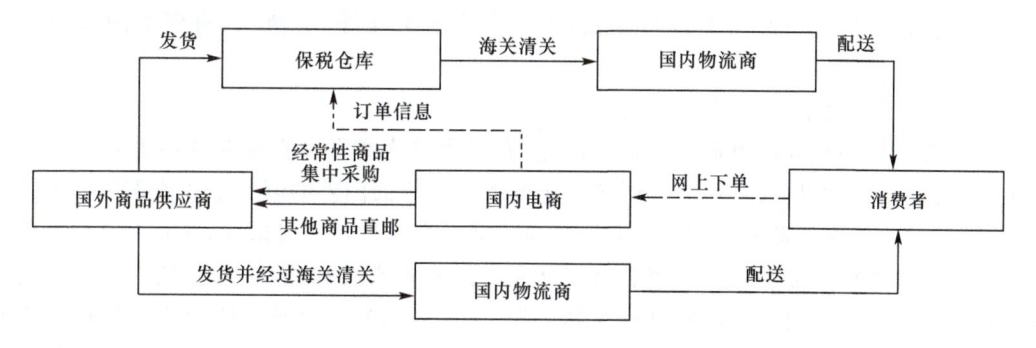

图 2-8 "保税进口＋直邮"复合进口模式业务流程

进口的企业;三是为电子商务进口企业提供交易服务的第三方平台企业。因而结合我国的实际情况,从平台经营的视角,跨境进口零售电商企业运营模式可以详细划分为以下几类:

(1) 自营平台型

自营平台型是指企业自己开发或运营跨境电子商务平台,并直接面向消费者销售商品和服务业零售的模式。此类业务模式在中国的跨境电子商务企业中所占比例最大,对于企业来说,大多数商品需自己备货,而货源、资金、团队、物流这四大环节须统筹兼顾,缺一不可。此类模式又主要分为综合型和垂直型两类。

①综合型 B2C 跨境进口模式

此类模式经营范围涵盖多个行业,可满足消费者综合性的消费需求。代表性企业有京东全球购、亚马逊、一号店等。京东全球购首批上线的进口商品便超过 15 万种,品牌数量也超过 1 200 个,商品种类范围相对广泛。

②垂直型 B2C 跨境进口模式

此类模式与综合型 B2C 跨境进口模式类似,主要区别在于垂直型 B2C 跨境进口模式专注于提供某一类或者某几类行业的商品或者服务,在特定领域里以低于市场价的折扣力度来吸引消费者。由于行业众多,开展垂直类业务的电商企业十分多样化,但并非每个行业均能出现成功的电子商务企业。此类模式的代表有专注于化妆品行业的聚美优品、专注于食品类行业的中粮我买网、专注于母婴类的蜜芽等。这类模式的消费者回购率较高,但品类不如其他平台模式丰富且前期投入资金较多。

"保税进口"是自营型平台企业的主要商业模式,主要通过在自贸区或保税区设立仓库,以自贸模式(保税备货)将商品销往国内,可以极大地改善跨境网购的速度体验。该模式的劣势主要是初期占用的资金量大,货源组织要求严格,比其他模式更加注重对消费者需求的掌控。

对于自营平台型 B2C 跨境进口电商来说,其发展的优势在于平台企业直接参与货源的组织,物流和仓储等买卖流程,因而货品在时效上较容易控制,消费者可在短时间内收到货品;由于是企业自己组织货源,因此商品质量较容易保证,提供售后服务也较为方便,消费者满意度较高,企业采购成品较低;可以较低的价格将商品卖给消费者,因此容易吸引消费者群体。不足方面,首先是品类,因为需大规模采购,很多需求较少的商品很难大规模进口,因此平台所售商品仍以爆款、标品为主,较难满足消费者多样化的需求;此外,开展此类业务成本高昂,因为无论是解决上游供应链的问题,还是解决团队构建的人力成本,物流清关时效抑或市场占有等问题,均需大量的资金投入,且在当前阶段盈利较低,因而这类业务模式的

跨境电子商务

开展较适合传统的进口品牌商或贸易商,以及资金实力雄厚、有流量、有资源的大型电商企业。

（2）第三方平台型

第三方企业搭建开放电商平台负责招商,商家通过这类平台直接向国内消费者提供产品或服务的一类商业模式。第三方跨境电子商务平台帮助国外的制造企业或零售商跟国内的消费者对接,国内消费者通过第三方跨境电子商务交易平台完成采购,商品由电商卖家直邮到国内。此类模式需要电商卖家拥有海外商品的零售资质和授权,并且提供本地退换货服务,这使得用户的信任度极高,具有品牌优势,通过第三方电商平台使企业付出较低的成本。而支付方面,由于现金流的周期较长,也利于跨城交易过程中的资金及真实交易数据在平台中的沉淀和积累。

"保税进口＋海外直邮"是这类平台采用的一种商业模式,实行该模式的平台通过与自贸区合作,在境内保税区建立跨境物流仓,全面铺设跨境网点。这类模式一方面获得了法律保障,规避了法律风险;另一方面极大缩短了消费者从下单到收货的时间,大幅降低了物流成本,提高了物流效率,给消费者带来更具价格优势的海外商品。

这类模式的典型代表是天猫国际,天猫通过和自贸区的合作,在各大城市的保税物流中建立起跨境物流仓。其在上海、广州、宁波、杭州、郑州、重庆6个城市签署跨境合作协议,全面铺设跨境网点。"保税进口"模式需要5个工作日到货。根据中国跨境电子商务网相关数据显示,在2014年"双十一"期间,天猫国际超过一半的进口商品便是通过保税区进入消费者手中。海外直邮则需要14个工作日到货。

（3）自营第三方平台型

这类模式的特点是通过自营最大限度地发挥企业的内在优势,通过招商模式增加商品的种类、来源等,弥补自营模式的不足。此类模式的典型代表有苏宁全球购,一方面通过海外分公司完成商品的采购,另一方面吸引海外商家进驻苏宁平台。

（4）跨境C2C平台模式

该模式是比较早期的代购模式,走跨境C2C平台路线。此类模式是平台方面招募海外买手,通过对这些个人代购进行资质审核,然后由这些合格的海外买手筛选商品,并将这些商品放至平台供消费者选择此类业务模式的代表有洋码头扫货神器、淘宝全球购、淘世界、海蜜等,当前此类模式的企业同质化现象较为严重。

此类业务模式的优点在于其构建了供应链和可选商品的宽度,这类平台进口商品品类全,消费者可选择商户范围广,满足消费者细致化、多样化、个性化发展的需求。不足方面,由于实行买手制度,因而管理成本较高,此外假货问题突出,售后投诉较多,在服务体验的掌控方面也较差。物流方面,由于买手的流动性高,物流效率很难掌控,难以建立完整的跨境供应链体系,不具备物流优势。在处理退换货问题上也很难有好的解决方案。此外,个人代购还存在法律政策的风险,因而难有更好的发展。

（5）其他模式

除了上述几类主流跨境进口电商零售运营模式,还有一些特殊小众化的运营模式。

①返利导购/代运营模式

此类模式的平台是针对国内消费者进行海外网购的返利网站,其返利商家主要是国外的B2C或C2C网站。该模式与其他模式相比,特点在于运作流程分为引流与商品交易两部分。这类平台主要为技术导向型平台,通过技术开发,自动即时获取海外主流的电商网站内容,进行全自动翻译和语义解析等技术处理,从而转化成海量的中文信息,帮助用户下单。此类模式也是最早开始做跨境电子商务的业务模式,比较代表的企业有海猫季等。类似的,还有一类为中文官网的代运营,其通过直接与海外电商签约合作,从而获得其中文官网的代运营权。这两类业务模式的优势在于其发展较早,易切入,且成本低,用户也比较容易便可获取海量信息,搜索便利;不足之处在于这类企业由于模式单一,缺乏中长期的核心竞争力,且更新库存价格所需的技术要求较高,因而早期从事这类运营模式的企业纷纷开始转型。

②"内容分享/社区资讯"模式

这类模式是伴随着新媒体运营迅猛发展而兴起的比较新颖的平台模式,通过分享资讯和内容的方式来推荐商品,吸引用户浏览,最终实现销售意图。此类型的业务模式主要是靠信息驱动,依托新媒体运营传播速度快,从模式上来说属于社区电商的精品购物模式,其发展的优势在于可帮助消费者以"逛街"的方式发现高质量商品,降低其搜寻成本,并通过社区互动满足用户对很多非标商品的购买需求,满足消费者因消费升级所引发用户需求的快速增长,从而产生用户沉淀。不足之处在于这类电商企业发展较晚,多由社区升级而来,因而其所能提供的商品品类较少、规模较小。此外,模式要求平台企业具备管理其用户,搭建高效的供应链管理模式能力。典型代表企业为小红书、什么值得买等。

二、跨境出口电子商务

(一)跨境出口电子商务业务流程

跨境出口电子商务是指跨境电子商务的交易主体通过跨境电子商务平台将一国境内的商品或服务销往别的国家或地区的贸易方式,涵盖了商品电子贸易、线上数据传递、跨境电子资金支付及电子货运单证和跨境物流等业务内容。目前中国商品或服务出口到境外市场主要有传统的贸易出口和跨境电子商务出口两种正规途径,它们在业务流程上不同,因此在效率和成本上也体现出较大的差异。

1.传统的一般贸易出口业务流程

传统的一般贸易出口大多是企业之间的一种商业行为,因此除交易流程复杂、交易成本高之外,对交易双方的资质也相对较高。通常境内的制造商/供应商先将货物销售给本国的出口商,出口商再经跨境贸易将货物销售给另一国境外进口商,另一国境外进口商再将货物销售给本国零售企业,最后再向境外消费者进行售卖。其业务流程如图2-9所示。

境内生产商/供应商 → 境内出口商 → 境内进口商 → 境外批发商 → 境外零售商 → 境外消费者

图2-9 传统贸易出口业务流程

一笔出口业务从交易双方进行磋商开始,到货物验收、结算,经历报价、订货、付款、备货和包装、通关、运输、提单、结汇等几个阶段。

跨境电子商务

(1) 报价

在国际贸易中一般以产品的询价、报价作为贸易的开始。其中,对于出口产品的报价主要包括产品的质量等级、产品的规格型号、产品是否有特殊包装要求、所购产品量的多少、交货期的要求、产品的运输方式、产品的材质等内容。

(2) 订货(签约)

贸易双方就报价达成意向后,买方企业正式订货并就一些相关事项与卖方企业进行协商,双方协商认可后,需要签订购货合同。在签订购货合同过程中,主要对商品名称、规格型号、数量、价格、包装、产地、装运期、付款条件、结算方式、索赔、仲裁等内容进行商谈,并将商谈后达成的协议写入购货合同。这标志着出口业务的正式开始。

(3) 付款

比较常用的国际付款方式有三种,即信用证付款方式、电汇(T/T)付款方式和直接付款方式。

(4) 备货和包装

备货和包装在整个贸易流程中,起到举足轻重的作用,须按照合同逐一落实。主要包括对货物品质、规格、数量进行核对,并根据信用证规定,结合物流,以运输过程中不同运输方式的衔接安排备货时间,同时根据货物不同、客户特殊要求和出口包装标准,选择合适的包装形式。

(5) 通关

须由持有报关证专业人员,持箱单、发票、报关委托书、出口结汇核销单、出口货物合同副本、出口商品检验证书等文本去海关办理通关手续。

(6) 运输

选择合适的物流方式,并根据购货合同所定的险种来进行投保。

(7) 提单

提单是办理完出口通关手续、海关放行后,由外运公司签出,供进口商提货、结汇所用的单据。提单根据信用证所提要求份数签发,一般是三份,出口商留两份,办理退税等业务,一份寄给进口商,用来办理提货等手续。

进行海运货物时,进口商必须持正本提单、箱单、发票来提取货物(须由出口商将正本提单、箱单、发票寄给进口商)。若是空运货物,则可直接用提单、箱单、发票的传真件来提取货物。

(8) 结汇

出口货物装出之后,进出口公司即应按照信用证的规定,正确缮制箱单、发票、提单、出口产地证明、出口结汇等单据。在信用证规定的交单有效期内,递交银行办理议付结汇手续。

2. 跨境出口电子商务业务流程

传统的贸易模式下,由于交易环节较多,跨境贸易需要通过多层分工来保证顺利完成。跨境电子商务出口既有传统贸易出口的基因,也带有电子商务的新兴血统。与传统贸易出口相比,跨境出口电商最显著特征是,很多贸易环节从线下转到线上,同时缩减了过去线下交易中部分中间环节,使得制造企业与海外消费者之间的渠道长度缩短。跨境出口电商不仅包含商品的转移,也包括了中间数据信息的传送、资金往来、信息凭证的传达等方面,能够即时传递信息、快速应对消费者的反馈,在节省了成本的同时提高了效率。

如图 2-10 所示,在跨境出口电商模式下,国内制造商/供应商可以直接将生产出来的商品在跨境电子商务企业的平台上进行推广展示,然后境外的消费者或批发零售企业在该电商平台进行选购,被选中的商品在下单并完成支付后,国内供应商自己或者委托跨境电子商务平台将该商品交付给跨境物流企业。国际物流公司对该商品进行运输配送,运输配送一般需要经过两次通关商检,也就是出境和进入目的地国边境海关通关商检,最后成功地将商品送到消费者或企业的手中。

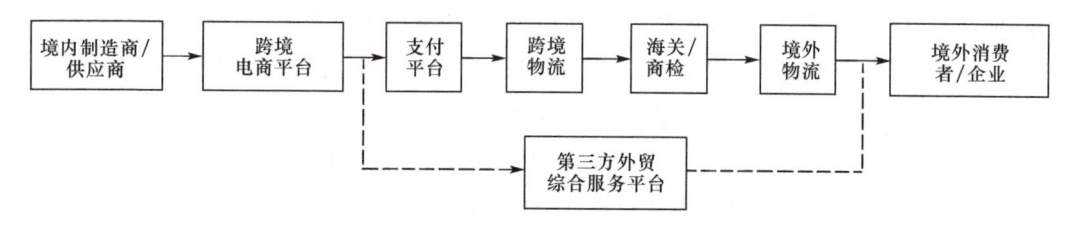

境内制造商/供应商 → 跨境电商平台 → 支付平台 → 跨境物流 → 海关/商检 → 境外物流 → 境外消费者/企业

第三方外贸综合服务平台

图 2-10　跨境出口电子商务业务流程

在完成出口贸易过程中,一些企业还会选择与第三方综合外贸服务平台进行合作,将物流、通关商检、跨境支付、贸易融资等环节委托其完成,从而提高整体跨境贸易的效率。

相对于传统的一般贸易,跨境出口电商在以下几个方面具备优势:

第一,跨境出口电商的贸易成本低。与传统贸易出口不同,境内的生产/制造方通过跨境电子商务平台进行线上展示,境外的消费者或销售企业也通过电商平台订购商品并在线完成跨境支付.减少了原有的出口商、进口商等一些中间环节,使得跨境交易更加便捷。同时,减少了店面、员工、差旅等支出,使综合贸易成本大为减少。

第二、跨境出口电商的贸易效率高。借助于互联网平台,贸易可以突破时间和空间限制,供需双方能随时随地进行商务交流、达成交易,使工作效率大大提高。

第三,跨境出口电商的贸易信息更新及时,内容全面。跨境电子商务的交易信息资源可以实现联网共享,商家和消费者可以即时和全面地知晓商品价格和供求信息,这极大地减少了企业海外市场拓展的信息成本,特别是对中国众多的中小企业而言,跨境电子商务提高其海外营销的能力,对中小企业国际竞争力的提升将起到重要的作用。

(二)跨境出口电子商务商业模式

在跨境出口电商的产业链中,主要包括上游卖家、中游渠道和下游买家三个组成部分。上游卖家主要是指一国境内的生产制造商或者品牌商;中游渠道一般是跨境出口中介式平台或者电商企业自营平台,它们在电商运营和境外销售方面拥有经验,对接卖家和买家;下游买家要么是境外的企业客户,要么是境外的个人客户。除了上游卖家、中游渠道、下游买家之外,还有一些跨境出口服务商,其中主要的是物流服务商和支付服务商、海外仓服务商,以及一些辅助软件服务商(数据库系统、跟卖、搜索、打折等)。

根据下游买家性质的不同,跨境出口电商主要有 B2B 和 B2C 两种商业模式。其中,B2B 的交易主体是企业,而 B2C"商对客"是一种直接面向消费者的消费产品和服务商业的零售模式,见表 2-2。

跨境电子商务

表 2-2　　　　　　　　　　　　　跨境出口电商模式

商业模式	平台分类	模式关键词
B2B 模式	信息服务平台	交易撮合服务、会员服务、增值服务、竞价排名、点击付费、展位推广
	交易服务平台	佣金制、展示费用、按效果付费、交易数据、线上支付、佣金比例
B2C 模式	开放平台	开放平台、生态系统、数据共享、平台对接、仓储物流、营销推广
	自营平台	统一采购、在线交易、品牌化、物流配送、全流程、售后保障

1.跨境出口电子商务 B2C 模式

跨境电子商务 B2C 出口模式是指一国企业或生产企业绕开境外的进口商、批发商和零售商，把产品直接销售给境外消费者。2010 年以来，跨境电子商务 B2C 出口模式也逐渐壮大起来，在 B2B 模式无法触及的领域，B2C 模式开辟了一片新天地。B2C 模式面对的是消费者或小微批发商，主要是在做零售业务。这种模式单笔订单金额小，但是订单数量多，B2C 平台为卖家将货物售卖给海外消费者提供信息展示平台和交易流程。整个业务流程涉及多语言产品描述、跨境支付、跨境物流、售后客服和平台运营等，业务流程确实很长，但"产品＋运营"是 B2C 平台的核心。通过这种模式，买家（消费者）能够直接选购一国的商品，实现快速订货和在线下单支付，而不用通过中间批发商、零售商的环节来获得商品。

(1)跨境出口电商 B2C 商业模式

根据出口电商企业的盈利模式，B2C 出口电商企业又可以分为第三方平台型电商企业和自营电商企业。第三方平台型电商企业的服务内容涉及出口电商的各个业务环节，包括商品展示、店铺管理、交易服务、物流服务、用户评价、仓储服务及产品或店铺的营销推广等，并将这些业务环节的信息集成到自身的交易平台中，形成了以服务于国内卖家与境外消费者的生态系统。

第三方平台型电商更多地作为管理运营平台商存在，通过整合平台服务资源同时共享数据，为买卖双方服务，收益来源以抽取佣金和广告费为主。天猫国际是代表性的大型跨境 B2C 平台型电商，卖家可以在平台上销售各种商品，而平台本身不从事任何销售活动，这种模式下，平台自身的压力很小，卖家的销售活动与平台没有关系，店主自负亏盈，自行根据市场变动做出策略调整，其市场的自由化和灵活性大大超出其他模式。

而自营模式下，电商平台企业对其经营的产品进行统一生产或采购、产品展示、在线交易，并通过物流配送将产品投放到最终消费者群体。自营平台通过量身定做符合自我品牌诉求和消费者需要的采购标准，来引入、管理和销售各类品牌的商品，以可靠品牌为支撑点凸显出自身品牌的可靠性。自营平台在商品的引入、分类、展示、交易、物流配送、售后保障等整个交易流程各个重点环节管理均发力布局，通过互联网 IT 系统管理、建设大型仓储物流体系实现对全交易流程的实时管理。但是这种模式的缺点在于其内部机构庞大，市场反应慢，直接面对顾客，产品扩充不灵活。代表企业有兰亭集势、京东国际等。

(2)跨境出口电商 B2C 模式的物流与支付

跨境出口电商零售企业(B2C 模式)通过邮政包裹或快递直接将货物邮寄给境外消费者，如果没有经过报关、商检等一般贸易流程，银行则无法依据外贸资金管理规定为企业直接提供资金进出和结售汇服务，而仅有作为第三方支付机构的合作银行，做国际收支申报和结汇登记。

第三方支付平台作为一种支付通道,可与境外银行合作,帮助国内商家收取外汇,消费者和商家可以直接在线上完成跨境支付。很多跨境电子商务网站选择直接与海外商业银行合作,开通接收海外银行信用卡支付的端口,例如 VISA、Mastr Card 等;用户可以直接通过信用卡进行支付,或者在线下网点转账汇款支付。缺点是接入方式麻烦、需预存保证金、收费高昂、付款额度偏小。

由于跨境电子商务涉及不同币种、语言及金融政策等因素,因此第三方支付平台与商业银行一般是合作关系,二者互为补充。但与此同时,第三方支付平台与银行也存在着竞争,因为有了第三方支付平台,消费者可以直接绕过银行进行付款。

2. 跨境出口电子商务 B2B 模式

跨境电子商务 B2B 模式下,企业以互联网技术或者商务平台与客户紧密联合,通过更短的反应时间和更快的反应速度提供更好的服务,以此促进企业相关业务的顺利开展。

(1)出口 B2B 商业模式

以 B2B 模式进行的交易中,可以细分成以下四种不同类型:

①垂直 B2B 模式

采取垂直 B2B 模式的跨境电子商务企业一般会开设网络商店或者企业网站,以此直接面向客户推销要出售的商品,用完善的信息展示,直观便利地促进贸易、扩大贸易。垂直 B2B 模式交易最大的特点就是专业和深入,企业既专注于行业优势又专注于国际服务优势,在固定的产业链中不断探索,开发出很多独具特色的服务内容与盈利模式。不过,这种交易模式也存在自身发展的局限性,比如制约了行业规模,仅仅专注于某个特定行业和特定产业链,企业发展的宽度必然会有所限制,若该行业正好受到政策的负面影响或国际市场的冲击,对大企业将会是迎头痛击,对一些小企业甚至可能是灭顶之灾。不仅如此,垂直 B2B 的交易形式会被产业链上下游关系的波动影响,往往一荣俱荣一损俱损,其中的链条式关联形态存在着大量的价值交换,产业链断裂时,上下游中无论是产品或服务,还是反馈的信息,都将受到很多影响。所以目前采用垂直 B2B 模式的我国电商企业所占交易比重不是很高。

②水平 B2B 模式

水平 B2B 模式下的跨境电子商务企业会选择在第三方平台上发布信息,把相似的交易过程汇集到共同的地方,在这个场所中进行信息传递、营销推广、商品贸易、物流配送等活动。目前,许多外贸出口企业借助 eBay、Amazon、敦煌网等第三方跨境电子商务平台,利用平台完备的交易流程和 IT 技术能力,公开自己作为销售商的相关信息和所要出售产品的相关信息,而有意向的国外买家就能在此平台与企业进行直接交易。这种 B2B 模式行业广泛、企业众多,许多刚刚进入跨境电子商务领域的小型企业往往会选择这种方式。此模式发展较成熟,所以门槛较低,风险也较低,但是水平 B2B 模式比较单一、陈旧,在平台上发布信息的做法很常见,也使得竞争愈加激烈,这表明单纯的水平 B2B 模式需要商业创新,仅仅依赖基本形式难以拥有超越同行的竞争力。

③关联行业 B2B 模式

关联行业 B2B 模式是对垂直模式和水平模式的综合整合,兼备了以上两种模式的特

跨境电子商务

点,主要是相关行业的企业为了降低固定产业链的经营风险,选择在与经营行业相关的平台上进行一系列营销,更多的是为联系供求双方,提供交流便利,也提升了跨境电子商务交易的深度和广度。比如美国陶氏化学公司的关联 B2B 平台,就是与壳牌、科诺特、西方石油等十多家跨国公司联合创建的。

④自建 B2B 模式

自建 B2B 模式是有经济实力的大企业对自我组织结构的信息化建设,以构建较为完整的产业供应链为目的,创立行业化的电子商务贸易信息平台。这种大型企业通过建设品牌网站或信息平台,串联起行业的产业链,实现信息共享、协调沟通和商业贸易。

自建 B2B 模式本质上是实体企业在互联网上的延伸,企业希望通过建立属于自己的平台来获得更多的机会。但这种模式的信息平台较为闭塞,缺少对相关领域的深度整合,有些企业只是将 B2B 网站作为相关增值服务的一类进行维护,所以目前所占的贸易份额不大。

(2) B2B 出口电商平台类型

无论采用上述哪种 B2B 模式,B2B 跨境出口电商的基本流程包括境外商业客户发出订单,境内供应商发起订单查询,在得到海外客户的审核答复后,供应商向国际物流商发出运单查询,运输商在接到运输通知后开始发货,境外商业客户支付货款。商机对接是跨境出口电商 B2B 模式发展的一个核心问题,境内企业在寻找境外零售商、海外批发商、海外销售渠道的过程中常常会遇到信息对接问题。在整个过程中,跨境电子商务平台发挥了重要的连接作用,目前主要有两类 B2B 出口电商平台:

①信息服务平台

通过第三方跨境电子商务平台进行信息发布或信息搜索完成交易报合的服务,其主要盈利模式包括会员服务和增值服务。会员服务即卖方每年缴纳一定的会员费用后享受平台提供的各种服务,会员费是平台的主要收入来源,目前该种盈利模式市场趋向饱和。增值服务即买卖双方免费成为平台会员后,平台为买卖双方提供增值服务,主要包括竞价排名、点击付费及展位推广服务,竞价排名是信息服务平台进行增值服务最为成熟的盈利模式。

总体而言,即使线上达成订单交易,B2B 业务整个结算体系仍然十分传统烦琐,因为交易金额较大,很难适用电子商务通常"先款后货"的方式,仍须沿用传统国际贸易中常见的银行增信结算,如信用证、保理电汇等,辅以合同、发票、报关单等单证银行结汇,不能实现国际贸易结算的线上化。

②交易服务平台

能够实现买卖供需双方之间的网上交易和在线电子支付的一种商业模式,其主要盈利模式包括收取佣金以及展示费用。佣金制是在成交以后按比例收取一定的佣金,根据不同行业不同量度,通过真实交易数据可以帮助买家准确地了解卖家状况。上传产品时收取展示费,在不区分展位大小的同时,只要展示产品信息便收取费用。

受限于单笔 5 万美元和现行外汇管理制度,第三方支付机构一般不涉及跨境 BB 的支付结算,外管局许可跨境外汇支付试点的第三方支付机构开展 BC 支付业务,BB 仍属于传统银行的事。

第三节　主流跨境电子商务平台认知

一、平台禁限售规则

禁售商品指涉嫌违法、违背社会道德或违反销售国规定的商品。限售商品在销售之前须取得商品销售的前置审批、凭证经营或授权经营等许可证明，否则不允许发布。

(一)速卖通禁限售规则

速卖通禁限售商品共有 18 个大类，具体的禁售、限售商品列表参见《全球速卖通禁限售商品目录》。表 2-3 为禁限售积分处罚和店铺处罚表。

表 2-3　　　　　　　　　　禁限售积分处罚和店铺处罚

处罚依据	行为类型	积分处罚	店铺处罚
《禁限售规则》	发布禁限售商品	严重违规：48 分/次（关闭账号）	退回/删除违规信息。若查到订单中涉及禁限售商品，速卖通会关闭订单。如买家已付款，则无论物流状况如何，均全额退款给买家，卖家承担全部责任。
		一般违规：0.5~6 分/次（1 天内累计不超过 12 分）	

速卖通根据违规积分的等级制定了公平的处罚标准，分数按行为年累计计算。例如，卖家在 2017 年 5 月 30 日被处罚扣 12 分，会被冻结账户 7 天，同时这个处罚记录到 2018 年 5 月 30 日才会被清零。禁限售违规和知识产权一般侵权将累计积分，积分累计到一定分值，将执行账号处罚。

(二)亚马逊禁限售规则

亚马逊针对不同国家站点有不同的禁限售规则，下面以美国站点为例进行讲解。

• 商品不是针对该站点的。例如，针对美国之外的国家生产的商品不能在亚马逊美国站点销售，只能在其他国家的站点销售，包括进口的教科书等。

• 非法商品和潜在的非法商品。

• 攻击性的材料。裸体和色情商品。

• 侵犯个人隐私的商品。

• 广告。

• 商品可用于数字的下载，包括编码、可以用来访问其他网站或平台上的内容。

违反亚马逊禁限售规则的行为，可能会受到以下处罚：取消商品列表；限制上架特权；暂停上架特权；免除销售特权。

(三) Lazada 禁限售规则

首先，卖家在 Lazada 平台销售的商品必须是全新、合法的授权商品或自产商品，不可以

跨境电子商务

销售二手商品、法律禁售的商品和食品、食用保健品、未经授权的商品、假冒商品,以及宣传暴力或种族主义、煽动仇恨或触犯当地宗教信仰的商品。

其次,针对东南亚地区不同国家的特点,根据当地国家政策,还有具体的禁限售商品规则。

二、速卖通平台主要规则

(一)注册规则

注册速卖通店铺和账号需完成速卖通企业认证或个体工商户认证,进行企业认证后可加入速卖通的"标准销售计划"或"基础销售计划"、个体工商户只能加入"基础销售计划"。在注册开店时进行支付宝绑定、电子邮箱验证、手机验证等过程中,不需要向速卖通平台缴纳任何费用,注册流程如图 2-11 所示。店铺注册成功后会有一个系统自动分配的会员 ID,这个 ID 是唯一的,不能修改。一个会员仅能拥有一个可出售商品的速卖通账户(速卖通账户指主账户)。禁止出租、出借、转让会员账户,如果有相关行为,由此产生的一切风险和责任由会员自行承担,速卖通有权关闭该会员账户。

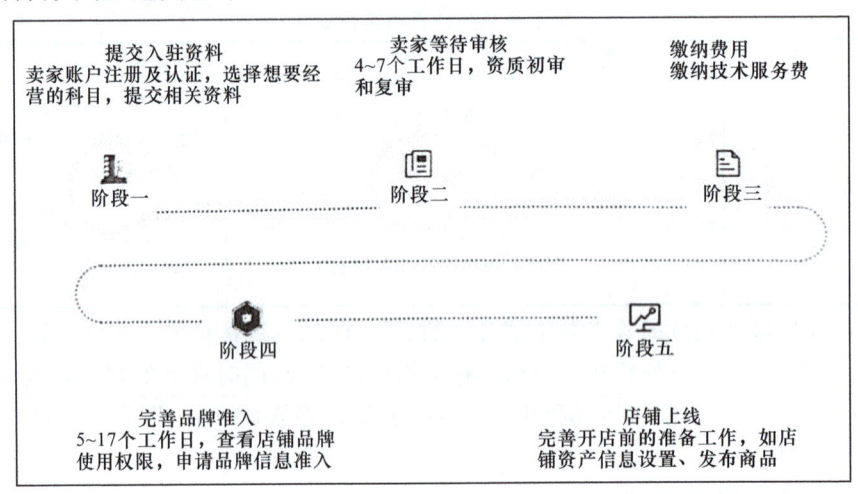

阶段一
提交入驻资料
卖家账户注册及认证,选择想要经营的科目,提交相关资料

阶段二
卖家等待审核
4~7个工作日,资质初审和复审

阶段三
缴纳费用
缴纳技术服务费

阶段四
完善品牌准入
5~17个工作日,查看店铺品牌使用权限,申请品牌信息准入

阶段五
店铺上线
完善开店前的准备工作,如店铺资产信息设置、发布商品

图 2-11 速卖通平台注册流程

全球速卖通有权终止、收回未通过身份认证且连续一年未登录速卖通或 TradeManager 的账户。用户在速卖通的账户因严重违规被关闭的,不得重新注册账户;如果被发现重新注册账户,则速卖通将关闭该会员账户。

(二)交易规则

1. 搜索排序规则

速卖通的搜索排序以帮助买家找到最符合需求的商品为目标。排序是对商品的信息描述质量、商品与买家搜索需求的相关性、商品的交易转化能力、卖家的服务能力、搜索作弊的情况等因素的综合考量。商品的信息描述质量通常包括类目、标题、属性、详细描述、图片、价格等信息的描述质量。商品与买家搜索需求的相关性包括类目与搜索词的关系、标题与搜索词的关系、属性与搜索词的关系。卖家的服务能力包括好评率、仲裁、服务响应速度、订单执行情况等。

第二章　跨境电子商务模式与运作流程

在平台规则反作弊方面,如果商品有信用及销量炒作、类目错放、成交不卖、标题堆砌、重复铺货、超低价或超高价等严重违规行为,则卖家将受到违规商品排名靠后,甚至是全店降权或关闭账户的处罚,见表2-4。

表2-4　　　　　　　　　违规行为类型和处罚措施

违规类型	处罚措施
类目错放	(1)违规商品给予搜索排名靠后或下架删除的处罚。 (2)系统核查到的搜索作弊商品将在"产品管理"→"商品诊断"中展示,商品诊断统计中展示的6类违规行为纳入商品信息质量违规计分体系,根据违规商品数系统自动进行每日扣分。 ・违规商品数为[1,50)个,不扣分。 ・违规商品数为[50,500)个,扣0.2分/天。 ・违规商品数在500个及以上,扣0.5分/天。 (3)在系统自动扣分的基础上,根据卖家搜索作弊行为的严重程度,对整体店铺给予搜索排名靠后或屏蔽的处罚;同时,情节特别严重的,平台将依据严重扰乱市场秩序规则进行扣分、冻结或直接关闭的处罚。 注:对于更换商品的违规行为,平台将增加清除该违规商品所有销售记录的处罚
属性错选	^
标题堆砌	^
标题类目不符	^
黑五类商品错放	^
重复铺货	^
广告商品	^
描述不符	^
计量单位作弊	^
商品超低价	^
商品超高价	^
运费不符	^
SKU作弊	^
信用及销量炒作	^

下面详细说明哪些行为属于严重的搜索违规行为。

(1)类目错放

类目错放是指商品实际类目与发布的商品所选择的类目不一致。卖家要避免在商品发布过程中错放类目,需要注意以下几点:

①要对平台的各个行业、各层类目有所了解,知道自己所售的商品从物理属性上讲应该放到哪个类目下,如销售手机壳,应知道手机壳是属于手机类目的;

②可在线上通过商品关键词查看此类商品的展示类目作为参考;

③根据自己所要发布的商品逐层查看推荐类目层级,也可以使用商品关键词搜索推荐类目,从而在类目推荐列表中选择最准确的类目,在发布时要注意正确填写商品的重要属性。

(2)属性错选

属性错选是指用户在发布商品时,类目选择正确,但选择的属性与商品的实际属性不一致。为了避免在商品发布过程中发生属性错选,卖家可参考以下做法:

①对平台各个行业下的所设属性有所了解,知道自己所售商品的物理属性和营销属性都有哪些,如T恤有颜色、尺码、材质、袖长、领型等属性。

②可在线上通过商品关键词查看此类商品的展示属性作为参考。

③为避免错选,可根据自己所要发布的商品选择好类目。逐一考虑发布时待选的属性;还要避免遗漏,例如在商品发布时忘记选择"袖长"属性;同时避免多选,例如商品无明显风格属性,却选择了波希米亚风格。

(3)标题堆砌

①标题堆砌是指在商品标题描述中多次使用关键词的行为。商品标题是吸引买家进入

商品详情页的重要因素,字数不应太多,应尽量准确、完整、简洁。

②标题的描述应该是完整、通顺的一句话,例如描述一件婚纱"Ball Gown Sweetheart Chapel Train Satin Lace Wedding Dress",用 Wedding Dress 作为商品的关键词。

(4)标题类目不符

标题类目不符是指商品类目或标题中的部分关键词与实际销售商品不符。要避免标题类目不符,可先检查商品的类目是否选择正确,其次检查标题中是否出现了与实际销售商品不符的关键词。

(5)黑五类商品错放

商品错放是指订单链接、运费补差价链接、赠品、定金、新品预告五类特殊商品,没有按规定放到指定的特殊发布类目中。这五类商品在平台上的正确发布类目为"special category",卖家在发布这5类商品时,应将其放到"special category"这个特定类目中,这样能够方便买家快速购买所需的商品,从而顺利达成交易,切勿将其放在其他类目中。

(6)重复铺货

各个商品要在标题、价格、图片、属性、详细描述等字段上有明显差异。如果仅商品图片不同,而商品标题、属性、价格、详细描述等字段雷同,则视为重复铺货。如果需要对某些商品设置不同的打包方式,则发布数量不得超过 3 个,超出部分的商品视为重复铺货。对于同一个卖家(包括拥有或实际控制的在速卖通网站上的账户),每件商品只允许发布一条在线商品信息,否则视为重复铺货。

在发布商品的过程中切勿将同一个商品发布多次;对于不同的商品,在发布时不要直接使用已有商品的主图或直接复制已有商品的标题和属性;不同的商品,除要在主图上体现差异外,还要填写标题、属性、详细描述等关键信息,以和其他商品区分。

(7)广告商品

广告商品是指以宣传店铺或商品为目的,发布带有广告性质(包括但不限于在商品标题图片、详细描述信息中等留有联系信息或非速卖通的第三方链接等)的信息,吸引买家访问而信息中商品描述不详或无实际商品,如图 2-12 所示。

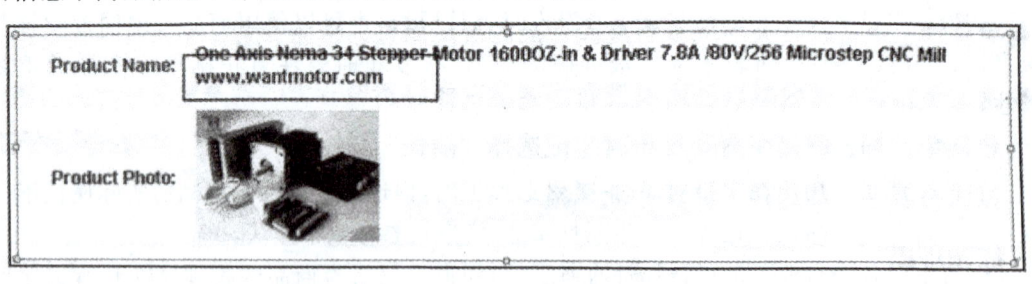

图 2-12 广告商品

(8)描述不符

描述不符是指标题、图片、属性、详细描述等信息之间明显不符,信息涉嫌欺诈。例如,实际销售商品在属性描述中有误、商品主图与详细描述图片不符、标题最小起订量与设置的最小起订量不符、标题打包方式与实际设置打包方式不符、滥用品牌词描述等都属于描述不符。

第二章 跨境电子商务模式与运作流程

(9)计量单位作弊

计量单位作弊是指将计量单位设置成与商品常规销售方式明显不符的单位,或者将标题、描述里的包装物也作为销售数量计算,并将商品价格平摊到包装物上,误导买家。例如,卖家在标题中将包装物也作为销售数量计算,让买家误认为单价很低,或者将鞋子以单只的价格进行出售。

(10)商品超低价

商品超低价是指卖家以偏离正常销售价格较大的低价发布商品,在以价格排序时,吸引买家注意,骗取曝光。

(11)商品超高价

商品超高价是指卖家以偏离正常销售价格较大的高价发布商品,在以价格排序时,吸引买家注意,骗取曝光。

(12)运费不符

运费不符是指卖家在标题及运费模板等处设置的运费低于实际收取的运费。例如,一件婚纱的正常销售价格是 159.47 美元,卖家将商品价格设置成 0.01 美元,将运费设置成 159.46 美元;或者在标题中标注了免运费(Free Shipping)而实际商品并不提供针对任何一个国家免运费或只提供部分国家免运费等,都属于运费不符。

(13)SKU 作弊

SKU(Stock Keeping Unit)即库存进出计量的单位,可以以件、盒、托盘等为单位。SKU 作弊是指卖家通过刻意规避商品 SKU 设置规则,滥用商品属性(如套餐、配件等)设置过低或不真实的价格,使商品排序靠前(如价格排序);或者在同一个商品的属性选择区放置不同的商品。

SKU 作弊大致分为以下几种情况。

①将不同的商品放在一个链接里出售(如触摸笔和手机壳)。

②将正常商品和不支持出售(或非正常)的商品放在同一个链接里出售。

③将常规商品和商品配件(如手表和表盒)放在一个链接里出售。

④将不同属性的商品捆绑成不同套餐或捆绑其他配件放在一个链接里出售。例如,将 A 款手机和 A 款手机绳捆绑成一个套餐,将 B 款手机和 B 款手机绳捆绑成另一个套餐,放在同一个链接里出售。

⑤卖家想通过标低价的 SKU 商品来获得虚假的销售量,或者通过虚假 SKU 的超低价格获得价格搜索排名,这样的行为都属于 SKU 作弊,是平台严厉打击的行为。

⑥更换商品是指修改原有商品的标题、价格、图片、类目、详情等信息后发布其他商品(含更新换代的商品,新商品应选择重新发布),对买家的购买造成误导。如果修改只涉及对原有商品信息的补充、更正,而不涉及商品更换,则不视为"更换商品"的行为。

⑦经系统识别或被他人投诉举报涉嫌更换商品,经人工二次核查属实,平台将清除该商品所有销量纪录并进行商品排名靠后处理;若屡次出现销量炒作的情况,则平台有权下架或删除该商品,并且保留对卖家/店铺做出整体处罚的权利。

(14)信用及销量炒作

信用及销量炒作是指通过非正常交易手段提高商品的销量及信用,借此获得更多的曝光,造成不正当竞争,同时也对海外买家选购商品产生误导,扰乱市场秩序。平台对此类行

47

为做出以下两种处理。

①对于被平台认定为信用及销量炒作的卖家,平台将删除其违规信用积分、商品及销量纪录且进行搜索排序靠后的处罚,对信用及销量炒作行为涉及的订单进行退款操作,并根据店铺违规行为的严重程度,分别给予6分/次、12分/次、24分/次、48分/次或直接退播的处罚。

②对于第二次被平台认定为信用及销量炒作的卖家,不论行为的严重程度如何,平台一律做清退处理。

2. 订单超时规则

(1)买家下单后,买卖双方需要在规定的时间内完成交易。自买家下单起20天内,如果买家没有及时付款,则订单会自动关闭;买家付款后到卖家发货前,买家可以申请取消订单。

(2)买家付款成功后,卖家需要在约定的备货时间内完成发货,如果无法及时发货,可以与买家协商延长发货时间;如果卖家没有在约定的备货时间内完成发货,则订单自动关闭,货款退还给买家。

(3)卖家完成全部发货后,买家须在卖家承诺的运达时间内确认收货,如果买家一直未收到货物,可以由卖家延长买家收货时间;如果买家一直未确认收货且未申请退款,则该订单买家确认收货超时并视为交易完成。

(4)如果卖家承诺的运达时间小于10天(自然日),则在卖家发货后,买家就可以申请退款;

(5)如果卖家承诺的运达时间大于或等于10天,则在卖家发货后的10天之后,买家可以申请退款。

3. 物流规则

卖家可以自由选择发货采用哪些物流服务;买家可以在卖家提供的物流服务中选择物流方式;买家选择物流方式后,卖家必须按照买家所选择的物流方式进行发货。卖家填写发货通知时,所填写的运单号必须完整、真实、准确,并可查询。

4. 评价规则

交易完成后,买卖双方可以互相评价,评价规则包括信用评价(Seller Summary)和店铺评分(Detailed Seller Ratings)。通过大量买家对卖家进行打分和评价,卖家会得到综合得分,这些综合得分和评价细节将对卖家产生多方面的影响,如搜索权重、申请速卖通平台大促活动资格、影响未来潜在买家的购买决策等。

信用评价包括"好评率"和"评论内容"。评论内容包括文字评论和图片评论。信用评价买卖双方可以进行互评,买卖双方也可以针对自己收到的差评进行回复。买家给予的差评会影响未来潜在买家做出购买决策,如果卖家收到买家的无理差评,可以通过回复功能进行解释,扭转对潜在买家的负面影响。信用评价在买家端的展示情况如图2-13所示。

店铺评分是指买家在订单交易结束后以匿名的方式对卖家在交易中提供的商品描述的准确性(Item as Described)、沟通质量及回应速度(Communication)、商品运送时间的合理性(Shipping Speed)三个方面的服务做出评价,是买家对卖家的单向评分,总分为5分,如图2-14所示。

第二章 跨境电子商务模式与运作流程

图 2-13 买家端的店铺信用评价

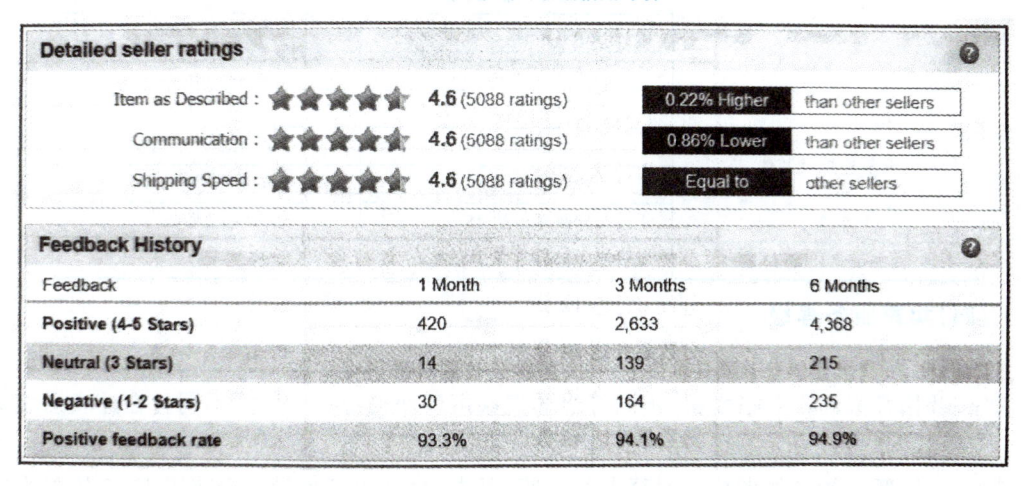

图 2-14 买家端的店铺评分

商家好评率(Positive Feedback Ratings)、商品评分和店铺评分(Feedback Score)的计算原则是：

(1)四星和五星加 1 分，三星既不加分也不减分，一星和二星减 1 分；

(2)成交金额低于 1 美元的订单不计入好评率和商品评分；

(3)补运费差价、赠品类目、定制化商品等特殊商品的评价不计入好评率和商品评分。

49

5. 放款规则

一般情况下,速卖通平台将在交易完成、买家无理由退货保护期届满后向卖家放款,即买家确认收货或系统自动确认收货加 15 个自然日后向卖家放款。针对经营状况优秀的卖家,平台系统会根据卖家经营情况和信用进行综合评估,可以为部分订单在交易结束前提前放款。

6. 佣金规则

卖家在申请开通经营类目时向速卖通平台缴纳的技术服务年费,在达到平台要求的销售额后,平台会返还技术服务费。除此之外,平台会按照订单成交总金额(包含商品金额和运费)向卖家收取一定比例的交易佣金,有些类目佣金比例为 5%,有些类目佣金比例为 8%。

(三)违规与处罚规则

速卖通平台将卖家的违规行为分为 4 大类:知识产权严重违规、知识产权禁限售违规、交易违规及其他、商品信息质量违规。同时,设计了 4 套积分体系,处罚节点见表 2-5。

表 2-5   四套积分体系处罚节点

违规类型	违规节点	处罚规则
知识产权严重违规	第一次违规	冻结账号
	第二次违规	冻结账号
	第三次违规	关闭账号
知识产权禁限售违规	分数累计达 2 分	严重警告
	分数累计达 6 分	限制商品操作 3 天
	分数累计达 12 分	冻结账号 7 天
	分数累计达 24 分	冻结账号 14 天
	分数累计达 36 分	冻结账号 30 天
	分数累计达 48 分	关闭账号
交易违规及其他	分数累计达 12 分	冻结账号 7 天
	分数累计达 24 分	冻结账号 14 天
	分数累计达 36 分	冻结账号 30 天
	分数累计达 48 分	关闭账号
商品信息质量违规	12 分及 12 分的倍数	冻结账号 7 天

(四)卖家服务等级

卖家服务等级是速卖通平台对卖家的各方面指标进行考核后,将卖家分为优秀卖家、良好卖家、及格卖家和不及格卖家,不同等级的卖家可以获得的平台资源不同。在速卖通卖家后台可以看到"当月服务等级"和"每日服务分"两项评分结果。如图 2-15 所示的卖家,由于订单量不足,暂不能参加考核。截至上月月底,过去 90 天内订单量大于或等于 60 笔的卖家才能参与考核服务分,才会有相应的每日服务分和每月等级的展示。

图 2-15   卖家订单量不足,不参加考核

第二章　跨境电子商务模式与运作流程

如图 2-16 所示是卖家的每日服务分展示,我们可以看到,每日服务分是由 7 个因素加权得出的综合分数。每日服务分分数越高,对搜索排序越有利,但搜索排序受多个因素影响,每日服务分只是其中的一个因素。

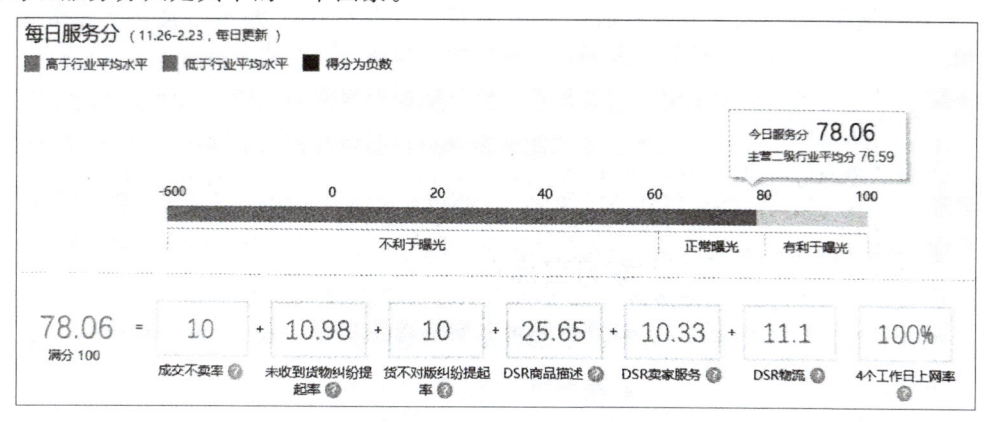

图 2-16　卖家的每日服务分展示

当月服务等级不同的卖家会得到平台不同的资源,具体资源分配见表 2-6。

表 2-6　当月服务等级不同的卖家的平台资源分配

	不及格	及格	良好	优秀
定义描述	上月每日服务分均值小于 60 分	上月每日服务分均值大于或等于 60 分且小于 80 分	上月每日服务分均值大于或等于 80 分且小于 90 分	上月每日服务分均值大于或等于 90 分
橱窗推荐数/个	0	0	1	3
平台活动权利	不允许参加	正常参加	正常参加	优先参加
直通车权益	无特权	无特权	开户金额返利 15%,充值金额返利 5%(需至直通车后台报名)	开户金额返利 20%,充值金额返利 10%(需至直通车后台报名)
营销邮件数量/封	0	500	1 000	2 000

本章小结

跨境电子商务模式分类,按照进出口方向划分,可分为跨境电子商务进口和跨境电子商务出口;基于交易主体属性进行划分,可分为 B2B 跨境电子商务、B2C 跨境电子商务和 C2C 跨境电子商务;按照网站开发与运营主体,可划分为第三方平台型电商(或称"平台型电商")和自营型电商;按照服务类型分类,可划分为信息服务平台与在线交易平台;按照涉及的行业范围分类,可划分为垂直跨境电子商务与综合跨境电子商务。跨境进口电子商务是跨境电子商务的交易主体,通过互联网信息平台把其他国家和地区的商品进口至本国的贸易方式,探讨了跨境进口电子商务的商业模式,主要分析了零售商业模式以及跨境进口电子商务企业的运营模式。跨境出口电子商务是指跨境电子商务的交易主体通过跨境电子商务平台将一国境内的商品或服务销往别的国家或地区的贸易方式。重点阐述了跨境出口电商的业务流程、商业模式。了解主流平台的禁售规则;掌握速卖通平台的基本规则;理解速卖通卖家等级规则。

跨境电子商务

关键概念

B2B 跨境电子商务、B2C 跨境电子商务、C2C 跨境电子商务、信息服务平台、在线交易平台、垂直跨境电子商务、综合跨境电子商务、跨境进口电子商务、跨境出口电子商务

思考题

1. 简述跨境电子商务的分类标准，以及各分类标准下跨境电子商务的具体类型。
2. 介绍跨境电子商务出口模式分类及各模式具体情况。
3. 介绍跨境电子商务进口模式分类及各模式具体情况。
4. 论述平台型跨境电子商务具体业务内容。
5. 假设你是电商专业的应届毕业生，你想选择一个跨境电子商务平台开立一个跨境进口电商店铺。
    (1) 请简要介绍一下你了解的跨境进口电商平台有哪些？
    (2) 你会选择哪个平台开立你的店铺，请简要说明理由。
    (3) 你会选择什么主营产品，请说明一下你选择这个(类)产品的理由。
6. 简述 B2C 出口直邮监管模式和保税集货监管模式的异同点。
7. 简述跨境出口电商与传统贸易出口的异同点。

本章案例

速卖通发布 2016 全平台入驻新规，全面转型跨境 B2C

2015 年 12 月 7 日，雨果网获悉，阿里巴巴集团旗下跨境出口电商平台速卖通对外宣布，全平台入驻门槛新规正式发布，将对平台所有行业整体提升商家入驻门槛，全面从跨境 C2C 转型跨境 B2C。新规最大变化是推出了年费制度和年费返还措施，一方面按照经营大类设置年费，提高准入门槛，另一方面通过"年费返还"等有效激励措施，提振优质国产品牌、中国制造商开拓全球市场的信心。同时通过多项动态指标考核，持续优胜劣汰。

"在中国制造转向中国质造的大背景下，速卖通要帮助中国的中小品牌在全球市场完成转型升级，首先要完成平台自身的转型升级。"速卖通总经理沈涤凡表示，此次全平台入驻门槛大幅提升，表明速卖通已下定决心全面转型跨境 B2C 平台。未来的速卖通会是一个高品质的平台，吸引优质商家入驻，帮助包括中国在内的全球中小企业开拓全球市场。

① 首创年费返还制度，激励优质商家

雨果网了解到，此次速卖通入驻新规从平台基础准入机制、平台基础通用机制、行业市场细分机制、平台基础准出机制等诸多方面入手，基于全平台生态进行了综合评估和前期准备，新规更是有效规范细化到 980 个二级或三级经营类目。

依照新规，速卖通全平台将分为八大经营范围，下设 18 个经营大类，按照经营大类对入驻商家收取年费。对应每个经营大类，商家分别缴纳 3 000～50 000 元不等的技术服务年费。为鼓励优质商家，速卖通还推出了年费返还制度。以女装行业为

例,只要年交易额达到3万美元及以上,且服务指标达标,会返还该商家50%年费。年交易额6万美元及以上,且服务指标达标,则返还商家100%年费。

在执行时间上,2015年12月23日先针对3C、运动等标品行业实施门槛,2016年1月13日针对服饰、家居等非标类实施门槛。

速卖通总经理沈涤凡表示,"年费制的目的,其实就是清除一批三天打鱼、两天晒网的劣质商家,让速卖通不再是一个无成本、无门槛的平台,而形成一个良币驱逐劣币的平台"。

事实上,在新规正式推出之前,速卖通已对3C、婚纱、母婴等13个重点行业进行了第一期测试,效果十分显著——整个速卖通平台净化明显,买家复购率提升,优质商家欢欣鼓舞。速卖通总经理沈涤凡对此表示,"在一个充分开放、日益增长的自由市场中,柠檬市场效应也会日益显现,需要奖惩分明的平台生态综合治理。这是一个系统性工程,并非一蹴而就,速卖通已经为此摸索了五年"。

②动态考核优胜劣汰,侵权问题"三振出局"

据悉,通过"年费返还"等措施激励优质商家的同时,速卖通还将通过多项动态指标考核,包括动态监控卖家服务评级(Detailseller Rating,DSR)、商品描述平均分、货不对板纠纷率等,淘汰掉一票"重复开店""重复铺货"以及"玩票"的商家群体。

准出方面,重点针对侵权问题,推出"三振出局"加码举措,即第一次严重警告,第二次冻结两周资金流,第三次则直接清退。一旦商家涉及严重侵权、炒信、欺诈,将被直接清退。在未来计划中,速卖通还将逐步推进交易商品全部进入菜鸟合作仓库,加入线下实物开箱检验这一环节,切入物流,实现线上线下立体式有效管控。此前,速卖通及阿里安全、技术、品控、法务等多部门,一直跟知名品牌权利人、境内外政府、各方合作伙伴保持密切沟通,通过"信息流""资金流"摸索净化管控平台生态的方法。

有业内人士分析,作为跨境出口电商领头羊,速卖通此次发布新规还向外传递了一个强烈信号。除了全面转型之外,它还加大了力度,从招商源头有效打击假货、炒信、欺诈、劣质等过度无序的市场竞争乱象。

③优质商家享受更多服务,集中精力关注品牌形象

转型跨境B2C平台后,速卖通要帮助商家快速成长为优质品牌,让全世界的消费者接受。同时,商家也能通过速卖通打造更好的品牌形象。

"速卖通开始设置年费门槛,建立动态服务指标,对于真正想做好跨境市场的中国好商家来说绝对是好消息。"在速卖通经营5年的深圳手机商家王令说道:"以前大家都想着打价格战,无序、恶性竞争会抑制优质商家积极性。现在平台规则整体升级,规范买家体验也越来越好,优质商家有更多精力关注品牌以及服务重点国家。"

据速卖通3C行业负责人李翔介绍,3C作为速卖通成交靠前的大类目,一直在行业治理规则上先行先试,最早从2014年7月开始即第一次大规模提升行业门槛,目前整个3C行业九成以上成交额均来自知名品牌以及自主品牌。此外,3C行业还推出了针对重点品牌的专项梳理工作,效果显著。以小米手机的全平台封闭测试为例,除了走访重点优质商家、建立优质商家日常沟通群之外,还通过服务、交易多项指标组合入手。封测开展以来,小米手机交易纠纷率大幅降低。接下来还将针对联想、魅族等成交量排

跨境电子商务

名前列的品牌继续摸索尝试。

（资料来源：速卖通发布2016全平台入驻新规，全面转型跨境B2C[EB/OL].[2017-10-1].）

思考：
1. 速卖通采用了哪种跨境电子商务模式？
2. 速卖通为何要进行转型？
3. 速卖通的转型会遇到哪些难题与困扰？

第三章 跨境电子商务营销

学习目标

◆ 知识目标:

了解 4P、4C、4R、4I 基本营销理论;了解和分析国际消费者行为特征;掌握跨境电子商务选品原则与方法,以及跨境电其产品的定价方法;掌握跨境电子商务营销推广模式:了解和掌握搜索引擎营销技巧、掌握开展社交媒体营销的技巧、掌握开展 KOL 营销的技巧、掌握开展电子邮件营销的技巧、了解各大跨境电子商务平台的站内推广工具、掌握运用各站内推广工具开展营销推广的技巧、移动营销技巧。

◆ 能力目标:

能够了解国际消费者的消费行为特征,并运用跨境电子商务营销推广技巧及营销工具,开展跨境电子商务的商务活动。

◆ 思政目标:

能够通过跨境电子商务的营销过程及其结果,宣传正确价值观念;引导目标市场的潜在消费者建立正确的消费理念和消费偏好;树立消费者的权益保护和知识产权保护意识;培养学生跨境电子商务职业操守。

引导案例

Facebook 营销及推广手法科普篇,跨境电子商务 get 起来!

Facebook 营销是跨境电子商务站外推广的主战场,"玩"得好的卖家不在少数,刚刚入门或还未入门的卖家更多,为此雨果网专门从 Facebook 营销专家飞书互动提供的相关资料里,提炼了 Facebook 营销入门和指南,这是一个科普帖。

一、优势:迎合移动化趋势、精准营销无可比拟

Facebook 拥有 15.9 亿月活跃用户,其中 75% 为非美国用户。移动端月活跃用户 12.5 亿,覆盖 75% 的移动设备。

Facebook 每位用户平均有 130 名好友,加入 80 个组群,社群关系强且用户乐于分享,平台活跃度高。用户照片和视频在移动端的上传量占网络上行流量的 27%。广告

刷新频率高,展示机会多。用户每天平均查看Facebook 14次。

Facebook用户独享一个ID,广告营销体系基于用户真实的行为和兴趣,而非cookies。海量的有迹可循的行为数据,便于广告准确匹配用户信息,关注用户真实体验。基于真实用户信息的核心定位可以精准圈定更多潜在用户。自定义受众、类似受众功能可有效争取次新用户,挖掘潜力新客户,提高用户转化率。

二、广告和粉丝页运营,是两大主流营销手段

1. 多样广告,准确传递产品信息

多样化、全方位的广告投放,信息流图片、动态广告、视频广告、轮播链接广告等多种形式可实现跨平台展示,辅之优秀的创意和素材,有效实现跨屏投放无缝衔接,将产品信息准确传递给目标用户。

2. 粉丝页运维,塑造企业品牌形象

Facebook粉丝页是营造品牌和经营粉丝的极佳平台。通过精心准备的文字、图片、视频、链接相配合的帖文,能全面、及时、生动、准确地传递品牌信息。通过号召、行为奖励、线上活动等鼓励粉丝参与帖文互动,提高点赞、分享、评论数,增强粉丝活跃度,提升受众忠诚度,树立品牌形象。

三、适合在Facebook开展营销的效果

1. 电商推动在线销量

用户访问Facebook时,电商可以覆盖桌面电脑、平板电脑和手机等常用设备。投放的广告也可以跨设备追踪成效。而且这种广告是定向、精准的投放,通过大数据分析来推送。电商可以实时追踪和衡量广告成效,并进行优化。

2. 提升企业品牌知名度

全球有超过15.9亿用户使用Facebook关注他们所重视的内容,企业可以利用引人入胜的视频、照片和链接广告讲述品牌故事,打造持久的知名度。Facebook广告也支持此类企业视频广告,将其和来自受众亲朋好友的动态消息一同向受众展示。当用户与企业的业务建立情感联系时,就更可能选择企业的产品和服务。

3. 推广应用

通过创建和投放Facebook广告,即精准投放,Facebook同样可以帮助一些开发公司推广移动应用程序和游戏,帮助发掘新客户,并保持较高的应用使用率。这个同样适于购物App。

综上,通过Facebook广告,可以吸引更多用户到访店铺,在网站上购物,为店铺主页点赞,安装应用程序等。

(资料来源:Facebook营销及推广手法科普篇,跨境电子商务get起来![EB/OL].[2017-12-1].)

第一节 跨境电子商务营销概述

一、跨境电子商务营销基本理论

市场营销理论是企业把市场营销活动作为研究对象的一门应用

从国家维度进行
选品分析方法

科学。如果我们在跨境电子商务营销推广中,能应用营销的一些相关技巧,那么店铺运营将更加系统化。本节主要介绍市场营销中常用的 4P、4C、4R、4I 营销体系,以及它们在跨境电子商务平台阿里速卖通中的应用。

(一)4P 理论

4P 理论即产品(Product)、价格(Price)、渠道(Place)和促销(Promotion)(图 3-1),该理论产生于 20 世纪 60 年代的美国,是由密歇根大学教授 E. 杰罗姆·麦卡锡(E. Jerome McCarthy)提出的。他认为 4P 理论是研究把合适的产品(Product),以合适的价格(Price),通过合适的渠道(Place),用适当的方法促销(Promotion)给更多的顾客,从而满足市场需要,获得最大利润。因此,我们可以说市场营销管理的本质就是企业能够制定出适应市场环境变化的市场营销战略。

图 3-1　4P 理论

虽然 4P 理论风靡了半个世纪,但到了 20 世纪 90 年代,消费者个性化消费日益凸显,市场竞争日趋激烈,媒介传播速度加快,4P 理论受到前所未有的挑战。从本质上来讲,4P 理论以企业为中心,企业生产什么产品、希望获得多少利润、制定什么样的价格、以怎样的方式进行传播和促销、以怎样的渠道进行销售,都是由企业决定的,企业的营销活动忽略了最重要的营销服务对象——顾客。随着 4P 理论的弊端日益凸显,更加强调顾客满意度的 4C 理论应运而生。

(二)4C 理论

4C 理论是由美国学者劳特朋(Lauteborn)教授在 1990 年提出来的,分别是指顾客(Customer)、成本(Cost)、便利(Convenience)和沟通(Communication)(图 3-2)。它以顾客需求为导向,强调企业应该把顾客满意度放在首位,努力降低顾客购买产品所愿意支付的购买成本,要最大限度地为顾客提供购物便利,同时注重与顾客的双向交流与沟通。

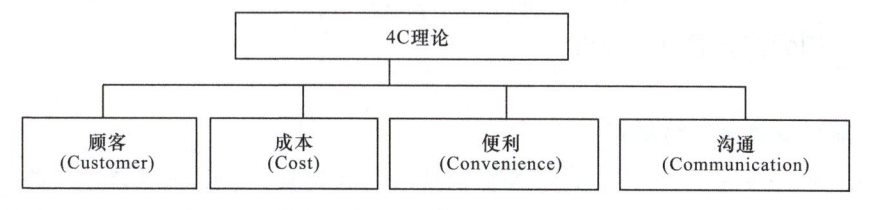

图 3-2　4C 理论

随着时代的发展,4C 理论也凸显了其局限性。企业是以顾客需求为导向的,当顾客利益与企业利益发生冲突时,顾客战略也是不适应的。因此从市场对 4C 理论的反应来看,需要建立企业与顾客间更有效、更长期的关系。

(三)4R 理论

针对 4C 理论的局限性,美国的唐·E. 舒尔茨(Don E. Schultz)在 2001 年提出了关联(Relevancy)、反应(Reaction)、关系(Relationship)和报酬(Reward)的 4R 理论(图 3-3)。4R 理论是以竞争为导向的,侧重于实现企业与顾客的双向互动与共赢,注重建立企业和客户之间的长期互动关系,建立顾客忠诚度。通过关联、反应、关系把企业与客户紧密联系在一起,

跨境电子商务

形成竞争优势。报酬体现在成本与双赢两个方面,既满足了企业的利益又兼顾了消费者的需求。

```
            4R理论
    ┌─────┬─────┬─────┐
   关联   反应   关系   报酬
(Relevancy)(Reaction)(Relationship)(Reward)
```

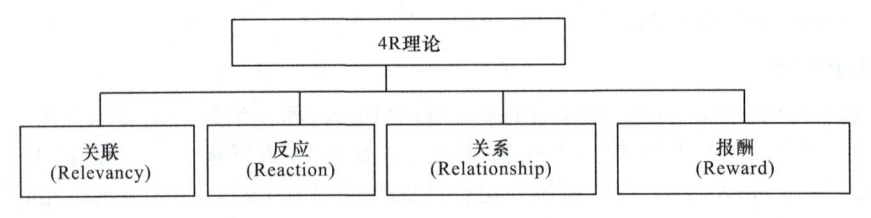

图 3-3　4R 理论

4R 理论与其他理论一样,存在缺陷与不足。比如与顾客建立关联,建立长期的互动关系,这需要企业有一定的实力,然而这并不是每个企业都能做到的。

(四)4I 理论

随着网络的快速发展,传统的营销理论已经很难适用。在传统媒体时代,信息传播是自上而下、单向式流动的,消费者只能被动接受。而在网络媒体时代,信息呈现出一种多向的、互动式的新的传播方式,声音嘈杂、多元化、各不相同,加之博客、论坛、IM 等自媒体的爆炸式增长,每一个消费者都形成了自己独有的特点,也渴望通过个性来吸引更多人的关注。企业如何通过营销,将产品信息有效地传达给顾客并满足顾客个性化的需求呢?面对市场的需求,唐·E. 舒尔茨于 20 世纪 90 年代又提出了网络整合营销 4I 理论:趣味(Interesting)、利益(Interests)、互动(Interaction)、个性(Individuality)。这个理论已慢慢成为一个新的营销宝典(图 3-4)。

```
            4I理论
    ┌─────┬─────┬─────┐
   趣味   利益   互动   个性
(Interesting)(Interests)(Interactio)(Individualit)
```

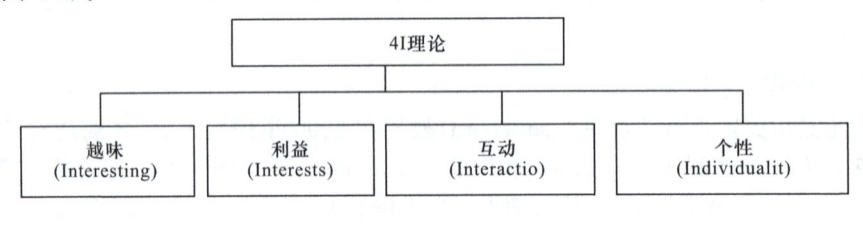

图 3-4　4I 理论

二、国际消费者行为分析

(一)国际消费者行为概述

VISA(维萨)发布的《2015 年电子商务消费者行为调查》显示,消费者进行跨境网购的主要原因包括:更好的促销活动和优惠(26%);更便宜的价格(24%);商品设计更独特(24%);商品种类更多(24%);其他(2%)。(图 3-5)

PayPal(贝宝)报告和 Gallop(冠奥通)网络 2015 年 9 月 17 日至 2015 年 10 月 28 日消费调查显示,美国一直是最受欢迎的跨境电子商务目的市场,PayPal 的数据也显示"made in the USA"(美国制造)的产品是全球跨境出口最高的。中国网民调查显示,35% 的网民声称 2015 年进行了跨境购买,这个数字在 2014 年是 26%。爱尔兰、奥地利和以色列有世界上最活跃的跨境电子商务用户,分别为 86%、85% 和 79%。关于支付终端,全球调查显示,16% 的在线付款是通过智能手机完成的。其中,以尼日利亚、中国、阿联酋的比较高,尼日利亚的智能手机付款率达 37.8%,高出平均水平接近 3 倍;其次是中国(34%)和阿联酋

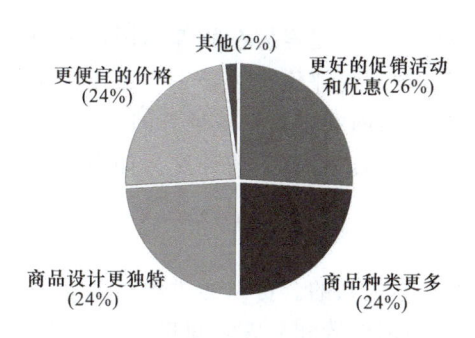

图 3-5　消费者进行跨境网购的主要原因

(31%)。单单就增长来看,移动端消费增长最高的为法国、荷兰和阿根廷。

2014 年美国 PayPal 和法国 Ipsos(益普索)两家公司的研究显示,跨境贸易现在是全球化经济的一个强大的推动力量。目前超过 10%的网络购物是跨境购物,跨境购物消费者的平均支出大约是境内购物消费者的两倍。"多渠道零售商"网站 2014 年数据显示,衣服和鞋子是跨境消费者购买最多的商品,占跨境网购的 39%。在以下区域中,跨境网购消费者首选衣服和鞋子的比例分别是:北美(33%)、拉丁美洲(47%)、中东(47%)、西欧(33%)、北欧(36%)、中东欧(50%)、亚太(43%)。电子产品是列在衣服和鞋子之后的第二大消费热点,占全部跨境网购消费的 26%。但是这一数字在不同地区有所差异:在亚太地区,电子产品位居第三,列在化妆品和美容用品之后;在北欧,电子产品位居第四,列在娱乐用品和旅行用品之后;而在北美,电子产品落在了第五。就地区而言,美国和中国产品总体上来说最受欢迎,分别占跨境网购的 26%和 18%。但是各地区消费者的喜好也不尽相同:北美、拉丁美洲、北欧和中东地区消费者喜欢美国产品,西欧跨境消费者主要喜欢德国产品,而中东欧消费者则更喜欢从中国购买商品。

(二)国际消费者行为特点

1.国际消费者购买决策的心理模式

每个人的想法都是独一无二的,但我们仍然可以通过观察一系列的心理触发反应来判断它是如何影响消费者的购物习惯的。面对有众多选择的网络,消费者是如何选择产品的呢?消费者心理模式如果被正确利用,能够有效地帮助企业增加销量。

(1)损失厌恶

人们对将要失去某事物的恐惧感受非常真切,而很多电商网站会利用消费者的这种心理,促使人们尽快做出购物决定。在网站上设置一个关于库存或是促销时间的倒计时,消费者会感觉到自己需要加快速度,在优惠消失之前赶紧入手。利用消费者的这种损失厌恶心理确实可以增加销量。

(2)社会认同

人天生具有社会性,倾向于依赖团体的力量。消费者一般对品牌推广都会持怀疑的态度,所以通过一些比较有影响力的形象大使甚至是一些想跟其他人分享自身体验的普通人来推广自己的网站、产品等就显得非常有必要。电商网站应该通过展示评论、推荐等来得到社会的认同,并且应该知道,消费者的观点产生的影响是很重要的。当然,展示的评论也并不一定很完美,太完美的评论反而不容易赢得消费者的信任。正所谓"众口难调",实际上,一些负面的评价反而会显得更加真实,也会更容易得到消费者的认可。

相信权威和社会认同类似。权威更容易在品牌和用户之间建立起信任,人们更倾向于信赖专家的观点和他们对某一产品的评价。对于一个还在犹豫的消费者来说,专家的观点是一个很好的助推器,这也是电商网站寻求权威推荐的原因。而且,电商网站还可以通过展示著名合作伙伴商标的方式来增加消费者的信任度。如果消费者对其合作商家有好感,那他们也就更容易信任网站。

(3)长期关系

人的本性都是期望建立长期关系的。可以通过给消费者一些小礼物或是店铺优惠券,给予第二次购买打折等方式,在消费者和品牌之间建立一条纽带。毕竟,每个商家都希望与顾客建立一种长期、友好的关系,而忠诚度也是企业成功的关键。这样,商家和顾客之间就会有一种往复,消费者在得到满足之后倾向于回馈商家,不管是通过再次购买的方式,还是通过在社交媒体上宣传的方式,对商家来说都是一种成功。

(4)寻求组织

人会本能地寻求组织,寻求一些有共同爱好、信仰、想法的组织,这种融入感会让他们更自信。而这种心理促使人们更容易信任能引起他们共鸣的品牌,并与该品牌达成一种长期的关系。如 Weekend Society 是一个服装品牌,该品牌的良好发展都是靠那些热爱旅行的团体支撑起来的。而那些热爱旅行的人,为了让自己能更加融入组织,就会更倾向于选择该品牌。

(5)选择恐惧

在自己的网站上放置各种各样的商品当然比较容易,但这也更容易使消费者陷入选择恐惧的状态,从而放弃做购物决策。如果某个选择包含太多的选项,消费者会感觉非常不舒服,所以电商网站最好聚焦在少数产品上,主推某几个产品。一次主推一个产品是一种比较好的方法。

以上就是促使消费者做出购物决策的心理触发器,但是仅仅依靠这些还是不够的,我们应该把心理触发器和更广泛的用户体验、营销策略综合起来。如此,我们能更深入地了解目标受众,更正确地利用消费者的心理特点,慢慢地,销量就会稳步上升。

2.跨境电子商务消费者行为分析

(1)跨境电子商务消费者心理特征

境外喜欢跨境网购的消费者在心理上也有相似的地方,主要包括以下几点。

①实用性

敦煌网数据显示,网上的买家多分布于欧美发达国家,这些国家的消费者大多重视产品的实用性。

②注重质量

境外消费者往往比较理智,在这种消费动机的驱动下,简洁大方、重点突出的产品描述更容易吸引消费者的眼球。

③创新性

这种购买心理动机对年轻人的作用最大,时髦、独特的产品最能吸引他们。想要抓住这类买家的心,新颖奇特的产品是制胜的法宝。

④美观性

优美的产品外形,精美的页面展示、图片和包装对女性消费者尤其具有杀伤力。这种追求美观的心理动机能促使她们快速下单,满心期待地等着产品邮寄到家。

⑤追求廉价

拥有这种购买动机的买家最在意的是产品的价格,优惠的价格很容易促使他们下单。这类买家最常做的是在输入完他们想要购买的产品名称后,选择免运费,然后按照价格重新排序搜索结果。

⑥方便性

爱网购的人都有这种消费动机,如果你能站在买家的角度来上传自己的产品,降低买家决策和下单的难度,那么你的店铺将是"懒人"常来的购物天堂。

⑦偏好性

这类买家往往对某个品牌、某种特征的产品有特殊的偏好。应对这类买家最重要的是投其所好。他们往往更喜欢专业的店铺而非杂货铺。

(2)跨境网购消费需求特征

目前奢侈品的消费向上攀升,企业开始利用大量的科技成果提升用户消费品质。大众在休闲娱乐等方面的支出明显增加,同时消费更加国际化,更关注国际品牌。普通消费者要求有更好的衣食住行,不单单满足于一般的耐用品消费,开始追求生活品质,追求精品、名品的消费,对商品品质、服务的关注发生改变。这也驱动跨境网购消费需求呈现出以下三大特征。

①体验式消费

消费是一个过程,消费结束后留下来的将是对过程的体验——体验另一种身份、另一种环境(场景),以及自身的创造力等,消费者愿意为这类体验付费。体验式消费不单单是看、试用一个产品那么简单。消费者应该能够进入购物环境,参与销售的过程,体验一种完全不同的消费氛围,而不仅仅是接受卖家单方面的信息灌输。体验式消费不纯粹是买东西,而是一种新型的消遣方式。

②品质消费

首先是新中产崛起带来的消费升级。目前在中国就有超过1亿的新中产群体,他们在消费中更加关注品牌、品质和服务。价格不再是核心影响因子,消费者倾向于通过可信、便捷的渠道购买具有良好信誉、正品率高、货物来源可靠、售后服务有保障的品质商品。

③理性消费

随着社会化媒体时代到来,自媒体的爆发增长令消费者对购物、商品认知越来越全面,消费者的投机消费行为也逐渐减少,随之而来的是理性消费。消费决策从价格导向变成了需求导向。

3.跨境电子商务消费者行为差异

(1)跨境电子商务消费者与境内消费者观念比较

不同的区域有不同的历史,各个国家或地区在没有沟通的情况下形成了完全不同的发展道路和轨迹。地域决定了沟通的有限性,或者从根本上限制了文化的交流和互通。文化的差异,也就是人们看待事物的角度和态度的差异导致人们观念的差异。总的来说,基于人口基数和地区面积,如今主要形成了两种消费观念,即保守观念和提前消费观念。

与欧美等发达国家(地区)超前的消费观念相比,境内的消费观念显得非常保守,特别是农村地区,更是难以接受"借贷消费"的生活观念。把境外的消费信贷发展历史与发展规模同境内情况相比较,可以很好地佐证这一观点。就境内不同地区来看,居民消费观念也有很

跨境电子商务

大的地域差异,具体表现为东中部地区的居民消费观念较为开放,西部地区则相对较为保守;同时,同一地区内的农村居民与城镇居民的消费观念也不一样。

中国与外国在文化上就有本质的不同,就中国的传统文化而言,中国人要背负的东西很多。比如同样是50岁的中年人,在中国正是上有老下有小的阶段,这个时段,老人可能生病的较多,需要花费许多钱用来治疗,同时小孩刚刚步入社会,也有许多需要开销的地方。而在国外,例如欧洲,情况就大不同了。欧洲人的家庭观念并没有中国人那么重,或者说并没有上升到道德义务的高度,那么作为一个50岁的欧洲人,很可能是最轻松的时候:父母老了可以送到养老院,那里的环境是让人放心的,花销也不是很大,养老保险就足够支付了;自己的小孩成年了,步入社会就该自己打拼了,做父母的不需要太操心。这样一来,这个年龄段的欧洲人反而变得很轻松。他们愿意花费时间和精力去享受生活,较低的物价、轻松的工作、很高的福利、很长的假期……应该说欧洲人从精神层面上就很放松。相比之下,中国人的顾虑就多了,全家的重担都在自己身上,那唯一能做的就是增加收入,节约开支,应对未来未知的各种情况。从消费理念的根本层面上,中国与欧洲完全不同。

从消费理念的根本层面上,中国与欧洲完全不同。中国的消费人群愿意拿出来消费的资金相对少很多,他们为了防止各种意外情况的发生,会把大部分资金放在储蓄上。

(2)跨境电子商务消费者行为地域分布特点

①北美

• 美国

北美地区是全球最发达的网上购物市场,北美地区的消费者习惯并熟悉各种先进的电子支付方式。网上支付、电话支付、电子支付、邮件支付等各种支付方式对于美国消费者来说都不陌生。在美国,信用卡是常用的在线支付方式。同时 PayPal 也是美国人非常熟悉的电子支付方式。与美国做生意的中国商家,必须熟悉这些电子支付方式,一定要习惯并善于利用各种各样的电子支付工具。美国是信用卡风险最小的地区。来自美国的订单,因质量引起纠纷的案例并不多。而拒付率上升是因为买家采用 PayPal 支付。因为 PayPal 独立于信用卡征信系统,多次拒付都不怕,有些买家就钻这个空子。如果是信用卡支付,商家就不会有轻易被拒付的担忧。

美国媒体报道,2019 年美国电商市场规模达 6 020 亿美元,约占零售总额的 11%,高于其在 2018 年的 9.9%;2019 年美国电商销售额增长了 14.9%,高于 2018 年同期 13.6% 的增长。与中国网购"盛宴"设定在 11 月 11 日及 12 月 12 日不同,美国的网购打折季与传统购物季节重合,长达一个多月,即从感恩节后的第一天(又称"黑色星期五")一直延续到圣诞节。据咨询公司 Customer Growth Partners 的数据显示,"超级星期六"(圣诞节前最后一个星期六)创下 344 亿美元的美国单日消费者支出纪录。

美国人最关心的首先是商品的质量,因此产品质量是进入美国市场的关键。在美国市场上,高、中、低档货物价差很大,如一件中高档西服的零售价在 400~500 美元,而低档的西服可以低至 10 美元左右。美国人非常讲究包装,它和商品质量本身处于平等的地位。因此,出口商品的包装一定要新颖、雅致、美观、大方,使人感到舒服、惬意,这样才能吸引买家。中国的许多工艺品就是因为包装问题一直未能打入美国的超级市场。如著名的宜兴紫砂壶,只用黄草纸包装,80 只装在一个大箱子中,内以杂纸屑或稻草衬垫,十分简陋,在买家心目中被排在低档货之列,只能在小店或地摊上销售,可见包装是何等重要!此外,要注意季

第三章　跨境电子商务营销

节选品,每个季节都有一个商品换季的销售高潮,如果错过了销售季节,商品就要削价处理。美国大商场和超级市场的销售季节是:1~5月为春季;7~9月为初秋升学季,以销售学生用品为主;9~10月为秋季;11~12月为假期,即圣诞节时期。圣诞节时期又是退税季节,人们都趁机添置用品、购买圣诞礼物。美国各地商场此时人群熙熙攘攘,对路商品很快就会销售一空。这一时期的销售额占全年的1/3左右。美国人上网时间跨度大,由于美国面积比较大,横跨多个时区,所以不同时区的买家上网采购的时间不同。为了提高发布商品的关注率,卖家应该积极总结,选择一个买家上网采购时间比较集中的时间段来有针对性地发布。

• 加拿大

加拿大McMaster University(麦克马斯特大学)的研究表明,加拿大消费者正在养成新的购物习惯。加拿大人喜欢创新,愿意为新产品买单。无论是经济发展时期还是衰落时期,加拿大消费者都很喜欢新产品,75%的人支持创新。这个趋势也关系到消费者的钱包,67%的人称愿意为新产品"多付一些钱",只要新产品真正有所提升。品牌须清晰地向消费者展示它们的创新。有报告显示,消费者在购物活动中购买首次上架新产品的概率为13%,所以新产品必须要能引人注意。加拿大人对家居用品购物之旅持不同意见:52%的人享受购物过程,46%希望少去商店购物。更多的加拿大人喜欢购买家居用品,因为52%的购物者称寻找划算交易的过程让购物更加有趣。56%的人经常在几个店中购物,以得到最优价格,随着搭配价格的兴起,这一比例有所下降。仅33%的购物者称一站式购物的便利性比低价格更具诱惑力。46%的加拿大人称想少跑几次商店。

加拿大人中有53%的人喜欢纯天然保健品。如果他们知道某种保健品效果好,55%的加拿大人愿意付出更多的钱。柜台保健品中如果打着"天然"的广告语,会更受消费者欢迎。虽然70%的加拿大人认为天然保健品不像有机保健品那样有具体指标规定,效果经常被夸大,但是号称纯天然的保健品依然很受消费者喜爱。加拿大购物者信任有机食品,却不爱买;36%的加拿大人承认有机食品更加健康,但是仅23%的人定期购买有机食品;60%的人称如果有机食品没那么贵的话,他们愿意购买更多有机食品。加拿大人也承认环境状况跟有机食品关系非常紧密,42%的人承认有机食品对环保有益。但是这种益处也不足以让人们提高生活成本,仅33%的购物者愿意花费更多的钱购买有机食品。

加拿大人对品牌忠诚度有所降低,开始追求更优价格。45%的加拿大消费者称对品牌的忠诚度不如几年前,品牌忠诚度降低是一个很有趣的现象。部分是因为食品价格上升,以及加拿大元贬值,因为促销活动比以前更多了。75%的购物者称会查看每周印刷的宣传页,试图找到低价促销产品。数码宣传页虽然比不上打印宣传页,但使用人数在不断增加,40%的家居用品购物者每周都会查看。加拿大消费者对美容产品效果的看法发生了改变,50%的加拿大购物者认为大众品牌的美容产品与著名品牌的产品效果一样好,53%的购物者认为持续的研究和发展让更多有效果的美容产品出现,而不仅仅是名牌产品比较好。

②欧洲

由于有着比较深厚的文化、教育、历史背景,欧洲人的素质普遍比较高,工作作风严谨,思维缜密,办事效率高,支付能力良好。这一切奠定了欧洲买家在全球生意人中的良好形象。

• 西欧和中欧

西欧和中欧包括比利时、法国、爱尔兰、卢森堡、摩纳哥、荷兰、英国、奥地利、德国、列支

跨境电子商务

敦士登和瑞士等国家。英、法、德这几个世界大国都属于这一地区，这些国家和中国生意往来比较多。这些国家买家的普遍特点是追求质量和实用主义，讲究效率，关注细节，所以对产品的要求很高，并且会很认真地查看产品的详细描述。

德国人严谨保守、思维缜密，在谈判前就做好充分的准备，知道谈判议题、产品的品质和价格，也会对对方公司的经营、资信情况做详尽而周密的研究和比较；追求质量和实用主义，讲究效率，关注细节。德国人对产品的要求非常高，不喜欢与犹豫不决、拖泥带水的卖家合作。综上所述，卖家产品必须要跟描述、图片一致，不然就不能合作了。不要匆忙地答应或保证任何事情，也不要给出模棱两可的答复，必须做好充分的考虑。

英国人冷静持重，自信内敛，注重礼仪，幽默也守旧，崇尚绅士风度，也特别懂得形象管理；喜欢按部就班，特别看重订单且订单循序渐进。当然他们也非常精明，注重性价比。综上所述，英国人对于外在形象的追求非常严苛。所以，必须满足他们对产品款式的期许。产品必须确保品质，货运货期也必须保证。选择合适的供货商和货运方式，是避免不必要问题出现的关键。

法国人一般比较注重自己的民族文化和本国语言，天性浪漫，重视休闲，时间观念不强。法国人在谈判中重视条款，思路灵活，效率高；对商品的质量要求十分严格，条件比较苛刻。同时，他们也十分重视商品的美感，要求包装精美。综上所述，法国人喜欢他人的赞美；要营造舒适休闲的意境，同时保证产品质量；法国人对于款式的要求也只有一个——"美"。

比利时、荷兰、卢森堡等国的买家通常较稳重、计划性强，注重外表、地位、礼节、程序化，讲信誉，商业道德高；卢森堡的买家以中小企业为主，一般回复率较高，但不愿意为物流承担任何责任，通常和中国香港供应商做生意较多。综上所述，产品质量、物流运输要给力。

• 南欧

南欧国家主要包括意大利、西班牙、葡萄牙、希腊等。南欧和北欧、中欧、西欧文化差异较大，这里的人民少了几分严谨苛刻，多了几分激情。南欧国家的买家特点主要是订单普遍稍小，做事都比较拖拉，不会立刻下订单，效率相对较低。

意大利人善于社交，情绪多变。意大利人说话时手势较多，表情富于变化，易情绪激动，常常会为很小的事情而大声争吵、互不相让；比较慎重，同时比较重视产品的价格；注重节约，崇尚时髦。意大利人有节约的习惯，不愿多花钱追求高品质；同时追求时髦，衣冠楚楚，潇洒自如。他们的办公地点比较现代化，他们对生活的舒适度也十分注重；意大利人与外商做交易的热情不高。所以，与意大利人做生意要有耐心，要让他们相信你的产品比他们国内的产品更为物美价廉。综上所述，产品本身质量、款式、价格一定要得到市场认可，然后有底气地告知意大利人："我的产品很时尚、很多人追随，店铺里面全是有品位的时尚产品。现在是活动期，买到就是赚到了。"

西班牙买家通常乐观向上、无拘无束又讲求实际、热情奔放但很难认错；热情大方，非常容易跟他们交朋友，无论何时，都能像老友那样侃侃而谈；非常懂得生活，他们以为不应该被生活绑架，要把生活安排得多姿多彩；自强自立，敢于尝试，亲力亲为，遵守规矩。综上所述，你可以向他们推荐新款，如果产品性价比不错的话，他们很可能成为你的忠实客户。

葡萄牙买家一般性格随和，以自我为中心，不过协调性差，不守时；倾向农业、手工业，制造商较少。直言直语，不愿相互绕弯子，有"男尊女卑"现象；关于偏好与忌讳，话题方面可以从斗牛、石竹花入手,从赞美方向延伸;切记不可提"13"与"周五";喜欢烹饪,厨艺有一手;热衷于野餐,享受生活,欣赏风景。综上所述,价格应该直截了当。他们愿意购买用于野餐、派对等的产品,颜色多选择紫色、玫瑰红、玫瑰金等。产品细节描述要客观且到位,或是描述产品能给他们带来怎样的体验。

希腊买家诚实但效率低,不追求时髦,喜欢浪费时间。性格开朗,容易激动,但也容易平息,同样忌讳"13"与"周五";有幽默感,喜欢喝酒和浓咖啡,享受微醺的醉感;他们不喜欢黑色,不喜欢猫,对客人慷慨。综上所述,不要向他们推销黑色、猫形的商品;可多用生活场景代入,如咖啡厅、酒吧的休闲时光等;他们也喜欢讨价还价,直接应对是告诉他们购买这件商品是值得的。

• 北欧

北欧国家主要包括丹麦、芬兰、冰岛、挪威和瑞典等。这些国家政治稳定,人民生活水平较高,较善良、和蔼。北欧国家的买家普遍特点是重视产品对环境的友好度,他们不喜欢也不善于讨价还价,如果产品质量过硬、环保、证书齐全,他们会选择直接下单,很少和卖家沟通价格问题。另外,北欧人对于款式新奇的消费品非常感兴趣。

• 东欧

东欧国家包括俄罗斯、波兰、罗马尼亚、保加利亚等国。东欧国家中不得不提到俄罗斯,俄罗斯跨境电子商务市场近几年受到了越来越多的关注,也成为敦煌网重点发展的潜力市场之一。东欧的很多国家都经历了政治体制和经济体制的巨大变化,所以这些国家的买家都很看重实际利益并且态度比较散漫,也比较多变,卖家应对东欧国家的买家及时跟进。

据塔斯社援引俄罗斯电子商务企业协会(AKIT)消息,2020年俄罗斯电商规模已达到3.221万亿卢布(约合2 828亿元人民币),较2019年同期增长了58.5%。对此,AKIT预测,俄罗斯2021年的电商市场总规模将有望达到3.745万亿卢布,其中大约有3.226万亿卢布将被俄罗斯国内的电商平台和网络商店所占据。跨境电子商务对俄罗斯电商份额的增长起推动作用,86%的俄罗斯网购族的首次购物体验来自跨境网购,跨境贸易为俄罗斯电商吸引了1 200万新消费者。18~39岁的俄罗斯人是网购的主力军,他们对网购态度积极。统计数据显示,61%的18岁以上的莫斯科人在网上购买商品。消费者的消费偏好相对比较稳定,调查数据显示,俄罗斯排行前100名的网店依然保持不变,排名顺序也只发生了不超过10%的变化。而在这100家网店更细分的调查中发现:首先,主要依靠十几家网店推动着整个市场的发展;其次,从传统的直销变为网上直销并同时发展多渠道零售的网上销售模式增长速度很快,超过只发展单一网上渠道的零售商。值得一提的是,俄罗斯消费者更倾向于使用移动端网购。统计数据显示,2019年有42%的俄罗斯人经常网购,这一比例是5年前的2倍。2019年通过智能手机或平板电脑等移动设备进行网购的订单较上一年增加了50%。此外,移动设备订单量的80%左右主要通过网站桌面版与移动版办理,而不通过应用程序。

③拉美

拉丁美洲简称拉美,由墨西哥、中美洲、南美洲以及西印度群岛等组成,自然资源丰富,但经济水平较低。该地区国家主要为发展中国家,居民以农业生产为主,工业以初级加工为主。拉美是一个对价格高度敏感的市场,中国商品的性价比刚好在多数消费者最能接受的位段,很利于打开市场。

跨境电子商务

在拉丁美洲,越来越多的人通过网络在海外购物。服装、配饰、电子及旅游产品等是最受拉美民众喜欢的跨境网购产品。截至2020年5月底,拉美互联网用户达4.54亿人,已占全球用户总量的10%。巴西占据了南美洲电商市场的半壁江山,其总销售额在2019年达到200亿美元,被列为全球第十大电子商务市场;阿根廷电子商务市场发展最快,占全国零售总量的40%;墨西哥电子商务产生的收入预计将以每年16.57%的速度增长,到2020年达到17.6亿美元。网上购物占该国每年零售额约2030亿美元的2%,这代表了墨西哥人刚刚开始的巨大机会采用电子商务。墨西哥目前有3 790万在线购物者,预计到2021年这一数字将达到5 600万。国外电商网站的选择范围更大,价格也往往更便宜。根据尼尔森市场研究公司关于跨境购物动机的调查,一个主要原因是"网购省钱",另一个主要原因是"网上能找到更多当地没有的商品"。

南美洲各国政治现状和消费者的口味千差万别,唯一的共同点是多样性。以汽车为例,在秘鲁,整船的廉价日本车在码头上改装成左舵车,之后再销售到南美相对贫困的地区。在巴西,多年的政治稳定和经济增长使汽车制造商计划从美国进口汽车。在委内瑞拉,汽车制造商担心其工厂被政府接管。在阿根廷,公路上行驶的大型轿车和卡车都很陈旧。这表明汽车制造商在阿根廷的利润很高,但销量较低。

如果拉美的客户能说英语,我们可以打电话问候一下。最好先别谈工作,简单问候就可以了。如果有意向了,他会直接跟你说。另外,拉美国家跟中国时差大概是12个小时。北京时间晚上10点拨打拉美客户的电话比较好,那时候对方应该吃完早饭,刚进办公室,心情比较好。以智利为例,智利人喜欢耐用的东西,只要你能让客户相信你的产品质量好、能使用很长时间,客户就不太计较价格上的差异。但实际上中国的廉价低档产品进入居多,这让智利人对中国货又爱又恨。所以跟智利人做生意,重点是让他们相信买到的东西是耐用品。建议做机械或电子的朋友们,给智利客户发货的时候一定要配足备件。智利因为国家比较小,所以很少有大的进口商,通常以家庭企业为多。他们的汽车配件生意不错。如果有机会弄到智利、阿根廷或玻利维亚的电话黄页,几乎可以在上面找到你想要的全部商家资料。因为只要是在智利注册时间超过一年的正规公司,都可以在黄页上找到。

拉美国家的效率低下,很让人头疼,经常会出现和客户约好了时间而被"放鸽子"的情况。在他们看来,约会迟到或爽约不是什么大不了的事情。所以如果想和拉美人做生意,耐心是很重要的。不要因为他们几天不回邮件就以为没下文了,其实很有可能是撞上了节日。比如智利法律规定,节假日不可以强迫加班,即使加班也要付四倍的薪水。与拉美人谈判,要为漫长的谈判程序留出足够的时间,同时在最初出价时要留足余地。谈判过程将很长而艰难,因为拉美人普遍擅长讨价还价,要保持耐心。

④亚洲

• 日本

为顾客和品牌建立联系的全球领导者Epsilon(艾司隆)通过对日本消费者行为习惯的研究,并深入研究不同产品类别和人口分类下的忠诚度激励因素,Epsilon的报告《忠诚度的真实模样》(What Loyalty Looks Like)发现日本消费者对信用卡、多商户奖励计划及电商平台的忠诚度相对较高,品质、性价比和服务依然是保持消费者忠诚度的三大法宝,电子邮件仍是较受欢迎的沟通方式。特别值得关注的新发现是消费者如今对信用卡、多商户奖励计划和电商平台的忠诚度最高。

第三章　跨境电子商务营销

在日本,性价比是刺激购买的绝对因素。经由信用卡、电商平台及多品牌联盟平台上的每一次消费以及消费者由此积累的经济价值,让奖励计划成为日本消费经济密不可分的一部分。对于品牌来说,与消费者的联系是很重要的。与消费者一对一的互动会在原本以价格为基础的购买行为上强化与消费者的个人联系。当问到日本消费者对最爱的品牌保持忠诚的理由时,我们发现"对生活的态度"与"性价比高"这两个理由平分秋色。在杂货和电商方面,性价比高的产品有更多的支持者。然而在时尚、食品和饮料方面,日本消费者喜欢追求创新的产品,因此在这些领域"拥有满足需要和符合我的生活方式的新产品"所占的权重几乎是"性价比最高"的两倍也就不足为奇了。

- 印度

根据麦肯锡的一份报告,2018 年印度有 5.6 亿互联网用户,预计到 2023 年,这一数字将达到 7.5 亿至 8 亿。据 eMarketer 预测,因 Paytm 和电子商务等参与者的不断增长,2020 年印度电子商务同比增长 30%。调查发现,大约 37% 的印度人希望使用移动设备购物时的网速能够和 PC 端的速度一样。50% 的印度消费者认为,网购带来的体验优于实体店购物。购物网站加载所需的时间和网购的安全性成为影响印度电商收入的两个主要因素。研究发现,42% 的消费者在等待购物网站加载超过 4 秒之后会转到别的网站;36% 的印度消费者网购时会担心安全性的问题。与此同时,23% 的消费者也会担心移动客户端网购的安全性问题。全球化电商巨头对印度当地电商而言是潜在的大威胁。调查发现,47% 的印度网络消费者表示,从国外零售网站购物结果令人满意,符合自己的消费预期。更令人吃惊的是,比例高达 83% 的印度消费者称,相比而言,自己更喜欢到国外电商网站购物,因为这些国际化网站购物流程更简单、更便捷。60% 的消费者表示跨境网购带来的消费体验更佳,以后一定会更频繁地跨境网购。33% 的消费者表示,如果购物网站加载速度很慢,将会转向别的网站搜索。这一比例在一些快速增长的电商市场甚至更高,比如印度、中国和马来西亚。在这些国家,43% 的消费者遇到购物网站加载速度慢时,一般会选择放弃,转向别的网站。

据相关的研究报告显示,相比海淘,印度 18~34 岁的消费者更多地在国内网站购物。该研究调查了 2015 年 9—10 月期间 2.3 万名印度国内及外消费者,报告显示,有 61% 的 18~34 岁的消费者在国内网站购物,而有 39% 的消费者同时参与国内购物及海淘。报告显示,在过去 12 个月里,所有受访的 18~34 岁的消费者中,有 82% 的人网上购物,有 86% 选择用 PayPal 付款。美国是最受欢迎的网购目的地,有 27% 的受访者表示在美国网站购物,随后是中国(11%)和英国(10%),新加坡也很受欢迎。报告还提及了德国和加拿大等新网购市场。跨境网购中,消费者购买最多的产品品类是服装、鞋业和配饰。有 59% 的 18~34 岁的消费者从国外购买此类产品,而普通买家中,只有 53% 表示从国外网站购买此类产品;海淘在 18~34 岁的消费者间越来越流行,因为他们认为国外的产品质量更好。许多 18~34 岁的消费者选择国内网站购物而不是海淘是因为海淘有额外的运费。有近 1/3 的国内及海淘消费者使用手机进行网上交易,但是大部分消费者还是利用 PC 端或是平板进行网上购物。

- 东南亚各国

东南亚各国的数字化普及率很高。比起其他国家,菲律宾人发送的短信数量是最多的;印度尼西亚首都雅加达拥有最多的 Twitter(推特)用户。据统计,2016 年 4 月在这个地区,超过 2.5 亿人使用智能手机。但是,网络市场的规模仍然不大。由贝恩公司和谷歌联合发

跨境电子商务

起,针对印度尼西亚、马来西亚、菲律宾、新加坡、泰国、越南等国家的 6 000 多名消费者的调查表明,只有大约 25% 的 16 岁以上的消费者进行过网上购物。东南亚的网络零售渗透率是 3%,也就是说销售额只有大约 60 亿美元。而中国和美国的网络销售额超过 2 500 亿美元,渗透率占 14%。这个市场"天平"即将被倾斜。根据调查,在东南亚,1 亿名消费者成功地用手机购物,同时 1.5 亿名消费者在网上搜索产品或者与卖家进行商谈。一些企业的销售额已经开始增大:24% 的服饰鞋类以及 18% 旅游产品交易是在网上达成的。

东南亚生活着不同的族群,他们有着各种语言、不同的消费偏好以及一系列的规章制度。具体的例子是,印度尼西亚法律不允许外国的投资商直接在当地的零售电商公司进行投资。东南亚同样缺乏固定的地区支付方式以及物流的基础结构,这为中国惊人的数字零售提供了基础。另外,接受调查的消费者们还没有完全信任电商平台,他们对缺乏正面接触的交易行为感到忧虑,并且他们很难找到想要的商品。但是当地有相当数量的数字化人群,该地区广泛接受电子商务是迟早的事。

与一线城市不同,许多人直接绕开 PC,转而使用手机来访问电商平台。在泰国,85% 的没有居住在都市中心的消费者使用移动设备来进行网上购物。东南亚的网购者经常访问大量的网站。在新加坡,超过 12 个平台服务 90% 的市场。由于市场的分裂,在搜寻产品时,购物者更倾向于先访问搜索引擎,而不是公司网站。通过社交媒体渠道调查发现,他们并不忠实于零售商以及商店。超过 80% 的该地区的数码消费者使用 Instagram(照片墙)等社交媒体来寻找产品,或者直接与卖家联系。由于通过社交媒体达成的销售额占总交易金额的 30%,一些公司正在快速地扩展它们的服务以便吸引消费者。

在许多市场中,为了寻找廉价交易,消费者从实体购物转战网络零售。但是东南亚的情况并非如此,根据调查,该地区的消费者认为网上的经历或者网络可提供的选择更为重要。许多市场偏爱通过非现金的方式,如信用卡或者送货上门进行支付。而东南亚的消费者渴望其他的支付以及快递方式。超过 1/3 的接受调查的主要城市以及偏远地区的消费者愿意支付运费,而一线城市的消费者偏向于送货上门,但是其他地区的网购者更喜欢亲自去取快递。

第二节 跨境电子商务选品与定价

对于跨境电子商务卖家来说,商品的选择对店铺的运营有至关重要的影响。优质的商品能为店铺带来可观的销量,能够帮助店铺提升整体流量,提升商品在搜索结果中的排序,这些都会成为店铺的核心竞争力。

通过分析买家评论数据选品

一、跨境电子商务选品原则

(一)跨境电子商务选品的逻辑

选品要有清晰的思路,这样才能做到有的放矢。一般来说,卖家在选品时可以从广泛、专业、精选、分析数据、坚持、重复六个角度出发,理性、有逻辑地开展选品工作。

1.广泛

跨境电子商务的卖家在选品时首先要从大范围、多类目的角度进行筛选,而不要将目光局限在某一个品类上。这就要求卖家在初期选品时,要拓宽自己的思路,广泛接触并了解多个类目的商品,这样有利于卖家从众多类目中选出最适合自己的类目。

2.专业

卖家确定了自己要经营何种类目的商品后,还要向专业的方向努力,即了解并掌握有关该类目商品的专业知识。卖家如果对自己所销售的商品仅有一个简单的了解,而没有专业、全面的认知,是很难有所作为的。因此,卖家要想在当前几近透明的市场状态下战胜竞争对手,首先要在对商品的专业认知上超越竞争对手。

3.精选

通过不断学习和积累,卖家对所选类目的商品的理解和认知会越来越全面,也越来越深刻。在此基础上,卖家还要对类目商品进行精挑细选和反复筛选,进一步缩小选品的范围。在商品交易过程中有个"二八定律",即20%的商品能够带来80%的利润,卖家需要尽力挖掘的就是这20%能够带来高利润的商品。

4.分析数据

初期选品,卖家也许很大程度上是凭借自身的直观感觉或者比较基础性的分析来进行选品的,这种做法难免会出现认知偏见,进而导致错失良品。因此,卖家还要尽可能地结合大数据分析来辅助选品。卖家可以借助大数据分析工具来多维度地搜集各类数据,与个人认知相比,大数据所反映出来的信息更具客观性,卖家可以从中挖掘出一些之前未曾意识到的信息和商品。

5.坚持

选品并非一蹴而就,而是一项需要长期坚持的工作,它贯穿于店铺运营的始终。因此,在开展选品工作时,卖家不要抱有一劳永逸的想法。今天选品的成功并不意味着明天这款商品也能产生好销量。卖家要坚持经常性地进行选品工作,在打造热卖爆款的同时,持续开发有潜力的趋势款,为后续运营做准备。

6.重复

坚持的过程,也是一个重复的过程。在不断重复的过程中,很多人会产生厌烦情绪,逐渐丧失激情和斗志,这也是一些卖家凭借某款商品引爆市场成为"销售明星"后,却又很快沉寂、最终消失的原因。选品是一个无趣的过程,但如果卖家能够长期坚持、反复进行,就一定会不断地有新的发现。

(二)跨境电子商务选品的具体原则

选品主要遵循三大原则:一是从兴趣出发,二是从市场需求出发,三是从平台特性出发。

1.从兴趣出发的原则

选品要从自己感兴趣的商品入手,这样卖家才愿意花费更多的时间来了解商品的品质、功能和用途,才有动力投入更多的精力来研究商品的优势、价值和目标消费群体等。卖家只有对商品有充足的认识,才能切实解答买家提出的各种疑问,增强买家对商品及卖家的信任感。

如果卖家对商品有足够的热情,对销售过程中遇到任何问题都愿意去攻坚,对运营过程

跨境电子商务

中遇到的任何困难都愿意去克服,那么把某种商品打造成爆款也就有了可能性。

2. 从市场需求出发的原则

不同国家或地区的买家有不同的文化背景、生活习惯和消费习惯,同一件商品不可能符合所有国家或地区买家的需求。例如,销往欧美市场的服饰类商品,其尺寸要比销往亚洲市场的商品尺寸大几个尺码;销往巴西的饰品类商品,要选择颜色鲜艳且样式夸张的款式。因此,在选品之前,卖家务必对目标市场的买家需求进行分析和研究,了解当地消费群体的消费习惯和市场流行趋势。

3. 从平台特性出发的原则

有的卖家选择自建网站开展跨境贸易,有的卖家选择入驻跨境电子商务平台开展跨境贸易。对于选择入驻各类跨境电子商务平台的卖家来说,他们要对不同的跨境电子商务平台有足够的了解,掌握各个平台的特点和平台的相关规则、政策,也要清楚在各个平台上哪些品类是热销品、哪些品类是该平台大力扶持的,还要清楚各个平台的商品搜索排序规则等。

二、跨境电子商务选品的方法

选品的方法有很多种,卖家可以在不断尝试的过程中找到最适合自己的方法。下面介绍几种常用的选品方法,分别为评价数据分析法、组合分析法、行业动态分析法和买家消费习惯分析法。

(一)评价数据分析法

评价数据分析法是指卖家通过收集并分析买家对商品的评价数据来进行选品的方法,包括好评数据分析法和差评数据分析法。

好评数据分析法是指卖家通过收集并分析各个跨境电子商务平台上热卖商品的好评数据来挖掘买家对商品的需求点和期望值,从而开发出能够满足买家需求点的商品的方法。

差评数据分析法是指卖家通过分析买家对商品的差评数据来进行选品的方法。也就是说,卖家收集各个跨境电子商务平台上热卖商品的差评数据,并对这些数据进行深入分析,找出买家对商品的哪些地方不满意,然后对商品进行改良与升级,从而开发出符合买家需求的新品。概括来说,差评数据分析法就是从差评中寻找商品的不足之处,然后对商品进行完善。

(二)组合分析法

组合分析法是指用商品组合的思维来选品的方法。卖家在建立产品线时,要合理规划各类商品在整个产品线中所占的比重。通常来说,在产品线中,核心商品占20%,用于获取高额利润;爆款商品占10%,用于获取流量;基本商品占70%,用于配合销售。核心商品要选择小众化、利润高的商品;爆款商品要选择热门商品,或者紧跟当前热点并将要流行的商品;基础商品要选择性价比较高的商品。

此外,卖家在选品时要兼顾不同买家的需求,不能将所有的商品都选在同一个价格段内和同一种品质上,拥有不同价格和不同品质等级的商品才能更好地满足不同买家的需求。

(三)行业动态分析法

行业动态分析法是指通过分析某行业或领域的市场目前的状况来进行选品的方法。对于卖家来说,了解某个商品品类在中国出口贸易中的市场规模和主要目标国家或地区分布,对于认识该品类的运作空间和方向有较大的指导意义。

卖家可以通过以下三种途径来了解某个品类的出口贸易情况:

1.第三方研究机构或贸易平台发布的行业或区域市场调查报告

第三方研究机构或贸易平台具备独立的市场研究团队,它们拥有全球化的研究视角和资源,因此其发布的研究报告颇具参考价值,往往可以为卖家带来比较系统的行业信息,如敦煌网"行业动态"模块发布的各类行业报告。

2.行业展会

行业展会是各大供应商为了展示新商品和技术、拓展销售渠道、传播品牌而进行的一种宣传活动。通过参加展会,卖家可以获得各个行业的最新发展趋势和市场动向。例如,卖家可以登录深圳会展中心官网和中国行业会展网官网来查询展会信息。

3.出口贸易公司或工厂

卖家在开发新品时,需要与供应商进行直接的沟通。资质较老的供应商对其所属行业的出口情况和市场分布都很清楚,卖家可以通过他们获得较多有价值的市场信息。需要注意的是,卖家需要先掌握一定的行业知识后再与供应商进行沟通,否则容易被骗。

(四)买家消费习惯分析法

卖家要对目标市场的季节变化、节假日安排等各个方面有所了解,然后在此基础上开发新品。

1.季节分析

首先,卖家要根据各个国家或地区的季节变化来开发应季商品。在西方国家的冬季来临之前,卖家可以开发能够保暖的商品,如帽子、围巾、手套、保暖衣等;在西方国家的夏季来临之前,卖家可以开发能够降温的商品,如笔记本散热器、笔记本冰垫、迷你风扇等。

其次,卖家要对目标国家或地区的气候有所了解。例如,在英国,居民的室内有暖气供应,他们在冬天也喜欢在室内穿T恤和外套,所以T恤在英国的冬季会有不错的销量;另外,英国的雨量偏多,所以有防水功能的商品在英国非常受欢迎,如汽车防雨罩、烧烤防雨罩等。

2.节假日分析

在节假日来临之前,各个国家或地区的消费者都会大量采购节假日用品。例如,在圣诞节来临之前,西方国家的消费者会采购装饰品、圣诞礼物等;在万圣节来临之前,他们会采购化妆用品、面具等。因此,卖家要充分了解各个国家或地区的节假日时期的消费热点,挖掘符合节假日氛围的商品。由于跨境物流耗费的时间较长,同时也为了抢占市场先机,卖家一般要提前一个月开发节假日商品并上架。

第三节　跨境电子商务营销推广

营销推广是卖家进行引流的重要手段。一个优秀的卖家不但需要了解各种站外推广渠道和方法，还要熟悉各大跨境电子商务平台站内的营销工具，最大限度地借助平台提供的推广工具提升店铺商品的曝光率，以及自身品牌的价值及信誉度。本章将详细介绍搜索引擎营销、社交媒体营销、KOL 营销、电子邮件营销和站内付费广告营销等推广技巧，以及移动营销策略。

一、搜索引擎营销

随着信息技术的发展，搜索引擎营销越来越受到卖家的青睐，它凭借低成本、高效率的优势，逐渐成为卖家开展站外营销的主流方式之一。搜索引擎营销是指企业利用搜索引擎工具，根据用户使用搜索引擎检索信息的机会，配合一系列技术和策略，将更多的企业信息呈现给目标用户，从而获得盈利的一种网络营销方式。

（一）搜索引擎竞价排名

搜索引擎竞价排名是指用户在网站付费后才能被搜索引擎收录，用户付费越高，其发布的内容在搜索引擎搜索结果页面的排名就越靠前。其实质是用户为自己的网页购买关键字排名，搜索引擎按照点击计费的一种营销方式。用户可以通过调整每次点击付费的价格来控制自己在特定关键词搜索结果中的排名，并可以通过设定不同的关键词捕捉不同类型的目标访问者。

1. 搜索引擎竞价排名的特点

与其他营销方式相比，搜索引擎竞价排名的特点如下：

（1）按效果付费，推广费用相对较低。

（2）卖家可以自己设置和控制广告出价和推广费用。

（3）竞价结果出现在搜索结果页面，且与访问者搜索的内容紧密相关，使推广更加精准。若卖家出价高，竞价结果将出现在搜索结果靠前的位置，更容易引起访问者的关注和点击。

（4）卖家可以对广告的点击情况进行统计分析，进而优化竞价排名出价策略。

2. 搜索引擎竞价排名关键词的来源

在选择竞价排名的关键词之前，卖家先要明确关键词的作用是寻找和定位潜在买家，因此，关键词的选择应依据潜在买家的搜索习惯。搜索引擎竞价排名关键词的提取方法与流程如图 3-6 所示。

| 寻找核心关键词 | → | 延伸拓展 | → | 筛选提炼 | → | 分类管理 |

图 3-6　搜索引擎竞价排名关键词的提取方法与流程

（1）寻找核心关键词

首先，从潜在买家的搜索习惯出发，全方位寻找与商品相关的关键词；其次，以内容为主，从商品或服务的特点出发寻找核心关键词；最后，挖掘目标买家的需求、偏好和兴趣，拓展潜在的核心关键词。

通常来说,核心关键词分为以下四类,见表 3-1。

表 3-1　　　　　　　　　　核心关键词的类型

关键词类型	内　　容
商品词	卖家所提供的商品或服务的名称、别称,是最能体现潜在买家明确搜索意图的词之一,是卖家关键词词库中的必备词。
品牌词	独一无二的能体现卖家实力的品牌名称的词。搜索品牌词的访问者通常都是带着明确目标主动寻找卖家的潜在买家,所以品牌词是卖家关键词词库至关重要的战略词。
商品咨询词	买家用来咨询与商品或服务相关信息的,贴近买家口语的词汇或短句。咨询词往往最接近潜在买家的购买需求,并且容易影响他们的购买决策,是卖家关键词词库的明星词。
行业词	表达商品和服务所属类别、体现行业特殊性的词。这类词可能影响潜在买家对同类商品产生新的需求。同行业的卖家都会提及这类词,是卖家关键词词库的潜力词。

找到并积累了一定数量的核心关键词后,卖家可以利用一些数据分析工具(如谷歌关键词工具)对这些核心关键词进行数据分析,包括分析某个关键词的搜索量、搜索热度变化趋势、主要搜索人群,以及搜索这些关键词的买家同时还搜了哪些相关的词等,从而为确定核心关键词提供数据参考。

(2)延伸拓展

卖家可以在核心关键词的基础上进一步拓展关键词,构成长尾关键词。长尾关键词(Long Tail Keyword)是网站上的非目标关键词但与目标关键词相关的,可以带来搜索流量的组合型关键词。长尾关键词的特征是比较长,往往由 2~3 个词语组成,甚至是一个短语,它们往往存在于网页中的内容页面,除了内容页的标题,还存在于内容中。

(3)筛选提炼

通过前面两步,卖家可以发现大量的关键词,但不可能每个关键词都要采用,一方面决算不允许,另一方面也没有这个必要。卖家可以根据自身的推广需要、关键绩效指标和预算对关键词进行筛选提炼。

(4)分类管理

结合目标买家的购买行为特征,卖家可以将所有的关键词进行分类。例如,将关键词分为人群词、商品词、口碑词、行业词及品牌词等。在推广时,卖家根据不同的时间段来选择不同类型的关键词。

(二)关键词广告

关键词广告是指显示在搜索结果页面的网站链接广告,这种广告按点击次数收取广告费。卖家可以根据需要设置不同的关键词进行广告投放,这就相当于在不同页面轮换投放广告。

在跨境电子商务行业中,谷歌是跨境电子商务卖家开展站外引流必选的一个重要渠道。下面就以谷歌为例,分享几个投放关键词广告的技巧。

1.明确目标受众群体

在谷歌投放关键词广告之前,卖家要先对商品的竞争力、市场热度、目标受众群体进行分析,然后选择市场前景较好的地区锁定潜在客户群体。此外,为了避免产生不必要的点击支付,卖家可以设定自己的广告只出现在某个特定国家或地区的潜在客户群体中。

2. 选择合适的关键词

选择合适的关键词非常重要，一旦选择失误，不仅无法实现营销目的，还会流失客户。在选择关键词时，卖家应该遵循以下四个原则。

- 选择搜索量大、竞争小的词；
- 选择高转化率的词；
- 选择与主营商品或服务相关度高的词；
- 太宽泛的、比较特殊的长尾词不宜作为关键词。

3. 在广告标题中添加吸引眼球的词

卖家可以在广告标题中添加一些具有号召性的词，如 Free（免费的）、New（新的）等，但是在添加这些词时要注意不能违反谷歌的相关规定。例如，如果广告标题中含有"Free"（免费的）字样，那么广告直接链接的页面应该含有相应的免费商品或服务；如果广告标题中含有"New"（新的）字样，那么该商品或服务的推出年限要在半年之内。此外，需要注意在广告标题中不能含有"Best"（最好的）、"The cheapest"（最便宜的）、"first"（第一）等带有主观感情的词。

4. 对广告进行测试

通常来说，卖家需要设计两个或更多的广告方案并对这些方案进行测试，从而选出点击率较高的广告方案。随后重复这个过程，不断地对广告方案进行优化，以不断地提高广告的点击率。

5. 有效避免无效点击

为了减少不必要的广告开销，卖家可以将商品或服务的价格添加在广告的最后，避免那些在网上寻找免费服务或商品的人点击广告。由于这种做法会让卖家的目标客户并不是网上每一个访问者，那些在网络上寻找免费资源的人不可能成为卖家的客户，因此可能会对广告的点击率造成一定的影响，但可以提高潜在客户的总体转化率，并降低平均客户取得成本。

二、社交媒体营销

社交媒体是人们彼此之间用来分享意见、见解、经验和观点的工具和平台，也是卖家开展站外营销的有效渠道。社交媒体营销一般被视为最具互动性的营销方式，有效的社交媒体营销不仅能使卖家与买家之间形成良性互动，更会对卖家的商品销售和发展产生积极影响。

（一）Facebook 营销

Facebook 作为全球最大的网络社交通信平台之一，历来是跨境电子商务卖家开展营销推广的必选工具之一。卖家使用 Facebook 营销能够让自己的商品或服务更容易被买家搜索到，相当于为网店创建了一个交流社区，可以更直接地推广自己的商品。

1. 如何吸引粉丝关注 Facebook 账号

在 Facebook 上做推广营销，卖家除了要提供优质的服务外，还需要与粉丝建立紧密的关系，加强双方的交流沟通。在利用 Facebook 营销时，卖家可以采用以下几种方法提升自己的 Facebook 账号的人气。

(1)创建友好的页面

一个杂乱无章的页面往往会令访问者产生不适感,卖家要想给访问者留下一个良好的印象,首先要让 Facebook 页面看起来比较"友好可亲"。卖家可以从合理的页面布局排版、提供优质的商品服务、定期更新商品信息,以及加强与粉丝之间的互动等方面进行完善。

(2)维系好忠诚粉丝

众所周知,卖家的忠诚客户就是商品和品牌最好的宣传员。如果卖家的品牌在市场上得到了良好的反馈,积累了一定的客户群,此时,卖家可以鼓励忠诚客户加入 Facebook 来支持自己,然后让忠诚客户进行宣传,借助忠诚客户的口碑宣传吸引更多的访问者浏览自己的 Facebook 页面来了解商品。

(3)添加 Facebook 的社交插件

借助多个社交平台开展推广是一种行之有效的营销方式,但在推广过程中需要有一个网络桥梁将所有的社会化媒体活动连接起来,这样做是为了更好地控制推广内容,以及进行品牌管理。

在 Facebook 网站中,卖家可以通过整合利用 Facebook 的社交插件加强各个社交平台之间的联系。随着 Facebook 访问量的提升,卖家的 Facebook 页面也会产生更多粉丝及朋友的推送,这能让更多的人看到企业的 Facebook 页面,进而提高浏览量。

(4)利用高人气的 Facebook 页面

卖家可以利用 Facebook 平台提供的工具搜索与自身所销售的商品相关的 Facebook 页面,或者是寻找一些与自己业务相关的讨论,并向这些人气较高的 Facebook 页面提供一些有价值的信息,与这些人气较高的 Facebook 页面的管理者与粉丝建立亲密关系,当彼此了解后,可以引导他们去访问自己的 Facebook 页面。

(5)借助网络论坛与合作网站

如果卖家有合作网站或在网络论坛中表现活跃,可以在合作网站或网络论坛的签名档中添加自己 Facebook 页面的链接。需要注意的是,卖家一定要发表一些具有实用性的文章,只有保证自己的参与获得了合作网站浏览者或网络论坛中其他人的认可和关注,才能吸引他们去关注自己的商品。

(6)联合组织社交活动

卖家可以与其他 Facebook 页面的管理员进行合作,共同策划一个能让双方粉丝获益的社交活动,这样既能增进彼此之间的了解,又能达到推广宣传的目的。

2. 如何提升 Facebook 页面的互动性

具有互动性的 Facebook 页面更容易吸引访问者的关注,卖家可以参考以下几个方法来提升 Facebook 页面的互动性。

(1)充分发挥创意

如果卖家在 Facebook 上只是一味地介绍商品,会让访问者感到单调无趣。访问者更喜欢浏览富有创意的内容,所以卖家在 Facebook 上发布的内容要融入创意,例如分享一些有趣而新奇的创意商品,这样才能吸引更多的访问者。

(2)采用多样化的形式

相对于文字,视频和图片更能给人带来直观、形象的感官体验,所以卖家可以将发表的内容以多样化的形式进行展现,这样更容易引起访问者的兴趣。卖家在选择图片时要遵循三个原则：一是图片要简洁干净，不宜有太多的文字描述；二是图片要与商品直接相关；三是图片色彩要鲜明，吸引访问者眼球。

(3)内容短小精悍

人们不喜欢长篇大论，越来越喜欢简单短小的内容，这就要求卖家在发布内容时，最好使用简练的句子，或者将复杂的信息简单化，这样的内容更容易受到访问者的欢迎，更具有传播性。

(4)注重互动性

要想增强社交媒体的互动性，卖家可以有意识地开展一些互动活动，引导访问者和粉丝参与其中，例如针对几款服饰搭配设计，呼唤访问者和粉丝参与投票。通常来说，新颖有趣的活动更能调动访问者和粉丝参与活动的积极性。

(5)善用留白

卖家可以在 Facebook 页面中提出一个问题，然后留一个空白让访问者来填空。如果问题能够激发访问者的兴趣，就能引起他们热烈的评论，然后卖家再及时进行回复，就可以拉近卖家与访问者之间的距离。

(二)Instagram 营销

照片墙(Instagram)是一款在移动端上运行的社交应用。它允许用户以一种快速、美妙和有趣的方式将自己随时抓拍下的图片进行分享。自从 2010 年问世以来，Instagram 已成为领先的社交媒体平台，每月有超过 6 亿的活跃用户。这个平台最大的亮点就是具有极高的用户参与度。

为了能够以新颖独特的方式表达品牌，确保品牌在 Instagram 上获得最大的曝光率，以吸引更多的潜在关注者，卖家在 Instagram 上做营销推广时，可以尝试采用以下技巧。

1.分享与交流买家体验

考虑到大多数买家在电子商务平台购物时喜欢查看真实的买家体验，因此卖家要注意收集真实的买家体验内容，通过精挑细选并征得买家同意后将其展现到自己的 Instagram 推广内容中。

这些买家体验的内容无形中为卖家口碑的传播提供了途径，在 Instagram 上看到其他买家体验的人将有更大的可能成为卖家未来的潜在买家。

2.有效利用主题标签

主题标签的作用是让卖家发布的推广内容被更多的目标客户发现。卖家要尽可能地使用那些与自身业务相关且有趣、符合自身所在行业属性的各种主题标签。只要有人搜索到卖家曾经使用过的标签，那么卖家的帖子和业务都将对其可见。

在建立主题标签时，卖家可以尝试做一个与自身业务相关且独一无二的主题标签，这样可以让 Instagram 上的粉丝更准确地追踪他们感兴趣的主题，查看该主题过去的帖文。粉丝也能以此进行交流，从而形成忠诚的粉丝群体。

3.展示引人注目的图片

作为一个主打图片的社交平台，Instagram 最为引人注目的就是各种精美的图片。卖家在设计图片时，最好选择能展示商品使用场景的图片，即将商品和配件放在现实的环境中进行展示。

在设计图文时切忌生搬硬套，不要为了展示文字说明而影响图片的美观度。Instagram

毕竟是一个以图为主兼快速浏览的平台,所以卖家可以将图文分开,发一张博人眼球的图片,感兴趣的粉丝自然会主动查看文字说明。

4.增强与粉丝的互动

无论使用哪个社交平台进行营销,都需要注意与粉丝保持有效互动,Instagran 的算法尤其看重互动数据,因此卖家要想提高自己在 Instagram 上发布的内容的曝光率,经常与粉丝互动(如留言、点赞等)是非常有必要的。卖家留言或点赞后,粉丝也能在"追踪中"页面看到,有利于提升其对品牌的好感度。

(三)Twitter 营销

Twitter 是全球访问量较大的网站之一,拥有超过 5 亿的注册用户。虽然发布的每条推文被限制在 140 个字符内,但不妨碍各个卖家利用 Twitter 进行商品促销和品牌营销。

1.Twitter 营销的广告类型

Twitter 提供了三种广告类型,即推荐推文、推荐账户和推荐趋势。每种广告各具优势,卖家可以根据自己的营销需求选择适合自己的广告形式。

(1)推荐推文

推荐推文就是卖家在 Twitter 上购买普通推文,这个推文会被标上"推荐"标志,这种推文也可以转发、回复、点赞等。推荐推文的最大作用是能让购买推文的买家接触到更广泛的用户群体,或者在现有关注者中引发人们积极参与。

如果卖家想宣传推广店铺的某个活动,可以选择使用推荐推文,可以通过吸引访问者点击推文来提升自己店铺内的流量。此外,卖家还可以在推文中为访问者提供优惠券,以提升店铺的转化率。

(2)推荐账户

推荐账户指将某个账户推荐给尚未关注该账户的用户。卖家使用推荐账户功能可以有效地提高自己 Twitter 账号的粉丝增长率。推荐账户具有以下优势:

首先,推动访问者购买商品,发掘潜在买家。卖家只有让更多的访问者关注自己的 Twitter 账号,才有可能向访问者宣传自己的商品,让他们更深入地了解品牌。其次,推荐账户显示在 Twitter 平台的多个位置,包括主页时间线、关注谁和搜索结果等位置。最后,提高品牌知名度和口碑共享。当卖家在 Twitter 上发布有价值的内容时,Twitter 能够让访问者通过转发来与朋友分享内容,从而提高品牌的覆盖面。因此,如果卖家希望有更多的人关注自己的品牌和商品,可以选择使用此类广告。

(3)推荐趋势

Twitter 上的热门话题是社交网络上最受关注的话题,有着非常高的点击率。卖家使用推荐趋势功能,可以在 Twitter 上发布一个主题标签,并让其展示在页面的左侧。这样就可以让更多的访问者看到自己设置的主题标签,进而提升自己商品的曝光量,增加广告系列的覆盖面。

2.Twitter 营销的技巧

有大量的追随者,并不意味着 Twitter 营销已经大获成功。卖家要想借助 Twitter 成功地推销和推广自己的品牌与店铺,最好的方式就是在 Twitter 上发布高质量的内容。卖家可以采用以下技巧。

(1)在 Twitter 上使用图片

图形、图表能直观地传递出复杂、抽象的内容,而且比文字更容易给人留下深刻印象。

有时用图片体现某事物比用语言更加直观,尤其是在描述某件事物时。作为沟通媒介时,Twitter 一般将语言描述限制在 140 个字符内。例如,美国服装零售商 Abercrombie&Fitch 连续 7 天发布了 14 个推文,包含 16 张图片,这些图片展示了 Abercrombie&Fitch 的商品及用户渴望的生活方式,获得了很好的效果。

(2)在热闹时段发布推文

卖家在发布推文时要注意合理安排推文发布的时间,以提高推文的互动率。美国著名的客户关系管理服务提供商 Salesforce 曾经发表过一份关于 Twitter 营销的报告。Salesforce 研究发现,在服饰行业,大约 12% 的品牌喜欢在周末发布推文,但推文的互动率比工作日高出 30%。这说明服装品牌如果合理安排推文发布时间,将更容易吸引潜在买家。因此,卖家有必要测试何时发布推文得到的关注最多,然后在这些时间段安排 Twitter 营销。

(3)注重内容

卖家在推文中为访问者提供有价值的内容和有用的促销折扣信息,能有效提升推文对访问者的吸引力。集客营销公司 HubSpot 曾发布一份关于电子商务进行 Twitter 营销的建议清单,清单第一条就是"推销之前先引起兴趣"。

(4)定期发布优质内容

卖家要坚持定期发布优质推文,不要"三天打鱼,两天晒网",每天坚持发布 2~3 条推文,这样才能吸引用户的关注,避免被其遗忘。

(5)回应访问者的推文

Twitter 也是卖家为粉丝提供服务、与粉丝进行互动的工具。因此,当粉丝在 Twitter 上提及自己的商品或公司时,卖家要及时地对此做出回应。

例如,一位购买过耐克服装的客户在 Twitter 上发布了一张图片,图片上是几件耐克服装,并配文:"Yes, I have a problem, but at least I'm encouraging myself to go to the gym."(是,我身体有问题,但至少我鼓励自己去健身房。)并@了耐克的 Twitter 账号。于是,耐克的社交媒体营销人员对此也用一张图片进行了回应,并配文"We see no problem."(我们看来没有问题。)。

(6)减少推文中的链接数量

相关研究表明,不包含链接的推文更容易让访问者产生互动,所以并不是说发布的每一条推文中都一定要包含链接,链接的精妙之处在于精而不是杂。在发布推文时,卖家要懂得合理地减少包含链接的推文数量,这样更有利于提升与访问者之间的互动。

(四)YouTube 营销

YouTube 是全球知名的视频网站之一,每天都有成千上万的视频被用户上传、浏览和分享。相对于其他社交网站,YouTube 的视频更容易带来"病毒式"的推广效果,所以 YouTube 也是跨境电子商务卖家开展营销推广不可或缺的工具之一。

YouTube 是品牌出口推广不可错过的站外引流渠道之一,YouTube 的广告活动应该针对人们在不同购买状态的不同需求来开展,而不是随意地制作视频。全球知名的管理咨询公司麦肯锡将 YouTube 用户的购买行为分为五个阶段,如图 3-7 所示。

一旦卖家创建了某个成功的广告,了解了目标受众的特点,就可以以此为参照,创建更多具有战略性和效益的 YouTube 广告活动。

第三章　跨境电子商务营销

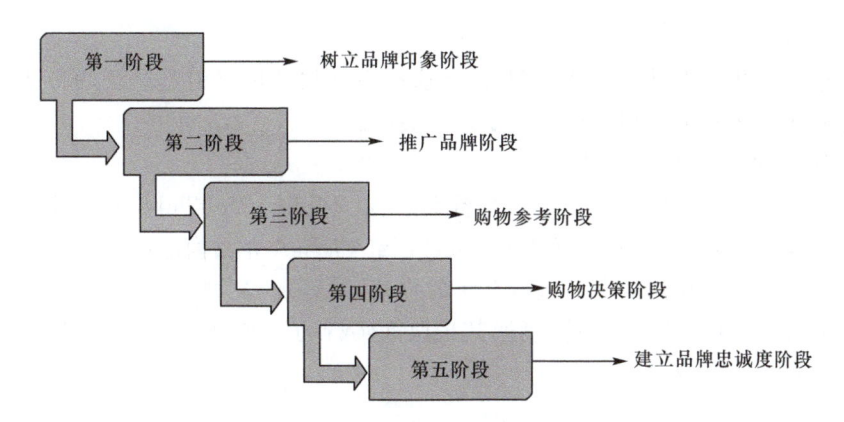

```
第一阶段 ──→ 树立品牌印象阶段
  └─ 第二阶段 ──→ 推广品牌阶段
      └─ 第三阶段 ──→ 购物参考阶段
          └─ 第四阶段 ──→ 购物决策阶段
              └─ 第五阶段 ──→ 建立品牌忠诚度阶段
```

图 3-7　YouTube 用户购买行为阶段划分

1. 树立品牌印象阶段——增强目标受众娱乐参与感

在树立品牌印象阶段,目标受众对卖家和卖家的商品并不熟悉,所以卖家在这一阶段可以通过创建教学类视频、娱乐类视频、"网红"推荐类视频,提高视频的曝光度和品牌的影响力。

(1)教学类视频

How-to 教学类视频是常见的视频营销形式之一,卖家可以在这类视频中演示目标受众感兴趣的某种操作,并利用详尽的步骤进行说明,以此带入商品。图 3-8 所示为某家居品牌在 YouTube 上发布的教学类视频,该视频既实用又有趣,虽然没有直接展示商品销售的信息或链接,但吸引了很多对家居装修感兴趣的人对该品牌进行关注,有效地提升了品牌的知名度。

图 3-8　某家居品牌在 YouTube 上发布的教学类视频

如果卖家正处于初步尝试 YouTube 的阶段,那么教学类视频就是很好的选择,因为卖家所拥有的商品知识对很多用户而言就是专家级别的建议,而这也是创建和品牌相呼应内容的方式之一。

(2) 娱乐类视频

创建娱乐类视频大多需要团队的配合,但这类视频往往可以引起广泛的传播。幽默有趣或壮观惊叹的视频都可以很好地吸引受众的关注。

(3) "网红"推荐类视频

让潜在新用户了解品牌的方法之一是赞助"网红"视频。YouTube 上非常流行的一种"网红"推荐类视频就是开箱视频,即 YouTube"网红"拆箱并介绍商品的视频。拍摄开箱视频的"网红"通常会对包裹内的商品进行真实的描述,并客观、真诚地说明商品的使用体验,有利于加强品牌与目标受众的互动,刺激其采取购买行动。如图 3-9 所示为某款运动相机品牌发布的"网红"开箱视频。

图 3-9 某款运动相机品牌发布的"网红"开箱视频

2. 推广品牌阶段——展现品牌魅力

当用户对品牌产生了一定的了解之后,卖家需要展示品牌的亮点,尽可能地拉近品牌与用户之间的距离。在该阶段,卖家可以通过发布个人故事类视频和欢迎类视频来展示品牌魅力,见表 3-2。

表 3-2 推广品牌阶段的 YouTube 营销策略

营销策略	具体做法
个人故事类视频	展示品牌魅力的一个好方法就是拍摄品牌背后的个人故事,通过展示卖家的心路历程或创业故事,激发用户对商品和品牌产生共鸣,增强用户对品牌的信任感。不过,个人故事类视频并不需要被"病毒式"地传播,只需在特定的受众范围内引起人们的关注即可。
欢迎类视频	欢迎类视频能够拉近品牌和用户之间的距离,更好地展示品牌的亮点。例如,销售假发的品牌 Luxy Hair 以脱毛商品为主题,为潜在用户打造了一些视频,简单介绍了脱毛商品的相关操作方式和使用效果。该类视频简单而有效,一些新用户可能会在看完视频后进一步了解该商品,然后选择购买。

3. 购物参考阶段——展示商品优势

一旦潜在目标用户熟悉品牌后,视频营销的战略就要从以娱乐为主转向以引导为主,需要通过发布商品介绍类视频和再营销视频向用户展示商品的优势,并且强调商品对用户需求的满足,见表 3-3。

表 3-3　　　　　　　　　购物参考阶段的 YouTube 营销策略

营销策略	具体做法
商品介绍类视频	商品介绍类视频是最基本的视频形式,卖家要着重展示商品的功能和优点。例如索尼相机 A6500 的宣传视频,视频中提及了相机的诸多功能,以及这款相机如何改善用户的摄影体验。卖家可以尽可能地展示自己所销售的商品在同类商品中脱颖而出的功能或亮点。不过,卖家需要在视频时间上多加把控。相关研究发现,30 秒以内的视频观看率超过 80%,视频的观看率会随着视频时长的增加而下降,卖家可以适当地将视频时长控制在 3～4 分钟。
再营销视频	在用户访问卖家的网店后,卖家可以向他们展示与其感兴趣的商品相关的 YouTube 广告。

4. 购买决策阶段——提升转化率

当卖家意识到潜在用户产生了购买商品的意向时,卖家在该阶段发布视频的目的就是提升转化率。在购买决策阶段,卖家可以采取的营销策略,见表 3-4。

表 3-4　　　　　　　　　购买决策阶段的 YouTube 营销策略

营销策略	具体做法
专注商品及跟进购物类视频	一旦卖家知道用户已经准备好购买商品,就要保证用户能够完成购买过程,并尽可能地提高订单数量和金额。卖家可以通过采用交叉促销和向上销售的方法来实现这一目的。交叉销售的作用是对用户购买的商品进行补充,例如,卖家可以考虑将充电线配合手机壳进行销售。向上销售则是提高用户需求,例如,卖家可以考虑将防水、耐热手机壳和手机一起进行推荐。 这类专注商品的视频可以通过白色背景、工作室和生活场景等方式进行展示。白色背景是最为经典的视频呈现方式,而白色背景中的商品也可以带给用户最为直观的感受。工作室背景拍摄强调商品的专业度,有利于定制高水平的视频。商品使用生活场景展示视频是最贴近用户也最有感染力的视频。
商品购物车提示类视频	卖家可以通过发送带有再营销 YouTube 视频广告的电子邮件来拯救用户购物车里被遗忘的商品。这类型的视频不需要过于复杂或冗长,只需简单地对用户发出提醒就可以促进该商品的转化。

5. 建立品牌忠诚度阶段——促成长期购物关系

用户购买商品对卖家而言是营销成功的一半,但这并不意味着营销活动的结束,接下来卖家还需要培养用户对品牌的信任度以及建立长期购物关系。卖家在此阶段可以采取的营销策略见表 3-5。

表 3-5　　　　　　　　建立品牌忠诚度阶段的 YouTube 营销策略

营销策略	具体做法
升级折扣与二次购买优惠类视频	用户可能不会在没有折扣的情况下再次购买商品,但会在优惠的吸引下开始定期购物,所以卖家可以考虑提供一个展示基本常规折扣的宣传视频。例如,为会员提供 5%～10% 的优惠,或者为曾经购买过商品的用户提供免费送货,以鼓励他们再次购买。这类视频无须昂贵的制作成本,卖家只需借助一些简单的工具就可以创建。例如,卖家在几张商品照片上添加文字就能够创建一个简单并具有吸引力的宣传视频。
展示推荐类视频	建立客户忠诚度的有效方法之一是向用户展示推荐商品,例如,美发品牌 NaturallyCurly 通过视频巧妙地做到了这一点,它向用户展示了商品如何帮助用户打理卷发。这类视频不需要贵的制作成本,简单的背景、基础的摄影器材、简单的照明工具就可以满足视频的拍摄需要。
借鉴成功的视频经验	若卖家希望 YouTube 营销能够在客户忠诚度上发挥作用,那么势必要借鉴一些成功的视频经验。需要注意的是,无论是主打"感情牌"还是"商品牌",这一阶段的视频都要重视用户的参与感,赢得用户的认同。因此,视频的可看性、趣味性和价值性就显得至关重要。

(四)LinkedIn 营销

LinkedIn 成立于 2003 年,是一个面向商业用户的社交网络(SNS)服务网站。该网站的目的是让注册用户维护他们在商业交往中认识并信任的联系人,俗称"人脉"(Connections)。LinkedIn 是提供分享公司信息、行业新闻和市场活动的平台,其用户可以在这个平台上接触到业内人士以及待挖掘的潜在客户,因此 LinkedIn 是外贸商务人士使用较多的一款社交网络工具。

LinkedIn 聚焦职场社交,该平台上聚集最多的是高端白领人群,甚至包括企业中的高层管理人员。对于 B2B 跨境电子商务卖家来说,其通过 LinkedIn 甚至有机会接触到买方企业的决策管理层,这也是 LinkedIn 的核心竞争力。

LinkedIn 为用户提供了营销度量工具(Metrics)来帮助用户度量推广效果,其提供的指标包括受众数量、引起的活动、点击率、粉丝、订阅数和费用等。同时,它还可以将不同的推广内容进行对比,帮助用户多维度分析推广的效果。

为了有效提高 LinkedIn 营销效果,卖家可以尝试运用以下技巧。

1. 避免空洞的推广内容

LinkedIn 的高端特性决定了卖家在此平台上发布的推广内容必须是所有内容中最好的、最有价值的。职场人员本来空闲时间就少,如果向他们推送一些无实质性的内容,很容易引起他们的反感,他们也没有理由为这些没有价值的内容停留。制作高价值的推广内容虽然需要花费一定的时间和精力,但卖家会得到可喜的回报。卖家可以凭借在 LinkedIn 发布高价值的推广内容在所属领域获得良好的声誉,品牌更容易受到用户的青睐。

2. 添加主题标签

在 LinkedIn 上发布帖子时,每个帖子使用 3~4 个标签比较合适。帖子中使用的主题标签不仅应贴合品牌,还应贴合帖子的内容,因为用户很有可能不会在 LinkedIn 上搜索品牌的标签,而是搜索与他们所在行业或兴趣相关的标签。例如,为帖子添加"marketing"(市场营销)标签,则表明该帖子可以分享与市场营销相关的内容,而市场营销涉及的行业非常多,那么"marketing"(市场营销)这个标签覆盖的用户群范围也就会非常广;为帖子添加"job post"(工作岗位)或"opportunity"(机会)标签,则表明该帖子包含分享工作职位的内容。

3. 持续更新 LinkedIn 页面

尽量每天更新 LinkedIn 页面的状态,确保用户能够看到自己需要的信息。如果卖家没有时间持续更新状态,可以借助一些社交媒体管理工具来保持 LinkedIn 页面的不断更新。例如,卖家可以借助相关社交媒体管理工具在公司的 LinkedIn 主页上将发布信息时间设置为每周的固定时间,这样可以保证企业的 LinkedIn 页面处于活跃状态,提高企业在 LinkedIn 上的可见性。

4. 建立关系至关重要

由于跨境电子商务卖家面对的不仅是一般的个人用户,可能还有一些潜在合作的客户、供应商等,因此对于卖家来说,建立关系至关重要。关系主要体现在对用户的情感化管理上。例如,访问企业主页的群体、分享的内容、内容的反馈,这些是企业了解用户并与其建立关系的基础。另外,卖家要做问题的解决者,而不仅是商品的推销者,在 LinkedIn 上少打广告、多提建议,才能彰显自身的价值。

5. 提高用户关注度

提高企业 LinkedIn 页面的关注度，团队发挥着重要的作用。企业要鼓励员工积极参与 LinkedIn 页面上的讨论，激活页面的活跃度。企业还可以让员工在电子邮件签名中添加企业的 LinkedIn 页面链接，这会给企业的 LinkedIn 页面带来更多的关注，吸引更多的访问者。

三、KOL 营销

关键意见领袖（Key Opinion Leader，KOL）是指拥有更多、更准确地商品信息，且为相关群体所接受或信任，并对该群体的购买行为产生较大影响力的人。KOL 通常会有自己擅长的领域，平时可能通过博客、社群或视频平台经营自己专业的内容。

KOL 与粉丝群体的关系密切，他们利用社交媒体的可访问性与粉丝建立个人联系并获得他们的信任，并且当粉丝在抉择是否购买某商品时，KOL 会从体验者的角度出发为他们提供意见，引导其消费想法。因此，越来越多的卖家倾向于选择 KOL 来代言商品。

（一）KOL 营销的重要性

卖家在做营销时需要创造的不仅是商品的内容，最重要的是树立自己的诚信形象。KOL 的特点是拥有大量忠诚的社交媒体粉丝，他们被视为某个领域的专家，他们的建议常常受到粉丝的信任及高度评价。对于卖家来说，KOL 营销具有以下优势。

1. 建立品牌知名度

由于社交媒体中的 KOL 在某个领域中具有广泛的影响力，因此他们可以帮助卖家提升品牌认知度和知名度。当有 KOL 推荐或认可某一品牌时，粉丝关注该 KOL 就可以了解到此品牌和商品。

KOL 最大的力量在于粉丝对他们有着极高的信任度。正是这种信任使他们能够发展忠诚的粉丝群体。当一个 KOL 分享他们对某款商品或服务的客观评价时，KOL 被认为是该商品或服务好用的一个最佳证明，这会进而增强该品牌的知名度，提升该品牌的信誉。

2. 精确的市场定位

分析和定位商品的目标客户群体是营销工作的关键环节，但这通常是一个困难且烦琐的过程。精准地定位目标客户群需要卖家对潜在客户有深刻的了解。

卖家选择 KOL 进行营销，只需要确保选择的 KOL 与自己的商品市场定位相关，并且他们的公众角色与品牌形象有一定的一致性即可。卖家把商品的属性配合 KOL 的风格拍摄成宣传视频，并将此视频展示给目标受众群体，就能让受众群体了解到商品，提升商品在此类目的知名度。

3. 促进粉丝参与

卖家在社交媒体上发布帖子，一般是通过增加帖子的点赞数、评论数等方式来提升与用户的互动率，如果缺乏有效的互动，即使卖家的社交媒体账号有数百万的粉丝也难以达到最佳的营销效果，而 KOL 可以有效地帮助卖家提升社交媒体账号与用户的互动。

一方面，卖家通过与 KOL 合作可以提高社交媒体账号中推广内容的质量，并且使其更加以用户为中心，这样的内容更有可能在目标受众中引起关注；另一方面，当 KOL 在社交媒体的个人资料上分享关于商品的内容时，往往粉丝也会参与其中，如果粉丝喜欢这些内容,就会在自己的个人页面上分享它,从而进一步扩大这些内容的传播范围。

(二)KOL营销的必备技巧

如果卖家正在尝试采用KOL营销方式投放广告和宣传商品,那么应用以下技巧可以达到事半功倍的效果。

1.设定活动目标

有目标才能激发动力,如果什么目标都没有,那么卖家找KOL做了推广后,就很难判断这次推广的效果,甚至无法计算KOL营销的投资回报率,因此卖家在开展KOL营销时需要设定一个目标。这个目标可以是为商品增加一定数量的访问者,也可以是将某一特定商品的销售额提高一定的百分比。

2.筛选最合适的KOL

卖家进行KOL营销的主要目的是扩大商品和服务的推广覆盖面,简单来说,就是拓展商品的受众群体,挖掘潜在客户。

KOL是公认的在某个话题或领域中最有影响力的思想领袖。如果想进行一场成功的KOL营销活动,卖家需要找到目标受众视之为关键意见领袖的人。首先,卖家对商品定位和目标受众群体了解越精准,越容易找到最合适的KOL。因此,卖家在开展KOL营销之前要确定目标受众是谁。然后,卖家再根据目标受众确定谁才是真正能对他们产生影响的人,从而选择合适的KOL。卖家在选择KOL时需要考虑几个因素,如图3-10所示。

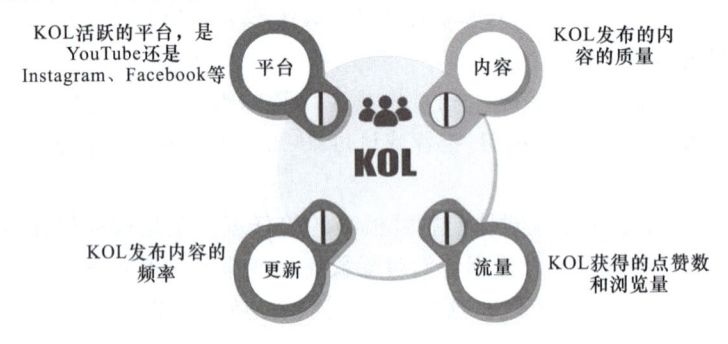

图3-10 选择KOL时需要考虑的因素

3.听取KOL的意见和建议

KOL可以帮助卖家制订营销计划,告诉卖家什么样的内容最容易吸引粉丝的目光、最容易让他的粉丝转化为受众。当然,卖家通过让KOL分享内容,可以了解目标受众的需求。

卖家要积极地听取KOL的意见,了解目标受众当前关注的话题是什么。KOL要了解什么样的内容是受众最感兴趣的,也要了解受众毫不关心的内容是哪些,甚至还可以告诉卖家哪些领域是市场中的"无人区"。KOL所提供的这些信息可以给卖家提供极大的帮助。

4.制作高质量的内容

卖家要想让营销获得成功,需要让KOL分享高质量的内容。KOL有能力让粉丝信任他们,但没有人会因此就乐意为他们推广的商品买单。KOL与粉丝交流的内容往往与他们的专业领域相关。因此,卖家要使KOL营销发挥作用,KOL分享的商品内容最好与他们的领域相关。

如果卖家想与 KOL 建立良好的合作关系，可以策划高质量的营销活动，向他们发起邀约。如果卖家的商品或品牌本身就有一定的知名度，KOL 也会反过来向卖家发起请求，希望能够帮助卖家做宣传推广。KOL 也可以作为一个内部人士，提出他们对商品的看法，这些看法可以是数据、专业知识或业内知识，这也是卖家与 KOL 建立合作关系的一种好方法。

5. 确定推广的形式

卖家确定 KOL 的推广形式涉及多方面的内容。例如，卖家是仅需 KOL 在视频里提到商品就好，还是要求 KOL 对商品进行详细的说明；是让 KOL 把商品购买链接放在他的简介里，还是给 KOL 提供专属打折码等。

此外，如果卖家想让 KOL 帮助自己做免费的推广，就可以尝试免费给 KOL 赠送商品，向他们发出邀约，鼓励 KOL 进行分享。

四、电子邮件营销

电子邮件营销（E-mail Direct Marketing，EDM）是在目标受众事先许可的前提下，卖家借助电子邮件软件通过向其发送电子邮件，传播有价值的信息的一种网络营销手段。电子邮件软件有多种用途，可以发送电子广告、商品信息、销售信息、市场调查问卷、市场推广活动信息等。电子邮件营销方式具备极高的投资回报率，所以备受跨境电子商务卖家的青睐。

（一）电子邮件营销的特点

总体来说，电子邮件营销的特点表现在以下四个方面：

1. 精准高效：精确筛选发送对象，将特定的推广信息推给特定的目标受众。
2. 形式丰富：文本、图片、动画、音频、视频、超链接都可以在电子邮件中体现。
3. 个性化内容：根据发送对象的不同制订个性化内容，确保受众收到符合其需求的信息。
4. 可追踪分析：卖家可根据受众的行为，统计邮件的打开率、点击率，并加以分析，获取销售线索。

（二）电子邮件营销的方式

目前，电子邮件营销的方式主要有三种，即许可式电子邮件营销、个性化电子邮件营销和病毒式电子邮件营销，见表 3-6。

表 3-6　　电子邮件营销的方式

营销方式	具体内容
许可式电子邮件营销	电子邮件的收件人事先已经同意接收相关的营销邮件。该方式是在发件人与收件人之间建立一种"握手"协议。如果卖家发送的邮件中的内容都是买家希望获得的信息，那么这种邮件比漫无目的的广告更贴心，更容易引起买家的关注，也更容易实现买家与卖家共赢的目标
个性化电子邮件营销	通过利用个性化的电子邮件模板（如在邮件中支持使用表格、图片及改变字体颜色等），卖家根据目标受众的情况，预先设置邮件发送的参数（如邮件发送的时间、条件等），电子邮件营销软件会在指定的时间向指定的受众自动发送有指定内容的营销邮件
病毒式电子邮件营销	网络推广中较为常见的一种模式，它通常借助口碑传播的原理，让信息高效传播，该模式具有成本低、效率高的优点

(三)电子邮件营销的流程

要想开展高效的电子邮件营销,卖家需要把握好每个环节的工作。通常来说,电子邮件营销的流程包括五个环节,如图 3-11 所示。

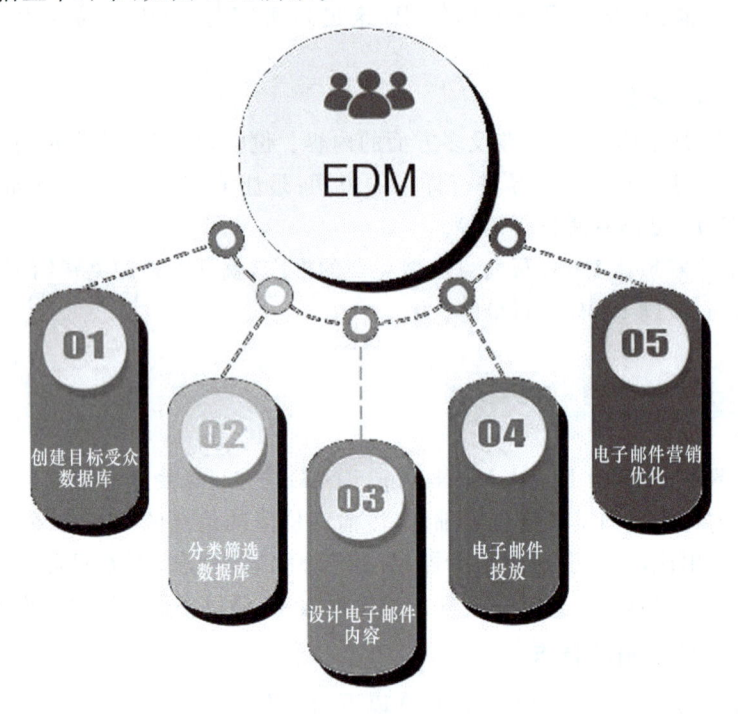

图 3-11　电子邮件营销的流程

1. 创建目标受众数据库

创建目标受众数据库是为后期开展高效的电子邮件营销做铺垫,目标受众数据库越完善和精准,后期电子邮件营销效果就会越显著。卖家可以通过建立会员制度、收集购买过自己商品的买家信息等途径来采集电子邮件目标受众的数据。

2. 分类筛选数据库

针对电子邮件营销的需要,卖家可以将目标受众数据库按照受众的地域、性别、年龄、特点及兴趣爱好等维度进行分类,并对创建的目标受众数据库进行筛选。

3. 设计电子邮件内容

根据预设的目标受众,设计规范的电子邮件内容,包括邮件的标题、内容、排版布局等,电子邮件内容越贴近目标受众的心理需求,后期电子邮件营销效果就会越好。

4. 电子邮件的投放

电子邮件的投放是一个既简单又困难的环节,因为它关系到制作的电子邮件是准确到达目标受众手中,还是被丢入垃圾箱中。为了保证电子邮件投放的到达率和精准度,要选择优质的电子邮件营销工具进行电子邮件的投放。

5. 电子邮件营销的优化

根据电子邮件的打开率、点击率、到达率等各方面的数据对电子邮件营销进行优化,包括是否需要删减目标受众数据、是否更换电子邮件营销服务商,以及优化电子邮件内容等。

（四）电子邮件内容的撰写

借助电子邮件营销软件，卖家可以设计格式精美的电子邮件，给收件人带来一种美的感受，但是邮件的外观并不是真正吸引收件人阅读邮件的关键，只有真正能够给收件人带来价值的电子邮件内容，才能吸引受众的关注，进而刺激他们的购买欲，这也是卖家开展电子邮件营销最应该注意的地方。

卖家在撰写电子邮件内容时，可以采用以下技巧：

1. 做好标题设计

人们收到邮件后，通常会先关注邮件标题，如果邮件标题缺乏亮点，就难以激发人们阅读的兴趣。对于一些具有时效性的信息，卖家可在邮件标题的前面添加 daily、weekly、monthly 等词，如"The daily discount for Wrist watch"（腕表每日折扣）；当店铺有促销活动、新品上市时，可以用事件作为邮件标题，提醒人们"不要错过"，如"Don't Miss Our Special Offer for Dresses"（不要错过我们特别提供的连衣裙）；有的卖家会为商品提供操作视频，可以在邮件标题中体现出来，如"Operation Video for the Puzzle"（拼图的操作视频）。

2. 内容简明扼要

电子邮件内容要尽量简明扼要、条理清晰。例如，邮件可以介绍商品，如店铺最近热销的商品，或者介绍节假日和季节类活动公告等，还可以向收件人提供一个活动链接或者有一定截止时间的活动优惠代码。当然，活动优惠代码要留给收件人一定的时间去使用。

3. 刺激受众的兴趣与好奇心

卖家在邮件中要鼓励收件人深入了解邮件内容，要尽量刺激他们的兴趣与好奇心，鼓励其点击邮件中的链接并了解商品信息。鼓励的方式有多种，例如，突出自己商品或服务的特色，免费赠送礼品，向收件人表明其购买商品可以获得哪些好处等。

4. 合理设置图片

邮件中使用的图片不能太大，一般要求小于 15 KB。图片数量也不能太多，应少于 8 张，以免收件人因邮件的打开速度太慢而失去耐心关闭邮件。图片应放在网络空间，否则收件人很可能看不到。图片的名称不能含有"AD"字符，否则会被当成"被过滤广告"。

5. 回避借助插件浏览内容

邮件中尽量不要使用 Flash、Java、JavaScript 等格式的内容，否则收件人可能打不开，或者收件人需要安装一些插件才能浏览邮件。为了避免收件人收到的邮件显示乱码或者图片格式无法浏览，卖家可以制作一个和邮件内容相同的 Web 页面，然后在邮件顶部设置"如果您无法查看邮件内容，请点击这里"超链接，链接指向放有相同内容的 Web 页面。

6. 谨慎使用链接

卖家可以在邮件中添加链接，但数量不宜过多。链接也要写成绝对地址而非相对地址，不要使用地图功能的链接图片，否则会使邮件被多数邮箱自动划分为垃圾邮件。

五、跨境电子商务站内推广

与搜索引擎营销、社交媒体营销、KOL 营销、电子邮件营销等站外营销方式相比，各大跨境电子商务平台站内营销推广是更为直接的营销方式，它可以有效利用站内营销工具，让卖家的商品在站内得到直接的展示,展现位置多样化,能帮助卖家进行引流推广。

(一)速卖通站内推广

速卖通站内推广方式主要有速卖通直通车和速卖通站内店铺活动,下面将详细介绍如何利用速卖通直通车和速卖通站内店铺活动进行产品推广。

1. 速卖通直通车

速卖通直通车又被称为竞价排名(Pay for Performance,P4P),是速卖通平台会员通过自主设置全方位的关键词展示商品信息,通过大量曝光商品来吸引潜在买家,并按照点击付费的推广方式。

(1)速卖通直通车展位

目前,全球速卖通的搜索结果页面上60个商品为一页(搜索结果按图库方式展示),搜索结果的第一页第12位起隔7个商品位有一个直通车推广位;搜索结果的第二页第8位起隔7个商品位有一个直通车推广位(直通车的展位会随着商品更新变化有所调整)。

(2)速卖通直通车推广计划

速卖通直通车推广计划分为重点推广计划和快捷推广计划两种,两者的特点、优势及适合的商品见表3-7。

表 3-7　　　　　　　重点推广计划和快捷推广计划对比

推广计划	特点	优势	适合的商品
重点推广计划	卖家最多可以创建10个重点推广计划,每个重点推广计划最多包含100个单元,每个单元内可以选择1个商品	具有独有创意推广等功能,可以帮助卖家更好地打造爆款	适用于重点商品的推广,建议卖家优先选择市场热销或自身有销量、价格优势的商品进行推广(可参考商品分析中的成交转化率、购物车、搜索点击率等数据)
快捷推广计划	卖家最多可以创建30个快捷推广计划,每个快捷推广计划最多容纳100个商品、20 000个关键词	具有批量选词、出价等功能,可以帮助卖家更加快速地创建自己的计划,捕捉更多的流量	适用于普通商品的批量推广

(3)速卖通直通车扣费规则

速卖通直通车是按点击计费的,当买家搜索了一个关键词,而卖家设置的推广商品符合直通车的展示条件时,卖家的推广商品就会在相应的速卖通直通车展示位置上出现。只有当买家点击了卖家推广的商品时,才会进行扣费。如果买家仅是浏览,并未点击推广商品查看,则不扣费。

点击费用受推广评分和关键词设定出价的影响,但不会超过卖家为关键词所设定的出价。卖家的推广商品与相关关键词的推广评分越高,其需要付出的每次点击花费越低。

(4)速卖通直通车排序规则

速卖通直通车的排序取决于速卖通直通车的投放方式。目前,速卖通直通车有关键词投放和商品推荐投放两种方式。关键词投放的排序与推广评分和关键词出价有关,推广评分与关键词出价越高,速卖通直通车推广商品排名靠前的机会越大。商品推荐投放与商品的信息质量、商品推荐出价、商品是否满足浏览买家的潜在需求有关,商品的信息质量越高,商品推荐出价越高,商品与浏览买家的潜在需求越匹配,速卖通直通车推广商品在相关推荐位时的展示靠前的机会也越大。

(5)做好速卖通直通车推广的策略

在速卖通直通车推广过程中,不少卖家会陷入效果甚微的困境:开通了速卖通直通车,但商品还是没有曝光量;有了曝光量,但商品的点击率很低;曝光量和点击率都有了,却没有转化率。之所以出现这些现象,是因为卖家没有掌握速卖通直通车优化推广的技巧。

在做速卖通直通车推广时,卖家可以采用以下策略:

①做好速卖通直通车选品

有优势的商品更容易获得买家的青睐,开展速卖通直通车选品可以参考以下几个因素。

• 销量(收藏量)大的商品:有一定销量(收藏量)积累的商品,更容易获得买家的信任。

• 转化率高的商品:店铺内转化率高的商品更容易吸引买家的关注。

• 有独家货源和基本销量的商品:有充足的货源保证,以免推广商品因高销量造成缺货。

• 利润、价格相对有优势的商品:价格和利润过低的商品即使有不错的销量,也可能无法赚回速卖通直通车推广耗费的费用,因此要选择利润、价格相对有优势的商品。

②提升关键词与商品的相关性

关键词应该选择曝光度高、点击率高、与商品匹配度高的词语。卖家可以采取两种方法来提升所选关键词与推广商品的相关性。第一种方法是提升关键词与商品名称中的描述相关程度。例如,商品的名称为"cell phone battery",直通车的关键词也为"cell phone battery"或者与此相关的同义词,则说明关键词和商品的相关性较好。

第二种方法是提升关键词与商品类目及属性的匹配程度。例如商品"Nokia 5310 mobile phone",在属性"型号"中的属性值为"5310",而如果直通车的关键词也为"Nokia 5310 mobile phone",则说明关键词和商品的相关性较好。

③设置准确、优质的标题

准确、优质的标题能够提高关键词的推广评分,提升直通车推广商品的点击率。首先,标题要符合英文语法规范,语法不要太复杂,以降低系统理解的难度;其次,由于直通车展示位无法完整地展示完整的商品标题,所以标题不能太长,也不能太短,表示商品重要属性、买家关注点和商品卖点的词语尽量放在标题的前面。

④保证商品图片的质量

商品图片要清晰、美观,让买家一眼就能看清商品,这样才能激发买家的购买欲望。为了美观或者避免被盗图,卖家可以在商品图片上添加水印,但水印不能加得太明显,以免使直通车展示位上的图片显得杂乱或者模糊不清,影响图片的美感。

2. 速卖通站内店铺活动推广

速卖通平台为卖家提供了免费的营销活动资源,包括单品折扣活动、金币抵扣活动、满减活动、店铺优惠券、店铺互动活动等。各种店铺活动的类型及其优势见表3-8,有效地利用这些资源能够帮助店铺提升销量。

表 3-8　　　　　　　　店铺活动的类型及其优势活动介绍

店铺活动名称	活动介绍	活动优势
单品折扣活动	由卖家自主选择活动商品和活动时间,设置促销折扣及库存量	卖家可以通过设置不同的折扣力度来推出新品、打造爆品、清理库存,它是活跃店铺气氛、增强店铺人气、调动买家购买欲望的利器
金币抵扣活动	目前 App 端流量排名较高的频道,买家通过签到、种树等互动玩法获得金币,买家在购买参加金币抵扣活动的商品时可以用金币获得一定的折扣	卖家可以通过金币抵扣活动获得流量,提升订单成交量,提高品牌曝光率
满减活动	包括满立减(满 X 元优惠 Y 元)、满件折(满 X 件优惠 Y 折)、满包邮(满 N 元/件包邮)三种类型	卖家借助满减活动可以刺激买家多买,有效提升客单价。卖家可以在每款参加满减活动的商品下面搭配一些关联商品,这样当买家想凑足满减条件时,可以起到推荐作用
店铺优惠券	由卖家自主设置优惠金额和使用条件,买家领取后可在有效期内使用	刺激新买家下单和老买家回头购买,从而提升店铺的购买率及客单价。同一时间段可以设置多个店铺优惠券活动,以满足不同购买力买家的需求
店铺互动活动	分为互动游戏和拼团两类	买家参加互动游戏可以获得相应的奖励,这是卖家引流拉新的有效工具,拼团能够驱动买家和好友共享下单,从而帮助卖家吸引流量

(二)亚马逊站内推广

对于大部分商家来说,在亚马逊的运营中,站内广告是不可或缺的促进商品曝光和推动销售的推广手段。亚马逊在站内广告的投放上有自动广告和手动广告两种投放方式。

1. 亚马逊站内广告的类型

对于第三方卖家来说,亚马逊站内广告主要有三种,即赞助商品广告(Sponsored Products)、赞助品牌广告(Sponsored Brands)和赞助展示广告(Sponsored Display)。

(1)赞助商品广告

赞助商品广告是卖家较常使用的一种广告类型,广告会在移动端和 PC 端同步显示。使用赞助商品广告推广的商品在 PC 端搜索结果页面和商品详情页面中显示"Sponsored"标识,如图 3-12 所示。需要注意的是,只有拥有黄金购物车(Buy Box)的商品才可以创建这类广告。

(2)赞助品牌广告

亚马逊搜索结果页面顶部是每个卖家都想获得的"黄金展示位置"。针对这个区域,亚马逊推出了赞助品牌广告,这是一种基于亚马逊搜索、优先于其他搜索结果而显示的图文结合的高曝光展示方式。

赞助品牌广告的内容包括五个部分:品牌商标(商品)、品牌名称、购买提示按钮、自定义标题和三个特色商品,如图 3-13 所示。赞助品牌广告会显示在搜索结果页面上,并始终位于结果列表之上。

(3)赞助展示广告

与赞助商品广告和赞助品牌广告相比,赞助展示广告拥有更多的展示位置,它可以展示

图 3-12　搜索结果页面的赞助商品广告展示位

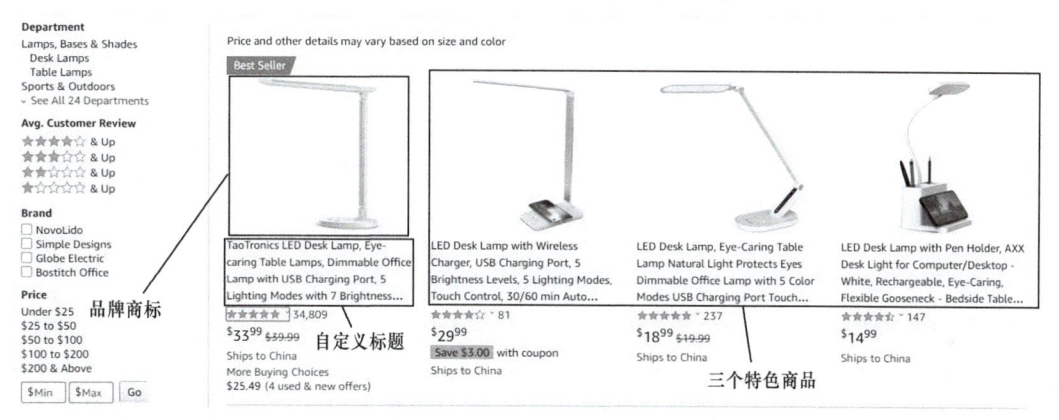

图 3-13　赞助品牌广告的结构

在商品详情页的侧面（图 3-14）和底部，也可以出现在买家评论页、亚马逊以外的网站以及优惠信息页的顶部，有时还可以出现在竞争对手的商品详情页上。在亚马逊上完成品牌注册的专业卖家、供应商和在亚马逊上销售商品的代理商可以使用此类广告。

与其他两种广告不同，赞助展示广告是基于商品和买家兴趣所投放的广告，而不是关键字。因此，卖家可以根据买家的兴趣或他们关注的特定商品（可能是卖家自己的商品，也可能是竞争对手的商品）对广告的目标受众进行定位。

2.做好赞助商品广告的策略

赞助商品广告有利于帮助卖家提升商品销量，对于新品来说，可以增加商品的曝光机会，进而提升商品转化率。卖家要想做好赞助商品广告需要运用一定的技巧，否则只会浪费资金和时间。

（1）选择合适的关键词

在选择关键词时，首先，不建议使用太多泛词，所谓泛词就是大词、超热词、不精准的词。其次，要选择与自己商品属性相近的关键词，如包含了商品的功能、材质、颜色、风格、使用场所等一两种属性的关键词，因为这些关键词都是与商品较为匹配的，能够缩小商品的范围，进而提高广告转化率。最后，选择的关键词的数量不要太多，通常情况下，一款商品选择

跨境电子商务

图 3-14 商品详情页侧面的赞助展示广告

5~10个关键词即可。

  如果卖家把握不好关键词的选择，可以借助一些关键词分析工具来帮助自己整理和筛选。首先，卖家可以从亚马逊搜索下拉框中选词，亚马逊搜索下拉框中给出的词都是搜索量较高、比较热门的词，卖家可以将这些词作为赞助商品广告的关键词。其次，卖家可以借助关键词挖掘工具（如 Google Trends、Google AdWords 等）获得更加系统、详细的关键词。最后，卖家还可以通过查看竞争对手的标题，尤其是搜索结果页面排名比较靠前的竞争对手的商品标题来获取更多的关键词。

  （2）完善商品详情页页面

  为商品投放广告是为了给商品提升曝光量和流量，如果商品详情页没有做好，就很难实现引流和转化订单的目的。因此，卖家在选定一款商品并为其投放广告时，必须要确保该商品的详情页是完整的，商品详情页中的图片、标题、特性描述、商品描述等的设置都要准确、详细，具有吸引力。其中，最重要的是要做好商品主图的优化工作，因为无论是搜索结果还是广告展示，主图都是最关键的要素，优质的主图是吸引潜在买家点击广告的首要条件。

  （3）优先选择大众款

  对于存在变体的商品而言，卖家无须对所有的变体都投放广告，可以优先选择受大众认可的款式进行广告的投放。对于款式多样化的商品而言，总有一两种款式更符合大众的审美标准，即所谓的大众款。因此，卖家选择大众款进行广告的投放，更易于吸引大多数买家的关注，以这些大众款为店铺的主打商品导入流量，点击进入广告商品详情页的买家如果有个性化需求，自然会关注个性款。

(4)合理设置广告预算

每日设置的广告预算大概在竞价的20倍以上,如果广告实际结果是转化率很高,但预算不够用,可以进一步提升预算;而如果预算总是在非销售高峰时段就被耗尽,就可以分时段调整广告竞价,即在销售非高峰时段降低广告竞价,在销售高峰时段恢复广告竞价,使广告的费用花费在真实的买家身上。

(5)避免选择单价过低的商品

为了保持商品价格的均衡,每个店铺中商品的价格都会有高低之分,卖家在选择投放赞助商品广告的商品时,要避免选择单价过低的商品。商品单价高,意味着商品获得的利润会较高,这样才能够支撑广告支出,进而实现广告产出大于投入的效果。

如果卖家为售价仅几美元的手机保护壳投放广告,即使广告操作得心应手,最终也难免亏损的结局。因为商品利润空间太小,投放广告所获得的收入根本不足以支撑广告费用的支出。

(三)敦煌网站内推广

为了帮助卖家提高商品曝光度,敦煌网为卖家提供的付费广告推广主要有竞价广告、展示计划和定价广告,下面将分别对其进行介绍。

1. 竞价广告

竞价广告是卖家通过选择关键词或者类目为商品投放广告,并通过与其他卖家竞价的形式决定自己广告位排名,以让自己的广告商品出现在相应的搜索结果列表页中。目前,竞价广告的展示位已融入主搜区,搜索结果前10页主搜区的第三名及最后两名作为竞价广告专属展示位。

(1)竞价广告对商品的规则

在敦煌网平台,参与竞价广告的商品需要符合如下要求。

- 只有已经加载搜索(上架并没有处罚状态的)的商品才能被投放。
- 投放期间该商品必须在有效期以内。
- 同一天内,每个卖家在一个广告位只能投放一个商品。

(2)付费规则

卖家出价(修改出价)成功以后,系统会及时按照卖家新的出价冻结相应金额的敦煌币(敦煌币分为敦煌金币和敦煌券,主要用于投放广告,敦煌金币与敦煌券等值。敦煌金币需要卖家充值购买,其与人民币的兑换比例为1∶1,即1元=1敦煌金币,敦煌金币一旦到账即不能退款。敦煌券为敦煌网赠送给卖家的,附带有效期限);广告投放结束后,统一结算竞价广告消耗。如果卖家在广告展示当天修改出价,则按照各个价格的展示时间来计算平均出价,结算时按照平均出价扣费。平均出价的计算公式如下:

平均出价=价格1×展示时长1/1440+价格2×展示时长2/1440+…+价格n×展示时长n/1440

展示时长通过商品状态和价格修改的时间点计算获得,精确到分钟,不足一分钟的按照一分钟计算。如果当天有时段没有展示,如金橱窗展位被挤出21名,那么该时段不计入扣费。

(3)竞价广告投放策略

卖家在投放竞价广告时,只有选好关键词、有效优化商品才能使广告收到良好的效果。下面介绍一些竞价广告投放的策略。

①选择热销商品

卖家可以利用敦煌网数据智囊中的商铺概况查看店铺热销商品。对于未出单的卖家而言，他可以选择被买家加入购物车次数较多的商品，或是浏览和点击量高的商品进行广告的投放。

在新品上市时，卖家如果能在其他卖家拿到货之前率先拿到新品，就可以考虑将新品投放到竞价广告中，让有需求的买家尽早看到新品，提高商品的被关注度，进而快速抢占新品市场。而对于促销商品，如款式更新较快的服装类商品，卖家每到季末都会进行清仓促销，这时可以为清仓促销品投放竞价广告，而且该类商品设置了促销折扣后，商品主图的左上角会被系统打上折扣标识。

②在标题中突出卖点

在搜索结果页面，在列表展示状态下商品的标题可以显示完整，而在图库展示状态下，商品标题则只显示前面的一部分。因此，卖家在设置投放竞价广告的商品标题时，要将体现商品特色、属性和卖点的词写在标题的前半部分，避免这些词在广告位中不能完整显示，失去被点击的机会。

③保证高质量的图片

高质量的图片更容易吸引买家的注意，因此投放竞价广告一定要保证商品图片的质量。在设置商品图片时，卖家要注意图片中商品主体清晰、背景简单，能够充分展现商品的整体性；图片中不要添加中文或其他网站的水印，避免图片侵权；在图片中可以添加打折标识，以增强买家的购买欲望；最好不要使用拼接图，如果无法避免，可以使用商品整体大图或不同角度、颜色、细节的图拼接。

④合理设置商品价格

商品价格是影响销售的重要因素之一，所以卖家要为竞价广告商品设置一个既有吸引力又具竞争力的价格。卖家可以使用三种方法来为商品设置价格：第一，参考境外B2B网站上同行业卖家商品的价格；第二，参考敦煌网上同行业其他卖家商品的价格；第三，参考敦煌网其他广告位商品的价格。

2. 展示计划

展示计划是敦煌网提供的一种广告投放形式，系统根据商品的特性精准投放，采用按点击收费的形式，性价比高，适合优质单品的推广。

(1)展示位置

展示计划的展示位置有多个，包括PC端和移动端首页、类目页、PC端搜索结果页（见图3-15）、PC端商品详情页右侧（见图3-16）、PC端商品最终页、买家后台等。

(2)付费规则

展示计划广告按点击收费(CPC)，参加展示计划并被成功展示的商品会按照展示期间的点击量收费，每次点击的价格为1.5敦煌币。境内IP点击不计费，境外同一IP产生的多次点击按一次计算。

(3)展示计划的优势

展示计划具有精准投放、高性价比、超强引流等优势。它基于成熟的买家购买分析机制，能将卖家商品展示给最具购买意向的买家；它按照真实点击收费，让卖家的每一笔消耗都物有所值；展示计划的展位多样，能够帮助卖家最大限度地吸引流量。

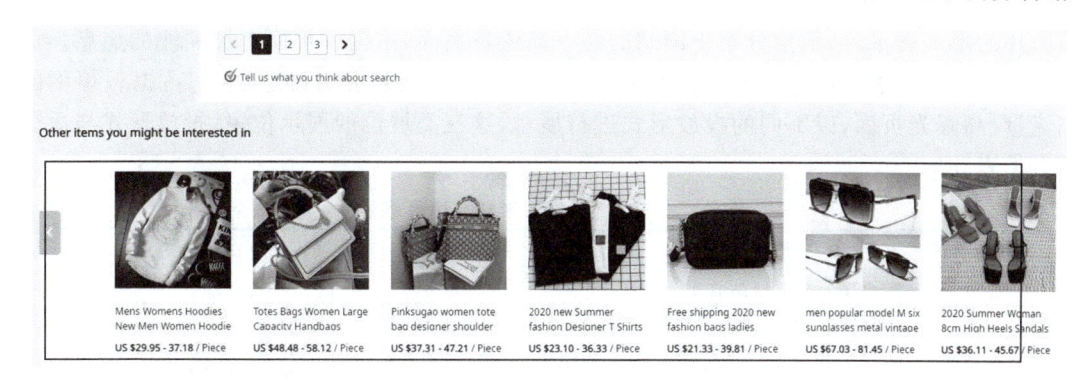

图 3-15　PC 端搜索结果页展示位

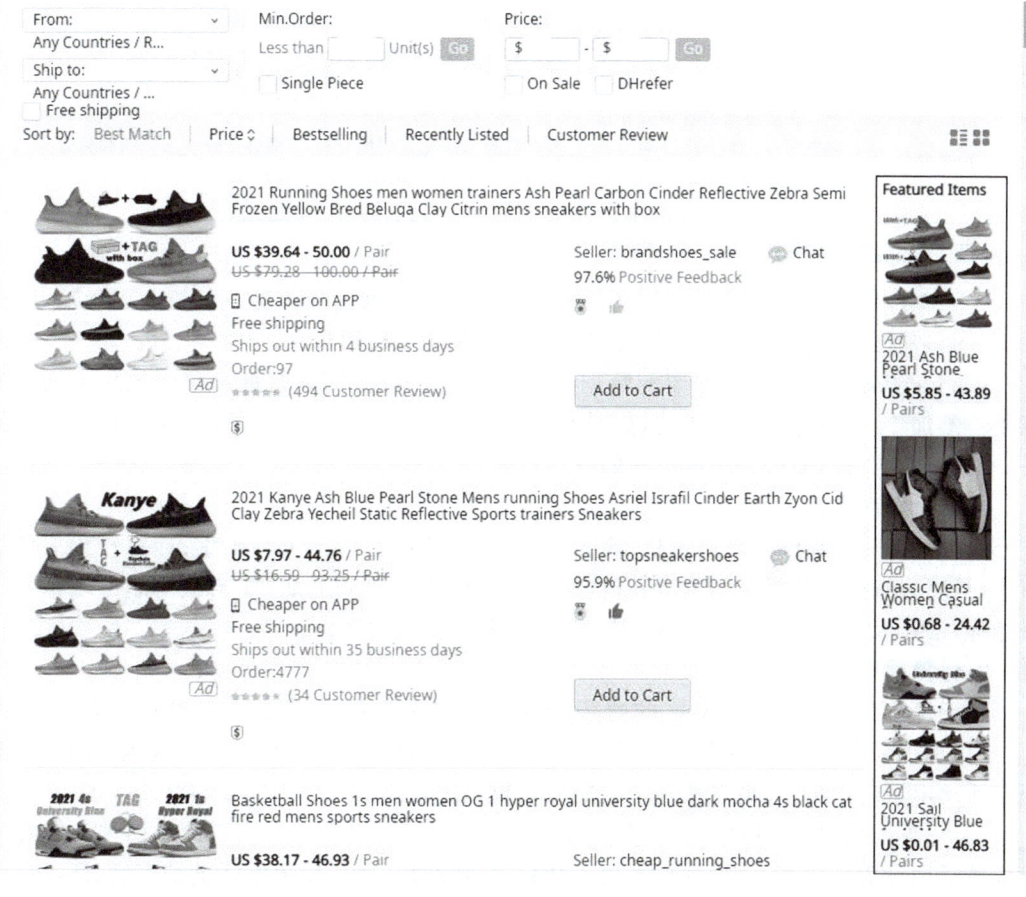

图 3-16　PC 端商品详情页右侧展示位

（4）展示计划选品策略

卖家在网站上展示的商品都可以加入展示计划。展示计划是系统通过分析买家购买需求，然后选取买家最可能购买的商品向其进行展示。因此，为了得到更多的展示机会，卖家可以选择高质量的商品加入展示计划，在选品时要考虑商品的热销程度、好评率、近期销量、描述完整度等标准。

3. 定价广告

定价广告是敦煌网整合网站的资源，为卖家打造的一系列优质推广展示位，广告以橱窗

跨境电子商务

或图片的形式展示,展示位分布于网站的各个高流量页面,占据了页面上被关注的焦点。

定价广告的展示位置主要分为 Banner 展位、站内展位和促销展位,它们占据敦煌网的高流量、高曝光页面,以不同的投放形式进行展示,这三类展位的展示位置、投放形式与适合场景见表 3-9。

表 3-9　　　　　　　　定价广告的展位、投放形式与适合场景

广告展位	展示位置	投放形式	适合场景
Banner 展位	主要分布在网站首页、各类目频道首页、商品列表以及买家后台首页等高流量页面,同时广告位于页面的醒目位置,拥有很好的展示效果和点击率	以图片形式展示	适合进行店铺宣传、品牌推广和大规模促销
站内展位	主要分布在网站首页和各类目频道首页等高流量页面	专门的单品和店铺展示橱窗	适合进行店铺宣传和打造单品爆款
促销展位	分布在敦煌网的各种促销活动页面,具有较强的季节性和主题性,针对适合的群体展示	按类目和商品特性定制化打造的展示界面和橱窗展位	适合进行新品促销和打造单品爆款

(四) Wish 站内推广

Wish 卖家想打造爆款,可以在付费推广渠道筛选有潜力的商品,通过商品推广(ProductBoost)功能提升商品的曝光率,使其在众多商品中脱颖而出。

ProductBoost 结合了商户端的数据与 Wish 后台算法,可以帮助卖家增加相关商品的流量。参加 ProductBoost 的商品,如果和 Wish 买家有着高度的关联性,同时花费更高的 ProductBoost 竞价,便可以获得更高的商品排名。

1. 流量推送方式

ProductBoost 系统会对高竞价、高预算、高转化的商品给予更多权重;针对转化率低的商品,系统会减少对其提供的流量支持;如果商品处于自然衰退期(如老款商品出现销量下降趋势),ProductBoost 不保证能让该商品的销量得到显著提升。

2. 付费规则

对于每个参与 ProductBoost 的商品,卖家将支付两笔费用,即总报名费和总支出。

(1)总报名费:卖家需要为每个参加活动的商品支付 1 美元的报名费。这笔费用在卖家提交活动申请时产生,并将在每月两次的常规放款中扣除。

(2)总支出:即活动期间所得流量的总费用,基于商品的竞价及流量计算而来。若卖家对促销活动设置了预算上限,则总支出不会超出该预算。当一轮促销活动结束后,所产生的费用将于每月两次的常规放款中扣除。

3. 商品展示

根据卖家提供的关键词,参加 ProductBoost 的商品会在商品排名中获得更好的位置,它们将被展现在店铺配送范围内的国家或地区。例如,卖家店铺设置的是"仅配送至美国",卖家店铺内的商品就仅供美国的买家购买,参加了 ProductBoost 的商品也就会被展现在美国的买家面前。

4. 做好 ProductBoost 的策略

卖家利用 ProductBoost 打造爆款,需要从选品、关键词选择和关键词竞价三个方向着

手,见表 3-10。

表 3-10　　　　　　　　　　ProductBoost 营销策略

营销策略	具体做法
选品	卖家要选择高质量、与 Wish 买家有关联的商品。首先,卖家可以通过第三方工具从 Wish、全球速卖通、亚马逊、eBay 等平台上选取一些潜力新品,但这些新品不能是 Wish 平台的爆款。随后分析 Wish 店铺后台中各个商品的数据,要选择购买按钮点击率达到 10%、支付转化率达到 20% 的商品
关键词选择	ProductBoost 是通过精准搜索获得更多流量的,所以卖家在前期要选择使用比较精准的关键词。卖家第一次做 ProductBoost 可以选择 10～15 个精准关键词,后续再根据 ProductBoost 流量的转换情况优化商品详情页。投放 ProductBoost 的第二周,卖家可以根据商品转化率相应地增加关键词。卖家在选择关键词时,可以选择使用小语种类的关键词
关键词竞价	如果某款商品是首次做 ProductBoost,卖家可以通过设置较低的关键词竞价来测试这款商品是否适合做 ProductBoost,然后根据流量的转化情况,后续优化该商品。 如果该商品参加 ProductBoost 两周后获得了较高的流量,卖家可以继续提高该商品的关键词的竞价,以此让商品获取更多的流量。 如果该商品参加 ProductBoost 三周后仍未达到潜力爆款的要求(商品购买按钮点击率达到 10%、支付转化率达到 20%),则建议卖家放弃这款商品

六、跨境电子商务移动营销

(一)移动端特点概述

移动端购物,也叫无线端购物,是脱离传统 PC 端的网线束缚之后的一种主流在线购物方式。主要指买家用智能手机、平板电脑等移动终端,通过无线局域网或移动数据网络在线浏览、生成订单并付款的过程。

目前主流网购人群在上下班途中或者候车、候餐等碎片时间用智能手机在网上购物已经成为常态。手机配置越来越高,价格越来越便宜,功能越来越多,并且无线端的流量越来越多,进一步促进了手机购物的普及。

近几年随着智能手机的快速发展,移动电子商务发展迅速,移动购物的规模也在不断上升。相比于 PC 端,移动购物具有以下特点:

1. 移动性

移动购物并不受互联网光缆的限制,也不受接入点的限制,用户可以随身携带手机、ipad 等移动通信设备随时随地进行购物。

2. 便捷性

移动通信设备的便捷性表现在用户购物可以不受时间、地点的限制,同时携带方便。

3. 即时性

人们可以充分利用生活、工作中的碎片化时间进行购物。

4. 精准性

无论是什么样的移动终端,其个性化程度都相当高,可以根据用户的浏览和购买习惯向其推送相关的产品,针对不同的个体,提供精准的个性化服务。

(二)移动端客户习惯

分析移动端用户的购物习惯,会发现下面几点,如图 3-17 所示。

跨境电子商务

1. 偏重长尾词

与 PC 端的买家相比,使用移动端的买家更加喜欢在搜索栏里输入一两个词,然后再选择搜索下拉框里推荐的关键词,这样,无线端的长尾关键词的流量更大,也就导致了无线端的关键词长尾化。

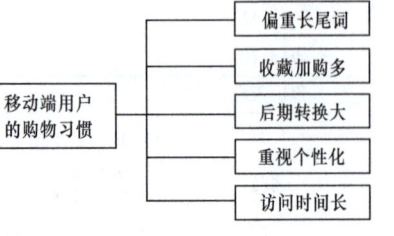

2. 收藏加购多

移动端买家喜欢看到中意的商品就收藏或加入购物车,手机端买家在商品页面停留时间越久,就越有可能收藏或者加入购物车,最后通过比较购物车或收藏夹中的商品,选择最中意的。

图 3-17 移动端用户购物习惯

3. 后期转化大

通常买家喜欢把看中的商品收藏加购,之后对所有购物车中或收藏中的商品进行比较,然后再选择要购买的商品,所以移动端买家很多都是先看,看中的保留,然后再比较,最后选择成交。

4. 重视个性化

相对于 PC 端来说,无线端的商品展示更加注重个性化,因为手机的屏幕比 PC 端要小很多,移动端单屏展现的商品数量很有限,所以,让买家更快地找到自己想要的商品,就尤为重要。

5. 访问时间长

通常移动端被访问最多的时间段多出现在周末和晚上,因为在这两个时间段中买家的休闲时间比较多,通过移动端下单的可能性也较大。同时由于移动端具有移动性和便捷性,买家通过移动端浏览商品的时间呈现出多频次、短时间等特点。当然,这里我们需要注意不同国家(地区)的时差。

同时我们还要注意移动端一定要突出产品、活动展示,不需要烦琐的细节描述,不需要让消费者有太多的计算,采用简单、直接、明了的方式,转化率和点击率才会更高。

(三)移动端活动

和 PC 端相似,移动端店铺活动也有限时限量折扣、全店铺满立减、店铺优惠券 3 种类型,由于之前对这几种活动已经进行了详细的讲解,这里就简单介绍,大家熟悉了 PC 端的店铺活动,对移动端活动也就很好理解了。

1. 限时限量折扣

目前移动端的限时限量折扣活动,有以下 3 种类型:

(1)只设置全站折扣,即 PC 端和移动端显示的是折扣,折扣率为设置的全站折扣率。

(2)只设置手机专享折扣,即只有移动端展示折扣,折扣率为设置的手机专享折扣率,PC 端显示的是原价。

(3)同时设置全站和手机专享折扣,即 PC 端显示的是全站折扣率,移动端显示的是手机专享折扣率。

要注意的是,同时设置时,要求手机专享折扣率必须大于全站折扣率,也就是说移动端显示的价格要比 PC 端低。

2. 全店铺满立减

全店铺满立减是促进买家多买、提高客单价和提升转化率很好的方法,我们可以把全店铺满立减作为平时的日常活动挂在店铺里。

移动端的全店铺满立减活动同样可以设置多个梯度,而且第二梯度要比第一梯度的优惠大。例如,第一梯度为满 99 美元减 10 美元,第二梯度可以设置为满 199 美元减 20 美元。只要买家下单金额满足满减条件,系统就会自动减价,而且是减最大梯度的优惠额。如在店铺的移动端全店铺满立减活动期间,一位买家在该店铺任意选购的商品订单金额为 205 美元,当他下单时,系统就会根据满减梯度自动减价 20 美元,即实付金额为 185 美元。

3.店铺优惠券

和 PC 端相同,移动端的店铺优惠券也有活动开始时间到结束时间的说明、优惠券的面额、发放数量、使用条件和有效期等活动信息。

比如我们在 PC 端设置一个面额为 10 美元,使用条件是订单金额满 99 美元,使用期限为在买家领取成功之后 3 天内有效的店铺优惠券。当买家在移动端 App 领取了该张优惠券后,可以在后台的"我的优惠券"中查看该张优惠券的详细信息以及优惠券的使用情况。只要用户在有效期内,在该店铺一次性下单总额满 99 美元时,就可以使用该优惠券。

本章小结

跨境电子商务营销推广借鉴传统的营销基础理论知识。从 4P、4C 到 4R、4I 的营销理论,同样适用于跨境电子商务营销活动。在经营跨境电子商务平台店铺时,可以通过选品、定价、爆款打造与节假日营销四个方面展开。在产品成本构成中占比最大的是产品成本价、境外运费以及推广费用,常采用市场定价法和测试定价法对商品进行定价。搜索引擎优化,即产品搜索排名优化,指在现有的跨境电子商务平台网站搜索规则下,使目标产品在顾客通过关键词进行搜索时能够被网站系统抓取。从商品属性优化、标题的优化、规则分析优化几个方面掌握搜索引擎优化策略。以速卖通为例,直通车就是一种快速提升店铺流量的营销工具,需要从营销角度,分别从前期准备、直通车运营、直通车优化与提高三方面掌握直通车推广的操作方法。SNS 营销策略主要包括老客户二次营销推广、社交网站新客户开发策略、社交网站三大核心营销策略。社交网站三大核心营销策略,又被归纳为三大营销技巧、4H 营销法则、五大社交误区。

跨境电子商务网站站内营销活动,在跨境电子商务营销推广中至关重要,也是使用频率很高的营销推广策略。站内营销活动分为平台活动、店铺自主活动、客户管理营销。平台活动主要包括 Super Deals、团购活动、行业/主题活动和一些大型的促销活动。店铺自主营销活动主要有限时限量折扣、全店铺打折、店铺满立减和店铺优惠券四大店铺营销工具。移动购物特征鲜明,表现为移动性、便捷性、即时性、精准性。移动端同样有店铺活动限时限量折扣、全店铺满立减、店铺优惠券三种类型。

关键概念

4P、4C、4R、4I 营销理论;选品的好评数据分析法、差评数据分析法、组合分析法、行业动态分析法;搜索引擎竞价排名、社交媒体营销、KOL 营销、电子邮件营销。

跨境电子商务

> **思考题**

1. 简述 4P、4C、4R、4I 营销理论。
2. 简述跨境电子商务平台店铺的运营策略。
3. 简述运用测试定价法的主要操作步骤。
4. 搜索引擎竞价排名有什么优势？卖家如何寻找和选择搜索引擎竞价排名的关键词？
5. 列举几个提高 Facebook 页面互动率的方法，并选择一件商品分别在 Facebook、Twitter 上做推广。
6. 电子邮件营销有哪些特点？在撰写电子邮件内容时需要注意哪些事项？
7. 要提高速卖通直通车的商品转化率，卖家应做好哪几个方面工作？在自己的店铺中选择一款商品，并为其开通速卖通直通车推广。
8. 移动端用户的购物习惯有哪些？

> **本章案例**

小红书 App 的口碑效应

小红书是一个跨境电子商务平台。它依托社交来打造分享和购物闭环。小红书的用户既是消费者，也是分享者。根据小红书官方数据统计，截至 2019 年 7 月，小红书总用户数已达 3 亿人，月度活跃用户数已突破 1 亿人。

2015 年的"小鲜肉视频"和"鲜肉快递"引起了人们的广泛关注，人们开始认识并接触小红书，而后，众多明星的加入让小红书口碑传遍全国乃至全球，更有"出来逛，迟早都要买的""购物车和钱包，总有一个在清空"等"毒鸡汤"让消费者深觉有趣。小红书的文案一度被竞相转发。

最基本也最重要的是，小红书 App 有来自用户的数千万条真实消费体验记录，汇成了全球最大的消费类口碑库，让小红书成了品牌方看重的"智库"。欧莱雅首席用户官 Stephan Wilmet 说："在小红书，我们能够直接聆听消费者真实的声音。真实的口碑，是连接品牌和消费者最坚实的纽带。"

小红书成为连接中国消费者和优秀品牌的纽带。通过小红书，中国消费者了解到了国外的好品牌。比如，Tatcha 在美国口碑很好，在中国却默默无闻，小红书用户在社区分享消费体验后，使它渐渐受到关注，最后 Tatcha 一举在中国这个世界最大的市场中火了起来。现在，小红书成为 Tatcha 在中国的唯一合作方。

小红书也致力于推动中国的品牌走向世界。目前，小红书上已经集聚了一批优秀的国产品牌。借助于小红书社区的口碑模式，这些品牌不必将大量的资源投入到广告营销中，而是可以专注于设计和品质。小红书创始人瞿芳说："我们相信，只要将最好的设计、最优的品质和消费者对接，一个具有市场潜力的中国品牌就会冉冉升起。"

【案例启示】

1. 小红书是如何制造网络口碑的？
2. 小红书网络口碑成功的原因是什么？可以复制吗？

第四章 跨境电子商务物流

学习目标

◆ 知识目标：

掌握跨境进口物流渠道模式及各渠道优缺点，了解境外清关基本概念及配送模式，跨境电子商务物品出口报关常用方式，熟悉邮件与快件清关基本操作流程。了解海外仓选址经营的原则和流程，了解海外仓的运作管理方式和未来发展趋势，理解和掌握常见的海外仓模式的作用、适用范围和第三方海外仓的优劣。

◆ 能力目标：

准确理解跨境电子商务物流的特点，掌握跨境电子商务物流管理的基本原理和方法，掌握跨境电子商务物流各模块的基本活动，能应用信息技术对物流活动进行案例分析，提高学生观察、思维、推理、判断、分析与解决问题的能力。

◆ 思政目标：

本章需要为学生奠定国际视野下的国家观和国家利益认识基础，引导学生在国际合作与发展中的利益协调学习中确定正确的立场。形成敬业、守信、高效、协作、精益求精等职业道德与素质，使学生能自觉树立培养良好的职业道德及职业习惯的意识。

引导案例

跨境进口，物流助力

2020年7月30日，牡丹江保税物流中心成功完成跨境电子商务进口商品首单出区。这意味着牡丹江保税物流中心已经具备进口商品货源、本地申报、本地查验、本地派送的跨境电子商务包裹进口全链条通关能力。据牡丹江保税物流中心相关人士介绍，2020年1月17日，商务部等六部委联合印发了《关于扩大跨境电子商务零售进口试点的通知》，牡丹江名列其中，根据通知要求，牡丹江市可以开展网购保税商品进口业务。这意味着牡丹江市跨境电子商务企业迎来了"通关流程进一步简化、扩大进口清单范围、提高免关税商品额度上限"等三大政策红利。

当日，客户在牡丹江保税物流中心展厅完成商品选购、扫码下单支付，跨境电子商务海关业务单证经由"龙贸通"平台完成数据申报，商品经过理货、打包、分拣、查验、放行、装车出区等环节，顺利送达客户手中。

对外贸企业来说，借助国家优惠政策，企业通过跨境电子商务方式进口商品，可以免交相关职能部门的证件、批文，享受进口商品零关税、增值税70%征收的税收优惠，解决市场销售难题，形成完整的产品供应链条。对消费者来说，选购跨境电子商务进口商品可以减少支出，在单次购物5 000元以下、全年购物2.6万元以下享受国家税收优惠政策。

（资料来源：编者根据《牡丹江日报》报道修改）

第一节　跨境电子商务物流与关境

一、跨境进口物流渠道

（一）进口直邮渠道

跨境电子商务进口涉及海外转运、海外集货、产品采购、进口清关、国内派送等环节，每个环节都充满了挑战，目前物流依然是跨境电子商务进口业务的发展瓶颈之一。受进口保税等政策影响，政策的不确定性增加了风险。本节重点对进口直邮、行邮物品渠道、快件及快递转运、跨境直购等进口直邮渠道进行分析。

1. 进口直邮

进口直邮，也称跨境BC(Business-to-Customer)模式，主要是指用户通过跨境电子商务下单后，经由境外的货站、海外仓和分拨枢纽进行履单，直接形成包裹，转运回国内，再进行派送，涉及海外仓储、收件打包、跨国运输、报关清关、国内配送等环节。进口电商邮件、快件一般具备批次多、品名繁杂、敏感物多等特点，甚至混有禁止进口物。为防止商家将国内有现货的进口商品造假成海外发货，对消费者产生误导，进口商可以应用中检、宁波跨境购等认证溯源系统。国内较大的B2C进口跨境电子商务平台主要有天猫国际、京东全球购、聚美海外购、唯品会全球特卖等。各电商平台对代购的监管也日趋严格。商家是否适合做直邮取决于交易形态，从消费端来看，跨境直邮能够通过灵活的供应解决市场碎片化、多元化个性需求，快速响应市场，见表4-1。直邮模式占跨境电子商务全部进口额的10%，直邮模式包括商业快递直邮和两国快递合作直邮。

小批量入海外仓，长尾毛利率较高的商品无法入保税区的季节性产品，适合用空运直邮做小批量试销。例如：使用传统贸易方式进口的化妆品的备案周期很长，无法将境外新品同步于国内做在线销售。

表 4-1　　　　　　　主要跨境包裹进口渠道对比

	快件	邮件	跨境 BC	行旅购物
优点	支持个人物品 快速清关一单到底	查验率低	电子化清关报税 马上清关、马上放	货物可随身携带 可简易通关
监管	身份证复印件 申报价值 严格归类B类快件	邮件电子化申报 查验率高	免税额度 跨境身份核验	出境代购严查货值 机场购物免税限额

2. 行邮物品渠道

邮路是最传统的跨境运输模式,价格非常亲民,线路覆盖广。邮关与商关是相对独立的两套体系,各国对于个人物品都有一定的免税额,公民从海外购置自用物品,享有一定的免税额。UPU公约规定,"申报义务人是他国寄件人,进出口邮包必须由寄件人填写申报单,列明所寄物品的名称、价值、数量等,向邮包寄达国家的海关申报"。

《中华人民共和国邮政法》规定,任何邮件在未投交收件人之前,归寄件人所有,即未签收邮件的收件人不是进境物品的所有人,客观上在邮件进境清关过程中的申报环节收件人不是法定申报义务人。《中华人民共和国海关法》规定了申报义务人是物品所有人。

《中华人民共和国进出口关税条例》则定义进口纳税义务人为收件人。虽然邮件申报的主体是发件人,但海关难于追查境外发件人的责任,如果邮件涉嫌违禁违法物品,收件人也可能会承担责任。国际邮件实行的是一种非主动的建议报关制度,不纳入海关贸易统计,申报流程相对简单,运单兼报关签条上只需要写内件品名与价值即可。海关根据报关签条上写的包裹价值与品类进行抽检,发现可疑包裹才进行人工拆封查验。海关在认定包裹性质时有一些公开标准,如二手物品邮寄的申报价要参照新品售价,但"自用合理数量"邮件的封发、运输、处理及报关全部使用UPU和WCO规定的格式单据。一般采取简易申报的模式,不进行提供品牌或认证等的申报,报关条件限制少。需要详细申报或缴纳税款的国际邮件,收件人会收到邮局代发的海关面洽通知或办理手续通知,待收件人备齐材料即可到海关邮办处办理清关手续。凡是经海关开封查验过的包裹都会在邮件内放置"海关查验通知单"或贴上海关监封条等。在海关扣件估价后,邮包一旦被认定不是个人物品或超限额的,就需要转为按贸易货物办理报关手续,这时需要找一家进出口代理商或邮政代办清关手续(个人无进出口经营权)。收件人如果不想申报或缴税,可选择退运,邮局会将包裹退回发件人。按照《中华人民共和国海关法》的规定,邮包自进境之日起超过3个月未向海关办理手续的,将被视为无主物,由海关依法进行处理。海关对进境邮件实行非侵入式检查,电商代购产生的邮件进口量越来越大,由于实际场地与人员条件等限制,很多超限值包裹被直接退运。

3. 快件物品渠道

快件或快递报关,在清关和海关监管方面,可适用于A类(文件)、B类(个人物品)和C类(价值≤5 000元人民币且不含运费、保费、杂费等的低值货物,也不涉及许可证、检验检疫及税汇等手续)物品等不同清关类型。

快件的报关主体是快件运营人,也是承担责任人,对于个人物品类快件需要向海关提供完整的信息,必须如实申报清单里的每一件物品,用中文申报物品数量、品名、价值、税号、品牌、毛重等详细信息。按B类快件申报,收件人必须是自然人,物品要满足"数量合理、生活自用、不超限值、不属违禁"等条件。在征税方面,口岸海关根据《中华人民共和国进境物品归类表》与《中华人民共和国进境物品完税价格表》计算进境物品需要缴纳的行邮税额,对税额50元以下物品予以免征,如果发现申报情况与实物不符,则会开箱检查,重新确定税额或手续。个人税款由快件承运人统一代收、代缴,快递商会根据情况要求客户预付或后付。如果是一批货物整体清关,则转运公司不会提供单个快递包裹的税单。

国际快递入境也按商业快件清关,正规、快速、高价,适合时效非常敏感的高价值商品,税费由快递商代缴,用户补缴。

4. 跨境直购

直购模式,是指国内消费者通过与海关联网电子商务交易平台购买境外商品,电商平台将订单、支付、物流数据实时传送给海关,境外商品通过邮件、快件等物流运输方式进口至跨

跨境电子商务

境电子商务专门的监管场所，跨境电子商务或其代理人向海关申报入境，逐个核发配送的跨境电子商务模式。商品在海外仓完成打包，以个人包裹的形式入境，包裹通过跨境电子商务直购进口"9610"的方式完成申报、查验、征税等环节，最后配送到消费者手中。包裹承运人、物流企业应为邮政企业或者已向海关办理代理报关登记手续的进出境"快件运营人"，即要有国际货物运输代理备案资质，又要有快件资质，还要获得国家邮政管理部门颁发的"快递业务经营许可证"。

跨境电子商务全国统一版系统涵盖"企业备案、申报征税、查验、放行"等各环节的自动化申报、审核对碰等内容。商品的准入门槛，同一SKU商品，无须进行重复备案，小型电商如果未与海关单一窗口做技术对接，可由入驻的电商平台代推，或将海关备案的数字证书授权给口岸从事跨境综合服务的平台，订单数据自动转化为申报数据，电子加签后向海关发起申报代推，在平台上查看申报回执。

直购进出口场站，场地可能是独立的跨境电子商务海关监管区，也可能是国际邮件或商业快件的监管场所，同一场地不同查验线，不同时段可共享查验线。跨境电子商务的综合税没有免税额度，并且要按照进口的到岸价作为交易价格缴税，销售跟随完税价格走，不能做0元促销（赠品也必须赋予价格）。

在对跨境电子商务零售进口清单内商品实行限额内零关税、进口环节增值税和消费税按法定应纳税额70%征收基础上，扩大享受优惠政策的商品范围，新增63个税目商品。提高享受税收优惠政策的商品限额上限，将单次交易限值由目前的2 000元提高至5 000元，将年度交易限值由目前的每人每年2万元提高至2.6万元。

为了防止用户身份被盗用，电商企业要对交易真实性和跨境网购的个人消费者身份证进行审核校验并承担责任。已经被购买的进口商品，属于消费者个人使用的最终商品，不得进入国内市场做二次分销。从税收法定的角度，只有消费者的真实购买行为才能享受个人物品的税收优惠。如果出现冒用消费者个人信息清关、盗用其跨境免税额度，都将同时涉嫌侵权和走私。

（二）保税备货

保税备货，BBC（Business-to-Business-to-Customer）模式，时效快，方便消费者体验。其模式是跨境电子商务企业将境外批量采购的商品集中运送至国内的海关特殊监管区域或保税物流中心暂存，海关实施账册管理，当企业接到消费者的网上订单之后，保税仓履单拣货，在逐票清关后，由国内快递直接取货并配送到门。保税备货的时效快，能更好地配合企业的线上营销。在国家推出跨境电子商务试点城市以后，保税备货模式具有高效的优势，使得原装成柜进口，无须加贴中文标签即可配送到国内，让消费者体验，便于电商促销打开市场，极大地促进了跨境进口消费。

对于保税备货清关手续来说，类似于跨境直邮，电商、支付及物流等备案企业将订单、支付凭证、运单等数据传输给海关，电商企业或其代理人向海关提交清单，海关征收跨境电子商务综合税，验放后账册自动核销。没有能力自建保税仓的电商，需要与区内第三方公共保税仓合作，区内保税仓运营公司一般具备代理清关资质，能够完成订单申报、代缴税费、订单作业、境内派送等工作。

根据国家政策，自2019年起，有保税区或B型保税物流的城市都可以操作保税进口项目，为了防止部分贸易改走跨境电子商务，海关要获取真实的电商支付信息，由实际快递商发送物流数据，原仓储企业将无法向公服平台代发、转发。保税仓退换货，符合二次销售的

第四章　跨境电子商务物流

商品在海关放行 30 天内可以原状退回监管场所,不征收税款。保税仓内不可再售的退掉的货物,可以原厂回收,若没有原厂回收,则放到国内指定地点进行销毁处理。保税港区的货物不设存储期限,每年区内企业向海关备案存储期限超过两年的货物。

二、跨境出口物流渠道

跨境电子商务出口物流按照操作环节来划分,一般分为前端揽收、库内操作、出口通关、国际干线、境外清关、中转分拨、海外仓储、尾程派送、退件处理等核心环节。不同的模式发货流程有所不同。其中,海外仓模式涉及头程运输、海外仓储、尾程配送等多个物流阶段,整个物流系统跨越多个国家或地区,且与国际贸易的报关报检、国际货物的保险等业务紧密相关,物流环节众多,作业流程复杂。

不同的产品选择的物流方式也不同。高毛利产品用优质物流方式,有利于提升品牌体验,两者相得益彰;大部分低价产品可选择的余地不大,除去营销费、内陆运输费、价格波动、退货撤单等刚性成本,多数直邮能满足基本的交货时限及运输安全,大部分卖家已无力去提升物流体验。出于成本和时效的综合考虑,卖家可以用 ERP 等工具,针对每个 SKU 特性,如规格尺寸、重量、价值及综合成本,结合平台的收费规则来设定发货规则,从而选择最优发货途径。海外头程的重货直发,其特点接近于传统外贸普货,支持 FOB、到付及进口人的其他收货条件,除了运输方式,要着重考虑目的地清关条件。表 4-2 是主要模式的优缺点比较。

表 4-2　　跨境电子商务物流模式的比较表

模式	优点	缺点	价格 & 时效
中国邮政小包	邮政网络基本覆盖全球,比其他任何物流渠道都要广,价格便宜	重量(限重 2 kg)尺寸限制;不便于海关统计,也无法享受出口退税;速度较慢;丢包率高	以 0.5 kg 到美国为例:53.3 元;20~50 天。(速卖通)
四大国际快递直邮:DHL/FedEx/UPS/TNT	速度快、服务好、丢包率低,适合高附加值、体积小的产品,发往欧美发达国家非常方便	价格昂贵,且价格资费变化大	以 0.5 kg 到美国为例:90~280 元;3~7 天(速卖通)
中邮 EMS 及国内快递公司国际快递业务	速度较快,费用低于四大国际快递巨头	对市场的把握能力有待提高,路线有限	以 0.5 kg 到美国为例:EMS;85 元;10~20 天
ePacket,EMS	速度较快,费用低于普通国际 EMS,出关能力强	仅 2 kg 以下的包裹;路线少,上门取件城市有限	以 0.5 kg 到美国为例:47 元;7~20 天。(速卖通)
专线物流	集中大批量货物发往目的地,通过规模效应降低成本	相比邮政小包而言,运费较高,且在国内的揽收范围相对有限	俄罗斯快线/专线:55 元/票起,8~15 天;英国快线/专线:23/票起;5~9 天。(速卖通)
传统外贸物流＋海外仓	传统外贸方式走货到仓,物流成本低;可提供灵活可靠的退换货方案,提高海外客户的购买信心;发货周期较短	有库存压力;对卖家在供应链管理、库存管理、动销管理等方面提出了更高的要求	从当地海外仓发货,价格即当地快递价格;平均时间 1~7 天(Gearbest)

(一)邮政包裹系列产品

邮政作为多层次跨境物流服务网络的参与者,简化通关,全球发货。邮政包裹本着保证

跨境电子商务

各国公民之间通邮权利而存在,通达范围最广,在海外通过各国邮政网络进行清关派送,价格相对透明。邮件与快件贸易是不同的体系,邮件申报通常有最低免征额,DDU、DAP税费未缴,如果进口海关认定为高价值货物,或超过一定价值后就会转为商业清关。就前端揽收能力、上网速度、通关便利、航班资源等方面来说,中国邮政具备绝对的本土优势,是目前跨境电子商务出口直邮最大的物流服务商,占了出口直邮40%以上的份额,在出口旺季,单日小包量最高达千万件。邮包的计费方式十分简单,首重与国内揽收和处理的基本费用有关,续重主要与国际航空运价有关,而挂号费是境外邮政固定收取的环节处理费,一般没有额外附加收费,对于泡货也不将体积换算重量计费。

长期合作的大体量卖家可采用预充值扣费发货,邮局会提供一定的优惠折扣。中国邮政有自己的揽客方式,如在线发货、一体化面单、查询轨迹、平台对接等。大的电商卖家,在有了一定的货量支撑后,可以直接与邮局对接。慢速低价,邮政在很长一段时间内还会是对价格敏感的轻小件的主要物流方式,但它不太适合大件、高重量的商品,而且因为转运环节过多、申报形式过简,导致丢包和破损的概率相对较高。从产品角度,传统直邮小包"平邮、挂号"属于邮政体系的基础服务,而e邮宝、跟踪小包属于类专线的经典产品,也可以归类为Airmail邮政航空小包,EMS与e特快则属于时效类快递类产品。

平邮小包,简称平包,是资费水平最低的跨境物流产品,只计实重,不计首重,按克计费,小于等于2 kg,没有单票处理费。一些跨境平台上大量的5美元以下的低值轻小件商品,发货渠道只能选择平邮小包。包裹进入目的国邮政网络后,无法全程跟踪查询,没有签收记录,也不承诺妥投,卖家只能通过收货人评价和订单退款率来评估签收情况。平台给予的收货确认期也较长,丢件率略高,丢件后只能重发。遇到旺季邮寄过程可能长达几十天,境外邮政不做条码扫描,只能查到中国出关的出口交航信息,在这一点上中国邮政较好,已经实现了所有邮件的条码化。

国际挂号小包,简称挂包,即每个环节登记交接,可以查询轨迹跟踪。这项服务需要额外收取挂号费,适用于货值低、重量较轻、时效性要求不高的商品。平台对订单有跟踪率的考核。它时限稳定,计费方式统一,清关能力强,覆盖全球,一单一件,挂包服务的准时运达率虽不及快递或专线,但签收纠纷比率最低。应市场所需,部分国家将平邮小包升级为"简易挂号、平邮+"等服务,提供境外主要交接点查询。

e邮宝/跟踪小包,也称EUB(epacket),最初是中美邮政打造的跨境电子商务专线,属于两个国家邮政之间的"双边协议"价格,相比较而言,不受UPU的"多边协议"价格波动影响,可通达主流的跨境目标国家和区域提供全程跟踪查询,不提供收件人签收证明。国内e邮宝发美国,一般需要15天送达,发口岸城市最快在一周左右,与挂号小包在操作和服务的标准上是一样的。

根据产品类型和目的国家选择采取何种邮件发货方式。国际平邮的产品特点是价格较低、运输周期长、无签收节点、不承诺妥投,基于此产品特性和行业惯例,邮政会明确约定不承诺送达时效,以防平邮因退款率高而要求索赔。邮政能够做端到端全程管理,必须注意出货口岸,不同口岸境内接货、海关查验、国际航班、发运时间等略有差异。通常,小包出境后不会被退回境内,境外拒收退回成本较高,按弃件处理,部分国家邮政会定期集中退给中国邮政,若出境前安检退回,则可以退一半运费。随着UPU国际终端费大幅上涨,挂号费比原来翻了一倍,对于中国邮政小包的低客单价市场有所冲击,可能利好专线类小包及外邮代理业务，因为小包专线在欧美国家清关完成以后，则进入其本土的邮政派送网络，属于其国内包裹操作，而并非国际邮件。

(二)国际快递及其代理

传统商务快件市场有着高效便捷的门到门服务，相对成熟，客户黏性高，清关安全可靠，但定价权在国际快递手上。不求低价、只求最快的高价值跨境商品，选择每票详细申报的快递渠道，速度快，服务好，丢包率低，跟踪实时准确，尤其是发往欧美发达市场非常快捷。由于价格高，少数品类且在客户强烈要求时效性的情况下，商家才会直接使用国际快递。商业服务的任何非标准化操作都需要付费，快件的计费方式比邮件复杂；商业清关以贸易买卖为目的，清关主体是快递商，从商业风险及口岸信用出发，大型快递公司会正规纳税，运费需叠加在货值里面乘以税率计算，税费也会偏高。

市场上的国际快递分为快线和慢线两种。快线渠道适合走体积重量小、单品利润大的新品，通常快递商自有航空运力，也是旺季海外仓补货的最佳选择，保证时效在3~5个工作日，该线路适合走大件，是常用的集货运输方式，参考时效不稳定。各大快递自有常规优势领域和地区，很多区域性国际快递商，优势地区基本上承诺时效抵达。北美FedEx的快件清关和派送能力强，美洲方向的慢线IE经济小货价格不错，UPS空运普货是强项，大货价格经常有促销。在前端市场，快递商更注重城市点的覆盖，保证高效集散，如FedEx在广州设立的亚太转运中心，实施预清关——"提前申报、运抵验放"；DHL国际快递在国内覆盖400多个城市，中国是其全球七大独立运营区之一。

从快递清关来看，清关对于产品本身有一定的要求和限制，对涉及个人用品安全和健康的货物查得很严，5 kg以上的大包或重货资费变化较大，附加杂费较多。在目的市场清关条件不确定的情况下，邮政EMS及e特快是时效不错的渠道，例如：一些商业快递不接的货物或受限地区，如俄罗斯、巴西、印度等不容易清关的国家，邮政通关能力强，可以接受大包，有免费退回的优势。

如快递被退回，退货费只能由卖家承担。快递一般都会做关税预估、预付，无论货代还是承运商，一般不包税。快件的重量和资费计算较严格，但大快递公司仍可能出现卖货、串货、卖舱等不合理的情形。尤其是当代理的价格大幅低于官方时，可能经转多个口岸或几经倒手，转包容易造成物流环节过多，安全性很难保证，很容易导致丢包现象。在选择快递代理商时，要了解其主要的交接流程和赔付标准。

(三)外邮代理与小包专线

国内电商熟悉政策法规，充分利用低值免税上限，用低廉的邮费来运货，很多国家的邮政并没有因为包裹多了而赚到钱，反而不堪重负。尤其在电商销售旺季期间，很多国家的邮政服务质量下降严重，包裹延误的情况屡见不鲜。很多外邮因公务员体系、劳工权益的保护等因素，邮费价格没有体现出其实际的合理价值。基于中国跨境包市场之大，直接渗透到前端客户市场的价值链路径最短，所以，市面上的外邮小包不下几十种，如新邮、荷邮、比邮、马邮、芬邮、瑞邮等，每家又都提供两种以上不同等级的产品。掌握了UPU的运行机制后，有些本土大货代，直接在国外与外国邮政合作获得代理身份，拿到一手的渠道价，在中国境内揽货之后，包裹贴上该外国邮政的运单，自己安排出口，空运到相对应的邮政所在国口岸，清关后再交由该国邮政网络配送或转运他国。

跨境电子商务

市场上多数外邮渠道都属于这类操作模式,也有少数外邮不仅由代理帮它揽货,还在中国香港或珠三角设立了自己的分拨中心和办事机构,直接与跨境电子商务平台对接在线发件。事实上,对于跨境包裹寄递的监管,境内企业提供商业快件或包裹等跨境寄递服务的,要依法取得快递业务许可证,而且在包裹出境前禁止贴用外国邮政面单。为此,很多主流外邮产品在集货、分拣及航空干线、运单格式、系统对接及轨迹追踪等方面做了很多商业化改造。

探究第一代货代崛起的原因,有很多是做小包代理起家的,发展壮大后,直接盈利点不仅是差价,还有运能优势。如今做邮政小包已到了规模化竞争阶段,单件微利,前端服务良莠不齐,通道交接不稳定,影响全程效率和"原厂口碑"。外邮要求的预分拣颗粒度以及运输线路的安排,都需必要的处理场地和仓库、车辆,大量操作工进行打包、预分拣、补打标签、安检等前置服务,系统软件也必须支持,通过细节管控减少误差,以效率换成本,稳定运营质量,这样才能从邮局拿到更好的折扣或返点,支撑更广的货源。对于货代而言,没有自营渠道场景,就需要同时代理多家外邮及快递产品,选择最有利的销售组合。诸如云途—德邮小包、中外运—西邮小包、出口易—比邮小包等,可以明显看出境外原渠道,但有些大代理已隐去具体配送商,只显露冠以自己品牌的经济小包、追踪小包、带电专线等小包专线。

由于客户非常关注包裹的时效性与可追踪特性,当前跨境电子商务物流对把控运力和时效诉求强烈。批量整袋交航交运的过程有交代理、过安检、交地服等,在上飞机前有个交货真空期,可能被安检退回或停飞改航,而上了飞机也仍有可能停在原地;在抵达目的港后,地服提货至航司暂存仓,交海关,代理取货送至邮政处理中心,直至进入外邮境内配送网之前也有多个延误点。很多欧美热门小包专线是常规的跨境电子商务出口直通车,但需要卖家有一定的销量和销售数据作为预判和支撑,对热销品类进行海外仓备货,很多新卖家直接使用亚马逊FBA,大幅挤压了直邮小包份额。小包是空加派到门,低值包裹一般是双清无税的,但也有不少"被税"情况。

(四)跨境专线"空+派"

各类物流产品有自己擅长的线路,跨境物流专线即"特定的国际运输线路",也是运作链条的优化组合。跨境专线的货源很广,介乎快递与邮政之间,包括配送到门的小包及到仓的重货。专线一般是集中大批量到某一特定国家或地区的货物/包裹,通过航空包舱、海运拼箱等方式运输到国外,目的港商业清关或货转邮,再通过合作物流公司进行目的国的派送。跨境专线的卖点,是能够在经济性和时效性之间找到一个契合,实现高性价比。跨境专线商家多是以固定渠道起家,专注擅长的线路,注重平台和上下游渠道的打通。

跨境电子商务处于蓝海,随着新市场、新平台的开辟,自建站、直播及社交电商等流量的增长,服务于细分领域卖家,商品的专线增多,打造了很多有特色和针对特定路向的优质小包专线及"空+派(空运加派送)"物流服务。市面上有上千条发往全球各地的跨境专线,其中从珠三角发出的专线最多。品牌专线或大庄发货价格比较透明,既对接平台也接收同行货,做同行客户要比做终端客户容易。如:国内仓储代发,速卖通在许昌建立综合发制品仓库兼具仓储和转运的功能,让发制品卖家都备货到该仓,当地采购、当地发货,提供产品进仓前的验货检测、托运受理、打包贴标等一系列服务,库内不同货主的商品,经过拼箱后可降低运输成本。

1. 专线的运营模式

物流服务商各自有熟悉的线路,境外物流商在国内销售服务,有直营、代理、合作等多种方式,在国内的操作主要是揽货、集货,在国外的操作则交给海外合作伙伴来完成。由于很多国家的末端配送是各国邮政，服务及价格可回旋余地很少，造成很多专线小包并无突出优势。提升跨境专线的时效与客户体验，要从揽货范围、分拣、空运及清关时效、规范理赔等方面着手。专线在收货段，除了快递和邮政拥有无缝揽收网络，即便较大专线的上门提货范围也仅限于沿海重点城市，很多是卖家自送货到代收货点或集货仓。包裹量大的需要按邮编预分拣到指定目的口岸或投递区，分拣打包后交给空运代理操作。空运代理承接的小包专线客户增多，专线规模越大，则议价能力越强，在达到一定程度后还可以绕开代理直接与航空公司接洽，包机直飞。

区别于小包专线，头程入仓类的大货专线接近于传统货运代理，业务重点是集约化的跨境运输，关税实报实销，前提是要能解决合规报关及清关税务等问题。海外仓及 FBA 头程大货在增加，没有国外合作轨道的中小货代，只要开了 UPS-SCS 这类代理账户，就可以在市场上营销 FBA 空派专线，在揽货后将货物交给 UPS 完成后续流程，直达派送仓库最近的机场，单票清关，卡车提货送仓。

对比"空＋派"的运输，分为直飞和转飞，空运直飞一单到底，价格高、速度快；转飞因环节有所增加，价格低、时间长。转飞环节越少越好，最好使用整机转运、无缝接驳的航班资源，避免二次换单，如果转运机场是航司的基地，也能降低丢包概率。海＋派（海运加派送）是更便宜的渠道，适用于体积大、重量大的货源，可派送到仓，速度比空＋派慢。

与其他不同，逆向海淘出口集运类专线，海外消费者在国内电商平台网购，发到集货仓库或保税仓，然后从中国出口，集运拼箱再发往国外派送。国内电商的国际化发展，如京东售全球、天猫出海、严选出海、Lazada淘宝精选频道等"一店卖全球"项目，推动了逆向海淘、出口集运、平台直发等一系列专线物流的发展。这种需求最早是被海外的华人留学生及华侨带动起来的。全球有上亿的海外华人成为大的逆向海淘大军，国内产品既丰富又便宜，海量的国际转运及代购包裹催生了巨大的物流需求。点点淘、四方格、优贝等具备一定规模的转运公司直接进入电商平台，成为官方认证的专业集运物流商，为境外消费者提供包收发货，甚至帮客户做仓储和代发货等服务。客户群体都在国外，且加正向专线小包，逆向海淘集运在整个东南亚的出口电商包裹中占了相当大的比例。

外贸货物有正式出口报关单，退回流也有规范流程。出口货物被重新进口国更换修，物流商可以利用出口时的报关单，帮助卖家填报一个临时进口单，缴纳保证或提供保函，卖家只要在规定时间内（通常半年内）完成同规格、同数量产品的出口，即可拿回保证，且不会产生任何税费。如果不能按期核销/销保，则会转一般贸易征税，出口包裹手续不全，除了邮政EMS无退回返程费用外，其他渠道的包被退回都有费用，且包裹往往只能先退到中国香港或保税区。通常，包裹退回海外仓的运费由客户自己承担，但如果退回国，那么产生的国际物流费用只能由卖家自己承担。原则上，先退货再退款国内自发货的，如果包裹货值不高，退货退款的事情需慎重斟酌。

2.各类跨境专线物流商

跨境物流行业的集中度较低，与国内电商快递相比，龙头企业较少，区域化的小型服务商多，资本介入谨慎。邮政网络或商业配送发达的市场，是跨境专线的目标，例如：在东南亚、印度、非洲、中东等市场，专线货量增长迅速。在东南亚跨境专线基本上都可以做到当天下午在深圳交货，晚间将货物发车过港，直接上当晚或次日凌晨的航班，实现次日递。

下面具体解释主流的几种专线。

跨境电子商务

(1) 境外渠道上游

DHL 由三位创始人姓氏的首字母组成，即 Dalsey, Hillblom and Lynn, 作为外邮渠道典型的代表，其把原全球邮政包 GlobalMai 业务更名, 授权以品牌 DIIL Pareel (欧洲) 和 ILeCommeree (美洲/亚太中东/非洲) 开发全球电子商务业务。DHL 跨境电子商务包类产品是一类经济，适用于小型、重量小的订单的产品，可在全球市场中进行运输递送，已占其邮政板块业务量的一半，提供包裹到站节点追踪服务。还有很多境外商业渠道，如澳航 Qantas 专线，联动澳航旗下的国内快递 AAE、Startrack 等配送资源，提供快递、空运及托运行李一站式的清关、转运及派送服务。

(2) 快递企业延伸

如德邦欧洲电商小包、圆通东南亚专线、申通日韩专线等跨境快递产品。顺丰国际走出去的时间比一般民营快递要早，是自建型的海外扩张形式，先做跨境商务快件，后开办顺丰国际小包，是为跨境电子商务 2 kg 以下包裹而推出的经济类服务，通达欧洲、美国、澳洲等，高重量段的业务有欧洲专递。

(3) 传统货代转型

市场上这类专线最多，如万色、佳成、大森林、UBI、易联通达、易脉、京华达、CNE、巴西忠进、印度邦太等，很多是亿级规模的企业，具有庞大的货代客户基础。4PX 早期以代理中国香港 DHL 为主业，最早把新加坡邮政的产品引入中国，主打自主品牌的全球专线，合作多个外邮渠道跨境包机每年几十架次，一直在做战略性亏损布局，目前是这类跨境物流服务商中最大规模的企业，营收规模达百亿元级，获得菜鸟网络、新加坡邮政的投资，成为阿里全球的核心物流伙伴，在深圳机场有大规模自动化处理场地。

(4) 大卖起家

在此渠道云途物流是电商卖家成功转型跨境物流的代表，迅速成长起来的特色专线，专注做小包和专线，在海外收购商业清关行、卡车公司，靠着专线物流的全程跟踪服务和优质的清关和落地配送，服务同行及行业大卖家，努力把专线各个环节的细节把控在自己手上。棒谷公司下属的飞特物流、三态股份等，也都是既做跨境电子商务卖货，也做物流服务。这类专线都比较注重稳定性。

(5) 外邮代理做大

如顺友专注做多个邮政小包物流代理，在行业中有很多卖家都用它的马邮代理服务，主打顺邮宝品牌专线，过港车＋空运包舱，每个环节都把控得较好。如燕文物流是国内最大的小包物流服务商之一，销售规模二三十亿元，从 2005 年开始在北京做出口包裹服务，主营中国邮政大小包，后拓展了欧洲等多个外邮代理专线。

三、境外清关及配送

(一) 清关的概况

合法渠道进口的商品，清关是进口跨境物流的关键一环，清关快慢决定了全程运输时长。清关即结关，是指进出口或转运货物在出入国关境时，依照各项法律法规应当履行的手

第四章 跨境电子商务物流

续,海关有权让任何货品做正式报关,报关流程应符合进口国的法规管制、进口主体、申报要素、认证检验等准入要求。海关通过"监管方式代码"(如 3010 为货样广告品、0110 为一般贸易)对进出口的商品实施监管和统计,对于不同商品,不同商品编码 HSC 实施不同的监管关税和增值税的征缴等工作。

在 9610 一般出口模式下,跨境电子商务采取"清单核放、汇总申报"的方式办理报关手续,电商包裹直接申报、查验、放行、出境,无票免税;在 1210 特殊区域出口模式下,商品先批量运进综保区/保税港区等,若海外订单则从特殊区域形成包裹发货。在实际出口操作时,凭电子清单申报,海关凭清单验放,之后再根据企业备案申请,跨境电子商务企业或其代理人提交《申报清单》,将放行清单内的商品简化归类,归并汇总形成《出口报关单》向海关申报结关。跨境综试区可采取"清单核放、汇总统计"的方式通关,不用再汇总报关单,《申报清单》与《出口报关单》具有同等法律效力。快件报关需要在专门的快件监管中心封关,通常是机场海关。国务院批准了义乌小商品城、海门叠石桥国际家纺城等 8 家特定区域的资质,小额外贸也可交由这些有资质的贸易企业按"市场采购1039"申报出境。

跨境电子商务物品出口报关常用方式见表 4-3。

表 4-3　　　　　跨境电子商务物品出口报关常用方式

贸易方式	监管码	适用情况
邮件包裹	无	个人合理自用,运单及简易报关单,征行邮税,超出按货物正常申报
旅游购物	0139 *	申报主体外国旅游者或外商采购货值在 5 万美金以内的出口订单
旅游购物	3010	广告品、货样等,货值小于 5 000 美金,由发货人或代理人正式申报,不收税
商业快件	3339	发货方或报关公司,非货样广告品、礼品等,不收税
商业快件	110	货值大于 5 000 美元或申报物品,发货方或报关公司,正式报关,等同于"一般贸易"
跨境电子商务	9610	集货模式,汇总申报、清单核放,发货方或电商平台正式申报
跨境电子商务	1210	经监管区先出口,每月汇总数量之后,再一次性集报,生成一份正式报关单
跨境电子商务	9710	B2B 出口,电商平台代码(对于境外平台等无法提供情况)可填写"无",电商平台名称按实际填写。货值 5 000 元人民币及以下且不涉证、不涉检、不涉税的情况
跨境电子商务	9810	B2B 出口的订单类型为 W,电商平台代码填写"无",电商平台名称填写海外仓名称,备注填写海外仓地址。要求货值 5 000 元人民币及以下且不涉证、不涉检、不涉税的情况。清单的收发货人或生产销售单位,提前在海关完成申报关区+海外仓业务备案
市场采购	1039	小额 B2B,贸易采购,发货方或报关公司,认定的市场集聚区内采购的、单票报关单商品货值小于 15 万美元,并在采购地办理出口商品通关手续的贸易方式
一般贸易	0110	发货方或报关公司,正式报关,货值高、结汇退税,无货值限制

注:货物简化归类"一般贸易"已于 2017 年 8 月被取消。

在我国,海关对涉及关务的企业有一套完整的认证体系,会采取差别化防控策略,"自动审放、重点稽核",减少开拆率及通关干预。信用认证标准有多种类型,如 AEO 高级认证企业可享受最低进出口货物查验率、优先办理通关及验放手续,海关查验率在 20% 以下,而对失信的企业货物查验率则提高到 80% 以上。海关已引入关税保证保险政策,以进口企业作为投保人,海关作为被保险人,企业实现"先通关后缴税、汇总征税,关税保险费率为 3‰ 左右,无须按每月税额全额缴纳保证金"。

目前,海关总署有直属 42 个关区下辖的数百个外贸通货口岸。多口岸选择的另一个重要因素与空运直航的运价及配送有关。选择入境口岸,即选择属地海关、监管区及配套等,要根据不同的国际段运输线路、清关资源、不同进口主体、HSC 及申报价值、对应时效的腹地配送等条件而定,且要考虑用多口岸布局来降低清关通道受阻的风险。

相对于正规清关,还存在某些"灰色清关",在形式上利用监管漏洞走不合规通道。一类是主观上故意逃避监管规则及税务条款,以低、少、谎、瞒报等方式逃避监管,另一类是客观上存在偶然漏税的现象,比如邮件类,在邮件类报关没有完全实行电子化申报或申报信息不完整的情况下,查验存在很多偶然性。无论哪种清关类型,发货人和承运人都要如实合规来申报,只有遵纪守法才能畅通顺利。

(二)关税与退税

1.关税的基本概念

(1)关税的分类:进口税、出口税、过境税。

(2)关税的计算公式:关税税额=完税价格×关税税率

①审定完税价格。

②计算进口货物完税价格。

③遵守关税税则。

2.退税流程

(1)退税种类:出口退税、再投资退税、溢征退税、复出口退税、跨境购物退税。

(2)退税流程

①有关证件的送验及登记表的领取。

②退税登记的申报和受理。

③填发出口退税登记证。

④出口退税登记的变更或注销。

3.我国出口退税范围

(1)必须是属于产品税、增值税和特别消费税范围的产品。

(2)必须报关离境。

(3)必须在财务上做出口销售。

(4)一般贸易出口货物退税计算方法:"先征后退""免、抵、退"。

(5)出口退税附送材料:

①报关单;

②出口销售发票;

③进货发票;

④结汇水单或收汇通知书;

⑤出口货物运单和出口保险单;

⑥合同编号、日期、进口料件名称、数量、复出口产品名称,进料成本金额和实纳各种税金额等;

⑦产品征税证明;

⑧出口收汇已核销证明;

⑨与出口退税有关的其他材料。

(三)常见扣关情况

跨境卖家要保证操作合规,必须在国际贸易的规则下,遵守各国的相关规定。合规是关

第四章 跨境电子商务物流

务工作的基本点、立足点和价值所在。多数国家在进口清关、查验、税收认证等方面有着严格的规定,不少新卖家就由于在认证和物流方面操作不当而遭受损失。很多卖家误将清关问题认定为物流商的清关能力不行,对自家产品的合规性、国际贸易规则及目的国营商环境等缺乏基本认识。货物被扣关多半是商家自身造成的,要使货物顺利清关,要注意以下三点:一是产品合规。保证自己的产品无侵权且非违禁品或非敏感限制类产品。在产品销售前先了解所售产品与当地的监管制度有无冲突,同时产品认证、授权、专利、相关检测等手续和文件都要俱全。不同产品被海关查验的概率不同,贵重物品、重件包裹的扣货率是较高的。二是手续齐全。要求进口单证齐全,包括进口许可证、入关单、商业发票、产地证、装箱单和货运单等,结合产品属性出具相应认证及产地标签;需要协助清关的货物收货人一般存在以下问题,如:无进口权、个人物品限值、网购限额或商业进口私人税号行不通等。三是如实申报。物流商一旦申报价和海关估价不一致,就要补缴差额,可能还有罚金。也有物流商为了节省目的港的费用,整板拼货一个主单去申报,大大增加了扣关风险。另外,海关提高开箱查验比例与本国对待跨境包裹的政策有关,寄往不同的国家,申报策略也有所不同。在海关扣货后,如果货件退回太贵,而清关税费太高,商家相较之下只能选择弃货。

1. 知识产权与认证许可

知识产权成为贸易保护或贸易摩擦的关注领域。根据日本关税局统计的数据,日本93%的侵犯知识产权的行为以及70%多的假药流入都因跨境电子商务引起。相关产品认证、授权、鉴定,都要申报品牌类别、授权书或加工合同等法律文本。著名品牌在海关都有备案,知识产权权利人已向海关申请保护,假冒途径早已被封堵,电商平台对售卖侵权商品的卖家处罚也很重,所以销售品牌产品必须有授权认证。众多无牌仿造的大宗侵权,多为权利人举报,海关在接到举报后会通知当事人补充申报知识产权证明,如果当事人无法提供合法购买凭证或权利人许可文件,海关则会暂扣货物并通知权利人确权。若权利人确认货物侵犯其商标专用权,并提出保护申请,则海关依法没收侵权货物并对当事人处以罚款。

事实上,物流企业最好在派送货物清关前及时收齐关税及运费,签署因产品本身问题引起清关风险的免责条款。要处理好清关中的疑难问题,对于货物申报要求以及如何处理扣关等突发情况需要目的港的清关行,及时向客户反馈第一手信息,并请客户提供相关资料协助清关。海关通常对涉及安全和健康的货物查得很严,因为产品质量事关消费者生命财产安全,对社会影响大,所以物流商对产品的预审十分重要。

卖家在出货前要确认好目的国家的监管准入要求,若发货人无法提供食品药品、医疗卫生、检疫证明等资料,则不要发货,因为货物在目的港被久拖不放行,则物流商要支付各类罚金、仓储费及码头杂费等高额的滞港费,所以要及时对滞港的货物进行转卖、退回等减损处理。各国海关都会对在规定时间内未清关又不缴纳各类费用的货物进行充公拍卖,以收回各种港口费用。如:英国 CPSC(Consumer Product Safety Committee)消费品安全委员会,管辖多达万余种用于家庭、体育、娱乐及学校的消费品。当目的国为美国时,这类货物一般在向美国海关申报后,会被要求提供产品的检测报告,或由 CPSC 进行人工查验,检验产品的认证标签标识、安全吊牌、检测证书等。儿童用品一般都需要美国当地公司提供紧急救助联系方式或回收地址。通不过的产品直接被查没、销毁或退运,或在条件下放行,即货物暂存在货代仓库,但必须要按 CPSC 要求将产品质量达标后,才可真正放行。

跨境电子商务

2. 进口 VAT(Value Added Tax)及税务

合规、贸易合规、税务咨询与清关代理等业务并非物流货代的主营,在传统外贸中,在通关时货主发生转移,则无税务问题,海关内外是两个不同的主体,外国的采购商是清关时的税务主体。但跨境电子商务的全新贸易模式,与现有的国外传统线下零售业态存在税制不公之争,且在清关前后物权不发生转移,货物依然属于卖方,这就需要卖家在当地注册进口人的身份,在通关过程中根据申报货物的价值缴纳税金,否则无法完成进口闭环。以进口货物到欧洲为例,卖家以进口方的名义发货至海外仓,入境报关单必须要有 EORI,并提供有效的 VAT,即货物的利润税。EORI 相当于企业的经营执照号,与 VAT 注册绑定,海关通过 EORI 确定申报主体,就可以追溯到进口方缴纳的进口税及对应的产品信息。当货物进入欧洲,商家通过申报产品 HSC 及价值来确定进口税(VAT),当货物销售后可以申请进口税的退税,再按销售额交相应的销售税。若没有 VAT 则属于非法运营,这就近乎将跨境电子商务与本地零售商等同看待了,即要进行真实、及时、准确的税务申报。

如选择海外仓,则要保管好清关申报、报税留档信息,保证申报与销售的物品的价值对应,因为后期还要接受税务局的审计。如果税务局从电商平台得到的直发货销售数据与申报货物的价值不符,或者商家故意延误、错误或虚假报税,都会受到税务执法部门追缴罚款及货物查封等不同程度的处罚。申请 VAT 和 EORI 及日常报税,并不需要注册本地公司,可委托境外专业税务代理人申请及合理正常报税。

就税务而言,直邮包裹风险最小,许多跨境电子商务的高毛利就来自直邮免税,不超过一定限额的包裹无须做 VAT 申报,超限邮件也是买家自己承担进口税。从欧洲海外仓发货,不管企业选用的是亚马逊 FBA 还是第三方海外仓,都需要在货物存储地注册 VAT 并做税务申报,在一国注册 VAT 可以在其他欧盟国家清关,但货物仍要转到该国存储和销售。有些商家为了规避货物在当地直接清关时被扣税,试图从其他国家中转,这是不可行的,配送到欧洲其他国家是否需要在当地再注册 VAT,取决于卖家是否超过远程销售额。从英国仓销往德国,德国远距离销售限额是 10 万欧元年,超过此额需要另外注册德国 VAT。欧洲提高了关税门槛,矛头直指跨境电子商务,提出更严苛的零门槛税务规范,在电商平台上,要求卖家必须在 listing 中展示 VAT 税号,否则线上封号禁售款被冻结,线下物流亦不能幸免地被连带扣货查封。

不同品类的跨境卖家对于税务制度要有清晰的了解。如果卖家没有 VAT 账号,就要了解清楚物流商的资质和操作机制,物流公司只是提供货物的运输服务,并不涉及货物的买卖环节,没有进项和销项,直接导致后续的报税工作无法合理、合规地申报,很难简单地闭环解决问题。各国关税缴纳的规则会经常改变,税率也会经常变化,这些规则变化通常以保护本国商业或消费者为目的,没有预先通知,因此跨境商家与本土物流商或深耕本地的华人企业合作必不可少。

除了关税问题之外,跨境电子商务还涉及很多问题。全球都在强化针对电商的通关审查,2019 年 WTO 启动电子商务谈判,着手制定全球数字经济规则;2017 年年底世界海关组织在埃及发布了卢克索宣言的 8 条原则决议,承认了跨境电子商务是经济发展的动能和新引擎,制定了"跨境电子商务标准框架"全球统一建议,在确保跨境包裹快速通关的同时符合所有监管、税收、安全、统计等要求。中国也开始实施 CRS 全球税务信息自动交换,各国政府通过"相互交换税务信息"的方法,掌控国民或机构资产状况,使逃税者无所遁形。

（四）邮件与快件清关

　　海关根据邮件单上面所填写信息申报,如果海关认为申报的信息不太明确,则会拆开包检查,若没有违禁品且不超限值就会被放行,对进口邮件的监督较为宽松。低值包裹类,目前一般使用国内邮政小包 DAP 直邮,产生的税一般由收件人自行缴纳,若使用商业快件 DDP 直邮,则由物流商代为缴纳。例如:美国 FBA 的快件,尽量选择 DTP 关税预付贸易条款,否则容易被海关退回。快递商和一些专线小包普遍使用快件清关,即使收件方为私人居民也会被限制收货次数。批量商业性质的大包货物,使用私人税号是行不通的,会被要求转为正式清关。例如:韩国海关要求,所有通过豁免限额(小于 150 美元)的个人物品,在过关时都需提供个人的海关编码 POC 进行实名验证。而在正式进口报关时,通常需要正本发票并随货附带供收货使用,形式发票只能用于出口被退回或临时进口等情形。"反倾销产品名录"下的商品,除了要被征收进口税之外,再加收"反倾销税"。

　　以美国邮政(USPS)为例,USPS 每天进口的邮件量巨大,海外进口件每天大概 50 万件。主要是从五大国际邮件处理中心 ISC(Intenational Service Center)进口,分别是纽约 JFK、芝加哥 ORD、旧金山 SFO、洛杉矶 LAX 和迈阿密 MA。这五大国际邮件处理中心接收他国进口的航空小包、水陆路邮件、EMS 及商业代理件等,还有两个规模较小的邮件处理中心在新泽西及夏威夷。美国海关会入驻 ISC,对邮件进行监管、过机抽查及开箱查验。按现行政策,单件申报价在 800 美元(含 800 美元以内)的邮件免税并直接放行,绝大多数跨境包裹不会超过此值;在 2 500 美元(含 2 500 美元)以内的邮件,如果需要缴纳关税,那么海关会开具税单,由 USPS 向收件人收取关税和清关手续费。对于申报价大于 2 500 美元的邮件,邮件会在 ISC 被转出,USP 会通知收件人做正式进口报关。

　　邮件渠道对于品牌商监管相对宽松,但长期大量的商业行为,比如某个地址经常接收大量的品牌货物,或收/发件人是企业的,海关可能会认为这是商业侵权,会追究法律责任。海关要履行食品药品监督管理局 FDA(Food and Drug Administration)职责,对食品类的监管较严,涉及检验检疫,肉、蛋、奶类制品禁止通过国际邮件寄递。海关对于进口邮件抽查的比率不断提高,当查到禁限品会直接没收,若经常邮寄,海关则会把收件人列入黑名单或采取法律措施。

　　一般而言,商业快递入境清关的时效高,按预申报先放货,在航班起飞之前,清关数据预先传送到目的国当地海关,航班抵港时海关已经审核完毕,如果一个主单中的其中一票被查验,不会影响到其他货物的清关。快件监管中心通常设在主要口岸机场附近的公共监管区。当快件清关完毕,不具备快件清关资质的公司不能从监管中心提货,也不能在监管中心里操作换单,海关要监控包裹的最终去向。普通清关代理只能为每个客户分别清关,若要一次批量清关多货主的集拼货,则需要更高级别的快件清关资质,美国海关对于设立第三方快件中心非常谨慎,容易出现拆单、伪造进口人与实际收件人等关务风险。在集拼模式下的尾程派送的关键是看进口人,若整票货清关完毕了,进口人就可以在美国国内分发了。

　　不同国家国情不同,各国海关对快件都有规定细则要求,提供包括完整的客户资料及清关文件,同时申报价值低于免征额的包裹免于征税。如果申报或被估货值超过一定额度,则需准备原产地证、进口许可证。有些国家,不接受无费用弃件,若目的地清关失败,即使发件人选择弃件,也需要支付弃件费,否则国外会安排到付退回。

(五）头程入仓货运清关

与其他物流方式相比，海外仓头程属于重货范围，跨境卖家可选择快递直发、空运专线、海运整柜 FCL(Full Container Load)及拼箱 LCL(Less than Container Load)等多种运输方案。按照传统普货及快件的清关流程，以贸易商的名义进口，在目的国进口清关时，进口商或固定税号信息会显示在箱单/发票/提单上。通过向海关申请 IOR(Import of Record)就可以获得一个外国进口商的 EIN（税号），进行美国进口商备案。通常货代或海外仓仅作为提单的接货人，一旦进口的货被海关查出了问题，产生的费用和责任就由具体的 IOR 承担。只要进口商不变，这个税号就永久有效，今后无论用哪家报关行办理美国的进口都可以使用该税号，IOR 的政府申请费用为 150 美元，递交资料后的 5 个工作日内就可以办妥。

卖家拥有自有税号的可单票清关、打税单，税单显示客户的税号，关税实报实销，收件方是直接收件人的，并不要求其必须做预付或者到付，可以自由选择。进口商品没有实际的贸易收货人，除非有些电商卖家设立了自己的境外公司作为收货人，物流商、第三方海外仓或境外货代是不愿意作为贸易进口人来承担税务和法律风险的。但即便是较大的电商公司，也不愿意在海外开设公司，因为又会套入另一更复杂的境外企业税务问题。因此，与货代合作，介于海外仓和国内卖家的中间物流商，尽量与有国际网络、熟悉国外的法律法规、操作规范并知道如何规避风险的公司合作。

(六）双清、包税、包派

通常，在涉及国际货代中，"双清是指出口国清关和目的国进口清关"，"包税"是指包目的国进口的税费，"包派"即包送货到门。货代为了迎合电商卖家低价、省事的需求，对发货人报一个总价格，提供交货后的一体化服务。包裹计费本身单一，这种报价主要针对头程送仓，卖家无须提供任何凭证甚至报关单据，也无须提供进口人税号，坐等货物入仓即可开卖。货代一般专做某个国家或线路的清关报税，但很难擅长很多线路，多是转卖同行。

(七）物流代收活动款

物流代收活动款，即在货物送达时由物流公司代收款项，通俗解释为："一手交钱一手交货"。跨境物流 COD(Cash on Delivery)模式主要集中在东南亚、中东和印度等市场，以适应当地网络支付不成熟、网络信用基础尚不完善的消费环境。COD 的核心问题是签收率低，大部分市场的平均签收率为 70%～80%，也就意味着有 20%～30% 的货物被退回，大量的退件容易造成仓库旧货堆积，后续处理退货的费用高，因此很多退货只能被销毁。即使包裹被妥投，很多消费者也会因为商品质量问题，在线下直接要求物流商退货退款。各大电商为了平衡货到付款低签收率造成的额外成本，会加收一笔 COD 交易费，并设定客单价门槛，客单价达到一定额度才可以选择 COD 方式。对于普通发货，物流商要考虑签约账期的垫资成本以及产生坏账的风险，若出现运输配送问题，应付运费就可能被拖欠。而代收货款现金流的运作流程颠倒过来了，变成了物流商要给商家返款。如果使用电商平台认证的物流商，本地物流商收款后先汇缴给电商平台，再结算给卖家。如果是卖家自发货，境外物流商将货物送到国外的客户手中后，当场收取货款和运费。物流商一般会承诺在收取货款后两三周以内，将货款返还给国内卖家的香港账户。现如今，货款如何正规合法、快速地回流到大陆仍是一个难题。

第二节 海外仓建设运营

一、海外仓"用户画像"

随着跨境电子商务的飞速发展,跨境电子商务市场的竞争愈发激烈,其中跨境物流直接影响到跨境电子商务企业的综合竞争力。在跨境物流业的生态结构中,电商(源)、运输商(流)及邮政/配送(汇)是基础层,货代、专线、小包及代理属于中间层,海外仓的门槛更高,国际快递属于塔尖。早期,传统货代在涉足跨境物流时,以直邮为主线。因为在全球布局海外仓储需要大量资金,所以只有少数融资能力强的大卖家有能力自营海外仓。直到亚马逊 FBA 向全球开放,带动了整个海外仓市场。货代、专线、快递商及国企中邮、中外运等纷纷拓展海外物流中心,构建一个联动的多渠道跨境物流体系,让"跨境电子商务"升级为真正意义上的"境外电商"。随着亚马逊 FBA 物流增长迅猛,大量传统货代企业纷纷切入亚马逊 FBA 物流的空派和海派市场。根据跨境电子商务物流细分业态企业数量占比的行业问卷调查,2020 年有 30% 以上跨境物流的主营业务收入来自 FBA 物流,如图 4-1 所示。

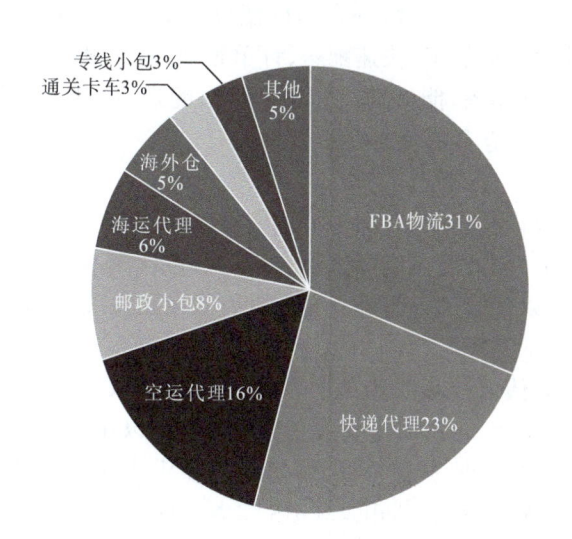

图 4-1 跨境物流细分业态企业分布情况

2019 年 11 月 19 日,国务院在《关于推进贸易高质量发展的指导意见》的总体要求中指出,构建高效跨境物流体系,鼓励电商、快递、物流龙头企业建设境外仓储物流配送中心,逐步打造智能物流网络。为打通高质量外贸发展的"最后一公里",海外仓成为高效跨境物流体系上的关键节点。海外仓,是国内卖家在其他国家或地区建立或租赁仓库,通过国际物流先把商品运送到该仓库中,当顾客下单购买后,通过此类仓库即时配送的一种仓储方式,是提升跨境电子商务企业竞争力的有效手段。跨境电子商务海外仓的运作模式可概括为:两大主体、一个仓储、三段运输。两大主体,是指商品的国内卖家和海外买家两大交易主体,双方在跨境电子商务平台上完成商品的交易。一个仓储,是指海外仓,通常国内卖家将商品在

跨境电子商务

自己仓库内完成集货（无须在国内港口城市集货），通过海运运往海外仓，再由海外仓发货给海外买家。海外仓根据海外买家的位置，遵循就近原则，从海外仓给海外买家配货，以减少配送时间与成本。三段运输，是指头程运输（含卖家至海外仓）、尾程运输（海外仓至海外买家）、逆向物流（退换货）。

头程运输即备货到仓这一段流程，头程的运输主要是快递、空运及海运，清关合规是头程的顽疾。尾程运输多采用"海运＋派送到门"模式，具有通关快捷、船期稳定、舱位充足的优点，整箱货物从卖家指定仓库装货，海运至目的国码头，整箱申报，在清关放行后，将整箱或拆箱卡车派送至海外仓，运费低，但资金周转周期被拉长。海运按货物体积收费，适合体积大的重货后施送是按重量计算的，产品必须按要求打托盘，购买货运保险，计材积重。对小型或是刚入行的卖家而言，在店铺未来销量没把握、资金储备不充裕的情况下，"派到门"更高效快捷，可以成为发货首选方式，这种方式可以提高货物库存周转率。

（一）海外仓的作用

海外仓作为当前跨境电子商务物流新方式，是解决我国跨境电子商务发展瓶颈的重要手段。海外仓实际上是一种"先入境后配送"的物流模式，卖家先将商品运输至海外仓，待国外客户下订单后直接由海外仓发货，不仅将传统的长距离跨国运输转化为"最后一公里"配送，还为跨境电子商务物流服务本土化提供了可能。海外仓的内涵也已由传统境外仓储逐渐丰富为涵盖跨国运输、高端仓储、个性化流通加工、快速配送、订单管理、通关服务、信息获取、金融支付等为一体的综合跨境物流服务体系，能够提供运输、仓储、配送、信息等完善服务，相较于传统的国际快递和邮政小包，海外仓具有诸多优势。

1. 海外仓的优势

（1）第三方海外仓的广泛使用，进行规模化发展，有利于节约资源，避免重复建设。跨境电子商务卖家外包第三方海外仓物流服务，一方面可以降低自身建设与运营成本，集中精力进行产品研发与客户维护，另一方面也可以让第三方海外仓企业进行规模化发展，从而避免重复建设。

（2）有助于提高单件商品利润率，从整体上提高卖家的利润水平。采用海外仓物流，卖家可以提前就备货至海外仓，等到顾客下单后，再由海外仓发货。一方面可以在订货前进行集中发货，形成规模经济，另一方面可以实现本地发货，大大缩短消费者从订单发出到收到货物的时间。以一件空运美国 600 g 的货品举例，FedEx、UPS 需要 121 元人民币（3～5 天），EMS 需要 118 元（7～15 天）。而以海外仓的模式进行操作，总费用为 30 元人民币左右，且收货时间为 2～3 天。相较之下，使用海外仓储的物流成本优势就相当明显了。同时，eBay 数据显示，存储在海外仓中的商品平均售价比直邮的同类商品高 30%。

（3）海外仓有助于稳定供应链，有助于增加商品销量。相较于国际快递等其他的物流方式，海外仓模式实现了本地发货，同时还可以为卖家提供良好的包装服务和便捷的退换货服务。据统计，在同类商品中，从海外仓发货的商品销售量平均是从中国本土直接发货的商品销量的 3.4 倍。

（4）第三方海外仓采取的集中运输模式突破了商品重量、体积和价格的限制，有助于扩大销售品类。如果采用传统的快递方式，跨境电子商务在发大重货时往往受到重量和体积的限制，以中国邮政 EMS 为例，发往美国的货物，邮件单边长度不超过 1.52 米，长度和长度以外最大横轴合计不超过2.74米,并且重量不超过31.5千克。而采用第三方海外仓的方式,货物多采用海运的方式,几乎不受重量和体积方面的限制。

2. 海外仓的劣势

海外仓在快速发展的同时,也面临一些问题:

(1)海外仓竞争激烈,价格战愈演愈烈。随着海外仓企业的增多,竞争也进入白热化的阶段。在物流领域,一个需求会有十几家服务商来竞争,竞争非常激烈。在此背景下,第三方海外仓企业往往会陷入价格战的怪圈,不利于良性发展。另外,由于海外仓建设与管理需要高昂费用,如英、德、澳等国家海外仓工人工资最低为每小时3美元,而美国的仓库工人最低为每小时15美元,比国内仓库工人工资高了5倍。在仓储仓库租赁上,租金高。如德国海外仓每平方米年租金为60美元~100美元;美国的为100美元~125美元,澳洲的将高至130美元,再加之其他水电等杂费,很多跨境电子商务企业在提供相关证明时还要缴纳高额担保金,资金压力也让企业不堪重负,甚至出现资金链不稳的风险。

(2)跨境支付不畅,资金结汇难题。海外仓业务多为国外用户服务,由于国内支付品牌在海外的认知度有限,导致境外支付主要依赖Visa、万事达等国际卡。尽管我国外汇局也对跨境支付牌照进行发放,并允许第三方支付机构提供外汇资金结售业务,但从现有跨境支付平台来看,多被Visa、Master-card、Pay Pal等垄断,这些国际信用卡组织所设定的支付手续费率较高,如Visa每笔收取2%~3%的手续费;PayPal每笔手续费高达3%~5%。这些额外的手续费,多由电商平台或商户承担,无形中增加了支付成本。

(3)法律监管不健全等。跨境电子商务海外仓建设还面临诸多法律屏障,特别是法律规范标准的差异化,国外监管体系不健全等问题。如在俄罗斯海外仓,有企业选择"灰色清关"方式,逃避正常通关手续和费用。但由于"灰色清关",不受法律保护,随时可能遭受俄罗斯检察机关、海关的追查。此外,一些国家针对中国跨境企业的商品制定严苛的规定,如:巴西对中国的商品超过50美元则征收60%的关税,俄罗斯对我国免税入境包裹进行限价,超过限价部分征收30%的关税。另外,因法律制度不完善而带来的不法偷税漏税问题频发,也影响了海外仓的国际形象。

(二)海外仓的适用范围

海外仓从经营企业维度主要分为四种:第一种是跨境电子商务平台型企业,如FBA;第二种是传统的外贸企业,主要是为了开拓自身跨境业务发展及为跨境电子商务企业提供一站式跨境海外仓服务;第三种是行业的出口头部卖家自营海外仓,主要为解决揽、干、关、仓、配、售等作业效率与品质问题而自建海外仓服务体系;第四种是第三方物流企业,主要擅长国际物流服务,专注服务于跨境卖家的物流服务企业。如何选择更优的海外仓模式,也是企业困扰的问题,应从以下三个方面进行评估。

1. 产品、物流和服务情况

卖家是否适合海外仓,首先要看产品情况,再看物流和服务的问题,市场不确定、长期卖不掉的"死货"是最大风险,有些产品的特点决定了其不适合海外仓发货。低单价、轻小件、长尾产品,可以从国内直发,一旦切换至海外仓,这些产品的利润很容易就会被海外仓配送成本抵消。海外仓选品务必精选、精简,首要原则是产品的市场需求量要大,寻找畅销品,因为即便畅销品被积压仍可清掉,而低转化率的产品一旦被积压则容易变成死库存。

2. 物流渠道与直邮发货情况

没有物流渠道或国内直邮发货困难的大、贵、重的产品,要切入产品品类打开销路,海外仓是破冰利器。大件货仓内管理难度小,能减少人工费用,但操作费和物流费较高。电子、家居家电、户外园艺、汽摩配件、机电仪表和工业品等细分品类,是海外仓最常见的备货种类,能兼顾利润率及转化率,通过高单价、高周转来拉升总收益。如果一个产品从中国发货的利润率是30%,海外仓发货的利润率是15%,但平台给有海外仓的用户3倍的引流和一些免责条款,海外仓的转化率将达到跨境直发4倍,那么同样时间内获得的总利润就是直邮的2倍。

3. 营销服务升级的情况

没有一种物流解决方案是完美的,海外仓也不是全能的,要综合考虑到卖家的资金周转,产品的销售周期性,结合其他物流渠道并用。除了一般仓配外,有些大件还需要送货上门安装、维修以及逆向物流等专业化延伸服务,才能满足买家购买的诉求。对于卖家而言,海外仓的核心仍是服务市场,采购补货、提高周转、避免滞销、旺季备战等供应链管理,物流的核心是执行落地。国内物流企业走出国门,进行跨国运营和管理资产,需要一个相当长的过程。对于海外仓服务商而言,"仓是投资,海外仓以电商物流管理和技术来改造和整合国外已有的物流仓储资源,境外要有合法的经营主体、稳定合法的租约,以保障仓库货物安全,还可以整合运营,即将头程拼箱、空运、清关等委托给国际货代,将国外上门服务委托给当地邮政及快递。"

二、建设海外运营中心

(一)选址与经营

跨境电子商务海外仓的布仓不但要考虑订单市场,还要考虑地理位置、仓库资源丰富程度、时效要求、运费经济性、免税政策及当地劳务资源等综合因素。

1. 海外仓选址应遵循的原则

(1)系统性原则

海外仓的选址,应确保全面统筹物流运输以及仓储能力,使配送区域的基础设施能够满足一定时期内电商企业发展的需求,并为构建系统化物流网络奠定基础。

(2)适应性原则

海外仓的选址应该充分调研,掌握当地经济的发展趋势和潜力,同时结合该地区的物流资源以及政策法规,确保海外配送中心具有较强的适应性,使消费者与卖家双方都能够通过海外仓实现最佳收益。

(3)协调性原则

海外仓的选址要平衡好物流网络的各个环节,建成后的生产、运营和管理各模块都能够相互协调支撑。构建海外仓选址标准体系,通过定性(扎根理论)及定量(启发式算法和层次分析法)相结合的分析方法,选出最适宜的选址方案。

(4)经济性原则

海外仓的布局规划要遵循经济性原则,尽量控制海外仓的建设成本。通常来讲,地址多选择在地价相对较低、交通便利且与客户或供应商距离较近的地段,能够形成较好的服务辐射区域,实现经济与效率的平衡。

2. 海外仓选址的流程

(1)充分做好前期市场调研工作

海外仓选址意义重大,因此首先要做好相关的信息收集工作,例如:收集当地国家的政治、经济发展现状及前景等信息,尤其要掌握和了解当地消费人群的特征及市场动态与潜力。另外,还要集思广益,不仅要得到股东的支持,而且要广泛征集基层员工的想法,最终结合专家的指导,为海外仓建设提供信息保障。

(2)运用SWOT模型分析法

SWOT模型是分析跨界电商海外建仓可行性的关键依据,该模型能够针对电商企业外在与内在的优劣势,分析得出企业建设海外仓的机会与威胁。表4-4是海外仓选址时应考虑的外部环境因素。通常选择较发达城市的机场和港口附近的郊区,交通设施便利,配套服务齐全,有较大的辐射范围,是消费者聚集的地方,也方便制订FBA头程方案。例如:欧洲海外仓多设在捷克、波兰、匈牙利等成本较低的东欧国家,或在荷兰、比利时等国建立边境仓,主要为了有效规避税务和政策风险。

表4-4　　　　海外仓选址时应考虑的外部环境因素

环境因素	具体内容
基础条件	气候、地质等自然环境,交通出行、空陆港运输及水电网等公共设施
经营环境	治安、法律、税务、招商政策、人力市场、配送范围及土地升值率等
仓库硬件	面积、层高、场院、承重/立柱、月台/装卸台、消防、采光防雨及利用率等

在成本方面,自建海外仓模式在海外仓选址时主要考虑海外仓直接相关的运输成本、建仓成本、仓储成本;而第三方海外仓在海外仓选址时需要额外考虑跨境电子商务企业(卖家)到国内集货仓的运输成本、国内集货仓的建仓和仓储成本。

在运营杂费方面,欧美的水/电/网费相对便宜。

在人工成本方面,事实上,人工成本是海外仓的主要变动成本,有些海外仓的人工支出成本高达总成本的60%,在找场地的时候就要考虑进去。欧美市场人力贵,很多是劳力紧缺的状态。外国操作工人普遍工作承压低,排斥加班,只能安排分工明确、要求低的直线型工作;质检、客服、审单等这类灵活性工作,最好由可靠的工人做。招聘途径除了网站外,还可以发挥华人社区、同乡会、商会和华人电商圈的力量,一方面招聘当地人做管理员,发挥沟通和管理上的优势,另一方面招聘华人仓储经理,要求熟悉当地法律法规,有较强的合规意识和安全操作管理能力,以及具备管理人员、熟悉操作流程及较强的语言能力等。在业务增长后,不能仅仅通过招聘去解决劳动力短缺的问题,还应通过加大使用自动化、智能化的信息、机械设备来提升效率。此外,因海外法律及工会对员工的保护相当健全,应尽量避免因解聘员工带来的损失和不良影响。

在仓库面积方面,国内通常按订单量和面积1∶1的关系来评估租仓面积,即1 000单约要1 000 m² 的仓库面积,但大多数电商其实低于这样的配比。实践中,对仓库面积产生影响的因素有很多,如订单类型、货物尺寸、SKU数量、进出频率、区域划分货架高度和层高以及拣货方式等。第三方海外仓还要考虑扩容性,随着企业的发展,仓库扩张和搬迁在所难免,所以在选址之初,尽可能选择有一定空置面积的园区,并确认企业对空置仓有优先承租权。

跨境电子商务

在仓库周边配套方面，选址时还应选择设在仓库较集中的地区，周边有相同类型的仓配中心会降低快递商的取件成本，从而易于和快递商签订较低运价。此外，还应选择周边生活配套齐全的地区，好的工作环境、食宿生活配套是海外仓招聘员工的必要条件，尤其是在仓库满负荷运转时，后勤到位则能保证稳定生产。

在仓库的建筑结构方面，租仓库务必要考虑仓库的建筑结构，注意仓库的设计质量，同区域不同结构的平面仓与多层仓的价格相差30%~50%。多层仓多以厂房为主，费用相对平面仓较低；大面积的平面仓在特大城市较稀缺，单层仓的优点是同层操作可视化，便于协调管理，流水线规划较简单，但整体空间利用率低于多层仓。

在仓库租金方面，应提前获取市场上仓租价格的大致水平，在租仓时业主需要提供企业信用证明，或由银行做担保，使用仓库押金、水电费为仓库开设初期交付的租金，在仓库合同终止后可以退回。

三、仓库规划设计

平库造价成本较低，存量大，楼库的建筑结构是多层设计。规划是基于需求的设计分解，仓储规划主要包括区域布置货架选型、货位设定、堆砌及作业流程等，下面详细介绍。

设计库内功能区域、操作台、设备类型和数量等。库内设计内容包括收货区、储存区、复核打包区、退货处理区、发运交接区及杂物区等。多数仓库至少有20%~30%的空间未被合理规划使用。自动化仓与普通仓的流程逻辑完全不同，库区功能划分、流水线设计、补货上行和发货下行等管理也不同。通常，月台在一侧采用U形库区，分开两侧的为直线形库区，以提高仓容利用率。除了尽量减少死角、充分利用货架层高外，区域规划还要配合存拣分离、ABC分区、大小件分区，以及分类存放、随机存放等存储策略的设计。

按照设备工艺要求确定作业方式。考虑到高效操作，选择如单元货格、货到人、AS/RS等形式。根据货物的库存、仓库的吞吐量、订单的特性，来选择托盘、货架、搬运及辅助设备。根据机械形式和设备参数、数量、尺寸、安放位置、运行范围等库内布置，尽量使用简单合适的设备，采用标准的设备零部件和系统，以便易于操作、扩充和升级，充分考虑员工安全和系统安全。在存储货物和零拣货位时应合理使用不同高度、承重规格的货架，货架高度、通道数量对拣货效率有一定影响，针对不同产品的体积合理设置、调整储位。如轻小件使用多层储位盒、阁楼式货架，在系统中维护好货区号、货架号、层次号、储位号等。

合理规划作业流程环节。为了便于快存快取货物，应围绕跟单模式而设计，保持直线作业，避免逆向迂回和交叉运输；强调统一的物流出口和入口，便于监控和管理。使用自动化系统可以提高工作效率并提高空间存储利用率，但自动化仓库比较考验仓库的综合规划能力，因此需要对仓库人员的工作能力进行仿真计算，确定存取模式、工艺流程及货架类型。在设计物流中心时，应尽量避免跨楼层的物料搬运，垂直运输。规划作业流程环节的目的是为后续仓储管理的"空间结构、时间组织、过程连续达到最优，消除无效搬运、减少商品流动环节，提高作业效能和仓容利用率"。实际运营和生产计划是不断优化的过程，按托盘、周转箱、物料等不同层级单位做流量分析，不断分析优化货位位置；规划也要适当考虑余量，如在旺季订单激增时的极端场景，考虑最大负荷的余量。

(三)美国仓

作为最早进入的市场,美国逐渐成为中国买家选择的最大、最成熟的境外市场,日均收发包裹量超过 5 000 万个。据麦肯锡研究显示,美国最后一公里投递的费用,已经超过其跨境包裹总运费的 50%;消费者越来越倾向于更快的网购体验,美国次日同城投递的包裹量占到投递总量的 15%,因此,仓库离人口聚集区越近,越有优势。

根据美国的实际情况,美国三大工业带分别位于美国的东北部、南部和西部,这三个地区的人口密度分布、仓储设施布局相似,港口和交通枢纽处的仓库存量多。美国西部因为美国西部城市的人工成本和仓租成本适中,航班多、港口多,交通运输方便,头程时效快等,卖家自建仓或第三方海外仓服务商多选择在洛杉矶建立第一个仓库。FBA 是亚马逊自营物流服务商,很多人认为海外仓跟 FBA 看起来是竞争关系,实际上是一种互补关系,FBA 头程中转、退换货、换标是很多海外仓的重要业务。亚马逊与自营/第三方海外仓对比见表4-5。选用 FBA 还是第三方海外仓,要根据卖家店铺所在的平台及品类情况而定。

表 4-5 亚马逊与自营/第三方海外仓对比表

类型	亚马逊 FBA 仓	第三方海外仓/自营海外仓
头程服务差异	不提供清关服务	部分提供清关服务,包括代缴税金、派送到仓等服务
发货方式	空运、快递、海运	空运、快递、海运
客户群体	亚马逊卖家使用	可以储存任何平台的产品
仓储费用	依据卖家入库数量及存放时间计费,费用相对较高	固定库房租赁费用,费用相对优惠
物流费用	费用相对较高	费用相对优惠
仓储方式	混合仓储	专属仓储
服务语言	英语	中文
产品入仓前的要求	不提供产品组装服务,卖家须在入仓前将产品的外箱标签及产品标签都粘贴好	提供上架前整理、组装产品的服务
退货	支持买家无条件退换货,不进行二次销售	可替卖家更换标签或者重新包装,进行二次销售。
选品	产品的尺寸、重量、类别有一定程度的限制,所以选品偏向于体积小、利润高、质量好的产品	选品范围比 FBA 仓广
产品推广	平台会增加卖家产品的曝光度,如提高卖家的 Listing 排名等	卖家需要自己做站内外的推广来增加店铺的业绩
其他服务	亚马逊移除由 FBA 导致的中差评	海外仓服务商不一定能提供售后与投诉服务
平台账户	亚马逊平台账户出问题后,货物无法处理	无影响

(四)第三方海外仓

跨境电子商务海外仓,分为自建海外仓与第三方海外仓。首先,实力强的跨境电子商务多自建海外仓。根据易仓科技研究,月销 50 万～100 万美元的大卖家 55% 有自建或计划自建海外仓,月销 100 万美元以上的大卖家 69% 有自建或计划自建海外仓。因为自建海外仓能更好地满足卖家个性化的需求,并且能最大限度地表现企业实力,树立企业良好的品牌

跨境电子商务

形象。

其他卖家在考虑成本等因素之后,选择第三方海外仓物流服务。卖家在寻找第三方海外仓之前,首先要明确自身的需求,结合服务商资源能力、运营标准大致判断该海外仓是否符合自身需求。其次,要确定合理的报价,避免第三方物流公司隐性收费,第三方海外仓相关配套服务见表4-6。卖家要计算自己的物流成本,在库存、周转率和买家体验之间取一个平衡,以实现利润的最大化。在选择第三方海外仓的过程中,一般会对比各服务商服务内容的差异性。如是否能够承担部分中转仓的功能,是否提供了清关服务、退货换标、调仓(换标、SKU映射、储位对照)等增值服务,除此之外,服务过程的可追踪性、服务态度、理赔的响应及时性、渠道的多样性、价格和时效的经济性、长期合作的意向度等都需要在考虑之列。

表4-6　　　　　第三方海外仓相关配套服务

服务	具体内容
头程	商品运至海外仓,或委托承运商发货,这段国际货运可采取海运、空运或者快递送仓
履单	按照卖家指令对货物进行存储、分拣、包装、配送等操作,同步单号
中转仓	具备一体化操作,源头入仓把握风险,避免在海外产生额外费用
系统	IT系统成熟,卖家在线远程管理海外库存,完成整个流程,对接主渠道,信息实时更新
团队	本地税务、法律、客服团队,熟悉电商运营、当地潜规则,本地团队负责仓内管理和操作团队
费用	合理的仓储费用及账期、明确的计算方式,减少压货资金压力
规模	单仓规模、仓库分布架构多个海外仓,形成网络化的布局
客户	共用仓储平台要对客户及品类进行选择,有税务或安全法律连带风险

三、海外仓储管理

(一)现场管理

海外仓储的现场管理是根据现场状况统一调度管理生产,保证生产稳定可持续。制造业对产品质控有严格要求,对生产的要求远高于对成品物流的要求,可以将车间JIT看板引入仓库作业。"工厂化"5S管理水平就代表了一个物流中心的精神面貌、管理水平。利用"目视化管理",使用形象直观的各种视觉感知信息来组织现场活动,规范活动秩序并做好安全提示,如颜色、数字、线条、标识、声音等,形成标识性、警示性、保护性、禁止性的界限定位。

在人员组织上,组织人员结构首先应被优先落实,其次落实精神层面的要求,最后落实行动。没有合理的组织结构,流程无法合理运转,指令无法有效传达。海外仓系统可以一次性根据整仓任务量和人员岗位进行作业分配,规划仓库生产计划,以便仓库能够有条不紊地处理完所有订单。通过电子看板实时监督工作人员的工作状态,合理制定各组人员的班次、人数及比例搭配,保证订单生产均衡;设计多重防错措施,实现无间隙、无停顿的流水线作业。

(二)入库理货流程

收货是库内流程的起始,需要从源头上确保库存准确。如果货物缺乏国内头程审查,则可能会影响货物入库,导致货物上架慢,耽误销售和发货。如果货品包装不规范、条码错误、分批到仓或SKU混装,则会造成货物数量差异、质检问题。入仓前,创建ASN(Abstract

Syntax Notation)预到货通知,可支持补货单、调拨单、退货单等多种货物入库类型。海外仓收货异常及处理方式见表4-7,上架延误多由补货、备货疏漏和SKU标识有误等造成。

表4-7 海外仓收货异常及处理方式

类型	收货常见异常	仓库及卖家措施
标签	条码与ASN不一致、无标签或模糊损毁	拍照反馈、汇总差异、修改ASN、贴换标
数量	到货无预告、来货超量、短少或未有到货	系统补录ASN,或按实收入库
内件	SKU规格、重量和实际差距较大,或品名不符	拍照反馈修改SKU属性后再收货上架
质量	外箱拿货内件损毁、受潮	拍照记录,将次品放入坏货区

(三)履单拣货

分析影响拣货效率的瓶颈可知,传统的仓内拣货的耗时占处理所有订单时间的40%~50%,而拣货行走占拣货时间的50%,人工拣货费时、费力最多的就是行走。人工拣货应熟悉拣货流程,在相配套系统的支持下了解货物库存的大致位置,并自己合理安排拣货路径,单人日均极限拣货量在1 500件左右。但自动化及机器人等新技术取代了传统的人工拣货方式。拣货都要经过选取、运送集中的过程:在传统的"人到货"的拣货方式下,人动物静,由拣货员带着拣选容器按照拣货清单或在系统的指引下到达待拣货物的储位处进行拣选;而在"货到人"的拣选系统里,人静物动,由AGV(Automated Guide Vehicle)货架或自动分拣系统将待拣货物送至拣选作业台,再由人工或自动的方式出待拣货品,人在拣选工位无须行走,日拣货量达3 000件以上,并且改善了工作场所安全状况。

配货作业也被称为"波次"管理,通过规则分类订单,筛选"拣货单"。波次创建的好坏关乎拣货效率。每个波次包含多个"订单",每个订单可能有多"订单行",即SKU数,可以生成一张或多张拣货单,即波次单。波次在本质上是基于一些规则对订单池的组合优化,系统自动完成波次安排,产生拣货指令发送至PDA(Personal Digital Assistant,掌上电脑),拣货员一键领取分发任务。创建总拣波次有一些通用原则:减少行走,减少搬运,减少寻找,避免重复。常见方法:系统根据货物的ABC分类优先进行拣货排序,自营仓A类产品集中在10%~20%,将整箱存储、大件、零件等分区,PB分析整箱整托出库;针对SKU设置不同的波次策略,决定哪些订单可以放在同一波次;EIQE分析,利用订单条目、商品规格、商品数量和配送渠道来进行仓配出货特征的分析;将前置打单和后置打单的订单分开波次;播种(按批拣货)法的效率总体高于摘果(按单拣货)法,能将摘果法转化为播种法的一定要尽力转;将产品重合率高的订单合并拣选,零散订单可以边拣边分;大型仓库分波次拣选,叠加分区拣货。

海外仓常见理货方法包括"摘果"式按单拣货、边捡边分("摘果"式)、"播种"式先拣后分、汇总分播("播种"式)、单品作业与分区拣货,在同一波次内也可以将多种方法混用。要结合本仓库的场地、销量、品类、人员、设备等进行综合考虑所采用的拣选方式。

(四)打包出库

打包工作是仓储管理的重要一环,约占整理仓库总工作量的20%,对货架单元格或周转箱里面的货物进行打包,还能起到播种后的二次复核作用。在包装时,还可以通过外印宣传、促销或返利传单进行二次促销。包装是一个系统工程,不当的包装会使成本上升、运输破损、产品失效,甚至导致严重的客户投诉。垂直市场的海外仓SKU不多,可以简单地固定几种规格箱子与 SKU 做关联,系统自动推荐对应订单的箱型和填充包数量,实现对耗材的库存管理,如"三维装箱"最优打包算法,从数量、重量、体积,对商品的摆放位综合计算。

实际操作中,有手工包装、半自动包装和自动包装等包装方式。手工包装柔性大、效率低;自动包装效率高;全自动进行植入、称重、包裹封装打印贴单、检核及分拨等。见表 4-8,在工作台复核、打印、包装、称重这几个先后动作中,最耗时的是包装。很多跨境电子商务企业在大促前,都会将热销爆品提前打包。为了实现预包装、节省运费,需要控制包裹体积,可选择拆单的模式,将包裹通过传送带或笼车、分拣线分配至各个发货道口或集货位,码放在出货区待揽收。在产品出货时若发生异常,例如:出现单货不符、串发错发、产品有问题、内包装破损等情况,则可将产品放到异常区域由人工处理,有时需要返工拆开一个批次的包裹进行复核。最后的环节是发运,在快递商来取货时,仓库最好已预报发货数据,可以按货箱、笼车、托盘或包袋等批量交接,每个容器附上发货清单,运回分拣中心后再复核。也可在现场逐件扫描复核,快递员在到达仓库后使用 PDA 扫描面单进行揽收,核对包裹交接清单,避免漏发、错发。这是对发货错误进行校验的最后一道关卡,也是拦截订单的最后节点。

表 4-8 打包台主要操作流程

项目	操作流程
复核	扫描确保拣货 SKU 数量和订单一致,对于单件订单,可以把分货和复合一起做,复查质量
打印	每个包裹对应一个"装箱清单 Packing List"或"发票单 Invoice",以及"运单"Shipping Label
称重	将箱子放在电子秤上,扫描快递单,称重自动记入系统中。称重也有复核的功效
包装	装箱、封袋,将出货单、货品、赠品及宣传材料放在包装箱/袋内,将面单贴在外箱/袋上

在快递商来取货时,仓库最好已预报发货数据,可以按货箱、笼车、托盘或包袋等批量交接,每个容器附上发货清单,运回分拣中心后再复核。也可以在现场逐件扫描复核,快递员在到达仓库后使用 PDA 扫描面单进行揽收,核对包裹交接清单,避免漏发、错发。这是对发货错误进行校验的最后一道关卡,也是拦截订单的最后节点。由于大多数网购订单是在下午及晚上产生的,海外仓内截单较少,所以,通常在产生"截单指令"后,系统随时拦截需要取消、修改、误拣、误包、贴错运单、重复二次发货等的订单。大型仓配中心,在货物出库时应用包裹自动分拣线,可以自动剔除、分拨不同承运商的包裹。在收货完成确认无误后,仓库方在交接清单上签字,装车出库,装车时使用自动伸缩机或叉车工具,最后在系统中记录出库完成,给客户提供快递单号,让客户掌握后续配送进度。货物在发运后,就离开了仓库管理的范畴,进入运输环节。

(五)库存及补货

库存是维持企业经营活动的必要成本,跟仓储管理是不同的概念,虽然两者之间有交集,但在组织管理上没有从属关系,是供应链部门管辖之内的。在资产负债表中,库存/存货是被记在流动资产项里的,若库存增加,则现金就会减少,切忌盲目铺货。库存与资金、客户、销售、供应商、采购、物流等活动密切相关,在跨境电子商务运营中,多级库存部署的方式已不可取,仓库管理系统(Warehouse Management System,WMS)和店铺系统(Enterprise Resource Planning,ERP)及电商平台的商家后台的库存要建立同步机制。库存太多或太少都不是最优的,库存管理有如下几个要点。

1. 确保库存安全

海外仓要确保过程和结果都是准确的,理论上,当产品库存量不足时卖家无法申请出库,所以店铺超卖的责任不在海外仓。卖家应补充库存,设定安全库存,预防超卖风险,如当产品库存降为0时,实施库存同步机制,由ERP触发货物从店铺后台下架,或自动将产品所在地改为直邮地点,防止缺货纠纷影响店铺账号的表现。畅销品备货应考虑在途延误情况,通常在一批畅销品入仓后即为下次备货做准备。

2. 提高库存绩效

重点问题优先解决,利用ABC分类法及帕累托原理,将"关键少数找出来重点管理"。动销率高的A类畅销品是最适合海外仓的,要严控C类产品的备货。先进先出的原则适用于容易过时、市场价格普遍处于下降趋势的商品,期末存货余额按最后的进价计算,使期末的存货估值接近于市场价格,更客观地反映经营状况。严格的FIFO(先进先出)作业需要进行批次管理,如果SKU没贴批次号,则不同批次货无法混放。通常,先到期的先出库FEFO或先生产的先出库FPF更合理,需要ASN预警在货物入库时采集相关日期。

3. 降低库存

库存影响着经营活动的现金流。应借助专业件,实现全部库存的可视化,否则在不同环节、不同平台、不同仓库的库存将难以统一管理。在实际下达采购订单前,要综合海外仓库存、头程在途、国内仓存量、采购在途、销售计划、促销及淡旺季等因素来分析。

4. 保证库存的准确性

仓库需要定期盘点重要的日常工作,包括产品的存放数量、位置及质量等的准确性,也是仓库质量管理的要点。仓库条件、商品特性、进出频繁及人为操作等因素,导致仓库在每次盘点时都盈亏不定。收货、发货两个环节的准确性最重要。在作业停止时,仓库管理系统每日定时(据仓库所在时区而定)生成库存比对报告,和店铺ERP进行库存比对,把两边的库存比对差异生成报告,或自动生成盘点任务,在仓库盘点后对库存进行调整。将盘点结果同步给商家ERP和店铺后台,更新店铺上架产品的数量。

(六)增值服务

海外仓的基本运营流程简要总结为集货环节,合作卖家,揽收(送/提/快递),入库(收、验、换标、打包);报关环节,商品归类、申报清关、结汇退税;国际运输(空/海/中欧班列);清关环节,清关申报、代缴关税VAT;境外运输,干线卡车预约送货;海外仓环节,(收/验/上/存/拣/包/发/退);配送环节,境外快递渠道资源;消费者订单定价、重量分段及地址库维护策略。此外,海外仓还应该提供高端增值的服务,比如金融服务、通过大数据信息技术提供本土个性化服务和个性方案制订,来满足跨境电子商务卖家和消费者日益提高的服务需求,见表4-9。

表4-9　　　　　　　　海外仓常见的增值服务

增值服务	具体内容
退换货	制定一套产品质检、加工处理、上架销售等的服务标准是一个难点,辅助专业维修
本土售后	本土客服,为不同的卖家输送有专业素养、懂产品、能和消费者之间顺畅沟通的客服
商务税务	VAT注册/申报、税务代理、公司注册、法律合规咨询等,本地采购及员工招聘
包装贴标	需将产品标签更换为FBA商品码、外贴箱唛退换货,SKU贴标2~5元/件
FBA中转	把放在第三方海外仓的货品转发到FBA仓,海外仓接力派(虚拟海外仓)
VE/VC中转	亚马逊VE中转代发、尾程派送(VC代发、FBA补仓)等,清点装箱封箱

资料来源:孔韬,等.跨境物流及海外仓市场、运营与科技.北京:电子工业出版社,2020

换包装、贴标是海外仓的一个重要的需求。FBA货物是欧美海关重点查验的对象,为了避免因 FBA 收货地址引起额外查验,可以在境外中转后再贴 FBA 标签。通常,货物未贴 FBA 标,由第三方海外仓配合收货,在出库时选择 FBA 订单,按要求更换 SKU,贴标后再打包出库送 FBA 仓,以满足小批量调拨到不同账号下的贴标。此外,有些 FBA 头程货因标签不合规、外箱破损等问题造成 FBA 拒收,此时可在海外仓进行二次贴标、重新包装,二次派送仓。而需求最大的是 FBA 退仓、店铺转移,在因审查造成产品下架、账号关停或产品滞销的时候,都会有大量"僵尸"库存,这些库存不但无法进行销售,还要缴纳高额的仓租费用,为了尽快止损,卖家要立即把积压货物清出。

如何进行本土化服务,提供售后解决方案成为跨境电子商务的发展趋势。基于海外仓的本地物流和售后已成为出口电商标配,各种小众需求、非常规业务,渐入主流市场。通常,仓库要为退货预留出 20%~25% 的专门空间,配备专职人员处理退货,当退货较多时,操作流程需要更加细分,如筛选、测试、清理、换条码、包装、合分箱等。有些货品被退回来,在被简单整理翻新后可重新上架,例如:顾客买错尺码的鞋履,并无质量瑕疵,可以再售。遇到滞销、侵权、残次品或质量难界定的退货,需要定制处理方案,查验检测货物更为复杂。可以和卖家高效互动,远程提供高清照片,通过视频让卖家判断产品是否可用,在系统中添加备注,防止因不良货品上架销售而造成二次损失。有条件的,可提供简易的电子类产品测试服务,如能否正常开关机、通电、亮灯等,减少弃件。根据欧盟远程销售的规定,消费者网购商品拥有 14 天内无条件全款退货的权利,并将物品退到指定地点。通常,买家应承担退货所产生的运费,卖家可以在平台"退货政策(Return Policy)"的相关设置中设置运费的承担方。第三方海外仓为退货提供几周不等的免仓期寄存,无人认领的情况,最多帮客户保留 30 天,若超期还没有预报,则直接销毁货物。

(七)计费与纠纷

市场上仓储服务费的计费有两种:一种是按工作量进行收取,出、入、存、退等按件计费;另一种是按资源使用合同收取,按面积、储位、人员、设备、耗材等计费。海外仓运营的成本包括固定成本、库房租金、设备折旧;可变成本包括薪资、耗材、水电网费、运费等。在定价模式上,排除头程可能由卖家自送费用大致可以分为仓储费、操作费和派送费等几部分。不少海外仓公司延续传统货代业务员的销售方式,以折扣作为卖点,对不同体量的卖家价格不一样,在不同时间会推出一些优惠活动。随着行业竞争越来越公开化,盈利点主要基于提升仓库吞吐规模,依靠劳动产出。涉及代发头程的,货物从中国到海外仓的运输、提货、仓储及清关等费用结构更为复杂,组成涉及不同产品、不同路向、不同渠道的价格矩阵。在合作初期,大部分第三方海外仓都可以免 1~3 个月仓租费;操作费按包裹 3~5 元/件,按重量递增;占比较大的部分是派送费,快递折扣取决于海外仓整体出货量。提高资产设备的利用率及资金占用,订单上量才能获得更好的配送价。为了吸引卖家,海外仓通常按实价报,仓内增值服务按工作量不同另行计算。多数海外仓为了避免坏账,采用储值预付费发货的模式,充分利用上下游账期差,财务人员负责当地税务、渠道费用的对账、付款及对进销异常的处理,与国内外对接好费用流程,输出财务报表,分析资金周转。

(八)退仓及尾货清仓

跨境电子商务企业利用海外仓免租期政策在销售失利时快速退仓,寻找其他物流渠道,导致在退仓时仓内来不及对库存进行细致的管理和反馈,发生纠纷,影响存储费或滞仓费核算。此类纠纷会耗费双方业务和结算人员大量的精力去举证、判责,影响双方的合作。限于地域、时差沟通、虚实等因素,双方在合作前,一定要签订详细的服务协议,在合同里约束好双方贸易合规流程、"权责利"及定价赔偿方式,附上操作流程。

卖家退仓前首先将商品从店铺下架,进行系统封库,以免退仓单生成后店铺仍有订单流入,对仓库的退仓工作造成干扰。其次,仓库必须对要退仓的商品进行盘点,在系统中进行同步更新,及时通报给卖家。卖家确认退仓数量,按照盘点的结果生成准确的退仓单。在实际操作过程中,基于盘点结果,不会因对退仓数量有争议而延迟退仓,以交接为界,双方对退仓数据进行签字确认,交给卖家指定的接货物流商。

滞销库存向来难以处理。据不完全统计,平均每个海外仓卖家有十万元的滞销库存,有的甚至达到几百万元,其中约70%的库存选择折价销售,19%的库存会被销毁,11%的库存会被退回或以其他方式处理。若将这些滞销库存处理得当也能得到不菲收益,处理不好则会成为要花钱处理的废品。对于多数尾货,卖家可以进行本土化大幅广告促销或站外折价清仓。在欧美弃货,需要由正规机构去清理,销毁也是要付费的。鉴于库存风险不可控,有些海外仓瞄准境外分销代发货,节约运营及仓储成本,支持卖家空仓销售,一件代发。

(九)移仓搬库

海外仓的回本周期长,通常租仓签合同的期限是3~5年,合同期限较长,需充分考虑未来发展规划。因此,仓库搬迁是一种非常规性的活动,也是非系统化的复杂项目。因业务规模变动,仓库变得拥塞或闲置,随之而来的就是移仓搬库或开分仓。与IT系统中的"双机热备"机制类似,迁移要平滑过渡。在大规模搬库过程中,布局、流程及设备可能都会有变化,库位命名、系统设置等需按新建仓实施,并出具一整套缜密的搬仓计划,让前端客户在转换环节能够无感知切换,减少纠纷。在搬迁期间要维持出/入库不中断,旧仓继续发货,产品迅速运往新仓库,新到的货入新仓库。根据老库到新库运输距离,安排运输车型车次,分批库存下架、商品打包、装载容器、货位拆装,人员分组各司其职,注意搬迁中的人员伤害、货物损失、运输故障等,做好安全防范,针对搬迁中断的异常做好预案。第一批库存移仓完成后进行库内整理、测试订单处理,将少部分订单下拨到新仓库,测试无误后,新库开始全面发货,老库停止接单,将老仓库余下的零拣货物移运到新仓库,这样发货和移仓行为两不误。但如果新老仓库距离太远、库存零散,则中断订单作业三两天也不可避免。

(十)云仓系统

事实上,国际物流企业加快数字化改造已是大势所趋。包括在线透明智能报价、实时线上沟通、货物追踪和供应链成本及时效分析等在内的多样的数字化产品及服务已经在领先的国际供应链及物流企业中率先引入并实施,进而为客户提供更大价值。海外仓逐步将供应链上的各利益相关方接入数字化信息平台,加大在数字化信息系统上的投入,同时逐步开发相应的数字化服务产品,为各环节提供底层平台、硬件及可视化技术支撑,帮助卖家更好地了解自身商品结构、货物的进出情况、补货历史的情况、行业平均水平等。数字化、信息化改造有利于跨境出口卖家更好地进行整体供应链计划,基于信息交互平台的大数据分析和预测,进行产品和服务的迭代开发,保证整个系统的高效、有序和稳定运行。

海外仓至少需要面向客户的OMS(Order Management System,订单管理系统)、面向渠道的TMS(Transportation Management System,运输管理系统)及库内部作业的WMS

跨境电子商务

（Warehouse Management System，仓库管理系统），更多的附加服务或延伸操作可能还需要其他系统或与其他系统接口。OMS 主要解决 SKU 审核、ASN 预报、充值计费、下单发货、库存监控等面向客户的管理和操作，可以跟客户内部 ERP、客服 CRM 进行 API（Application Programming Interface，应用程序接口）集成。TMS 更多的是对头程运输、尾程配送、清关过程、物流计费等渠道口径的集成，很多衍生于货代、快递和小包等代理系统。WMS 负责库内过程管理与执行控制，集成自动化设备、劳动力绩效、场院管理、简易加工、计费等跟客户系统及电商平台等形成互动。如果要管理多国仓储，软件系统必须实现"云化架构"，以便达到多仓、共享、互联的目的。

通过不断积累行业方案，从个性化逐步走向标准化，通过规则配置和行业模板来实现不同行业、不同货主、不同仓库类型、不同产品的差异化需求。很多仓库并不需要复杂的 WMS 功能，SaaS（Software-as-a-Service，软件即服务）软件可以多用户共同在线租用，让 WMS 具有功能和计算资源可配置性，托管式的服务解决了系统、设备、部署和人才等问题，可定期升级，核心功能有广泛适用性。但是否完全舍弃 WMS 本地化部署还存在争议，WMS 与其他管理软件不太一样，既要通过对货品、订单及操作数据进行分析计算，还要将一些物理性操作实时地集成到软件中，物理设备需要系统的高响应、高并发，而采用云仓系统，有些问题无疑会被显著放大。因此，云仓免安装、轻实施的低成本方案广泛被中小仓库接受，业务量小、需求简单。大仓库往往还要将手持终端、测量称重、自动控制等硬件接口集成应用部署在库内。WCS（Warehouse Control System）是仓库控制系统，是介于 WMS 和 PLC（Programmable Logic Controller，可编程逻辑控制器）之间的一层管理控制系统，接收 WMS 系统的指令，并将其发送给 PLC，从而驱动作业线产生相应机械动作。

已知的 WMS 软件有几类：Oracle 和 SAP 等是典型的大型商业套件，WMS 是 ERP 中的一个组件；JDA、MA 及 Infor 等是传统零售及第三方物流等领域独立专业软件。这两类商业软件费用高，缺乏灵活性，功能很难变通，在跨境物流领域罕有使用。国内软件开发带有浓厚的互联网气息，求快、求新、求变，电商及新兴中小企业众多，自开发的跨境物流软件不胜其数，与常见外贸 ERP、物流商、平台都对接成熟。海外仓远程实施，要提前充分收集信息，避免实施过程反复，配备本地 IT 要做好后期运维。

四、海外仓与供应链

中国跨境电子商务物流行业受益于跨境电子商务行业的迅猛增长，特别是移动互联网带来的流量红利。随着物联网、云计算、AI 等新技术在 5G 环境下的加快普及，整体业态升级速度呈加快趋势，也推动了跨境电子商务行业格局深度洗牌，为更多物流模式的创新提供了更广阔的市场空间。全球化布局的主流海外仓储服务商，需要大量资金和具备较强的融资能力。早期传统货代在涉足跨境物流时，以直邮为主线，海外仓集中在少数自营的大卖家，直到 FBA 全球开放，带动了整个海外仓市场。货代、专线、快递商及国企中邮、中外运等纷纷拓展海外物流中心，构建一个联动的多渠道跨境物流体系，让"跨境电子商务"升级为真正意义上的"境外电商"。

自 2012 年以来，国家多个重要部门相继颁发相应政策，支持跨境出口电商发展。电子化通关、无纸化办税仍是未来提高申报通关与退税效率的关键。

第四章 跨境电子商务物流

在商流、物流、信息流和资金流中，商流决定着物流，物流制约着商流。从跨境电子商务B2C发展趋势来看，成熟市场海外仓配一体化直邮将更重要。海外仓助推整体供应链，将数据后台变为数据中台，通过推动增值业务形成服务平台，让卖家享有更好的服务配套，改善卖家经营体验。

首先，与信息和物流相关的资源组合以物流可视化，物流效率和物流流程再造等形式产生新的供应链服务能力。通过结合相关的操作数和操作资源，可以实现物流可视化，实现货物的可追溯性，例如：采用RFID。其次，企业可以通过利用不同类型的仓库作为操作资源，结合端到端物流设计和相关市场信息的知识来识别流程再造机会。通过这种洞察力，可以向客户提供增值服务。再次，配备包装解决方案的操作权资源，适当的IT架构，物流路线优化的自动化和操作资源，以及自动化系统知识，跨境电子商务公司可以为客户提供综合解决方案，产生更有效的物流运作，增强物流服务和更好地控制物流风险。例如：大龙网为客户提供的"全面绩效"服务促进了传统外贸流程，为客户提供最佳的价格评估能力，帮助中国企业在海外销售，拥有专业的团队、一站式服务、监控系统和综合资源。通过与信息和物流相关的资源组合产生的这种新功能可以为客户提供更加个性化的服务。因此，信息流管理是供应链管理的基石，支持物流和资金流动。从上游到下游供应链实体的物流流程需要得到信息流的支持。信息流可以影响物流运营的有效性，因为它涉及分配、物流、仓库的管理以及运输模式的选择等。例如：大龙网可以根据数据分析自动将货物与不同国家最合适的物流公司进行匹配。纵腾使用信息来优化产品的选择和来源，规划仓库布局并自动决定仓库中的分拣和包装路线。此外，四海商舟帮助卖家提高通过IT系统管理订单的效率。

可通过跨境电子商务ERP进行后端管理。软件要支持多平台，多店铺同步管理，解决多店频繁切换问题，批量智能完成日常操作。在物流管理方面，根据规则订单自动分配相应仓库配货、相应物流方式，获取面单和跟踪号。支持多仓库多币种、多物流公司、物流产品，多运费模板等，兼容海外仓，追踪物流状态。线下进销存管理。实时库存统计获取缺货及自动生成采购单等自动化采购建议。

需要提升精益运营的能力。野蛮发展期已经过去，行业无序状态趋于理性，除了需要大量资金、前端开发、设立本地企业等"市场门槛"，清关法务、客服、结算、时效等"运营门槛"以外，海外仓的"科技门槛"也已显现，更加注重技术工具对效率的支持，实现资源与服务的系统化整合。在竞争同质化的今天，成本管理、运营质量管控应往精细化的方向发展。无论是海外仓还是直邮，无论是"大而全"还是"小而专"，市场最后拼的都是服务、团队和精细管理，流程要执行到位，学会管理用户的期望，精益物流效率至上，为客户筛选更合理的落地配送产品；谨慎管理库存，清理滞销货物，提高产品周转率。

进行本土化服务内容的拓展。从传统意义上的仓配发展为多功能的海外运营中心，破解跨境电子商务海外本土化诉求，实现全球化的业务整合，更好地融入境外流通体系。打造"出口贴近消费市场，进口贴近采购市场"物流运作枢纽。由于每个国家的政策法规、税务、交通等环境因素不同，从递送全球到服务全球转变更加困难，依托海外仓与国内保税仓联动，为跨境电子商务、外贸进出口商和海淘用户，提供双向本土化客服、质检维修、滞销品处理、备货VMI（Vendor Managed Inventory，供应商管理库存）、质押融资等供应链延伸服务。

本章小结

了解跨境电子商务进口物流渠道。跨境出口物流如邮政包裹、国际快递、外邮及跨境专线等不同渠道的优缺点。在境外清关部分，了解清关的基本概况、关税与退税，跨境电子商务常见的关税常用方式，熟悉邮件与快件清关基本操作流程。

作为新兴的海外仓环节，须清楚海外仓在境外物流中发挥的作用，了解海外仓的适用范围。海外仓实际上是一种"先入境后配送"的物流模式，卖家先将商品运输至海外仓，待国外客户下订单后直接由海外仓发货，不仅将传统的长距离跨国运输转化为"最后一公里"配送，还为跨境电子商务物流服务本土化提供了可能。在建设海外运营环节中，了解海外仓选址经营的原则和流程，海外仓的运作管理方式和未来发展趋势，理解和掌握常见的海外仓模式的作用、适用范围和第三方海外仓的优劣，真正助推整体供应链，将数据后台变为数据中台，通过推动增值业务形成服务平台，改善卖家经营体验。

关键概念

跨境进出口基本物流模式；跨境电子商务物品出口报关常用方式；海外仓运作管理与未来发展趋势；第三方海外仓的优劣势。

思考题

1. 简述进口电商邮件、快件特点有哪些。
2. 跨境进口的环节中，如何选择入境口岸？
3. 保税备货的流程有哪些？
4. 简述什么是跨境物流专线。
5. 列举海外仓在跨境电子商务物流中的作用。
6. 为选择更优的海外仓模式，应从哪些方面进行评估？
7. 简述第三方海外仓相关配套服务有哪些。
8. 简述跨境电子商务海外仓的发展趋势。

本章案例

案例：纵腾助力中国品牌出海

纵腾集团于2007年在中国福州成立，现总部位于深圳，是一家提供海外仓和专线物流服务的国际化物流集团。旗下有"谷仓海外仓""云途物流""纵腾冠通""沃德太客"等知名的服务品牌。

纵腾集团以"全球跨境电子商务基础设施服务商"为企业定位，聚焦于电商海外仓储配送、小包专线物流、头程运输服务及供应链金融等增值服务，为跨境电子商务企业提供高效便捷、具有高性价比的综合物流服务。服务客户涵盖中国顶尖的跨境电子商务企业和品牌商。

第四章 跨境电子商务物流

历经13年的发展,纵腾集团已经建成覆盖美、欧、日、澳等国家与地区的跨境电子商务物流服务网络,拥有境外仓储及中转枢纽近20座,总面积超过50万平方米,年处理订单量超过3亿单,拥有员工近3 000人,其中海外员工1 000多名。

纵腾旗下海外仓品牌谷仓,拥有30个订单处理中心,海外仓总面积70多万平方米。日平均订单处理量40多万单,发货准确率99.99%,保证24小时发货时效,48小时入库时效,库存准确率达到99.99%。7×24小时全天候实时响应,由总部派驻高管与当地仓储管理共同打造专业优秀团队,提供境外法律、关务、税收、知识产权等支持咨询服务。且全程物流跟踪查询服务,从入仓到海外签收,实现一键查询。跨境电子商务对标国内三通一达国际快递企业,电商快递企业,海外仓配是对标京东物流的仓配型企业。同时在渠道成本方面,由于长期经营,跟当地所在国的快递企业、尾程配送企业有非常好的合作,欧洲、美洲与主要快递企业的前三大客户,提供尾程物流配送极具竞争力的渠道成本。

电商服务包括冠通分销,逐步会发展成供应链业务,跨境供应链金融服务。纵腾有400多名IT员工在不断地开发各自的物流服务系统ERP、财务系统等,卖家提供准确的财务核算和库存物流一系列信息的管理。目前,纵腾收到的货物里,出口省份最大的就是浙江,大量的家具商品都非常适合。跟其他直邮方式相比,包括小包、专线、快递等,海外仓的客户体验最好,甚至根据一个平台的数据看,海外仓的货物SKU转化率大概是直邮货物的4倍,同样点击一个页面商品,海外仓提货的转化率是国内发货的4倍,效率高。物流成本相对中等,本土发货,对卖家的账号表现贡献非常大。

以莆田油画海外运作为例(图4-2)。使用海外仓前,莆田油画跨境销售,需将几千个画框装在一个柜里,通过海运运到美国,再运到线下商铺,最后上架,将近两个月的时间在运输上没有产生任何价值。通过纵腾的规划服务,油画卖家从美国采购木头,就地加工成画框,只要在国内把油画卷起来,通过空运的形式运到海外仓,当国外买家订单产生之后,在美国请一位精通莆田油画安装工艺的师傅将画作跟画框装配起来。这样从中国寄油画到消费者收到时长减少二十几天。海外仓在价值链过程中把最后一个环节搬到了美国,本土化拥有稳定的采购源和价格优势,节省了大量的时间和资金,也降低了库存的风险。

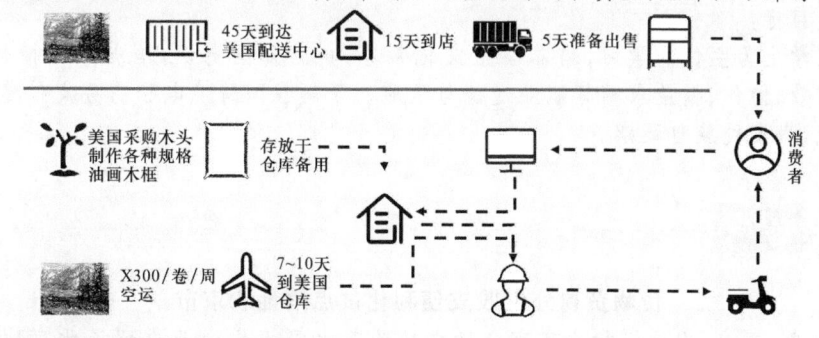

图4-2 纵腾集团海外仓为油画企业创新供应链模式

纵腾希望未来黄金十年,能够一直坚持下去,不断地把新基建做好,为更多品牌出海创造更好的条件。

(资料来源:王莹,等.纵腾集团:因时而进——跨境电子商务行业变局中的战略选择.清华大学工商管理案例库,2020.)

第五章

跨境电子商务支付

学习目标

◆ 知识目标：

了解跨境电子商务支付的发展现状以及主要方式和基本流程；掌握跨境电子商务支付的相关概念及与国际贸易支付的区别和联系；掌握跨境电子商务供应链金融的定义、作用、优劣势等；了解国内外跨境电子商务第三方支付机构的特点及发展现状；了解跨境电子商务支付中的外汇管理与金融监管；思考支付模式在跨境电子商务中的具体应用。

◆ 能力目标：

能够在实践（或案例分析）教学中，通过将理论与实践相结合，能够将所学的知识用于实际问题，对跨境电子商务的支付机制比较了解，具备从事跨境电子商务支付、运营与管理等岗位的基础能力。

◆ 思政目标：

通过以学生为主体的学习，培养学生文化素养，树立爱国意识，培养家国情怀；形成敬业、守信、高效、协作、精益求精等职业道德与素质。了解我国跨境电子商务支付建设中取得的瞩目成就，激发民族自豪感。

引导案例

货物贸易外汇收支便利化试点落地北京市

2019年11月，中国银行北京市分行成功为某大型石化企业办理了北京地区首笔大额外贸跨境电子商务货物贸易便利化收付款业务，协助该企业收取了近5 000万美元的原油出口收入，并支付了2 400万美元进口原油付款业务。据了解，此笔业务也实现了北京地区大额外贸跨境电子商务货物贸易便利化试点的首发。

而就在同一天，中国银行北京市分行还为某大型外贸跨境电子商务民营企业办理了北京地区首笔民营企业货物贸易便利化试点业务，金额合计1 410万美元。更为优化的流程、更加快捷的操作，让优质企业率先体验到了新政策所带来的便利。与此同

第五章　跨境电子商务支付

时,国家外汇管理局出台了《国家外汇管理局关于进一步促进跨境贸易投资便利化的通知》(汇发〔2019〕28 号),其中,外贸跨境电子商务货物贸易外汇收支便利化试点落地北京市,支持审慎合规的银行在为信用优良的企业办理外贸跨境电子商务贸易收支时,实施更加便利的措施,中国银行北京市分行是首批参与的三家试点银行之一。此次便利化改革,旨在为企业提供更加高效且便捷的服务,帮助企业提高经营效率,降低成本,促进地区贸易健康发展。据了解,为了助力新政在北京地区顺利落地,中国银行北京市分行推出了包括优化单证审核,货物贸易外汇收入免入待核查账户,超期限等特殊退汇业务免于事前登记,对外付汇时免于办理进口报关单核验手续等四项便利化措施。

中国银行曾是我国外汇外贸专业银行,始终积极发挥长期经营外汇业务的独特优势。此项政策出台后,作为北京地区外汇业务大行,中国银行北京市分行高度重视,第一时间组织有关专家和人员梳理适合的试点企业与网点准入条件,并结合银行试点职责、审慎管理相关要求等整理了详细实施细则,积极备案,主动对接企业,了解企业需求,最终率先列入北京地区首批开展试点业务的银行之一,并顺利实现了该项试点业务的落地。

受益于试点所带来的政策红利,合规经营的银行和企业有效节约了办理业务的时间成本,极大地方便了银企操作,也更好地促进了银企双方良性循环的发展趋势,对北京地区外汇业务市场健康有序发展起到了积极推动作用。随着金融创新领域的不断深化发展,中国银行北京市分行还将持续加大业务创新力度,以加快建设新时代全球一流银行为目标,积极推动金融服务便利化,为首都外贸跨境电子商务企业跨境经营和我国对外贸易蓬勃发展提供更多金融助力。

(资料来源:人民网,2019-11-18)

20 世纪 90 年代,国际互联网迅速普及,其功能更是从传统信息共享演变为一种大众化的信息传播手段,商业贸易活动逐步进入这个王国。互联网的使用,降低了成本,也造就了更多的商业机会,电子商务技术从而得以发展,并逐步成为互联网应用的最大热点。为适应电子商务的市场潮流,电子支付随之发展起来,电子商务的发展极大带动了第三方支付的快速增长。而近几年跨境电子商务的发展也促使支付领域快速发展跨境业务。

二十大报告中指出,要实行更加积极主动的开放战略,共建"一带一路"成为深受欢迎的国际公共产品和国际合作平台,我国已经成为一百四十多个国家和地区的主要贸易伙伴,货物贸易总额居世界第一,吸引外资和对外投资居世界前列,形成更大范围、更宽领域、更深层次对外开放格局。

跨境电子商务是分属不同关境的交易主体,通过电子商务平台达成交易、进行支付结算,并通过跨境物流送达商品、完成交易的一种国际商业活动。电子支付是通过电子商务平台进行的一种支付形式,是电子商务的重要组成部分。

由于跨境电子商务是基于网络发展的,网络空间相对于物理空间是一个由网址和密码组成的虚拟但客观存在的世界。网络空间独特的价值标准和行为模式深刻地影响着跨境电子商务,使其不同于传统的交易方式而呈现出自己的特点。跨境电子商务在交易方式、货物运输、支付结算等方面与传统国际贸易方式差异较大。作为构成电子商务活动闭环的关键环节,跨境电子商务的支付与结算是跨境电子商务活动参与者必须理解和把握的方法和工具。

第一节　跨境电子商务支付概述

电子商务作为战略性新兴产业，在转变经济增长方式、推动产业转型升级等方面发挥着日益重要的作用。从世界范围来看，受金融危机影响，近些年世界贸易总额基本保持不变，但全球跨境电子商务却发展迅猛。

跨境电子商务支付概述

一、跨境电子商务支付的发展现状

随着现代支付手段电子化与第三方跨境电子商务支付平台的出现，近年来，全球跨境电子商务支付发展十分迅速。前瞻产业研究院报告显示，2018年全球跨境支付总额达到125万亿美元，预计到2022年将达到218万亿美元，增长率保持在15%。2019年中国跨境电子商务零售进出口总值达到1 862.1亿元人民币，同比增长38.3%。2020上半年，中国通过海关跨境电子商务管理平台进出口增长26.2%。跨境电子商务进出口在2020上半年保持高速增长，主要在于在新冠肺炎疫情期间，跨境电子商务企业发挥"不接触"优势，从而加大欧美等主要市场的开拓力度；同时，一系列利于跨境电子商务发展的政策落地。

随着我国电子商务的发展，亚洲地区跨境电子商务的整体的线上零售交易额占比已经占到接近全球交易额的二分之一。中国、马来西亚、印度都是该领域亚洲地区的领头羊。但自2013年以来，中国的网上零售交易量已位居世界第一。中东、拉丁美洲及北非都是目前全球范围内跨境电子商务领域发展冉冉升起的新星，具有相当好的发展前景。

在传统的跨境支付生态系统中，跨境支付企业在内部和外部环境中与收款人、跨境电子商务平台和金融银行相互作用、相互影响。相对于传统支付方式，第三方支付其服务特色多样化，可替代性弱且商业主体较多，在应对交易风险方面作用更强。艾媒咨询数据显示，2019年上半年，第三方支付交易整体规模达到123.3万亿元人民币，增长率超过20%。发展的背后是需求的内在动力，在交易双方普遍缺乏彼此了解、相互信任和法律保护的情况下，作为资金支付过渡的"中间平台"，保障了买卖双方与银行之间资金流动和交易流程的安全。在当今对交易数据的安全性、保密性、交易快捷性等要求更高的背景下，第三方支付的优势与风险也同样变得更加突出。

互联网金融是近两年来在传统金融基础上发展起来的一种新型业务模式，金融机构结合大数据和信息通信技术来实现金融支付、投融资和信息中介等金融功能。支付服务在我国金融体系中占有极其重要的地位。互联网金融的深度融合带动支付互联网化的持续发展，而在跨境支付领域，第三方支付平台的作用与功能愈加突出。在2005—2012年相关平台建设的暴发期后，其市场发展逐渐稳定完善，并逐渐在支付市场中展现优势。相较于传统金融，第三方支付平台资金交易双方都可以借助平台进行信息筛选、需求匹配、定价和交易，而无须传统中介机构参与，在一定程度上也降低了交易成本。同样依托大数据金融技术的发展，支付业务的开展与交易流程逐渐规模化、便捷化，效率高，对交易的时间和空间限制抵抗力强。

从支付方式来看，全球领先的咨询、技术和外包服务提供商凯捷（Capgemini）与苏格兰皇家银行集团（RBS）联合发布的《2020年全球支付报告》显示，支付行业正在帮助零售和B2B客户进行数字化转变。随着支付领域的拓宽，人们将数字能力转移到前端，以完善以互动为导向的服务和生态系统。（2019—2019年）全球非现金交易量增长14%，达到7 085亿美元,为过去十年的最高增幅。在移动支付和数字钱包广泛普及的推动下,亚太地区(APAC)超过欧美和北美,增长近25%(2019年,2 436亿美元),成为非现金交易的领头羊。2020年,新冠肺炎疫情影响了全球非现金交易量,2019到2023年的增长率预计将收缩至11.5%,而之前预测为16.4%。尽管新冠肺炎疫情的影响并不会持续很长时间,但数字支付方式的高度普及速度可能会下降,特别是在亚太地区、中东和非洲等成长性市场。预计电子商务增长,对透明支付体验的热情以及替代支付方式将推动非现金交易势头,到2023年,非现金交易有望达到1.1万亿美元。

跨境电子商务发展的巨大空间及潜藏的盈利空间已引起国内外的关注。随着各大电子商务平台在教育、公共事业缴费和保险、股票、基金等金融产品的应用上的积极布局,电子商务的国内支付领域格局将逐渐趋于稳定。面对激烈的细分市场竞争和跨境电子商务平台的进入,跨境市场无疑是电子商务及支付的下一个争夺点。毫无疑问,跨境电子商务已成为我国外贸新的增长点,成为国际贸易的新手段和新方式。而随着我国进出口贸易在全球市场份额的提升以及我国跨境电子商务的快速发展,跨境电子商务支付市场也会迎来更好的发展机遇。

二、跨境电子商务支付的特点与发展阶段

跨境电子商务是一种传统国际贸易网络化、电子化的新型贸易方式,它依托于电子商务平台,而跨境电子商务支付是跨境电子商务不可或缺的重要环节。

(一)跨境电子商务支付的定义

跨境电子商务支付(Cross-border E-commerce Payment)是指分属不同关境的交易主体,在进行跨境电子商务交易过程中通过跨境电子商务平台提供的与银行之间的支付接口或者第三方支付工具进行的即时跨境支付的行为。

(二)跨境电子商务支付的特点

1. 以互联网为载体

互联网技术的不断发展及在商业领域的广泛应用,带来了传统国际贸易支付流程的改变和支付手段的创新,现今出现了众多类似PayPal、支付宝等的在线支付系统。根据DHL对消费者的调研报告,信用卡、网上支付系统、借记卡是消费者进行支付的主要渠道。无论是哪种支付渠道,跨境电子商务支付都是基于互联网技术。

2. 支付手段多样化

传统的国际贸易支付方式已经满足不了人们快节奏、高效率的需求。在跨境电子商务的驱动下,各国的支付企业迅速发展起来。就全球而言,面向跨境电子商务卖家的支付手段并不少,每个支付工具优势各异,便捷性和实效性都不同。信用卡和PayPal是目前使用最广泛的国际网购支付方式,另外有一些具有地域特色的支付方式,如中国的支付宝、俄罗斯的WebMoney、荷兰的iDEAL、德国的Sofortbanking、中东和北非的CashU。

3. 趋于多频次、小额度交易

随着互联网的普及和电子商务平台的发展,信息流动更加高效,跨境交易的买卖双方寻找交易机会、了解产品信息的成本越来越低,加上国际市场波动较大,买卖双方更倾向于多频次、小额度交易,降低了国际贸易的风险。较低的交易风险使得买卖双方倾向于选择更灵

活、简单的方式进行跨境电子商务支付，如赊账交易、预付款等。

(三) 跨境电子商务支付与传统国际贸易支付的区别

传统的国际贸易主要采用线下汇款的方式，需要买卖双方到当地银行实地操作、先付款后发货，对于买家来说风险较高，容易产生不信任。而跨境电子商务支付主要采用线上支付方式，包括各种电子账户支付方式和国际信用卡，操作便捷、安全性强，手续费较低或免手续费，但是通常有交易额的限制，所以比较适合小额的跨境零售交易。跨境电子商务支付与传统国际贸易支付的区别见表5-1。

表5-1　　　　跨境电子商务支付与传统国际贸易支付的区别

对比项目	传统国际贸易支付		跨境电子商务支付	
	西联汇款	SWIFT电汇	卡组织	第三方支付
手续费	分级收费：0.01~500美元，费用为15美元；500.01~1 000美元，费用为20美元；1 000.01~2 000美元，费用为25美元；2 000.01~5 000美元，费用为30美元；5 000.01~10 000美元，费用为40美元	以某银行网银为例：按照汇款金额的0.8‰收取，最低16元人民币/笔，最高160元人民币/笔。另有电信费100元人民币/笔，以及15~25美元的中间行扣费	以VISA为例：全球转账，按照汇款金额的0.6%收取，每笔最低60元人民币；刷卡消费，1%~2%手续费	以PayPal为例：2.9%~3.9%+3美元(普通)；5%+0.05美元(小额)，如提现，另有提现费约35美元(金额不限)
以支付2 000美元为例，手续费	25美元	116元人民币；15~25美元+116元人民币(如经中间行)	12美元(转账)；20~40美元(刷卡消费)	58.3~78.3美元(注：部分个人之间的汇款免费，不含提现费)
以支付10美元为例，手续费	15美元	116元人民币；15~25美元+116元人民币(如经中间行)	60元人民币；0.1~0.2美元	0.55美元(注：部分个人之间的汇款免费，不含提现费)
交易时间	工作日9:00~16:00	工作日2:00~22:30	24小时，全天候	24小时，全天候
汇款币种	美元	多币种	多币种	多币种
入账形式	定点领取	直接入账	直接入账	直接入账
到账时间	15分钟	汇款后3~5天	1~2天(转账)	即时到账
适用范围	大金额跨境B2B交易	小额跨境零售交易		

(四) 国内外跨境支付的发展阶段

第一阶段是人口流动带来的汇款需求驱动，出现了一批专业汇款公司。其中多数起步于20世纪初，国际代表企业有西联汇款(Western Union)、速汇金(MoneyGram)等，国内代表企业是中国邮政。

第二阶段是线下商业消费资金结算驱动，出现了一些银行卡组织，国际代表企业有VISA、MasterCard、American Express，国内代表企业是中国银联。

第三阶段是电子商务驱动，国际代表企业有PayPal和WorldPay，国内代表企业有支付宝、财付通、易宝支付(Yeepay)和快钱(99bill)。

第四阶段是移动电子商务驱动(O2O)，国际代表企业有PayPal、Square、VISA和ApplePay，国内代表企业有支付宝和财付通。

三、跨境电子商务支付的问题及对策

(一)支付方式不统一

跨境电子商务的发展基本经历了从美国到欧洲,再到拉美和俄罗斯的过程,而这些国家和地区的支付方式是有所差异的,消费者的支付习惯和支付币种都有所不同,比如在美国,跨境电子商务想到的第一种支付方式是 PayPal,但是这种支付方式到了欧洲未必行得通。对于跨境电子商务来说,每到一个新市场就接入一种支付渠道是很困难的。如何让海外消费者顺畅地实现支付,是跨境电子商务不可回避的问题。

为适应当前跨境电子商务快速发展的需要,未来跨境支付机构的重点是将账户国际化。通过与国内外金融机构合作,在符合国内外汇管理要求及各有关国家监管要求的基础上,开设外币备付金账户,提供多种货币的支付、兑换服务。在保证优质的客户支付体验和流畅的在线支付流程的前提下,全球化将是支付平台的发展方向。

(二)汇率变动风险

在客户付款后商家收到货款前,汇率随着市场的变化而有所波动,汇率的变动直接关系到资金的实际购买力。在消费者对货物不满意,货物退回商家的过程中,购物资金存在着兑换不足额的风险。例如,某境内客户在付款时的货物标价是 100 美元,相对应的美元现汇买入价是 617.79 元,一段时间后,客户在收到货物时,对货品不满意,想要退货。此时美元现汇买入价是 610.35 元,那么客户买 100 美元的境外货物就损失了 7.44 元。

支付机构为保证客户及自身合法权益,应事先与客户在货物退款、服务手续费等方面涉及汇兑损益的情况达成协议,使货物退款后仍能保持合作关系。另外,要适当填充跨境电子商务支付业务中外汇的统计制度,将检测信息和外汇信息统计相联系,强化内外的监管制度和机制,同时落实责任的追究制度,保障跨境电子商务支付的有序进行。最后要建立审查制度,保持针对异常的情况和交易账户给予预警的风险控制。

(三)法律问题

目前,中国在电子支付方面已有相关法律建设,但在跨境电子支付方面的监管政策和法规有很多空白,现有法律法规仍受传统的法律框架的制约,而电子商务,尤其是跨境电子商务的跨域性使法律适用问题成为一大难题。电子商务交易过程中没有具体的纸质合同,当消费者权益受到侵害的时候,具体问题和责任的举证都很难实现,而在跨境电子商务支付中,由于涉及不同国家的法律法规,具体规定可能不尽相同,甚至产生冲突,跨境电子商务支付的法律问题应采用哪一地区的法规存在争议,即使消费者在所在地取得法律的支持,也很难向境外的商户追究责任,消费者的权益更难受到保护。

跨境电子商务支付涉及各国银行、政府和相关部门的协调与合作。中国也可借鉴国际通用准则,关注消费者与银行、消费者与第三方支付机构之间的法律关系。在电子支付的立法方面,首先要明确银行、第三方支付机构和消费者之间的权利与义务关系,明确在电子支付中出现风险的责任归属问题。

第二节　跨境电子商务的支付方式

跨境电子商务的支付方式按途径不同,可以分为线下支付和在线支付两种。不同的跨境支付方式在费率、金额限制、到账速度等方面各有不同,且有各自的优缺点和适用范围。

一般来说,线上支付,包括电子账户支付和国际信用卡支付,适用于零售小金额;线下支付以汇款模式为主,适用于大金额交易。

目前,在跨境电子商务支付中,信用卡和 PayPal 的使用比较广泛,其他支付方式可作为辅助手段,尤其是 WebMoney、Qiwi wallet、CashU 等支付方式对俄罗斯、中东、北非等地区的贸易有不可或缺的作用。

一、线下支付方式

(一)电汇

1. 费用

根据银行的实际费率计算。各自承担所在地的银行费用,买家公司的银行收取手续费,由买家承担;卖家公司的银行收取手续费,由卖家来承担。

2. 优点

收款迅速,几分钟到账;先付款后发货,保证卖家利益不受损失。

3. 缺点

先付款后发货,容易造成买家的不信任;客户群体小,限制商家的交易量;数额比较大的,手续费高。

4. 适用范围

电汇是传统的大宗 B2B 付款模式,适合大额的交易付款。

(二)西联

西联,也称西联汇款,是西联国际汇款公司的简称,是世界上领先的特快汇款公司。截至 2014 年,西联已覆盖全球 200 多个国家和地区,拥有近 500 000 个合作网点,其中在中国的合作网点超过 26 000 个,覆盖全国 31 个省、自治区和直辖市。

1. 费用

西联手续费由买家承担。该支付方式需要买卖双方到当地银行实地操作。西联在卖家未领取钱款时,买家可以将支付的资金撤回去。通过西联从中国汇出至海外的手续费见表 5-2。

表 5-2　西联中国汇出至海外的手续费(除非洲国家)

发汇金额(美元)	手续费(美元)
500 以下	15.00
500.01~1 000.00	20.00
1 000.01~2 000.00	25.00
2 000.01~5 000.00	30.00
5 000.01~9 999.99	40.00

2. 优点

手续费由买家承担;可先领款再发货,安全性好,对于卖家来说最划算;到账速度快。

3. 缺点

由于对买家来说风险极高,买家不易接受;买家和卖家需要去西联线下柜台操作,相对麻烦;手续费较高。

4. 适用范围

适合1万美元以下的小额支付。

(三) MoneyGram

MoneyGram,速汇金汇款,MoneyGram公司推出的一种快捷、简单、可靠、方便的国际汇款方式,是一种个人间的环球快速汇款业务,收款人凭汇款人提供的编号即可收款,可在十余分钟内完成由汇款人到收款人的汇款过程,具有快捷便利的特点。

速汇金是与西联相似的一家汇款机构。速汇金在国内的合作伙伴是:中国银行、中国工商银行、交通银行、中信银行、广发银行等。

1. 费用

单笔速汇金最高汇款金额不得超过10 000美元(不含),汇款至银联卡的每笔汇款金额上限为5 000美元。通过MoneyGram从中国汇出至海外的手续费(除非洲国家)见表5-3。

表5-3　MoneyGram中国汇出至海外的手续费(除非洲国家)

发汇金额(美元)	手续费(美元)
500以下	13
500.01~1 000.00	18
1 000.01~2 000.00	21
2 000.01~5 000.00	25
5 000.01~9 999.99	35

2. 优点

MoneyGram在汇出后十几分钟即可到达收款人手中;在一定的汇款金额内,汇款的费用相对较低,无中间行费,无电报费;手续简单,汇款人无须选择复杂的汇款路径,收款人无须预先开立银行账户,即可实现资金划转。

3. 缺点

汇款人及收款人均必须为个人;必须为境外汇款;通过速汇金进行境外汇款的,必须符合国家外汇管理局对于个人外汇汇款的相关规定;客户如持现钞账户汇款,还需交纳一定的钞变汇的手续费。

4. 适用范围

适合个人小额支付。

(四) 香港离岸公司银行账户

卖家通过在香港地区开设离岸银行账户,接收海外买家的汇款,再从香港地区账户汇往中国内地账户。

1. 费用

不同银行的开户、转入和转出(分为网银、非网银转出)费用标准不同,以银行公布的标准为准。

2. 优点

接收电汇无额度限制,而中国内地银行受 5 万美元的年汇额度限制;不同货币直接可随意自由兑换。

3. 缺点

中国香港银行账户的钱需要转到中国内地账户,较为麻烦;部分客户选择地下钱庄的方式,有资金风险和法律风险。

4. 适用范围

传统外贸及跨境电子商务都适用,适合已有一定交易规模的卖家。

二、线上支付方式

(一)PayPal

1. 费用

无论以何种方式付款,若无须币种兑换,使用 PayPal 支付购物款一律免费,币种兑换服务只需少许费用。销量越高,支付的费率就越低。可以接受全球 1.69 亿用户所有主流银行卡付款。成功售出商品或服务并收到付款后,才需支付手续费。接收数字商品付款时,需要按标准费率付手续费或支付小额付款费用,以较低的费用为准。交易手续费费率见表 5-4。

表 5-4　　　　　　　　PayPal 销售手续费费率

交易类型	手续费
在网站上销售、通过账单或电子邮件收款	4.4%+0.30 美元或以收款币种计算的近似固定费用
在 eBay 上销售	3.9%+0.30 美元或以收款币种计算的近似固定费用
数字商品小额付款	6.0%+0.05 美元或以收款币种计算的近似固定费用
优惠商家费率	如果月度销售额符合条件并保持良好的账户记录,则可以申请优惠商家费率

从 PayPal 账户提现时,可以提现到中国内地或香港地区的银行账户或选择其他提现选项,但需要扣除一定手续费。提现手续费见表 5-5。

表 5-5　　　　　　　　PayPal 提现手续费

提现方式	币种	手续费
快捷人民币提现	人民币	提现金额的 1.2%
电汇至中国内地的银行账户(单笔最小提现额 150 美元)	美元	每笔 35 美元
提现至中国香港的银行账户(单笔最小提现额 80 港币)	港币	提现 1 000 港币及以上,每笔 3.50 港币,免费提现 1 000 港币以下
提现至美国的银行账户	美元	免费
通过支票提现	美元	每笔 5 美元

2. 优点

国际付款通道满足了部分地区客户付款习惯;账户与账户之间产生交易的方式,可以买可以卖,双方都拥有权利;PayPal 隶属于美国 eBay 旗下,国际知名度较高,尤其受美国用户信赖。

3. 缺点

PayPal 用户消费者利益大于 PayPal 用户卖家的利益,双方权利不平衡;电汇费用,每笔交易除手续费外,还需要支付交易处理费;账户容易被冻结,商家利益受损失。

4. 适用范围

PayPal 支付方式适合跨境电子商务零售行业,尤其是几十到几百美元的小额交易更划算。

(二) Moneybookers

Moneybookers 是一家极具竞争力的网络电子银行,它诞生于 2002 年 4 月,是英国伦敦 Gatcombe Park 风险投资公司的子公司之一。2003 年 2 月 5 日,Moneybookers 成为世界上第一家被政府官方所认可的电子银行。

1. 费用

从银行上载资金免费;从信用卡上载资金费率 3‰;转账费率 1‰(直到 0.50 欧元);提现到银行固定费用 1.80 欧元;通过支票取钱固定费用 3.50 欧元。

2. 优点

Moneybookers 可以直接从账户中申请支票,将其邮寄到用户手中;直接凭借电子邮件地址以及带照片的身份标识激活,省去了信用卡来激活的环节;无收款手续费和低廉的付款手续费;如果激活,可以直接申请支票,不能激活,也同样可以收款或者汇款。

3. 缺点

不允许客户多账户,一个客户只能注册一个账户;目前不支持未成年人注册,须年满 18 岁才可以。

4. 安全性

登录时以变形的数字作为登录手续,以防止自动化登录程序对账户的攻击。

(三) Payoneer

从 2005 年起,Payoneer 总部设在美国纽约,是万事达卡组织授权的具有发卡资格的机构。Payoneer 为支付人群分布广、面多的联盟提供简单、安全、快捷的转款服务。Payoneer 的合作伙伴涉及的领域众多并已将服务遍布到全球 210 多个国家。

Payoneer 分有卡账户和无卡账户,Payoneer 无卡账户支持公司和个人注册,48 小时内完成 Payoneer 账户审核,随账户自动签发美国支付服务和欧洲支付服务各一个,即刻用于收取欧美公司资金;注册时即可添加当地银行信息,资金入账后即可提款至中国国内的银行卡,无须等待 P 卡邮寄和激活;只在提款和入账时按百分比收取费用,无卡片相关费用。需要注意的是,Payoneer 无卡账户里的钱只能通过网银提现到国内银行,无 P 卡不能在国内外网络上购物,也不能在 ATM 机上刷卡。

1. 费用

Payoneer 可以直接电汇到国内银行,费用是提现总金额的 2‰,汇率按提现当时的中间汇率,3~7 个工作日到账。提现额度为 500~9 500 美元,大于 9 500 美元需要联系客服才可以提现。

对于有卡账户,Payoneer 卡的费用见表 5-6。

表 5-6　　　　　　　　Payoneer 预付万事达卡价格与费用

项目	价格（美元）	单位	适用情况
卡及账户年费	29.95	每张卡	每年从卡中余额扣除
替换卡费	12.95	每张卡	一次收费（当签发替换卡时）
取现	3.15	每次交易	当进行取现时
取现被拒绝	1.00	每次交易	当 ATM 取现被拒绝时
余额查询	1.00	每次交易	当每次查询时
余额查询	免费	每次交易	当使用卡购物时
收款	总额的 1%	每次收款	当收款到账户时
电汇	总额的 2%	每次电汇	当电汇到当地银行卡时

2. 优点

中国身份证即可完成 Payoneer 账户在线注册，并自动绑定美国银行账户和欧洲银行账户；接收欧美公司的汇款，并通过 Payoneer 和中国支付公司的合作完成线上的外汇申报和结汇，全球支付服务（Global Payment Service），可以接收美元、欧元、英镑，无公司限制；电汇设置单笔封顶价，可电汇到国内银行，三个工作日内到账，无汇率损失；可在国内带 MasterCard 标识的 ATM 提取人民币；可在各大商场的 POS 机刷卡消费；可在淘宝、GoDaddy、Bluehost 等国内外网络公司购物消费；可绑定和激活 PayPal 账户，支持 PayPal 美国银行账户提现，零费用。

3. 缺点

取现的费用会受到单笔取款金额和提款银行的结汇率的影响，取现费用从 1% 到 3% 不等。

4. 适用范围

单笔资金额度小但是客户群分布广的跨境电子商务网站或卖家。

(四) 信用卡收款

跨境电子商务网站可通过与 Visa、MasterCard 等国际信用卡组织合作，或直接与海外银行合作，开通接收海外银行信用卡支付的端目。

1. 费用

使用信用卡收款通道，需要支付一定年费和服务费用，可对比不同的信用卡收款通道费用。

2. 优点

欧美最流行的支付方式，信用卡的用户人群非常庞大。

3. 缺点

接入方式麻烦，需预存保证金，收费高昂，付款额度偏小，黑卡蔓延，存在拒付风险。

4. 适用范围

从事跨境电子商务零售的平台和独立 B2C。目前国际上五大信用卡品牌 Visa、MasterCard、America Express、JCB、Diners Club，其中前两个为大家所广泛使用。

(五) Paysafecard

Paysafecard 是欧洲比较流行的预付卡支付方式，它不仅可以在欧洲 37 个国家购买，在澳大利亚以及北美南美等地区都可以买到。Paysafecard 在全球范围有 45 万个销售网点，用户可以在超过 4 000 家在线商店使用 Paysafecard 支付,主要行业有游戏、社区交友、电子产品、音乐,当然还有一般电子商务。可以说,这是全球范围的一种支付方式。国内很多销售到欧美的游戏币交易网站也已经支持 Paysafecard 支付,比如 offergamers、igxe、igvalut。

Paysafecard 的支付特点:实时交易;不能拒付;交易费用贵,对于商家而言交易费用一般在 15% 左右,这也可以算是预付卡支付的一个惯例;无保证金或者循环保证金,而 PayPal 或者信用卡一般都会有一定的交易保证金,以及 10% 的循环保证金,这对商家的资金周转造成很大的压力;支付过程简单、快捷、安全,消费者不需填写任何银行账号和个人信息,有效提升支付体验,保障交易安全。

(六)WebMoney

WebMoney,简称 WM,是由成立于 1998 年的 WebMoney Transfer Techology 公司开发的一种在线电子商务支付系统。使用前需要先开通一个 WMID,此 ID 里面可设有多种货币的钱包,包括 WMR 俄罗斯卢布、WMZ 美元、WME 欧元、WMU 乌克兰格里夫纳、WMB 白俄罗斯卢布、WMG 存放在认证存储区的黄金仓储单以及 WMV 预付费的越南盾。WebMoney 是俄罗斯主流的电子支付方式,俄罗斯各大银行均可自主充值取款。

1. 优点

使用人数较多,适用范围广。其支付系统可以在包括中国在内的全球 70 个国家使用,许多国际性网站使用其向用户收款和付款;并且其可支持多货币支付等。此外,WebMoney 没有单笔或每日付款金额的限制。

2. 缺点

商户申请 WebMoney 账户的周期较长,通常要多于一个月才可申请下来。

(七)CashU

CashU 是一个在中东和南非集中网上支付的服务提供商。CashU 总公司在迪拜,服务于全球和区域在线商人,定制迎合当地文化和阿拉伯在线购买的习惯和趋势的一整套完整的支付方案。

CashU 自 2002 年起隶属于阿拉伯门户网站 Maktoob(雅虎于 2009 年完成对 Maktoob 的收购),主要用于支付在线游戏、VolP 技术、电信、IT 服务和外汇交易。CashU 允许用户使用任何货币进行支付,但该账户将始终以美元显示资金。CashU 是中东和南非地区运用最广泛的电子支付方式之一。

(八)LiqPAY

LiqPAY 是一个小额支付系统。对最低金额和支付交易的数量没有限制并立即执行。要进行付款时,LiqPAY 使用客户的移动电话号码作为其标识。一次性付款不超过 2500 美元,可以在一天内尽可能多地交易。账户存款是美元,如果存另一种货币,将根据 LiqPAY 内部汇率折算。

(九)Qiwi Wallet

Qiwi Wallet 是俄罗斯 mail.ru 旗下的支付服务提供商,也是俄罗斯最大的第三方支付工具,其服务类似于中国的支付宝。俄罗斯买家可以对 Qiwi Wallet 进行充值,再到对应的商户网站购买产品。

跨境电子商务

Qiwi Wallet 是俄罗斯人非常信任的支付方式,支持美元、俄罗斯卢布、欧元、哈萨克斯坦腾格四种货币的付款,商户初次申请 Qiwi 收款账户需要等待 7～10 个工作日。

1. 优点

拥有较完善的风险保障机制,不同于 PayPal 或者信用卡有 180 天的"风险观察期",Qiwi Wallet 不存在拒付风险,卖家收到客户的 Qiwi Wallet 款项后,不需要进行订单审核和风险控制就可以直接安排发货了。

2. 缺点

收款金额有限制,每笔交易额不能超过 15 000 俄罗斯卢布,每日交易额不能超过 2 万美元,同时,其初始收款手续费率稍高,一般在 4% 左右。

(十) NETeller

NETeller(在线支付或电子钱包)是在线支付解决方案的"领头羊",免费开通,全世界数以百万计的会员选择 NETeller 的网上转账服务。

NETeller 电子钱包是一个免费的在线支付工具,能够用于电子账户存款和在互联网网站购买不同的商品,这个系统允许快速提取资金到客户账户,从而增加了任何金融操作的速度。NETeller 保障客户个人资料的绝对安全并保障他们的资金是安全的。

三、我国跨境电子商务的主要支付机构

从目前支付业务的发展来看,我国跨境电子商务支付机构主要有第三方支付机构(境内外)、银联和银行。其中,第三方支付机构的影响力最强。

PayPal 是 eBay 旗下的一家公司,也是全球最大的在线支付公司,全球最重要的第三方支付机构之一。PayPal 致力于让个人或企业通过电子邮件,安全、简单、便捷地实现在线付款和收款。其服务通行全球,业务支持 202 个国家和地区的 25 种货币交易,尤其是欧美普及率极高。

PayPal 是针对具有国际收付款需求用户设计的账户类型。它是目前全球使用最为广泛的网上交易工具。它能帮助用户进行便捷的外贸收款,提现与交易跟踪;从事安全的国际采购与消费;快捷支付并接收包括美元、加元、欧元、英镑、澳元和日元等 25 种国际主要流通货币。

支付宝是国内领先的第三方支付平台,致力于提供"简单、安全、快速"的支付解决方案。支付宝自 2014 年第二季度开始成为当前全球最大的移动支付厂商,凭借其在国内第三方支付的良好基础,逐步进入跨境电子商务的支付行列。2007 年 8 月,支付宝与中国银行等银行机构合作,推出跨境支付服务。随后的几年,支付宝先后与 VISA(维萨)和 MasterCard (万事达)合作,这两大发卡机构在中国港、澳、台地区的持卡用户都可以通过支付宝在境内的淘宝网进行交易,从而完成了双向跨境支付服务。

财付通与美国运通合作,其网络支付服务能够借道美国运通,实现在美、英两国热门购物网站跨境在线购物和支付。

快钱从 2012 年年初推出适合跨境电子商务用户的一揽子跨境支付、国际收汇服务方案,通过与西联合作,实现自动化的汇款处理操作,帮助跨境电子商务消除烦琐的结汇流程,并规避风险,为跨境电子商务提供一体化的结汇服务和专业化的风控服务。

汇付天下则专注小微企业市场,重点在航空产业链等 B2B 商务市场,尤其是在航空机票支付领域,其市场份额几乎占到半壁江山。

银联的跨境支付起步较早。银联卡 2004 年开通了中国港、澳地区的服务。目前,银联卡可在中国境外 125 个国家和地区实现跨境支付。在国内的跨境支付优势相对明显。

国内跨境第三方支付企业的比较见表 5-7。

表 5-7　　　　　　　　　　　国内跨境第三方支付企业的比较

比较项目＼支付企业	银联支付	快钱	汇付天下	支付宝	财付通	首信易
交易流程	商家发货后即收款	商家发货后即收款	商家发货后即收款	买家确认收货,商家收款	买家确认收货,商家收款	商家发货后即收款
企业类型	独立型	独立型	独立型	宿主型	宿主型	独立型
跨境清算	中国银行	中国银行	中信银行	中信银行	中信银行	中国银行
跨境业务	收款、汇款、支付	外贸、支付、结购汇	支付、外管、海关、物流	支付、海关、物流	支付、物流	结购汇、支付

PayPal 与支付宝的比较见表 5-8。

表 5-8　　　　　　　　　　　PayPal 与支付宝的比较

比较项目＼支付企业	依托网站	用户覆盖	注册方式	交易流程	结算币种	经营模式
PayPal	eBay	范围大	邮箱	先收款、后发货	外币	非信用担保型
支付宝	淘宝、天猫	数量大	手机或邮箱	先发货、后收款	人民币	信用担保型

第三节　跨境电子商务与贸易融资

一、贸易融资概述

贸易融资是发展贸易活动的重要推动力,它可以渗透到企业经营活动的各个环节,并对贸易和经济的发展有很大的促进作用和乘数效应。据世界贸易组织的测算,全球 90％以上的贸易活动需要贸易融资等贸易金融服务的支持。中国加入 WTO 后,贸易活动迅猛发展,企业和银行对贸易融资的需求更加迫切。贸易融资作为促进贸易发展的一种金融支持,可以有效提高银行和企业的业务量和盈利能力。

(一)贸易融资的定义和特点

贸易融资是在商品交易过程中,运用短期机构性结构融资工具,基于商品交易的存货、预付款、应收款等资产的融资,国际贸易融资是银行围绕国际结算的各个环节为进出口提供便利资金的总和。贸易融资具有以下三个特点:

跨境电子商务

1. 期限相对较短,频率较高

一般情况下,企业的贸易活动在 45～90 天内即可完成,因此,银行提供的贸易融资服务也会随着企业贸易活动的结束、货款的偿付而结束。据粗略统计,银行为企业提供的进出口押汇、应收账款融资平均融资期限在 90 天以内。

2. 与贸易活动交易过程紧密结合

贸易融资的基本功能就是弥补企业在采购、生产、销售等各环节可能出现的资金缺口,因此,贸易融资与企业的日常贸易活动密切相关,贯穿企业贸易活动的全过程。

3. 贸易融资业务具有自偿性和风险可控性

贸易融资业务的前提条件就是贸易背景的真实性。金融机构为企业办理的每一笔贸易融资业务都对应着企业一笔交易的未来现金收入作为融资业务的第一还款来源,因此,其具有自偿性,风险相对可控。

(二)贸易融资的分类

贸易融资的分类方法有很多种,根据不同的分类标准,可以分为以下几类:

1. 按照资金来源划分

(1)一般性贸易融资。它是指资金来自商业银行,通常情况下,这种融资多与国际结算紧密结合。贷款期限有短期、中期、长期三种,利率采用固定或浮动利率。

(2)政策性贸易融资。它是指由各国官方或半官方出口信贷机构利用政府预算资金向另一国银行、进口商、政府提供的贷款,或半官方出口信贷机构提供的信贷担保,由商业银行利用其自有资金向另一国银行、进口商、政府提供的贷款。该贷款通常被限定用于购买贷款国的资本货物,以促进贷款国的出口。

2. 按照融资的货币划分

(1)本币贸易融资。它是指使用贷款国的货币提供的融资。一般情况下,这种贷款的对象为本国外贸企业。

(2)外币贸易融资。它是指使用非贷款国的货币提供的融资。这里所说的外币,可以是借款国的货币,也可以是第三国的货币,但必须是可自由兑换的货币。

3. 按照融资有无抵押品划分

(1)无抵押品贷款。无抵押品贷款,也称为信用贷款。它是指银行无须企业提供任何抵押品,而是凭借企业自身信用作为担保,向其发放的贷款。一般情况下,该贷款只适用于资信好、与该银行业务往来时间长、无不良记录的大中型外贸企业。

(2)抵押贷款。它是指需要抵押品而发放的贷款。该贷款通常适用于风险大、期限长的项目,或信用级别低的中、小外贸企业融资。

详细的贸易融资分类见表 5-9 和表 5-10。

表 5-9　　　　　按出口方向和阶段划分的国际贸易融资类型

融资阶段	融资类型	定义
出货前融资	打包贷款	指出口地银行以出口商正在打包待运的出口货物及正本信用证为抵押并用于打包放款申请书上规定用途的专用贷款
	订单融资	指企业凭信用良好的买方产品订单,由银行提供专项贷款,供企业购买材料组织生产,企业在收到货款后立即偿还贷款的业务

(续表)

融资阶段	融资类型	定义
出货后融资	出口押汇	即在途货物抵押贷款,指出口地银行给出口商提供的,以后者的装船提单及汇票的转让或抵押为条件的,用于偿还前期贷款的专用贷款
	出口票据贴现	指出口地银行按一定贴现率扣除贴现利息之后的净额,为出口商持有的远期汇票
	福费廷	福费廷业务是一种中期的、利率固定的、以无追索权方式为出口商贴现远期票据的金融服务
	出口商票融资	在赊销或承兑交单方式下利用全套出口单据,可以提前得到资金
	出口信保融资	指银行对已向"中国出口信用保险公司"投保"出口信用保险"的出口贸易,向出口商提供的资金融通业务
	出口保理	指出口商以延期付款的方式出售商品,在货物装运后立即将发票等有关单据卖断给保理商(银行),收进货款,从而取得资金融通的业务

表 5-10　　　　　　　按进口方向和阶段划分的国际贸易融资类型

融资阶段	融资类型	定义
提货前融资	减免保证金开证	指银行应外贸公司要求,为外贸公司减收或免收保证金开出信用证的一种贸易融资方式
	背对背开证	指一个信用证的受益人以这个信用证为保证要求一家银行开立以该银行为开证行,以这个受益人为申请人的一份新的信用证
	假远期信用证	指开证银行应进口企业请求,在开出信用证中规定受益人开立远期汇票,由付款行进行贴现,并规定一切利率费用由进口企业承担的信用证
	提货担保	指在货物先于信用证项下提单或其他物权凭证到达的情况下,为便于进口商尽快提货和销售,银行根据开证申请人的申请向船公司出具担保
	进口保理	指进口保理商根据出口保理商的申请,在出口商以赊销方式向进口商销售货物或提供服务后,接受出口保理商转让的应收账款,为进口商提供信用担保及其他账务管理服务的业务
提货后融资	进口押汇	指进口地银行接受包括货运单据在内的全套进口单据作为抵押,为进口商垫付货款的融资行为
	进口代付	指开证行根据进口商的申请,授权一家代理行在其对外付款时先予垫付的一种短期资金融通行为

二、跨境电子商务供应链金融

(一)供应链金融概述

跨境电子商务供应链金融

供应链金融是近年来日益受到关注的一种金融创新业务,随着企业全球化的扩张和企业间分工的细化,以及国际上许多大型跨国企业开始在全球范围内寻找成本池以提升其盈利能力,采取全球性的采购和业务外包模式,作为供应链管理的重要环节,供应链金融也逐渐开始扮演着越来越重要的角色。

1. 供应链金融的定义和作用

供应链金融(Supply Chain Finance,SCF),是指银行围绕核心企业,管理上下游中小企业的资金流和物流,并把单个企业的不可控风险转变为供应链企业整体的可控风险,通过获

跨境电子商务

取各类信息,将风险控制在最低限度的金融服务。简单地说,就是银行将核心企业和上下游企业联系在一起,提供灵活运用的金融产品和服务的一种融资模式。

供应链金融是商业银行信贷业务的一个专业领域(银行层面),也是企业尤其是中小企业的一种融资渠道(企业层面)。在静态上,它包含供应链中的参与方之间的各种错综复杂的资金关系;更重要的是在动态上,它倾向于指由金融机构或其他供应链管理的参与者(如第三方物流企业、核心企业)充当组织者,为供应链的特定环节或全链条提供定制化的财务管理解决方案。供应链金融的作用表现为两个方面:首先,它能够为供应链上的各参与企业提供方便快捷且定制化的融资服务;其次,它能够通过整合信息、资金、物流等资源来达到提高资金使用效率并为各方创造价值、降低风险的目的。

2. 供应链金融的优势

供应链金融发展迅猛,原因在于其"既能有效解决中小企业融资难题,又能延伸银行的纵深服务"的双赢效果,它的优势主要集中在以下几个方面:

(1)为中小企业融资增加新渠道。供应链金融为中小企业融资的理念和技术瓶颈提供了解决方案,中小企业信贷市场不再可望而不可即。

(2)为银行提供新利润。供应链金融提供了一个切入和稳定高端客户的新渠道,通过面向供应链系统成员的整体解决方案,核心企业被"绑定"在提供服务的银行。供应链金融比传统业务的利润更丰厚,而且提供了更多强化客户关系的宝贵机会。

(3)经济效益和社会效益显著。供应链金融的经济效益和社会效益非常突出,借助"团购"式的开发模式和风险控制手段的创新,中小企业融资的收益-成本比得以改善,并表现出明显的规模经济。

(4)供应链金融实现多流合一。供应链金融是银行围绕核心企业,管理上下游中小企业的资金流和物流,通过获取各类信息,包括供应商、采购商、物流企业、支付企业等各参与方的业务信息,从而很好地实现了商务活动中的"物流""商流""资金流""信息流"等多流合一。

3. 供应链金融的劣势

(1)威胁信息安全。由于供应链金融操作是基于互联网的,全流程均为电子化操作,这就大大增加了平台上的中小企业信息被泄露、篡改和窃取的风险。一旦银行和平台的结算、监管、物流和保险等系统对接不通畅,任何一个环节的技术或网络安全出现问题,都会影响整个供应链金融的生态系统。

(2)缺少信用保障。平台上的企业较分散,不利于实地考察和现场监管,会导致融资过程中资金的提供方只能依赖电子信用和金融信用提供的信息,而一旦这些信息有任何虚假和错误,就会给资金提供方带来不可预估的损失。

(3)缺乏标准化。由于供应链金融的发展处于刚刚起步的阶段,相关制度或法规仍然很不完善,从目前供应链金融发展可以看出,商业银行、核心企业及其上下游中小企业一方面没有约定相对统一的操作规范,业务的流程存在投机的现象;另一方面,合同条款也很不完善,出现问题后往往互相推诿责任,导致运营风险的出现。

(二)跨境电子商务供应链金融

在跨境电子商务对外贸易"井喷式"的发展中,越来越多的外贸企业开始进入跨境电子商务平台进行对外贸易,其中一大部分为中小企业,而它们普遍又面临着融资难的问题。为了促进跨境电子商务中小企业升级转型,提升其在国际市场上的竞争力,降低它们的外贸门槛，更好地满足它们的融资需求，跨境电子商务供应链金融作为一种新型融资模式应运而生。

1. 跨境电子商务平台供应链金融框架

跨境电子商务供应链金融是在一站式外贸服务的基础上，将"贸易流、资金流、信息流、物流"等交易记录进行整合；所有交易流程，从建立订单到物流供应链管理、收结汇、退税等，都在跨境电子商务平台上进行，形成一个闭环，保障对"贸易流、资金流、信息流、物流"的实际可控，并通过对这些交易数据的完整记录建立一个信用体系，为供应链上的企业提供融资服务。跨境电子商务供应链金融从传统的对企业本身的风险评估，转变为对整个供应链的评估，降低了中小企业融资门槛，使其能够进入信用保险和融资机构的服务范围。跨境电子商务供应链金融框架如图 5-1 所示。

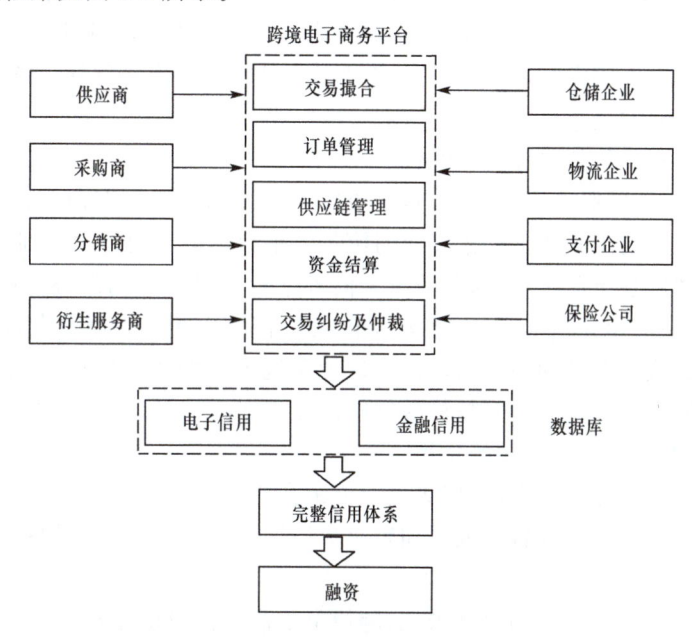

图 5-1 跨境电子商务供应链金融框架

图 5-1 构成了跨境电子商务供应链金融的生态系统，跨境电子商务供应链金融由供应商、采购商、分销商、仓储企业、物流企业、支付企业、保险公司以及衍生服务商（包括专业营销、代运营等服务商）等主体构成，整个贸易活动从交易撮合、订单管理、供应链管理、资金结算到交易纠纷及仲裁等形成了一个体系，这个体系可高效地解决中小企业买卖双方信息不对称的问题。基于跨境电子商务平台，供应链金融模式也得到了创新。在基于跨境电子商务平台的供应链融资中，中小企业在平台上的交易，包括货物的数量、交易金额、收汇和资金结算方式、物流方式和退税等都被记录下来，形成交易信息的累积。跨境电子商务平台利用这些信息建立数据库，形成电子信用。同理，中小企业在银行的交易记录形成金融信用，电子信用是金融信用的补充。当跨境电子商务平台上的中小企业需要融资时，就会通过跨境电子商务平台提出申请，对该企业的电子商务信用（电子信用）和银行信用（金融信用）进行评估，通过数据共享形成完整的信用体系，由此获得融资。

2. 跨境电子商务供应链金融模式

基于上述这种信用体系的跨境电子商务供应链金融主要有三种模式：

跨境电子商务

（1）线上订单信用保险

线上订单信用保险，是供应商和采购商通过跨境电子商务平台，达成订单之后，供应商投保出口保险，并将保单权益质押给银行，银行向供应商进行贷款融资。采购商付款给供应商，供应商贷款到期还款给银行，若采购商没有按时足额付款，出口信用保险进行支付贷款。

（2）线上订单信用融资

线上订单信用融资，是指借款企业凭借应收或应付的电子订单，向银行申请贷款进行融资。线上订单信用融资分为线上订单买方融资、线上订单卖方融资。在这种融资模式下，采购商和供应商向跨境电子商务平台提交授信资料，银行和跨境电子商务平台进行授信，双方生成电子订单并签章之后，通过跨境电子商务平台传送给企业。若为卖方融资，银行先发放贷款给供应商，供应商生产后进行交货，采购商之后付款给供应商，供应商到期还款给银行；若为买方融资，在供应商发货之后，银行代替采购商付款，采购商到期还款。两者的区别在于是"先款后货"还是"先货后款"。

（3）线上订单+契约的服务企业融资

线上订单+契约的服务企业融资，是指包括第三方物流企业在内的各类服务企业通过跨境电子商务平台，利用其线上订单以及与第三方平台达成的契约为基础进行融资的模式。例如，物流企业利用物流承运单、与跨境电子商务平台签订的契约向银行申请融资，银行以其电子信用和金融信用为基础，以物流承运单为质押品，以契约为保障为第三方物流企业提供融资，第三方物流企业到期还款给银行。这种跨境电子商务供应链金融模式主要是针对中小服务企业融资难的问题，为其提供融资解决方案。

3.跨境电子商务供应链金融的作用

（1）从跨境电子商务贸易主体，即买卖双方的角度来说，跨境电子商务供应链金融的出现，降低了平台上中小企业的融资成本和贸易风险，拓宽了中小企业的融资渠道，其融资难的问题得到了有效解决。

（2）从跨境电子商务平台的角度来说，跨境电子商务供应链金融能够扩大并稳固客户群体，有利于吸引优质中小企业的加入，挖掘潜在客户，进而促进跨境电子商务平台的发展，提升整个供应链的信用。

（3）从银行、保险公司等金融机构的角度来说，通过这种渠道创新，可给其带来丰厚的利润，增强银行、保险公司的影响力，进而促进现有模式的完善和跨境电子商务供应链金融模式的创新，实现多方共赢。

当然，基于跨境电子商务平台的供应链金融还有许多问题亟待解决，比如融资模式的标准性、网络安全、物流、市场风险等问题。这些都需要跨境电子商务供应链金融的各参与主体，加强管理和创新，并为跨境电子商务供应链金融提供良好的发展环境。

2016年9月18日，菜鸟网络宣布阿里巴巴旗下蚂蚁金服的浙江网商银行正式上线供应链金融产品，商家和合作伙伴能够获得单笔最高贷款3 000万元，从申请到放贷最快只需要3秒钟。在淘宝、速卖通、天猫等阿里电商平台上，商家大部分都是中小企业或者个人，提前备货对于资金的需求量比较大，与此同时一些企业收回货款需要一定时间，但是传统银行贷款流程烦琐、门槛高，中小企业想要获得贷款难度很大，阿里巴巴旗下的蚂蚁金服、网商银行针对的正是这块市场。国内以阿里巴巴为首的跨境电子商务平台开始进入供应链金融领域,致力于打造一个全球领先的、集线上交易服务、物流供应链服务、金融服务、交易保障机制为一体的跨境电子商务综合服务平台。同时,建立一套以线上交易数据为基础、与银行金融信用相结合的跨境电子商务信用体系,并通过这个服务平台和信用体系为平台上的中小企业提供更多的金融支持。

三、跨境电子商务贸易融资的发展趋势

在跨境电子商务迅速发展的过程中,跨境电子商务贸易融资也在不断地发展,其中一大部分中小企业在面临融资难的问题的同时,也亟须转型升级,提升其在国际上的竞争力。为更好地满足它们的融资需求,跨境电子商务贸易融资也呈现出多方面的趋势。

(一)融资对象逐渐深入到中小企业

随着跨境电子商务的发展,其重要经济组成部分的中小企业也获得了前所未有的发展机遇,呈现出朝气蓬勃的发展势头。中小企业的发展主要是依托大型企业的产业链,随着大型企业的贸易发展走向世界。而大型企业的发展也依托于其产业链上的中小企业的发展,所以,为促进整个产业链的发展,为企业更好地走出去,形成更具有优势的市场竞争力,跨境电子商务贸易融资将会为跨境电子商务中小企业提供更深入的融资服务。

(二)融资范围扩大到各个生产链环节

随着市场竞争力的提高,跨境电子商务企业要想获得自身的进一步发展,还需要依托于其产业链上的中小企业的健康发展。所以,目前的融资机构不再只是对融资企业的主体进行融资服务,而是越来越关注于对融资企业产业链上的各个中小企业的融资服务。所以,未来的融资市场会直接参与到贸易活动中的各个生产链环节,将会为企业的融资提供更为广泛的服务。

(三)互联网金融与跨境电子商务相互渗透

跨境电子商务对金融服务的需求不仅包括支付结算方面的基础金融服务需求,还包括风险管理、资源配置等金融增值服务需求。与传统线下交易不同,跨境电子商务交易笔数多、金额小,因此其资金需求也具有"量小、线短、频高"的特点,而且缺乏资产抵押,对传统金融的授信管理和风险防控模式提出了挑战。为适应跨境电子商务线上交易的个性化金融需求,配套的金融服务也需相应地实现网络化、高效化,而互联网金融公司则看准跨境电子商务行业的发展机遇,更专注于传统金融无法满足的金融服务,为商家提供个性化的定制服务,开发跨境电子商务金融支持平台,为跨境电子商务提供创新金融服务。

跨境电子商务贸易融资对弥补跨境电子商务企业进出口贸易中的资金缺口、促成企业跨境电子商务贸易顺利完成、在更广阔的贸易市场进行比较大规模的贸易活动具有重要意义。随着跨境电子商务的进一步发展,跨境电子商务贸易融资趋势也会逐渐改变,并逐渐朝着发展更加活跃、适应性更强、融资的流动性和透明度更高以及融资涉及的领域更广的方向发展。

第四节　跨境电子商务支付的外汇管理与金融监管

电子商务这种以交易双方为主体、电子支付和结算为主要手段的商务模式促进了支付业的快速发展。跨境电子商务的发展带来的是网上跨境支付业务的蓬勃发展，以及跨境支付市场的巨大需求，同时，跨境电子商务的资金转移又不可避免地会涉及支付机构跨境支付的外汇管理。国家外汇管理部门通过认真规范跨境支付业务行为来保持其持续健康地发展。2013年8月21日，国务院办公厅下发的《关于实施支持跨境电子商务零售出口有关政策的意见》中就明确提出，鼓励银行机构和支付机构为跨境电子商务提供支付服务。支付机构办理电子商务外汇资金或人民币资金跨境支付业务，应分别向国家外汇管理局和中国人民银行申请并按照支付机构有关管理政策执行。完善跨境电子支付、清算、结算服务体系，切实加强对银行机构和支付机构跨境支付业务的监管力度。

此外，跨境电子商务支付的虚拟化和电子化在一定程度上会带来交易欺诈、资金非法流动和洗钱等风险；第三方支付机构的资金沉淀也存在一定的资金安全隐患和支付风险。因此，要保证和促进跨境电子商务的健康发展，就需要在创新金融服务的同时完善对第三方支付机构相应的金融监管措施，以防范金融风险。

跨境电子商务推动了跨境电子支付市场，并进而加速了第三方支付的发展。第三方支付在跨境电子商务中越来越重要的地位也促使相关部门在监管过程中不断完善与创新。

一、跨境电子商务中的外汇管理

外汇管理广义上是指一国政府授权国家的货币金融当局或其他机构，对外汇的收支、买卖、借贷、转移以及国与国之间结算、外汇汇率和外汇市场等实行的控制和管制行为；狭义上是指对本国货币与外国货币的兑换实行一定的限制。

《中华人民共和国外汇管理条例》由国务院于1996年1月29日发布，1996年4月1日起实施，根据1997年1月14日《国务院关于修改〈中华人民共和国外汇管理条例〉的决定》修订，2008年8月1日国务院第20次常务会议修订通过，这是我国外汇管理的基本行政法规，其主要规定了外汇管理的基本原则与制度。

中国外汇管理体制属于部分型外汇管制，对经常项目实行可兑换；对资本项目实行一定的管制；对金融机构的外汇业务实行监管；禁止外币境内计价结算流通；保税区实行有区别的外汇管理等。这种外汇管理体系基本适应中国当前市场经济的发展要求，也符合国际惯例。

为积极支持跨境电子商务发展，防范互联网渠道外汇支付风险，国家外汇管理局在总结前期经验的基础上，于2015年1月20日发布了《支付机构跨境外汇支付业务试点指导意见》，在全国范围内开展支付机构跨境外汇支付业务试点。由于跨境电子商务以及跨境电子支付尚属新兴事物，涉及参与方众多，相关的法规和政策也在逐步完善中。跨境电子商务中，外汇管理的几个重点包括如下几个方面：

(一) 市场准入及第三方支付企业的资质

跨境支付的线上支付方式能够突破时空限制，将其业务触角触及世界，并把世界范围的企业和个人都变成其业务的潜在客户。当跨境支付的平台功能做大,经济金融信息以及资金链等日益在平台聚集,任何的资金短缺、经营违规、系统故障、信息泄露都会引发客户外汇资金风险以及业务风险。因此,跨境支付的市场准入规范作为行业门槛尤其重要。

第三方支付企业有必要参照商业银行办理结售汇业务的准入标准建立规范的进行跨境业务的准入机制,从外汇业务经营资格、业务范围、监督等方面建立准入标准,防止不具备条件的支付机构办理跨境支付及相应的结售汇代理业务。

2013年3月,国家外汇管理局下发《支付机构跨境电子商务外汇支付业务试点指导意见》,决定在上海、北京、重庆、浙江、深圳等地开展试点,允许参加试点的支付机构集中为电子商务客户办理跨境收付汇和结售汇业务。

跨境支付牌照是国家外汇管理局发放给支付机构,允许其进行跨境电子商务外汇支付业务的许可证。

(二)第三方支付企业的外汇监管

第三方支付企业在跨境电子商务外汇管理中是一个非常特殊的主体,对其外汇监管需要注意两个问题:第一,第三方支付企业在跨境的外汇收支管理中,承担了部分外汇政策的执行和管理职责,它与银行类似,既是外汇管理政策的执行者,又是外汇管理政策的监督者;第二,第三方支付企业主要为收付款人提供货币资金支付清算服务,属于支付清算组织的一种,与传统的金融机构又有区别。因此,对第三方支付企业经办的跨境外汇收支业务进行管理时,需要从外汇管理的政策法规以及管理制度等方面进行规范。

(三)交易真实性

相比于传统的一般进出口贸易,跨境电子商务的交易真实性更难把握。这主要有两方面因素:第一,经常项目下跨境交易的电子化以及部分交易产品的虚拟化;第二,第三方支付平台代理交易方办理购汇、结汇业务,银行对境内外交易双方的情况并不了解,交易的真实性以及资金支付的合法性都难以进行相关审核。

跨境交易真实性以及资金支付合法性的审核难题,为资本项目混入经常项目办理网上跨境收支提供了途径,导致非法资金流出、流入,更有甚者出现制造虚假交易洗钱等犯罪活动。

(四)跨部门协调

对跨境电子商务交易的管理,涉及外汇局、银行、工商、税务、海关、质检、商务部门等多个监管部门,需要各部门协调配合。外汇局在管理跨境电子商务支付时更应该主动与各部门沟通,相互配合,实现有效管理。

外汇局应对具有跨境支付牌照的企业实施有效的外汇管理,第三方支付企业只有获得准入资质后才能办理跨境支付交易,否则,外汇局应及时通报给有关部门并进行处理。外汇局要督促将跨境电子商务支付中的大额、可疑信息及时报送中国人民银行反洗钱管理部门,并主动加强与反洗钱部门的协调配合,以防止不法分子利用跨境支付交易进行洗钱活动。

外汇局要加强与海关的相关信息的沟通,加强物流与资金流的匹配管理,对发现的"低报高出""高报低出"以及"低报高付"等涉及走私、骗税、非法逃套汇和非法资金流入等问题,及时移交相关部门进行处理。对一定金额以上的服务贸易类的交易等跨境交易业务,外汇局要求银行除审核合同(协议)或发票(支付通知书)外,还要审核税务部门出具的完税凭证;

定期将境内机构和个人通过第三方支付平台支付虚拟产品和服务贸易的数据通报给税务部门,协助加强税收征管,防止限额以下服务贸易逃税以及拆分付汇,逃避税收监管。

二、跨境电子商务支付的金融风险

跨境电子商务支付的金融风险主要体现在资金沉淀、信用卡套现、洗钱和非法交易活动等方面。

(一)资金沉淀

第三方支付的主要特点是在电子商务环境下,避免网上交易可能产生的诚信风险,保证电子商务资金流和物流的有序流转。在第三方支付系统的运营模式下,交易双方的资金流转普遍存在延时交付和清算的情况,这就造成了第三方支付机构的资金沉淀。在跨境电子商务中,由于物流环节多、时间长,国际结算账户的结算周期加长,资金沉淀更为显著。

总的来看,第三方支付机构的资金沉淀有两个主要构成部分:

(1)在途资金。第三方支付的运营模式为保证交易的安全性,交易资金必须在第三方支付系统中暂时停留,从而形成在途资金。这是第三方支付机构资金沉淀的重要组成部分。

(2)吸存资金。为有效保障网络交易快速、便捷和顺利完成,第三方支付机构会为客户提供账户充值服务,买方先向第三方支付机构的银行账户转账,再通过"电子钱包""账户余额"等方式完成电子支付。这种吸存资金也是资金沉淀的一个重要来源。

从归属来看,第三方支付机构对沉淀资金只能履行"代管"职能,而无资金所有权伴随业务快速扩大,第三方支付系统的沉淀资金数量日益增加,资金闲置造成的资金使用效率低下、交易资金安全性等问题日益显现。

如果第三方支付机构沉淀资金与自身营运资金没有完全隔离,就会使沉淀资金面临损失的可能性和流动性不足的风险。虽然监管部门会要求第三方支付机构将沉淀资金单独存放在专用托管账户中,但是不排除第三方支付机构通过金融创新等方式获取对沉淀资金一定程度的支配权。如此,沉淀资金便会进入与其安全性和流动性不匹配的投资领域,一旦出现因经营不善等导致企业资不抵债的情况,被挪用的沉淀资金可能带来市场的流动性风险,此外,由于第三方支付机构通常不是金融机构,不受控于金融监管体系,用传统的金融监管理念很难实施有效监管。

(二)信用卡套现

信用卡套现是指持卡人通过非正常合法手段将卡中信用额度内的资金以现金的方式套取,同时又不支付银行提现费用的行为。第三方支付体系的出现,使得通过电子支付方式的信用卡套现行为更加容易。自从央行发布禁令后,绝大多数第三方支付平台已经停止信用卡充值通道,不过一些漏网之鱼以及变相套现的招数还是层出不穷。在电子商务活动中,信用卡套现的本质是虚假交易。钱款通过信用卡支付进入第三方支付平台账户,由支付账户转移到银行,再从银行取现,整个过程没有真实的货物交易。

套现给持卡人、商户和发卡机构都带来很大风险。商户通过虚假交易,一定程度会纵容"洗钱"等不法行为,违反国家相关法律,影响我国金融秩序;同时造成发卡机构比较大的现金流失,不良贷款风险大增,给金融市场的秩序带来不利影响。而持有国际信用卡的个人或者企业利用网上第三方支付平台入境套现,为境外热钱流入提供了可能。

(三)洗钱和非法交易活动

当第三方支付企业参与结算业务,原本银行了如指掌的交易过程被分割为两个看似毫无关联的交易:银行将资金由客户账户划入支付中介账户,银行将资金由支付中介账户划入目标账户。这个过程银行是按第三方支付企业的指令工作,第三方支付企业则掌握客户的支付指令。这两个交易即便发生在同行系统,银行也无法确定这两项交易的因果关系。第三方支付企业利用其在银行开立的账户屏蔽了银行对资金流向的识别,这就成为信用风险和洗钱风险的易发、高发领域。通过第三方支付机构进行支付的交易真实性以及资金支付合法性比商业银行更难把控,从而可能导致利用虚假交易实现资金非法转移套现,以及洗钱等违法犯罪活动。

此外,网上交易的虚拟性、隐匿性被不法分子利用,欺诈、赌博、贩毒等违法交易开始在网上进行,不少支付平台有意或无心地充当了将非法资金"送进送出"的角色。跨境欺诈交易和违法交易的风险防不胜防。

三、跨境电子商务支付的金融监管

近年来,中国人民银行先后出台了一系列法规和政策,对第三方支付机构进行规范。

2010年9月1日开始施行的《非金融机构支付服务管理办法》首次明确了第三方支付企业的法律地位,将第三方支付企业正式纳入国家支付体系监管中。办法对申请支付牌照的企业设定了门槛限制,规定未经中国人民银行批准,任何非金融机构和个人不得从事或变相从事支付业务。为配合该办法的实施工作,中国人民银行于2010年12月发布了《非金融机构支付服务管理办法实施细则》。

2012年3月5日,《支付机构反洗钱和反恐怖融资管理办法》正式施行,该办法对依据《非金融机构支付服务管理办法》取得《支付业务许可证》的非金融机构,从客户身份识别、客户身份资料和交易记录保存、可疑交易报告、反洗钱和反恐怖融资调查、监督管理等方面进行了规范,并明确了法律责任。

2012年11月1日,《支付机构预付本业务管理办法》开始施行,2013年6月7日施行的《支付机构客户备付金存管办法》对建立统一的非金融机构支付业务市场准入机制,强调资金管理方面客户备付金的权属关系、存管方式、客户备付金与实缴货币资本的比例等做出了原则性要求。

2016年7月1日,《非银行支付机构网络支付业务管理办法》正式施行,对依法取得《支付业务许可证》,获准办理互联网支付、移动电话支付、固定电话支付、数字电视支付等网络支付业务的非银行机构,从客户管理、业务管理、风险管理与客户权益保护、监督管理等方面进行规范,并明确了法律责任。

根据第三方支付的特点和支付流程,对跨境电子商务支付的金融监管应着重在准入及退出机制、资金沉淀、反洗钱等几个方面。

(一)准入及退出机制

准入机制是对申请人资质的管理。根据《非金融机构支付服务管理办法》(以下简称《办法》)规定,非金融机构提供支付服务应当依据本《办法》规定取得《支付业务许可证》,成为支付机构。《支付业务许可证》的申请人应当具备以下条件:①在中华人民共和国境内依法设立的有限责任公司或股份有限公司,且为非金融机构法人;②有符合本《办法》规定的注册资本最低限额;③有符合本办法规定的出资人;④有五名以上熟悉支付业务的高级管理人员;⑤有符合要求的反洗钱措施;⑥有符合要求的支付业务设施;⑦有健全的组织机构、内部控制制度和风险管理措施;⑧有符合要求的营业场所和安全保障措施;⑨申请人及其高级管理人员最近三年内未因利用支付业务实施违法犯罪活动或为违法犯罪活动办理支付业务等受过处罚。

与准入机制相对应的是退出机制。对于第三方支付机构的市场退出,一方面是对其业务行为的规范,另一方面是要求程序的规范。《非金融机构支付服务管理办法》规定:"支付机构有下列情形之一的,中国人民银行及其分支机构有权责令其停止办理部分或全部支付业务:①累计亏损超过其实缴货币资本的50%;②有重大经营风险;③有重大违法违规行为。""支付机构因解散、依法被撤销或被宣告破产而终止的,其清算事宜按照国家有关法律规定办理。"

第三方支付的市场退出不仅涉及清算资金等金融资产的损失或转移,更重要的是相关支付信息的分类和转移,一旦出现意外和信息泄露将会造成重大损失,并影响金融稳定。从现有情况来看,第三方支付企业的退出机制以形式居多,操作性和规范性都有待加强。

因此,通过适当抬高第三方支付机构的准入门槛,可以提高第三方支付机构的整体质量,降低第三方支付机构的金融风险。完善第三方支付机构的退出机制将有助于减少摩擦,维护金融稳定。

(二)沉淀资金

《非金融机构支付服务管理办法》明确规定:"支付机构接受的客户备付金不属于支付机构的自有财产。支付机构只能根据客户发起的支付指令转移备付金。禁止支付机构以任何形式挪用客户备付金。""支付机构接受客户备付金的,应当在商业银行开立备付金专用存款账户存放备付金。中国人民银行另有规定的除外。支付机构只能选择一家商业银行作为备付金存管银行,且在该商业银行的一个分支机构只能开立一个备付金专用存款账户。""支付机构的实缴货币资本与客户备付金日均余额的比例,不得低于10%。""备付金存管银行应当对存放在本机构的客户备付金的使用情况进行监督,并按规定向备付金存管银行所在地中国人民银行分支机构及备付金存管银行的法人机构报送客户备付金的存管或使用情况等信息资料。"

通过立法的方式规范第三方支付机构备用金的权属,实行银行专户存放和定向流动,禁止将客户资金用于第三方支付公司运营或者其他目的;明确商业银行在第三方支付市场中的监管义务,监控备付金账户的资金流动情况,确保资金的合法使用。

(三)反洗钱

《非金融机构支付服务管理办法》中明确申请人"有符合要求的反洗钱措施";《非银行支付机构网络支付业务管理办法》规定:"支付机构应当综合客户类型、身份核实方式、交易行为特征、资信状况等因素,建立客户风险评级管理制度和机制,并动态调整客户风险评级及相关风险控制措施。支付机构应当根据客户风险评级、交易验证方式,交易渠道、交易端或接口类型、交易类型、交易金额、交易时间、商户类别等因素,建立交易风险管理制度和交易监测系统,对疑似欺诈、套现、洗钱、非法融资、恐怖融资等交易,及时采取调查核实、延迟结算、终止服务等措施。"

《支付机构反洗钱和反恐怖融资管理办法》明确要求,支付机构总部应当从七个方面依法建立健全统一的反洗钱和反恐怖融资内部控制制度:客户身份识别措施;客户身份资料和交易记录保存措施;可疑交易标准和分析报告程序;反洗钱和反恐怖融资内部审计、培训和宣传措施;配合反洗钱和反恐怖融资调查的内部程序;反洗钱和反恐怖融资工作保密措施;其他防范洗钱和恐怖融资风险的措施等。

虽然一系列法规和政策中都涉及了反洗钱的条款,但从目前来看,相应法规的效力层次与反洗钱的严峻形势不相匹配,规则过于粗疏,可操作性不强。考虑到第三方支付行业的发展和特点,对反洗钱的监管仍然是任重道远。

本章小结

本章介绍了跨境电子商务支付的相关知识。首先介绍了跨境电子商务支付发展现状及其基本概念和特点。跨境电子商务支付是指分属不同关境的交易主体,在进行跨境电子商务交易过程中通过跨境电子商务平台提供的与银行之间的支付接口或者第三方支付工具进行的即时跨境支付的行为。跨境电子商务支付有三个特点:①以互联网为载体;②支付手段多样化;③趋于多频次、小额度交易。其次介绍了跨境电子商务支付的问题及对策。跨境电子商务支付的问题有:①支付方式不统一;②汇率变动风险;③法律问题,并指出相应的对策。还介绍了跨境电子商务支付方式和我国跨境电子商务的主要支付机构。跨境电子商务的支付方式按途径不同可以分为线下支付和在线支付两种方式。不同的跨境支付方式在费率、金额限制、到账速度等方面各有不同,且有各自的优缺点和适用范围。这是本章的重点内容。

本章还介绍了跨境电子商务供应链金融。供应链金融是指银行围绕核心企业,管理上下游中小企业的资金流和物流,并把单个企业的不可控风险转变为供应链企业整体的可控风险,通过获取各类信息,将风险控制在最低限度的金融服务。基于跨境电子商务平台的供应链金融,就是在一站式外贸服务的基础上,将"贸易流、资金流、信息流、物流"等交易记录进行整合。跨境电子商务供应链金融的模式有三种,分别为线上订单信用保险、线上订单信用融资和线上订单+契约的服务企业融资。

本章最后介绍了跨境电子支付的外汇管理与金融监管。跨境电子商务支付的虚拟化和电子化在一定程度上会带来交易欺诈、资金非法流动和洗钱等风险;第三方支付机构的资金沉淀也存在一定的资金安全隐患和支付风险。因此,要保证和促进跨境电子商务的健康发展,就需要在创新金融服务的同时完善对第三方支付机构相应的金融监管措施,以防范金融风险。

关键概念

跨境电子商务支付、贸易融资供应链金融

跨境电子商务

> **思考题**
>
> 1. 跨境电子商务支付的特点有哪些？
> 2. 简述跨境电子商务支付的支付方式。
> 3. 跨境电子商务支付供应链金融模式有哪些？
> 4. 跨境电子商务支付与传统国际贸易支付有哪些区别？
> 5. 如何进行跨境电子商务支付的外汇管理？
> 6. 跨境电子商务支付的金融监管措施有哪些？

本章案例

区块链助力跨境支付 成为第三方支付领域的风口

全球互联网的高速发展带动了跨境电子商务的快速发展，跨境支付瞬间成为第三方支付领域的一个风口。而将区块链技术应用在跨境支付领域也逐渐成为市场的热点需求。金融主管部门也在积极研究区块链技术应用。

目前，区块链除了在票据市场、供应链金融等领域发挥着重要作用外，其在跨境支付领域的商用价值尤其值得重视。

区块链技术在跨境支付领域的应用，能使银行和银行之间直接打造点对点的支付方式，省去第三方金融机构等中间环节，实现全天候支付、实时到账、提现简便以及没有隐形成本，有效降低跨境电子商务资金风险及便捷性需求。

从数据上看，2020年6月，跨境金融区块链服务平台进一步扩大试点范围至全国之后，截至2020年10月31日，自愿参与的法人银行超过270家，服务企业数量超过5 100家，其中中小企业占比75%。平台累计完成融资放款金额折合526.9亿美元，融资放款笔数超过6.2万笔。

浙江当地一家从事外贸灯饰的企业负责人说，区块链让企业做了"减法"，不再需要提供资金流水和年度报关总量作为证明，为企业节约了人力和时间。

在重庆，平均每笔融资业务需要校验出口信息近66份，最复杂的一笔甚至涉及1 138份，使用跨境金融区块链服务平台后单证核查时间从0.5至2个工作日缩短至20分钟，这条便利外贸企业享受金融服务的"空中航线"，因"无接触"办理为企业正常开展业务提供了有力支持。

区块链与跨境支付融合有以下5点优势：

① 点对点模式降低跨境支付成本。
② 共享账本提高跨境支付效率。
③ 分布式架构提供业务连续性保障。
④ 时间戳实现跨境交易的可追溯性。
⑤ 自动执行的智能合约提高交易效率。

区块链+跨境支付，能够有效解决跨境支付的痛点，两者结合的优势也是其他技术不可比拟的。区块链+跨境支付的落地，不仅可以提高跨境支付的效率，降低成本，还给第三方支付在跨境电子商务出口贸易领域提供了更多可能性。

外汇局数据显示,2020年以来,跨境金融区块链服务平台融资放款金额363.98亿美元,约占试点以来融资金额的69%。企业的融资需求变得更加强烈,在"无接触"的环境下,线上金融服务的功能和价值得到了放大。跨境金融区块链服务平台和银行自身业务深度融合,也助力银行业务优化和创新。

(资料来源:中金网,2020年11月18日)

【案例思考】

1. 什么是区块链技术?区块链技术是如何应用在跨境支付领域的?
2. 谈谈我国跨境支付的发展趋势是怎样的。

第六章
跨境电子商务税收与保险

学习目标

❖ 知识目标：

掌握跨境电子商务税收含义；了解跨境电子商务税收问题的产生、挑战及影响；熟悉跨境电子商务税收重复征税问题及解决方法；了解传统国际贸易保险，掌握跨境电子商务保险相关风险及其概念。

❖ 能力目标：

能够在案例分析教学中，将理论与实践相结合，能够将所学的跨境电子商务税收与保险知识应用于企业在实际运营中遇到的问题，在案例和实践中，更好地理解和掌握跨境电子商务税收的相关政策和原理，了解跨境电子商务保险的作用，储备跨境电子商务税收与保险方面的知识和能力。

❖ 思政目标：

通过学习跨境电子商务税收政策与保险的相关知识，培养学生的安全意识和责任意识，养成遵纪守法的职业操守，引导学生在跨境电子商务税收和保险领域树立正确的立场，恪守国家在跨境电子商务领域的税收政策，构建更加公平的国内外市场经营环境，为构建税收信用体系贡献一份力量。

引导案例

跨境电子商务零售出口退（免）税政策及案例分析

M公司是在"单一窗口"平台登记备案且注册在杭州的电子商务企业，属增值税小规模纳税人。2020年8月，其通过互联网与国外客户N签订一批出口电子玩具合同，出口销售额为2 000元人民币。M公司在义乌小商品市场采购此批出口电子玩具，支付价款合计1 500元，无相关票据。当月，M公司将该批电子玩具报关出口，并按时收汇。

根据《国家税务总局关于跨境电子商务综合试验区零售出口企业所得税核定征收有关问题的公告》，电子商务出口企业出口货物不符合退税条件的，可以享受增值税和消费税免税政策。在综试区内的跨境电子商务企业，同时符合下列条件：(1)在综试区注册,并在注册地跨境电子商务线上综合服务平台登记出口货物日期、名称、计量单位、数量、单价、金额的;(2)出口货物通过综试区所在地海关办理电子商务出口申报手续的;(3)出口货物未取得有效进货凭证,其增值税、消费税享受免税政策的。所以,M公司虽然在采购出口货物中没有取得合法有效的进货凭证,但由于属于注册在规定区域内的电子商务出口企业,适用免税政策。

(资料来源:编者根据税屋网站《跨境电子商务进出口税收政策与案例分析》,王文清 叶全华(2016.8.29)的案例及中华人民共和国中央人民政府网站《关于跨境电子商务综合试验区零售出口企业所得税核定征收有关问题的公告》[国家税务总局公告2019年第36号](2019.10.26)中的相关政策改编而成。)

第一节 跨境电子商务税收概述

近年来,我国跨境电子商务行业蓬勃发展。根据海关数据,2020年我国跨境电子商务进出口1.69万亿元,增长31.1%,其中,跨境电子商务出口1.12万亿元,增长40.1%,跨境电子商务进口0.57万亿元,增长16.5%;通过海关跨境电子商务管理平台验放进出口清单达24.5亿票,同比增长63.3%。我国与22个国家"丝路电商"合作持续深化,推动通关便利化,配套生态体系日益完善,跨境电子商务的海外仓数量超过1 800个,同比增长80%,面积超过1 200万平方米。在如此高速发展的跨境电子商务行业中,与传统行业一样,税收是每个企业应尽的责任和义务,跨境电子商务税收结合电商行业及传统贸易的特点,经历探索、实践、落地等阶段,现已发展为具有中国特色的跨境电子商务税收体制,伴随着国际形势的转变,跨境电子商务税收还将一步步得以完善。

跨境电子商务税收概述

对跨境电子商务征税是对电商征税的一个重要方面。当前,世界的各个国家相继出台流转税的改革措施,也加强对电商平台上的海外销售者的税收监控。在此背景下,大型的电商平台开始出台相应的措施来满足其商业行为的合规性。电商全球流转税的改革将对包括中国电商在内的跨境电子商务中的各主体产生比较大的影响。

对于跨国电商销售商来讲,运用电商方式跨境销售商品的销售商可能会开始需要在商品目的地国家完成流转税登记并按期申报缴纳流转税。销售商将需要根据自身的销售方式以及商品目的地国家流转税新规,完成当地国家的流转税登记;需要自行或在当地聘请代理机构按时申报并缴纳流转税,履行流转税纳税义务;如果销售商过去在各国有未合规的流转税应税行为,则需要合理评估自身的税务风险,包括税款、滞纳金、罚款等;对于预期上市的企业,应按照所评估的税务风险,相应地预提风险准备金。

对跨境电子商务销售平台而言,跨境电子商务销售平台在越来越多的国家将面临流转税的缴纳义务。在某些国家,跨境电子商务销售平台需要代替销售者向消费者收取流转税额,并帮助销售者履行流转税纳税义务。跨境电子商务销售平台应从合规性角度出发,按照各国当地税法,在各国完成流转税登记及纳税义务;合理评估在海外的跨境电子商务运营模式下税务风险;结合经营模式,合理优化交易模式。

对于消费者,最直观的影响是消费者将承担原本跨境电子商务征管漏洞下未缴纳的流

跨境电子商务

转税,购买的商品价格可能会上涨,消费者在选择购买方式时将会对此因素加以考虑。

对跨境电子商务征税有三方面重大意义:一是有利于税收公平,平衡跨境电子商务和一般贸易企业税负。跨境电子商务与一般贸易企业并无本质差别,只是交易方式的改变,其适用的税收政策应一致。二是有利于规范跨境电子商务交易行为,构建更加公平的国内外市场经营环境,促进其长远健康发展。三是有利于跨境电子商务诚信经营,构建税收信用体系。

一、跨境电子商务税收的含义

跨境电子商务是指分属不同关境的交易主体,通过电商平台达成交易、进行支付结算,并通过跨境物流送达商品、完成交易的一种国际商业活动。作为顺应信息经济发展的产物,跨境电子商务改变了传统的面对面交易和纸质文件交流模式,交易流程趋于无纸化与数字化。而通过互联网进行信息传输与共享则更是造就了跨境电子商务的实时性与交互性。随着数据与信息交换标准化进程的不断推进,跨境电子商务正在逐步消除国别与地区的限制,开放性与无地域性亦已成为跨境电子商务的特点。税收是指国家为了向社会提供公共产品、满足社会共同需要,按照法律的规定,参与社会产品的分配、强制、无偿取得财政收入的一种规范形式。税收是一种非常重要的政策工具。跨境电子商务税收则是指纳税人在从事跨境电子商务交易时所应承担的纳税义务。跨境电子商务在经营中会涉及的税种主要包括以下五个方面:进口关税、进口增值税、销售流转税(包括增值税、消费税)、出口退(免)税以及所得税(包括企业所得税及个人所得税)。

(一)进口关税

进口关税是一个国家的海关对进口货物和物品征收的关税,即目标国海关在进口货物和物品时对跨境电子商务卖家征收的一种税。计税基础包括货物本身货值以及运费,且无法退还。税率范围可能为0%~20%,不同国家之间以及不同货物采用的进口关税率都不一样。各国已不使用过境关税,出口税也很少使用。通常所称的关税主要指进口关税。征收进口关税会增加进口货物的成本,提高进口货物的市场价格,影响外国货物进口数量。

(二)进口增值税

进口增值税是指进口环节征缴的增值税,属于流转税的一种。不同于一般增值税对在生产、批发、零售等环节的增值额为征税对象,进口增值税是专门对进口环节的增值额进行征税的一种增值税。我国税法规定,纳税人进口货物,按照组成计税价格和规定的增值税税率计算应纳税额,不得抵扣任何税额(在计算进口环节的应纳增值税税额时,不得抵扣发生在我国境外的各种税金)。

(三)销售流转税

流转税值是以纳税人商品生产、流通环节的流转额或数量以及非商品交易的营业额为征税对象的一类税收。它是商品生产和商品交换的产物,销售流转税包括增值税、消费税等。增值税是货物销售后需要缴纳的税种,是以商品(含应税劳务)在流转过程中产生的增值额作为计税依据而征收的一种流转税。从计税原理上说,增值税是对商品生产、流通、劳务服务中多个环节的新增价值或商品的附加值征收的一种流转税。实行价外税,也就是由消费者负担,有增值才征税,没增值不征税。消费税是以消费品的流转额作为征税对象的各种税收的统称,是政府向消费品征收的税项,征收环节单一,多数在生产或进口环节缴纳。

在中国,销售流转税政策是全国统一的,电商的主体也需要按照相应的销售流转税规定进行税务登记,缴纳销售流转税。如果通过电商平台对境外销售,符合条件的也可以适用增值税免抵退税政策。即使是个人卖家在电商平台上销售,当业务额超过起征金额,也需要申报缴纳增值税。但是在实务操作环节,税务机关如何通过各个渠道获取纳税人的信息,销售方能否进行如实的申报仍是征管上的难题。过去,中国的税务部门在信息搜集上存在较大难度,但是电商在中国经过了十几年的快速发展之后,目前的电商平台有大量的交易数据,税务机关也可以更好地掌握企业和个人的销售行为,相信我国税务机关也会对电商的税收征收管理更加关注。

(四)出口货物退(免)税

出口货物退(免)税是国际贸易中通常采用的、目的在于鼓励各国出口货物公平竞争的一种退还或免征间接税的税收措施。我国的出口退(免)税是指在国际贸易业务中,对我国报关出口的货物退还其在国内各生产环节和流转环节的增值税和消费税。

1. 基本政策

(1)出口免税并退税

出口免税是指货物在出口销售环节不征增值税;出口退税是指对货物在出口前实际承担的税款,按规定的退税率给予退税。

(2)出口免税不退税

出口免税是指货物在出口销售环节不征增值税;出口不退税是指货物在出口销售环节以前的生产、销售或进口环节是免税的,该货物的价格中本身就不含税,也就无须退税。

(3)出口不免税也不退税

出口不免税是指对国家限制或禁止出口的某些货物的出口环节视同内销环节,照常征税;出口不退税是指不退还出口销售环节以前负担的税款。

2. 退(免)税方法

(1)免抵退税办法

免抵退税,是指生产企业出口自产货物和视同自产货物以及对外提供加工修理修配劳务,免征增值税,相应的进项税额抵减应纳增值税额(不包括适用增值税即征即退、先征后退政策应纳增值税额),未抵减完的部分予以退还。

(2)免退税办法

免退税办法,是指不具有生产能力的出口企业或其他单位出口货物劳务,免征增值税,相应的进项税额予以退还。

3. 出口退税率

(1)退税率的一般规定

除财政部和国家税务总局根据国务院决定而明确的增值税出口退税率外,出口货物退税率为其适用税率。

(2)出口应税服务的退税率

应税服务的退税率为其适用的增值税税率。适用不同退税率的货物劳务,应分开报关、核算并上报退(免)税,未分开报关、核算或划分不清的,从低适用税率。

(五)所得税

所得税指国家对法人、自然人和其他经济组织在一定时期内的各种所得征收的一类税收。一般分为企业所得税和个人所得税,根据实际经营的利润进行调整后,乘以不同所得税率,进行纳税,跨境电子商务卖家根据不同主体性质(个人或企业),在目标国或本国应缴纳对应所得税。与增值税不同,所得税除了扣除货物本身的成本外,还可以扣除费用后,才需

跨境电子商务

要交税,费用包括工资、日常开支等。

根据国家税务总局公告 2019 年第 36 号《国家税务总局关于跨境电子商务综合试验区零售出口企业所得税核定征收有关问题的公告》的规定:跨境电子商务综合试验区核定征收的跨境电子商务企业应准确核算收入总额,并采用应税所得率方式核定征收企业所得税。应税所得率统一按照 4% 确定。

从实践角度来看,核定征收所得税几乎可以视为是一种税收优惠政策。

如果跨境电子商务企业还是小型微利企业,也就是说满足下列条件,从事国家非限制和禁止行业,且同时符合年度应纳税所得额不超过 300 万元、从业人数不超过 300 人、资产总额不超过 5 000 万元。应纳税所得额不超过 100 万元的部分,减按 25% 计入应纳税所得额,按 20% 的税率缴纳企业所得税;对年应纳税所得额超过 100 万元但不超过 300 万元的部分,减按 50% 计入应纳税所得额,按 20% 的税率缴纳企业所得税。

当跨境电子商务企业将这两个政策叠加适用,我们可以分段计算出跨境电子商务的所得税税负率:

当公司年收入≤2 500 万元,假设 A 公司 2020 年收入总额为 2 500 万,根据应税所得率 4% 可得,应纳税所得额为 100 万元,则应缴纳企业所得税 5 万元。税额与收入之比仅为 2‰。

当公司年收入 2 500 万元＜年收入≤7 500 万元。假设 A 公司 2020 年收入总额为 7 500 万元,根据应税所得率 4% 可得,应纳税所得额为 300 万元,则应缴纳企业所得税 25 万元。税额与收入之比为 3.33‰。

当公司年收入＞7 500 万元,不符合小型微利企业标准,假设 A 公司 2020 年收入总额为 8 000 万元,根据应税所得率 4% 可得,应纳税所得额为 320 万元,则应缴纳企业所得税 80 万元,按 25% 税率征收企业所得税,税额与收入之比为 1%。

而且根据国税发〔2008〕30 号《企业所得税核定征收办法(试行)》第六条的规定,核定征收时,应税收入额＝收入总额－不征税收入－免税收入。所以要注意,如果跨境电子商务企业有免税收入或不征税收入,这些是不参与核定的。一般来说,可能存在的免税收入有两项:国债利息收入和符合条件的居民企业之间的股息、红利等权益性投资收益。由此可见,符合条件的跨境电子商务企业,所得税税负率最低可为 2‰,但要享受如此优惠的政策需要满足该跨境电子商务企业建立在跨境电子商务综合试验区内;且企业 a. 在综试区注册,并在注册地跨境电子商务线上综合服务平台登记出口货物日期、名称、计量单位、数量、单价、金额的;b. 出口货物通过综试区所在地海关办理电商出口申报手续的;c. 出口货物未取得有效进货凭证,其增值税、消费税享受免税政策的。

二、跨境电子商务税收问题的产生

为促进我国跨境电子商务的快速发展,国家层面频频颁布鼓励政策,2018 年我国正式通过《电商法》,给予包括跨境电子商务在内的电商平台在立法上的监管和引导,完善了监管流程和体系,有利于电商行业的健康发展。在试点城市扩容方面,加快了跨境电子商务综合试验区的设立,为整体市场的持续高速发展奠定了基础。截至 2020 年 4 月,国务院分五批次共设立 105 个跨境电子商务综合试验区,从 2018 年至今,新增三个批次共计 92 个跨境电子商务综合试验区,跨境电子商务综合试验区的加速设立有利于促进跨境电子商务的发展。跨境电子商务综合试验区的设立重点在技术标准、业务流程、监管模式和信息化建设等方面开展先行先试,综试区将继续通过开展先行先试,并适用跨境电子商务零售出口税收、零售

第六章 跨境电子商务税收与保险

进口监管等政策措施,2020年年初,商务部、发改委、财政部等六部门共同发布《关于扩大跨境电子商务零售进口试点的通知》,新纳入50个城市地区及海南岛为跨境电子商务零售的进口试点城市。B端和C端的城市试点不断地加速扩容,进一步体现了国家对跨境电子商务的重视程度,为未来跨境电子商务的发展创造了良好的发展机遇。随着跨境电子商务行业的发展,跨境电子商务的相关税收问题也就随之产生。

中国的跨境电子商务零售进口政策自2012年实施至今已逾8年,从萌芽探索步入成熟实践,在这一时期内,中国跨境电子商务零售进口税收也相应做了调整,大致可分为如下几个阶段:

第一,试点探索阶段(2012.12—2016.04)。以2012年12月海关总署和国家发改委批准首批五个试点城市(郑州、上海、重庆、杭州、宁波)作为起点,再到2015年3月,杭州设立首个跨境电子商务综合试验区,试点探索阶段内,海关总署推出了"直购进口"和"网购保税进口"两大海关监管模式,并着手推行订单、支付单、物流单的"三单印证比对"工作。同期,国家外汇管理局、原国家质检总局也出台了相应的试点政策,支持跨境电子商务进口发展。在税收层面,本阶段内跨境电子商务零售进口商品均按个人物品征税,即征收行邮税。行邮税共设4档税率,分别为10%、20%、30%和50%,其税率普遍低于同类进口货物综合税率。

第二,"四八"新政阶段(2016.04—2016.05)。所谓"四八"新政,即2016年4月8日生效实施的《关于跨境电子商务零售进口税收政策的通知》,其规定跨境电子商务零售进口商品不再依据个人物品征税,而是以货物进口征税(包括关税、增值税、消费税),同时规定了个人单次2 000元、年度20 000元人民币的交易限额。限额内跨境电子商务零售进口商品的关税暂设为0,增值税和消费税则按法定应纳税额的70%征收。同时,财政部、海关总署等主管部门分两批发布《关于公布跨境电子商务零售进口商品清单的公告》,从监管的角度提出更高层次的要求,如网购保税商品"一线"进区时需按货物核验通关单、部分特殊商品进口需办理注册或备案等许可证件。由于许可证件无法在短期内获取,通关单、许可证件政策下导致进口订单锐减,"四八"新政对于跨境电子商务零售进口产生了巨大冲击,跨境电子商务平台出现了大面积的断货情况,众多跨境电子商务企业的经营活动陷入停滞,因此相关政策在实施仅一个月后便暂缓实施。

第三,过渡期阶段(2016.05—2018.12)。为使跨境电子商务零售进口相关企业能够更好地适应新的监管和税收政策,避免政策对跨境电子商务行业产生过大冲击,2016年5月,海关总署发布《关于执行跨境电子商务零售进口新的监管要求有关事宜的通知》,将其作为"过渡期政策"。过渡期内,税收层面仍按照"四八"新政的要求予以执行,监管层面则暂按"个人物品监管",即暂不执行部分特殊商品的进口许可证件等手续。国务院在过渡期内进一步扩大了跨境电子商务综合试验区的城市范围。最终,经过两次延期,过渡期延长至2018年年底。

第四,现行政策阶段(2019.01至今)。2018年11月21日,国务院总理李克强主持召开国务院常务会议,决定延续和完善跨境电子商务零售进口政策并扩大适用范围,加大税收优惠力度,以激发更大的消费潜力,由此奠定了中国现行跨境电子商务零售进口的政策基调。相关政策措施主要包括:《关于调整跨境电子商务零售进口商品清单的公告》,进一步扩大允许进口的商品范围,累计达到1 321项税目商品;《关于完善跨境电子商务零售进口监管有关工作的通知》则明确了按"个人自用进境用品"监管的原则,不执行有关商品首次进口许可批件、注册或备案要求;《关于完善跨境电子商务零售进口税收政策的通知》则进一步加大了税收优惠力度,将个人的单次交易限额提高至5 000元,年度交易限额提高至26 000元;《关于跨境电子商务零售进出口商品有关监管事宜的公告》则进一步明确了海关监管权责。除

跨境电子商务

此之外,相关监管机构亦针对跨境电子商务企业注册登记、数据监管等各方面出台了一系列配套措施。2021年3月18日,商务部、发展改革委、财政部、海关总署、税务总局、市场监管总局联合发布了《关于扩大跨境电子商务零售进口试点、严格落实监管要求的通知》,将跨境电子商务零售进口试点扩大至所有自贸试验区、跨境电子商务综试区、综合保税区、进口贸易促进创新示范区、保税物流中心(B型)所在城市(及区域)。

目前,跨境电子商务行业正处于高速发展的成长期,市场竞争环境愈来愈激烈,出现一些企业通过跨境电子商务进行逃税,甚至一些实体企业为规避税负而转为跨境电子商务。由此可见,对跨境电子商务征税是行业发展所需、市场竞争的必然要求和社会发展的必然选择。

三、跨境电子商务对税收的挑战及影响

跨境电子商务在全球范围内蓬勃发展,不仅改变了传统商业模式,更对当前税收制度、征管方式以及海关监管模式提出了新挑战,这要求税收体系不断完善以适应跨境电子商务的发展。因此,加强跨境电子商务税收制度、税收征管和海关监管模式的研究已迫在眉睫。

(一)为税收制度带来的挑战

1. 纳税人难以识别

简单来说,纳税人就是有义务向政府缴税的、具有直接纳税义务的个人或单位。政府有权利直接向纳税人进行征税。跨境电子商务依托于计算机和互联网技术,进行商品买卖交易的双方都能够隐藏其真实的个人信息,这使得跨境电子商务具有一定的便捷性和私密性。但是这也使得税务相关部门对进行跨境电子商务贸易的双方的真实身份难以做出判断,增加了对真实纳税义务人身份的确认难度。此外,跨境电子商务贸易中买家和卖家真实地址的不确定性,使得国家税务部门很难了解电商卖家的真实经营情况,不能有效对纳税主体业务情况进行有效判断,这在很大程度上增加了税务部门的工作困难。

以增值税为例,当消费者向商家购买物品时,商品流转的各个步骤都是需要缴纳税收的,这部分税收由商品的卖家来缴纳。在之前的线下消费流程中,其纳税人是非常容易判断和识别的。然而,跨境电子商务和我们以前的实体交易并不相同,其不仅依托于互联网并且还需跨越国家和地区的范围,不仅给税务主体的认定造成了一定的困难,并且税务部门对于真实交易的流程和结果的识别和检测都变得非常困难。所以,对于跨境电子商务的纳税人和缴税地点也难以识别和界定。另外,流转税有一定的转移性,这也使得其在流转时会伴随着纳税人的转变。简单来说,商品在不同的商家和消费者之间进行流动,商品所需要缴纳的税收也会转移到商品的售价中。消费者在购买时并不是直接对相关的税务部门缴纳费用的,而是通过对商家索要发票的方式来促使商家缴纳税务费用。但是在目前的跨境电子商务交易的过程中并不存在可以认证的发票形式。

在传统贸易活动中,税务的缴纳方式相对简单和成熟,已经形成了科学合理的缴纳流程和方式。税务征收部门仅仅通过商家一段时间内开具的发票的数目和金额情况就能够准确快速地掌握企业应缴纳的税务金额,而且也能够全面地监管企业的偷税漏税案件,对于其出现的偷税漏税的情况,也能精准地通过其实际的交易金额和税款缴纳金额来进行相应程度的惩罚。在跨境电子商务交易中,许多商家为了逃避税款,采用一些方式修改交易的主体、地点、商品甚至是金额,导致相关税务部门很难掌握交易的真实具体的信息,也就很难精准定位商家的真实所在地,进而很难对交易的主体进行税务的征收。而目前对于跨境电子商务的缴税方式很难实现对这些问题的监督和管理,这也给税务监管部门的工作带来了很大

的挑战。

2.征税对象性质界定困难

征税对象是根据国家的税法进行界定的,简单地说就是,界定了何种商品、物品甚至是何种虚拟的物品和服务应当进行税务的缴纳,这也是相关部门进行征收税务的依据。通常来讲,征税的对象决定了征税的种类,如果想要精准地断定征税对象和征税主体之间所存在的联系,就应当首先精准地判断征税的对象,与此同时还要把税基判定为征税对象的部分数量,从量上来确定征税对象。税务征收的范围与征税的对象是有很大关系的,主要是与法定的征收对象要求相符合,都必须对这个对象进行税务的征收,反之,就不应该对其进行税款征收。

跨境电子商务涉及多个国家的税务监管部门,每个国家都应该先对本国的纳税义务人的经济收入进行统计和分类,以本国的税法为依据进行收入来源地的判定。虽然每个国家的税收来源地的法律标准在各个方面存在一定的出入,对资金收入的分类方面基本上都是相同的。因为跨境电子商务的虚拟性和电子信息化,基于目前的电子交易监管方式很难对交易进行监管,也使得相关部门很难对纳税人的收入类别进行科学精准的认定。基于目前的监管情况,在对本国纳税人进行税务征收监管时,以下几个方面很难进行精准判断。

首先是对于纳税人营业所得和劳务所得之间的判断困难。我们举一个目前较为普遍的例子来说明:随着科学技术的发展,越来越多的病人为了得到更加专业的医生建议,往往选择互联网问诊咨询的形式进行看病,越来越多的医生也选择开通互联网医生问诊平台账号来开展问诊业务。互联网跨国问诊也随之兴起,在这个背景下,假设某一个国家的医生通过互联网问诊对另一个国家的病人在线接诊,提供了一系列在线问诊和病情诊断的过程,并提供了详细的后期患者治疗方案,在提供完一系列的诊疗服务后,医生也获得了一定金额的收入。对于这种跨国互联网问诊服务,医生给患者提供的是一种基于信息的产品服务,但是到底是应该归属于医生的营业所得还是劳务所得,这种情况很难进行判断。

其次,还有营业所得和特许权使用费之间也同样会出现判断困难的情况。目前对于一些电子软件还有专利权行使需要进行缴纳一定的特许权使用费用,因此在这种情况下要对数字产品进行界定。如果说其中一个国家的出版商对其他国家的使用消费者提供一些电子书下载和在线音乐服务,并通过这些服务获得了一定的收入,基于这个情况,在判断这种收入到底是应该属于营业所得还是特许权使用费的方面就会出现一定的疑惑。

(二)为税收征管带来的挑战

1.票据问题

(1)取得增值税专用发票存在一定难度。跨境电子商务企业的商品基本由市场中的小规模纳税人,即个体经营户提供,无法自行开具增值税专用发票。因此,对于跨境电子商务企业来说,取得增值税专用发票存在一定难度。(2)出口商品时无法提供相关备案单证。跨境电子商务企业销售的商品大多以快件形式出境,出口商品时,无法提供装货单、提单等相关备案单证。

2.相对传统交易方式跨境电子商务征管面临的困境

(1)完税价格难以确定。我国以课税对象价格进行征税,界定商品的进出口完税价格至关重要。而海关采取成交价格估价法,都是建立在纸质票据基础上。跨境电子商务具有无纸化特性,这给海关监管增加了难度。(2)商品类型多样化。跨境电子商务交易包括有形、无形商品,对于相关部门来说,很难鉴别应按哪一种类别的货物征收税款,增加了现有税收的稽查难度。(3)监管漏洞多。信息技术发展带来了跨境电子商务交易手段和形式的变革,海关的监管科技水平与跨境电子商务发展速度和发展规模不匹配。

3. 对"海淘""海代"缺乏统一有效的征管措施

(1)对"海淘"监管力度不够。"海淘"近年已经形成了一个包含买方、代购方、平台方、物流等的完整产业链,许多人为了赚取更大的利润,通常采取私人包裹邮寄等方式,若按规定进行备案,需向海关提供交易数据,这必然加大进境地海关工作压力。(2)对个人海外代购携带进境逃税现象监管难度大。我国进境居民携带境外获取的自用物品有限额,但是对于超出部分应按海关核定的完税价格和税率缴税。而"海代"利用个人多次进出境之便,逃避关税纳税责任。

(三)给海关监管带来的挑战

现如今,我国的海关对于跨境电子商务的监管还未形成完整的法律体系文件,目前仅依托于不全面的政策文件,海关部门对此仍在不断努力进行完善,力求形成完整的法律体系来进一步激发我国跨境电子商务发展的动能。举例来说,目前海关对于商品归类主要是通过商品所有者提供相应的材料和凭证来划分的,一些商家将买卖的商品通过个人物品来进行申请报告,从而达到逃税的目的,这些在一定程度上影响了海关监管的效率。

伴随着跨境网购数量和包裹数量的增多,我国海关部门的监管工作负担加重,给海关的人力部门造成了很大的压力。首先,跨境电子商务的交易方式使得其具有一定的隐秘性,这使得跨境电子商务的进出口合同、发票以及公司的会计账簿等材料的获取有一定的困难。其次,增值税发票获取困难、消费者缴税意识淡薄等原因也使得增值税很难适应跨境电子商务的税款支付模式。除了工作负担加重以外,海关部门的税务稽查难度也变大,跨境电子商务的交易具有无纸化的交易特征,其真实的贸易数据很难使海关部门进行有效的监管和统计,这增大了税务稽查和监察的难度,海关部门很难高效地监控税源。此外,跨境电子商务的交易环节通常涉及多个国家和地区,其极为分散的特点给海关部门的税务稽查审理和执行造成了一定的麻烦。

第二节　跨境电子商务税收重复征税问题及解决方法

一、跨境电子商务重复征税问题的产生

(一)税收管辖权

一般来说,不同的国家和地区都会根据自身的经济发展状况和政治文化背景来制定适合于本国国情的法律制度。一国政府有权利依据本国实际情况来决定税收项目、征税对象、征税标准以及逃避税的处罚措施。换句话说,就是国家通过这个法律政策来判定一个自然人是不是本国的居民,是不是需要缴纳税费。实现对跨境电子商务征税的监管,其最大的困难就是如何确认税收管辖权。一个国家的税收主权具体表现在税收管辖权,包括地域管辖权、居民管辖权和公民管辖权。

地域管辖权下的纳税人承担的是有限纳税义务,即只需就来源于某国境内的所得向该国纳税。因而,所得来源地的判定对于地域管辖权的行使至关重要。通常,所得来源地的判

定标准依所得性质而定。所得性质一般划分为经营所得、劳务所得、投资所得和财产所得。经营所得来源地的判定标准主要有常设机构标准、交易地点标准;劳务所得来源地的判定标准主要有劳务提供地标准、劳务所得支付地标准、劳务合同签订地标准;投资所得包括股息、红利、利息、特许权使用费、租金,其来源地判定标准可归类为所得负担或支付者所在地标准、合同签订地标准、使用地或所在地标准等;财产所得包括纳税人通过转让不动产、动产、权益性投资资产取得的所得,判定标准主要为不动产所在地标准、动产转让方所在地标准、被投资企业所在地标准。居民管辖权下的纳税人承担的是无限纳税义务,即全球范围内所得都需向居民国纳税。因而,居民身份的判定对于居民管辖权的行使至关重要。自然人居民身份的判定标准主要有住所标准、居所标准、时间标准;法人居民身份的判定标准主要有管理机构所在地标准、公司注册地标准、总机构所在地标准和选举权控制标准。此外,对于那些从事跨国经济活动的自然人,若同时被认定为两国或多国的居民自然人,其身份应按照如下顺序确定:永久性住所、重要利益中心、习惯性居所、国籍、缔约国双方主管当局协商解决;对于那些从事跨国经济活动的法人,若同时被认定为两国或多国的居民法人,其身份由双方主管当局在充分考虑实际管理机构的设立、合并或构成地以及其他相关因素的情况下,协商确定。公民管辖权的纳税人承担的是无限纳税义务,即全球范围内所得都需向国籍所在国纳税。因而,国籍的确认对于公民管辖权的行使便至关重要。

(二)跨境电子商务对税收管辖权的影响

传统的贸易活动中,一国的税务机关依照传统的收入来源地定义,通过综合某项所得与特定的地理位置的关系来征税。然而,新兴的跨境电子商务活动的"虚拟化""数字性"和"隐匿性",给税务当局认定电商的收入来源地带来了障碍。在跨界的网络环境中,一国税务机关不易判定某项经营活动的所得究竟来源于哪个国家,因此,传统国际税收管辖权中的来源地税收管辖权原则在跨境电子商务活动下遭到了巨大冲击。

1.电商收入性质难以界定

对于非居民纳税人所得的定性分类,是来源地国对所得实施征税必须解决的问题,各国税法通常将应税所得分成营业所得、劳务所得、投资所得、特许权使用费等种类。但是,在跨境电子商务活动的背景下,非居民纳税人所得的划分界限变得模糊。书本、报纸、影音制品等有形商品,以及计算机软件、知识产权等无形商品,还有所提供的服务等,均可以因数字化的处理而通过网络交易,使得传统税法中按交易标的性质和交易活动形式来区分交易收入性质的规则很难适用。例如,网上在线销售软件的收入到底是营业所得还是特许权使用费?用户在线阅读电子数据而不下载,其行为是否构成租赁,支付的费用是不是租金?软件开发商为已售软件提供补丁程序所收取的费用到底是服务费用还是销售收入?不同的定性将决定税收管辖权的确定原则,从而影响到相关国家之间税收利益的划分,因而国际社会在电商收入的定性问题上争论颇多。

2.常设机构难以认定

正确判定所得的来源地是应用来源地税收管辖原则的基础。如前所述,各国对于不同种类的所得规定了不同的来源地,例如,营业所得通常以营业机构所在地或货物交付地等作为所得来源地;股息以分配股息的居民所属国为来源地;利息以借款的实际使用地、贷款人所在地或利息支付地等作为来源地。尽管电商所得的定性目前还存有争议,但一个不争的事实是,电商的特性使得各类所得来源地的确定规则都遭到了全面的挑战,尤其是营业利润

跨境电子商务

中的常设机构标准。

(1) 常设机构的构成要素

UN 范本和 OECD 范本对于常设机构的认定都有介绍。根据 OECD 的《避免对所得和财产的重复征税协定范本》可以得知,常设机构是指法人进行实际经营活动的一个固定场所,包括一些分支机构和管理场所等。常设机构可以基于"物的因素"即固定的营业场所或设施而存在,也可以基于"人的因素"即特定营业代理人的活动而存在。

首先,针对固定的营业场所或设施,一般需要符合以下三个条件:①营业场所是固定的,包括空间和时间两个因素,同时满足空间上的确定性和时间上的永续性;②营业场所可以是任何形式的物理存在,比如是厂房或者只是一个机器设备,但都必须要受到企业的实际控制与使用;③在该营业场所内进行的活动必须对企业的经营收益产生关键性影响,不包括辅助性活动和预备性活动。

其次,针对营业代理人的身份的判定。实务操作中一般将营业代理人分成具有独立地位的代理人和非独立地位的代理人两种。根据税收协定范本的内容,具有独立地位的代理人一般不构成常设机构,但如果其从事的业务活动超出了常规范围,那么此时的独立代理人可以被视为是企业的常设机构。非独立代理人必须在满足其进行的活动是被代理人授权的特定经营活动时,才构成常设机构,且这种"特定经营活动"不包括预备性和辅助性的活动。

跨境电子商务活动严重挑战了来源地税收管辖权制度,尤其使常设机构原则遭受了巨大的挑战。在电商环境中,以"固定的营业场所或设施"来判断是否存在常设机构是无效的,对于电商来说,设立一个有形场所实属多此一举。并且,"营业代理人"的角色在电商活动中也变得可有可无,因为电商的买卖双方完成整个交易过程只需要以网络平台为媒介,传统原则中以"人的因素"来判定电商中的常设机构根本无法适用。

(2) 跨境电子商务对固定营业场所或设施构成常设机构的影响

传统常设机构原则对以"物的要素"存在的常设机构提出了"物理性"的要求,"营业场所""固定性"和"实际营业联系"这三个基本要素是以"固定营业场所或设施"存在的常设机构必须要满足的。跨境电子商务处于虚拟的网络环境中,这显然给以"固定营业场所或设施"存在的判定因素带来巨大挑战,详细阐述如下:

首先,对于"营业场所"这个因素,在跨境电子商务活动中变得难以认定。基于电商活动本身的特性,其能够依靠网络进行买卖的全过程,不像传统贸易活动必须通过固定的经营场所才能够进行交易。卖方只要在本国内或者买方所在国内有一台服务器就可以进行交易,买方则更方便,只需连接互联网,就可以在卖方开设的虚拟商铺中购买所需的商品或服务。举例来说,假设跨境电子商务 A 是甲国人,消费者 B 是乙国人,电商 A 在乙国设有服务器网址,乙国想要成为电商 A 的收入来源地国,联结因素则只能是与乙国产生经济联系的服务器。但由于数字技术的发展,乙国是否可以基于常设机构原则对跨境电子商务 A 实现来源地税收管辖权也存在如下几个问题:如何确定该服务器网址确实设立在乙国?即便认为该服务器确实设立在乙国,那该服务器能否被认定为是跨境电子商务 A 设在乙国的营业场所?OECD 范本规定的"营业场所"需满足一定的物理存在,服务器虽然满足了 OECD 范本中"有形性"的要求,但服务器的设置和运行并不需要卖方在买方所在国派遣任何雇员,所以该服务器不在卖方的实际控制之下很难判断,从而也很难将之判定为"营业场所"。

其次,电商活动对"固定性"的认定产生了障碍。电商活动都是以互联网为媒介进行在线交易,买卖双方可以通过数字技术改变自己的身份和地理位置,且流动性很强。电商只需要在消费者所在国拥有一个服务器就能与其进行交易,该服务器既可以是建立在消费者所在国的一个有形物理存在,也可以是方便随身携带的移动设备,传统常设机构所要求的"固定性"因此受到冲击。

最后,跨境电子商务活动使"实际营业联系"这一判定因素受到冲击。传统常设机构原则要求企业进行经营活动的营业场所必须是固定的,且该场所与盈利必须有实质性的经济联系,不能是预备性和辅助性的活动。广告宣传、市场调查、咨询服务,跨境电子商务活动使"实际营业联系"这一判定因素受到冲击。广告宣传、市场调查、咨询服务等都可以成为电商企业通过自己在他国拥有或租赁的服务器进行的经营活动,但是这些活动可能只是为主营业务进行辅助或者预备,没有给电商企业的营业利润产生不可缺少的价值,此时,该服务器就不符合"实际营业联系"。但如果某电商的主营业务就是广告宣传或者市场调查或者咨询服务,那么此时的服务器就符合"实际营业联系"的含义。因此,在跨境电子商务活动中,征税国不能将一些经营活动直接定义为主营业务活动或非主营业务活动,应该对企业依靠服务器进行的营业活动进行个例分析,经营相同的业务可能最后判定的结果不同,不能一概而论。

(3)电商对营业代理人构成常设机构的影响

除了以"物的要素"构成常设机构存在以外,OECD 范本和 UN 范本中还规定了以"人的要素"构成的常设机构存在——即营业代理人,营业代理人又分为有独立地位的代理人和非独立地位的代理人两种。具体来说就是,只要电商企业在来源地国的实际经营活动是通过设立营业代理人进行的,即使该电商企业没有在收入来源地国建立任何的固定营业场所或设施,也可以依营业代理人判定其在收入来源地国设有常设机构,来源地国则有权对其进行税收管辖。电商环境中,电商主体在进行跨境营业活动时,必须要通过营业网址才能进行,而该营业网址是由收入来源地国的某个服务器提供商提供的,因此,可能成为电商主体营业代理人的只有设在来源地国的服务器提供商。电商主体与该服务器提供商之间会形成一个购买或租用服务器的协议,服务器提供商为电商主体提供维持网址的服务,在整个经营活动中起到了关键性的作用,这样看来,服务器提供商显然起到了营业代理人的作用。但是向电商主体提供维持网址服务就是服务器提供商的常规业务,服务器提供商有独立的地位,不从属于任何电商主体,因此,在判定服务器提供商成为电商主体在来源地国设立的营业代理人时,也应当将其判定为具有独立地位的代理人。根据税收协定范本的规定,具有独立地位的代理人进行的被授权经营活动,不能是自己的常规业务。但一般服务器提供商的常规业务就是为各个电商主体提供服务,只有在服务器提供商只为一家电商主体提供维持网址的服务时,才超出了服务器提供商的常规业务,此时才可能满足常设机构的判断标准。

(三)税收管辖权与国际重复征税

跨境电子商务的发展,不仅给我们国家带来经济效益,跨境电子商务也为社会带来了众多价值,如改善消费者福利、促进完善电信网络、推动创业与创新等等。然而,在带来经济效益和社会价值的同时,跨境电子商务也改变了传统经济活动模式,跨境电子商务下的所得税性质划分不清楚、常设机构难以判定、法人居民身份认定标准适用冲突以及管理机构标准难以使用,对原有的基于传统经济活动模式的税收管辖权带来了冲击,严重影响了税收管辖权

跨境电子商务

的有效行使，侵害了我国在税收领地的主权。跨境电子商务交易的特点却在无形中伤害了各国的税收管辖权，包括导致利润征税地与价值创造地之间错位、模糊所得性质和来源地等，使得税收管辖权规则无法很好地适用于对跨境电子商务交易所得进行征税，有可能会造成重复征税问题。国际重复征税是由不同国家的税收管辖权同时叠加在一笔所得之上引起的。这种国与国之间税收管辖权的交叉重叠可以分为两种情况，即相同的税收管辖权相互重叠和不同税收管辖权相互重叠。

1. 两国同种税收管辖权交叉重叠

国与国之间同种税收管辖权相互重叠主要是由有关国家判定所得来源或居民身份标准行贿冲突造成的。一旦同一笔所得被两个国家同时判定为来自本国，或者同一纳税人被两个国家同时判定为本国居民，那么两个国家的地域管辖权与地域管辖权或者居民管辖权与居民管辖权就会发生交叉重叠。另外，如果一个纳税人具有双重国籍，而这两个国家又都行使公民管辖权，则两国的公民管辖权也会发生交叉重叠。

2. 两国不同种税收管辖权交叉重叠

国与国之间不同种类的税收管辖权相互重叠有三种情况：①居民管辖权与地域管辖权的重叠；②公民管辖权与地域管辖权的重叠；③公民管辖权与居民管辖权的重叠。由于世界上大多数国家都同时实行地域管辖权和居民管辖权，因此这两种税收管辖权的交叉重叠最为普遍。

二、跨境电子商务避免同种税收管辖权重叠所造成的国际重复征税的方法

如上所述，两个国家的同一种税收管辖权发生交叉重叠主要是由有关国家判定居民身份或所得来源地的标准相互冲突造成的。为了防止两个国家同种税收管辖权重叠造成的跨境电子商务国际重复征税，国际社会上有必要在判定标准相互冲突的情况下对各国税收管辖权进行一定的约束，以避免两个国家依照各自的税法对同一个本国居民或同一笔本国来源的所得同时征税。针对跨境电子商务的国际税收管辖权问题，国际社会相继发布了有利于各自税收利益的制度和提案。其中，世界经合组织 OECD 作为具有代表性的国际组织，其发布的税收协定范本是世界各国处理国际税收问题的指导性文件，尤其是税收协定范本中对"常设机构"概念的定义更是得到了世界各国的认可和应用。除了 OECD 之外，美国等国家从其国内法出发研究跨境电子商务的税收对策，依次发布了专门的报告和法律政策。

（一）国际上对跨境电子商务税收管辖权的约束

1. OECD 对跨境电子商务税收管辖权的约束

作为重要的政府间国际经济组织，OECD 旨在共同应对全球化带来的经济、社会和政府治理等方面的挑战，并把握全球化带来的机遇。因而，为了更好地把握跨境电子商务为全球社会带来的机遇，促进相应的技术发展，OECD 很早就将关注重点放在了跨境电子商务上。在税收领域，OECD 倾向于对其采取中性的态度：不对电商交易包括跨境电子商务交易所得开征新税种和附加税，也不对其免税，而是修改原有的税收制度中与常设机构相关的政策，使其适用于电商的环境。并且，OECD 将其观点落实到了方案和行动中，为各国提供参考。

（1）增加与电商常设机构有关的注释

1997 年 11 月，OECD 在发布的《电商：对税务当局和纳税人的挑战》中指出，为应对电商带来的挑战，研究重点不应放在建立一个新的税收规则，而是应放在如何使原有的税收制

度适应互联网和电商。随后,2000年12月20日,OECD财政事务委员会在《关于在电商中适用的常设机构的定义的解答》中,针对税收协定范本第五条常设机构,增订了在电商条件下如何确定常设机构的注释,包括①网站不构成常设机构,OECD在增订注释42.2指出,网站只是软件和数据的结合物,本身不存在场所、设备、机器等有形物质,不符合营业场所的定义。而根据OECD协定范本第五条可知,常设机构指企业进行全部或部分经营活动的固定场所。因而,网站不构成常设机构。②服务器可构成常设机构,OECD在增订注释42.2指出,储存网站并为之提供访问服务的服务器是一个有形存在的设备,这对运营服务器的企业来说,符合固定经营场所的要求。此外,OECD在增订的42.3、42.4、42.6、42.7注释中分别指出,符合固定经营场所要求的服务器还需要满足以下条件,才能被认定为常设机构:a.服务器由企业所支配,包括拥有(或租的)并运营用于储存和运行网站的服务器;b.服务器长时间放置在某特定场所;c.经营活动通过服务器进行;d.服务器提供的经营活动不是预备性或辅助性的。③网络服务提供商可构成常设机构,OECD在增订注释42.10指出,如果网络服务提供商有权且经常以其服务企业的名义与他人订立合同,那么网络服务提供商能成为该企业的代理人,成为该企业的代理类常设机构。但是,事实上,这些网络服务提供商一般都是独立代理人,借助自身拥有的服务器向企业提供网址维护服务属于其常规经营活动,而且,网络服务提供商往往同时为多个企业的网站提供服务器,不为单一企业所支配,因而,并不构成其他企业的常设机构。

(2)扩大常设机构的内涵和外延

为解决跨境电子商务等经济活动对数据和用户参与度日益依赖导致现有常设机构规则无法有效应对的情况,OECD提出了新概念和规则以扩大常设机构的内涵和外延。在2014年9月16日发布的《第1项行动计划:关于数字经济面临的税收挑战的报告》中,OECD提出了两个方案。一个是以"显著存在"概念来替代目前的常设机构概念,并依据与客户关系的紧密性、互动性为标准判定"显著存在"。另一个是引入基于"显著数字化存在"的新联结度规则:那些在市场所在地仅需保持极少物质实体存在即可开展核心经营活动且从事的是"非物质性数字活动"的企业,若与市场所在地的经济存在实质性的持续互动,即可被认为"显著数字化存在",在市场所在地的该国构成了应纳税的常设机构。

2. UN范本对跨境电子商务下常设机构的认定

UN协定范本中对跨境电子商务背景下常设机构的认定与OECD税收协定范本的内容没有太大区别。对于网址是否构成常设机构的问题上,联合国国际贸易法委员会在《电商示范法》中采用"功能等同"的方法,即根据网址能否实现与固定营业场所、设施或者营业代理人一样的作用来判定其是否在来源地国构成常设机构。具体而言,常设机构的构成需同时满足以下标准:(1)网址在网络上活动持续的时间是否满足一定条件。各国可以在订立税收协定时规定网址构成常设机构时需满足的最短延续时间。(2)企业需通过该网址进行了全部或主要的营业活动,且该活动与企业的盈利有实质性的联系。(3)该网址能否实现完成全部或大部分交易环节的作用,并且对来源地国范围内的客户实质发挥了这样的功能。

综上可以看出,OECD范本与UN协定范本认为,原有的常设机构标准仍然能够在电商环境中适用,但应当与时俱进的做出符合电商特点的修改,扩大常设机构的外延,同时赋予常设机构新的内涵。

3. 欧盟的电商税增值税

1997年7月发表的《波恩宣言》,明确了欧盟对电商征税的态度。1998年6月,欧盟委员会在其通过的《关于保护增值税收入和促进电商发展》的报告中明确规定了对电商征收增值税。1999年颁布的《网上交易税收准则》中规定不对电商开辟新税种,只征收增值税,同时规定对以数字产品为交易对象的贸易仍需征税,并采取电子化的纳税申报方式。2003年7月正式实施的《增值税指导法案》中,规定了所有以数字商品和服务等无形商品为交易对象的电商主体应该在欧盟的某个成员国内进行税收登记并缴纳增值税,然后再由收到增值税费的国家的税务机关把税款转移给消费者所在国家。2015年1月起实行的《欧盟增值税新规》就跨境电子商务征税问题做出了补充规定,增加了电商的征税范围,将电商的增值税税率规定为统一的比例税率。2017年年底,欧盟制定了针对跨境电子商务的《增值税规范化新法案》,该法案规定了跨境卖家只需按季度统一向欧盟结算增值税,大大简化了纳税方式;规定电子书和普通书籍或采取统一的征税规则,但目前欧盟对电子书和普通书籍的跨境交易仍采取不同的征税制度,对电子书正常征税但对普通书籍的跨境交易一般会降税甚至免税。

欧盟的电商税收制度中,规定将购买产品或接受服务的一方的所在地判定为收入来源地,并由该来源国实现税收管辖权力,由电商活动的消费者承担纳税义务,实际上是恪守来源地税收管辖权原则的体现,从本质上保障了所得来源地国的税收利益。

(二)完善税收管辖权制度,避免重复征税现象

1. 坚持地域管辖权优先性

在面对跨境电子商务税收管辖权问题时,通常会考虑是实行地域管辖权还是居民管辖权。税收管辖权是一国政府在税收方面的主权,因而,一国在选择实行何种税收管辖权的时候,往往反映了该国的经济地位以及利益考量。而我国目前的跨境电子商务发展相比发达国家还有一定的距离,还处于跨境电子商务净输入国的地位,坚持地域管辖权优先性,能更好地在无界化和虚拟化的电商交易中,维护我国的税收主权,保证财政收入,减少国外跨境电子商务企业对我国本土企业的冲击,促进我国跨境电子商务的发展。在流转税方面,我国坚持地域管辖权优先性,可参考欧盟的电商增值税和数字服务税政策的规定,将通过跨境电子商务购买产品或接受服务的一方的所在地判定为收入来源地,并由来源国实行税收管辖权力。在所得税方面,我国坚持地域管辖权优先性,则需要完善与所得税有关的常设机构标准在跨境电子商务下的适用问题。

2. 调整常设机构的认定规则

跨境电子商务对地域管辖权的一大影响就是令常设机构规定难以适用,主要原因是我国现有的常设机构认定规定已无法适应跨境电子商务的环境。我国现有的常设机构规定分布在《企业所得税法》及其实施条例、国税发〔2006〕35号文、国税发〔2010〕75号文、国家税务总局公告2018年第11号和与其他国家签订的避免双重征税协定等。其中,《企业所得税法》第二条第二款和其实施细则第四条对需要在中国境内缴纳所得税的非居民企业的规定类似于常设机构,但又不局限于常设机构,更多的是强调有实际或实质性联系,一定程度上扩大了适用的非居民企业的范围,包括从事跨境电子商务的非居民企业。然而,相应的税收征管规定却存在缺陷,不适用于跨境电子商务的情况。

目前,我国税收协定中,对于准备性或辅助性活动的判定原则还是按照国税发〔2006〕35号文的版本。但是,在过去的十多年,随着商业模式的变化,有些曾是传统经济模式下准备

性或辅助性的活动,可能已经逐渐成为某些行业的核心业务,比如对传统贸易来说只是准备性或辅助性的货物储存和交付活动,对于跨境电子商务交易来说却已至关重要,构成了企业销售与分销活动的关键组成部分。因此,有必要及时对辅助性或辅助性活动的定义和范围以及常设机构例外条款与时俱进地做出调整。而且,OECD 已在《BEPS 第 7 项行动计划:关于常设机构利润归属的附加指南》中,给出了许多案例来帮助确定哪些活动在数字经济和跨境电子商务交易下已不再是准备性和辅助性的情况,这为我国做出修改提供了宝贵的参考方向。因而,短期内先修改准备性或辅助性活动的定义和范围,并限制常设机构例外条款的适用范围仅为准备性或辅助性活动,是可行且有必要的。

3. 加强国际合作

"一带一路"倡议的推进让众多国家达成共识,致力于推进电商的发展。由于跨境电子商务的主体分处于不同的国度,产生的税收问题也因此具有国际性,只有加强国际间的税收协调与合作才能更好地解决电商税收问题。我国在与世界其他各国协作的时候,应当遵循国际税法的各项基本准则,保障国家税收主权,推动电商的健康发展。在此过程中,为了解决当前电商所遇到的问题与困境,更为了积极推动建立国际间良好公平的国际贸易税收新秩序,维护我国的税收主权和合法权益,我们要综合各方,无论合作方是发达国家(地区)还是发展中国家(地区),与世界上各个国家(地区)进行协作,并积极参与国际社会所发起的各项税收活动。

首先,加强国际税收情报交换。跨境电子商务交易涉及多个国家,而以互联网为媒介的跨境电子商务交易又具有隐蔽性、匿名性、无界化、高流动性、虚拟性等特点,使得一国税务当局仅凭自己的力量很难掌握跨境电子商务交易包含的所有信息。因此,相比于一国闷头苦干,积极参与到国际税收合作中,加强国际税收情报交换,能有效提升跨境电子商务交易信息的透明度和获取能力。

其次,积极与国际社会一同研究税收问题。跨境电子商务税收管辖权问题涉及多方利益,是全球性问题。若在解决相关问题时,闭门造车,不与国际社会积极协调合作,会导致解决方案与国际社会方案相脱离,在日后的国际税收分配中产生问题,甚至丧失税收主权。因此,应与国际社会一起积极探讨跨境电子商务税收管辖权的问题,建立一致认可的解决方案,维护我国税收管辖权,与国际社会实现共赢。

最后,加强国际交流,更新避免双重征税协定。我国已与超过 107 个国家签订了避免双重征税协定,其中生效的避免双重征税协定为 101 个,生效的避免双重征税协定中只有 25 个是近十年初次签订或更新后再次签订的。然而,随着经济的发展和商业模式的变化,在避免双重征税协定中曾经适用的一些条款可能已不再适用,正如前文分析的常设机构认定规则。因此,为了在新经济时代,有效避免国际双重征税,保障税收主权,应与已签订双重税收协定的国家积极交流,适时修订协定,同时,也要友好平等地与未和我国签订双重税收协定的国家协商,保障双方利益。

三、跨境电子商务税收处理方法

(一)跨境进口电商

鉴于 B2B 的跨境进口按一般进口贸易处理,本文重点分析跨境零售进口业务。跨境零

跨境电子商务

售进口,最初的模式是海淘,即国内消费者直接在境外 B2C 平台上购物,并通过转运或直邮等方式将商品邮寄回国。大部分海淘的商品无法直邮送达,需要通过在境外设有转运仓库的转运公司代为收货(即在网上下单时,收货地址是转运仓库),再由转运公司将货物自行或委托第三方物流公司运至境内,耗时较长。因语言、支付方式等限制,最初的海淘在实际操作中较有难度,于是出现了代购,在分分钟买遍全世界的概念促使下,海淘与代购的业务量与日俱增,随着天猫国际、京东全球购等大型电商平台的上线,消费者海淘更为便捷。

目前,跨境零售进口的模式还可分为"直购进口"与"保税进口"。"直购进口"模式是指符合条件的电商平台与海关联网,境内消费者跨境网购后,电子订单、支付凭证、电子运单等由企业实时传输给海关,商品通过海关跨境电子商务专门监管场所入境。"保税进口"模式,又称 B2B2C(Business to Business to Customer)模式或备货模式,是指商家预先将海外商品大批量运至国内保税仓备货,当消费者在网上下单后,由国内保税仓进行配货打包,并为单个订单办理通关手续,再委托国内物流公司派送到消费者手中。

"直购进口"模式与"保税进口"模式对比:

表 6-1

对比项目	直购进口	保税进口
模式类型	进口 B2C 模式	进口 B2B2C 模式
海关监管特色	电子订单、支付凭证、电子运单实时传输,实现阳光化清关	货物存放在海关监管场所,可实现快速通关
适用企业	代购、品类宽泛的电商平台、海外电商	品类相对专注、备货量大的电商企业
发货地点	国外	保税港、保税区
时效	7~10 天	5 天以内
商品种类	更丰富	有限制

对于跨境零售进口电商业务,相关主体的税务处理如下:

(1)电商平台

电商平台的收入主要有平台服务费;直营、直采取得的产品差价收入;广告收入。

①平台服务费

电商平台向卖家收取的平台服务费及按照卖家交易量收取的佣金手续费均按"信息技术服务——信息系统增值服务(电商平台服务)"缴纳增值税。

②自营、直采取得的产品差价收入

有些电商平台产品全部或部分为自营,获取商品购销差价,对此按照销售货物缴纳增值税。

③广告收入

电商平台提供的各类视频、链接等广告服务,除按"文化创意服务——广告服务"缴纳增值税外,还需缴纳文化事业建设费。

(2)境内消费者

《关于跨境电子商务零售进出口商品有关监管事宜的公告》(海关总署公告 2016 年第 26 号)、《财政部、海关总署、国家税务总局关于跨境电子商务零售进口税收政策的通知》(财关税〔2016〕18 号)出台后,境内个人消费者通过天猫国际等跨境电子商务平台购物,需按进口货物征收关税、进口环节增值税与消费税(以下简称"新规")。操作要点如下:

第六章 跨境电子商务税收与保险

①新规适用于属于《跨境电子商务零售进口商品清单》范围内的以下商品：

a.所有通过与海关联网的电商交易平台交易,能够实现交易、支付、物流电子信息"三单"比对的跨境电子商务零售进口商品。

b.未通过与海关联网的电商交易平台交易,但快递、邮政企业能够统一提供交易、支付、物流等电子信息,并承诺承担相应法律责任进境的跨境电子商务零售进口商品。

②个人消费者是进口货物的纳税义务人,电商企业、电商交易平台企业或物流企业可作为代收代缴义务人。实务中,一般由电商平台或电商企业(卖家)代收代缴,境内消费者支付的款项中包含进口环节的税收。

③个人单次交易限值为人民币2 000元,年度交易限值为人民币20 000元。在限值以内进口的跨境电子商务零售进口商品,关税税率暂设为0%；进口环节增值税、消费税暂按法定应纳税额的70%征收。超过单次限值、累加后超过个人年度限值的单次交易,以及完税价格超过2 000元限值的单个不可分割商品,均按照一般贸易方式全额征税。需要注意的是,对于跨境零售进口商品,作为一项特殊规定处理,而不同于一般贸易,这里的完税价格是指实际交易价格(包括货物零售价格、运费和保险费)。

详见表6-2：

表 6-2

	未超限额	超过限额
关税	0	关税＝实际交易价格×关税税率
增值税	增值税＝(实际交易价格)÷(1－消费税税率)×增值税税率×70%	增值税＝(实际交易价格)÷(1－消费税税率)×增值税税率
消费税	消费税＝(实际交易价格)÷(1－消费税税率)×消费税税率×70%	消费税＝(实际交易价格)÷(1－消费税税率)×消费税税率

备注:进口税款缴纳形式为人民币。进口货物以外币计价成交的,由海关按照签发税款缴纳证之日国家外汇管理部门公布的人民币外汇牌价的买卖中间价折合人民币计征。人民币外汇牌价表未列入的外币,按国家外汇管理部门确定的汇率折合人民币。同时,完税价格金额计算到元为止,元以下四舍五入。完税税额计算到分为止,分以下四舍五入。

④海关放行后30日内未发生退货或修撤单的,代收代缴义务人在放行后第31至第45日内向海关办理纳税手续。自海关放行之日起30日内退货的,个人可申请退税,并相应调整个人年度交易总额。

⑤根据财关税〔2016〕18号文件,不属于跨境电子商务零售进口的个人物品以及无法提供交易、支付、物流等电子信息的跨境电子商务零售进口商品,按现行规定执行。这里的按现行规定执行,是指对于无法提供三单比对的进口商品或是非个人自用的物品,征收行邮税。行邮税不是一个独立的税种,是指对旅客行李物品、个人邮递物品以及其他个人自用物品,除另有规定以外,均由海关按照《入境旅客行李物品和个人邮递物品进口税税率表》征收的进口税(包括关税和增值税、消费税)。根据海关总署公告2010年第43号规定,应征进口税税额在人民币50元(含50元)以下的,海关予以免征。新规出台的同时,行邮税税率相应调整,从原先的10%、20%、30%和50%四档税率调整为15%、30%和60%(表6-3)。

表 6-3

税号	物品名称	税率(%)
1	书报、刊物、教育用影视资料；计算机、视频摄录一体机、数字照相机等信息技术产品；食品、饮料；金银；家具；玩具、游戏品、节日或其他娱乐用品	15
2	运动用品(不含高尔夫球及球具)、钓鱼用品；纺织品及其制成品；电视摄像机及其他电器用具；自行车；税目1、3中未包含的其他商品	30
3	烟、酒；贵重首饰及珠宝玉石；高尔夫球及球具；高档手表；化妆品	60

⑥对于非个人的企业跨境进口商品，按一般进口货物的相关规定征收关税、进口环节增值税与消费税。

(3)境外商家

境外商家不适用于我国境内税法的相关规定。

(4)其他服务提供商

在跨境进口业务中，物流与支付结算是两个关键环节。物流公司收取的运输费用按"交通运输服务"缴纳增值税，其中，涉及国际运输服务的可适用增值税零税率，如果是以无运输工具承运方式提供国际运输服务，免征增值税。物流公司收取的仓储费用按"物流辅助服务——仓储服务"缴纳增值税，增值税一般纳税人可以选择适用简易计税方法适用征收率3%。结算公司收取的费用按"金融服务——直接收费金融服务"缴纳增值税。

(二)跨境出口电商

1999年，阿里巴巴实现了跨境出口的互联网化，发展至今，跨境出口电商经历了信息服务、在线交易、全产业链服务三个阶段。当时预计2017年，跨境电子商务在进出口贸易总额中的渗透率将达到20%左右，其中跨境出口占跨境贸易的比重80%以上。根据对象不同，跨境电子商务可分为B2B、B2C、C2C，根据服务方式的不同，跨境电子商务可分为第三方开放平台与自营型平台或是两者结合。随着跨境出口电商的发展，物流是跨境出口电商的关键环节，常见的有EMS、中邮小包、TNT、UPS等，为了改善用户体验、降低物流成本，越来越多卖家开始自建或寻找第三方海外仓备货。

对于跨境出口电商，相关主体的税务处理如下：

(1)电商平台

根据电商平台性质的不同、提供服务的差异，电商平台通常涉及下列收入：

①平台服务费

跨境出口电商平台一般会收取刊登费(如eBay)、平台月费(如亚马逊)、技术服务费(如速卖通)等，均需按"信息技术服务——信息系统增值服务"计算缴纳增值税。值得一提的是阿里巴巴的速卖通，自2016年1月开始，对所有平台按照所属行业，分别收取技术服务费，收取的服务费将按不同的行业以不同的年销售总额来进行返还，对此，速卖通在收到技术服务费时缴纳增值税，当根据销售业绩返还一定比例服务费时，按照《财政部、国家税务总局关于全面推开营业税改征增值税试点的通知》(财税〔2016〕36号)规定的销售折扣折让处理，开具增值税红字发票冲减销售收入、增值税销项税额。

②成交手续费

跨境出口电商平台会根据各自的业务规则收取不同比例的成交手续费，例如亚马逊根据不同行业收取不同比例的佣金(表6-4)，需按"商务辅助服务—经纪代理服务"缴纳增值税。

表 6-4

商品分类	佣金比例
金条、银条	5％
手机通信、数码、数码配件、电脑、办公用品、大家电、个护健康、美容化妆、食品	8％
图书、音乐、服装鞋靴、箱包配饰、运动户外休闲、家居（床上用品、卫浴、厨具、家居装修、园艺、工具）、小家电、玩具、母婴、酒类、乐器、汽车用品、其他	10％
宠物用品、钟表	12％
珠宝首饰	15％

③其他

a.需要注意的是，境内商家入驻境外的跨境电子商务平台出口商品，例如入驻 Wish 平台（跨境电子商务界的黑马，主打跨境电子商务平台移动端），平台向境内的单位或个人收取的服务费，属于财税〔2016〕36 号文件第十三条规定的"境外单位或者个人向境内单位或者个人销售完全在境外发生的服务"不征增值税。

b.《国家税务总局关于外贸综合服务企业出口货物退（免）税有关问题的公告》（国家税务总局公告 2014 年第 13 号）规定，为国内中小型生产企业出口提供物流、报关、信保、融资、收汇、退税等服务的外贸企业为外贸综合服务企业，该类企业以自营方式出口国内生产企业与境外单位或个人签约的出口货物，符合文件规定的具体条件的，可由外贸综合服务企业按自营出口的规定申报退（免）税。据此，一达通、外综服等 B2B 平台即可以外贸综合服务平台的身份提供出口贸易服务并申报退免税。

(2)境内商家

①根据《财政部、国家税务总局关于跨境电子商务零售出口税收政策的通知》（财税〔2013〕96 号）规定，电商出口企业出口货物（财政部、国家税务总局明确不予出口退（免）税或免税的货物除外，下同），同时符合下列条件的，适用增值税、消费税退（免）税政策：

a.电商出口企业属于增值税一般纳税人并已向主管税务机关办理出口退（免）税资格认定；

b.出口货物取得海关出口货物报关单（出口退税专用），且与海关出口货物报关单电子信息一致；

c.出口货物在退（免）税申报期截止之日内收汇；

d.电商出口企业属于外贸企业的，购进出口货物取得相应的增值税专用发票、消费税专用缴款书（分割单）或海关进口增值税、消费税专用缴款书，且上述凭证有关内容与出口货物报关单（出口退税专用）有关内容相匹配。

②根据财税〔2013〕96 号规定，不符合上款规定，但同时符合下列条件的，适用增值税、消费税免税政策：

a.电商出口企业已办理税务登记；

b.出口货物取得海关签发的出口货物报关单；

c.购进出口货物取得合法有效的进货凭证。

③从事一般跨境出口业务（非零售业务），即 B2B 的境内商家，其向境外销售商品按一般货物出口办理，根据具体情况进行增值税退免税。

(三)跨境电子商务国际重复征税的减除办法

1. 扣除法

扣除法是指一国政府在对本国居民的国外所得征税时,允许其将该所得负担的国外税款作为费用从应税国外所得中扣除,只对扣除后的余额征税。根据扣除法,一国政府对本国居民已负担国外税收的跨国所得仍要按本国税率征税,只是应税所得可被外国税款冲减一部分。因此,扣除法只能减轻而不能彻底消除所得的国际重复征税。

由于扣除法不能彻底解决国际重复征税问题,而且它不鼓励居住国的纳税人对外投资,所以《经合组织范本》和《联合国范本》都不主张在国与国之间签订的双重征税协定中采用扣除法解决国际重复征税问题。但一些国家在国内税法中规定,纳税人可以使用扣除法作为消除双重征税的备选方案,或是用于解决本国纳税人跨国间接投资的双重征税问题(因有的国家规定股权比重低于一定比例的境外投资不能办理外国税收抵免)。例如,美国《国内收入法典》规定,凡美国公民、居留侨民和国内公司在外国缴纳的所得税,可以采用扣除法从美国应税所得中扣除,也可以采用抵免法冲抵应缴纳的美国所得税税款。又如,荷兰《避免双重征税法》规定,纳税人缴纳的国外预提税只有根据税收协定才能抵免荷兰的税收,否则其已缴纳的预提税只能作为费用从应税所得额中扣除(但纳税人在与荷兰没有税收协定的发展中国家缴纳的预提税可以抵免荷兰的税收)。此外,日本、德国、法国、瑞士、英国、爱尔兰、韩国、泰国、菲律宾、智利等国也都允许纳税人在一定条件下采用扣除法。例如,德国税法规定,除了适用于参与免税的境外股息、红利以外,其他境外所得要在德国纳税,并允许实行外国税收抵免,但超过抵免限额的外国税款不能向以前年度以及以后年度结转;与此同时,允许纳税人选择扣除法解决双重征税问题,这样纳税人在亏损的年度选择扣除法就比较有利。因为在亏损年度,企业不需要缴纳所得税,所以也不存在外国税收抵免的问题,此时选择扣除法还可以将外国税款作为费用进行税前扣除,从而加大年度亏损,这样还有利于以后年度少缴纳所得税。又如,泰国税法规定,外国税收抵免需要具备一定的条件,不符合抵免条件的外国税款可以作为费用在计算应纳税所得额时在行税前扣除。我国税法过去也有扣除法的规定。

2. 减免法

减免法又称低税法,即一国政府对本国居民的国外所得在标准税率的基础上减免一定比例,按较低的税率征税,对其国内来源所得按正常的标准税率征税。减免法只是居民来源于国外的所得征税的税率越低,越有利于缓解国际重复征税。但由于减免法只是居住国对已缴纳外国税款的国外所得按减低的税率征税,而不是完全对其免税,所以它与扣除法一样,也只能减轻而不能免除国际重复征税,因此,《经合组织范本》和《联合用行本》也都没有推荐减免法作为避免双重征税的方法,只有个别国家在国内税法中曾使用过这种方法来缓解国际重复征税。例如,过去比利时所得税法规定,对本国公司从国外分支机构取得的所得减征 75% 的公司所得税。

3. 免税法

免税法是指一国政府对本国居民的国外所得给予全部或部分免税待遇。需要指出的是,一国实行免税法并不等同于实行单一的地域管辖权,而且免税法只有在实行居民管辖权的国家才有意义,即一国政府根据居民管辖权本应对其居民的国外所得征税,但出于种种考虑，才全部或部分地放弃了这种征税权。而那些仅实行地域管辖权的国家，由于放弃了居民管辖权，其对本国居民的国外所得本来就不征税，所以也就不存在对国外所得免税的问题。不过，一国实行单一的地域管辖权和一国对国外所得免税，其效果对于居民纳税人来说是一样的。免税法使居住国完全或部分放弃对本国居民国外所得的征税权，从而使纳税人只需或主要负担所得来源国的税收，因此它可以有效地消除国际重复征税。鉴于此，《经合组织范本》和《联合国范本》都将免税法列为避免国际重复征税的推荐方法之一。

4.抵免法

抵免法的全称为外国税收抵免法，即一国政府在对本国居民的国外所得征税时，允许其用国外已纳的税款冲抵在本国应缴纳的税款，从而实际征收的税款只为该居民应纳本国税款与已纳外国税款的差额。显然，抵免法可以有效地免除国际重复征税。由于抵免法既承认所得来源国的优先征税地位，又不要求居住国完全放弃对本国居民国外所得的征税权，所以它有利于维护各国的税收权益。但是，抵免法对本国跨国公司的海外投资特别是高税国的跨国公司有很大的抑制作用。目前《经合组织范本》和《联合国范本》都将抵免法列为已签订了税收协定的国家可选的避免双重征税的一种方法。目前，我国无论是国内税法还是对外谈签的税收协定，都采用抵免法来解决跨国所得的双重征税问题。

（1）抵免限额

前面已经指出，抵免法是指居住国允许本国居民用国外税款冲减本国应缴税款的一种方法。但是，居住国与来源国的所得税税率并不相同。根据抵免法，如果来源国的税率低于居住国，则纳税人在用来源国税款冲抵本国应纳税款以后，还要按居住国税率与来源国税率的差额向居住国补交税款；如果居住国税率与来源国税率相同，则纳税人可以用来源国税款完全抵免掉这笔外国所得应缴纳的本国税款，居住国也不需要再补征税款。现在的问题是，如果来源国税率高于居住国，即同一笔所得在来源国负担的税收高于其在居住国际缴纳的税收，居住国如何进行抵免？是把本国纳税人在来源国多缴纳的税款退还给他或用冲抵该纳税人国内所得应缴纳的税款（这种做法又称全额抵免，full credit），还是实行有限额的普通抵免（ordinary credit），即居住国应纳税款的抵免额不能超过国外所得按照居住国税率计算的应纳税额（抵免限额）。

在实践中，各国为了保证本国的税收利益，都实行普通抵免。因为实行全额抵免后，如果低税国居民到高税国进行投资，则低税国政府不仅得不到任何税收上的好处，从该居民国内所得中本应得到的税收还会受到损害；假如低税国的居民只有来源于国外的所得，在居住国没有任何所得，那么在全额抵免的情况下，低税国政府还要从其他居民缴纳的税收收入中拿出钱来给他一定的补偿（即退税）。上述两种情况是各国都不愿看到的，所以实行抵免法的国家都规定本国纳税人只能在抵免限额以内进行抵免。我国的税法也有这种规定。《中华人民共和国企业所得税法》第二十三条规定："企业取得的下列所得已在境外缴纳的所得税税额，可以从其当期应纳税额中抵免，抵免限额为该项所得依照本法规定计算的应纳税额。"

（2）直接抵免和间接抵免

①直接抵免。直接抵免是指居住国的纳税人用其直接缴纳的外国税款冲抵在本国应缴纳的税额。一国居民直接缴纳外国税款，可以是自然人居民到国外从事经济活动取得收入而向当地政府纳税，可以是居住国的总公司设在国外的分公司（总公司与分公司在法律上属

于同一法人实体)向所在国缴纳税款,也可以是居住国母公司从国外子公司取得股息、利息等投资所得而向子公司所在国缴纳预提税。所以,直接抵免一般适用于自然人的个人所得税抵免、总公司与分公司之间的公司所得税抵免以及母公司与子公司之间的预提所得税抵免。直接抵免的计算方法比较简单。由于用于抵免本国税款的是居住国纳税人直接缴纳的外国税款,所以只要纳税人缴纳的外国税款不超过本国的抵免限额,全部外国税款都可以用于冲减本国的应纳税额。用直接抵免法计算应纳居住国税额的公式为:

$$应纳居住国税额=(居住国所得+来源国所得)\times 居住国税率-实际抵免额$$
$$=纳税人全部所得\times 居住国税率-实际抵免额$$

②间接抵免。间接抵免是"直接抵免"的对称。居住国政府对视同本国居民公司间接缴纳的外国所得税所给予的抵免。间接抵免是适用于跨国母子公司之间的税收抵免。

母子公司之间是一种参股或控股的不同经济实体之间的关系。母子公司分别核算盈亏,分别缴纳税款。作为母公司的投资回报,子公司要按控股比例向母公司支付股息,股息是子公司向其所在国缴纳完所得税后利润的一部分,即属已税所得,母公司所在国要行使居民管辖权征税,自然要把包括收到子公司股息在内的来自各国的所得汇总计征所得税,股息部分因此而发生重复征税。

第三节 跨境电子商务保险

一、传统国际贸易保险

国际贸易保险是以对外贸易货物运输过程中的各种货物作为保险标的的保险。外贸货物的运送有海运、陆运、空运以及通过邮政送递等多种途径。对外贸易运输货物保险的种类以其保险标的的运输工具种类相应地分为四类:海洋运输货物保险、陆上运输货物保险、航空运输货物保险、邮包保险。

(一)海洋运输货物保险

海洋运输货物保险是保险人以海上运输的货物为保险标的,对货物在运输过程中发生自然灾害和意外事故造成的经济损失负赔偿责任的保险。我国海洋运输货物保险的主要险别有:(1)平安险(Free from Particular Average, F. P. A.),国际上称为"不包括单独海损险"。保险人承担自然灾害和意外事故造成货物的全部损失,运输工具遭受灾害事故而造成货物的部分损失以及有关费用的赔偿责任。(2)水渍险(With Average/With Particular Average, W. A. 或 W. P. A),国际上称为"包括单独海损险"。保险人除承担平安险的责任外,还承担因自然灾害事故造成货物部分损失的赔偿责任。(3)一切险。保险人除承担平安险和水渍险的保险责任外,还承担各种外来原因,如短少、短量、渗漏、碰损、钩损、雨淋、受潮、发霉、串味等造成货物的全部损失或部分损失的赔偿责任。此外,另有附加险,包括战争险和罢工险等。

1. 平安险

平安险这一名称在我国保险行业中沿用甚久。英文原意是指单独海损不负责赔偿。根据国际保险界对单独海损的解释,它是指部分损失。因此,平安险的原来保障范围只赔全部损失。但在长期实践的过程中对平安险的责任范围进行了补充和修订,当前平安险的责任范围已经超出只赔全损的限制。

2. 水渍险

水渍险的责任范围除了包括上列"平安险"的各项责任外,还负责被保险货物由于恶劣气候、雷电、海啸、地震、洪水等自然灾害所造成的部分损失。

3. 一切险

一切险的责任范围除包括上列"平安险"和"水渍险"的所有责任外,还包括货物在运输过程中,各种外来原因所造成保险货物的损失。不论全损或部分损失,除对某些运输途耗的货物,经保险公司与被保险人双方约定在保险单上载明的免赔率外,保险公司都给予赔偿。

(二)陆上运输货物保险

陆上运输货物保险是承保铁路、公路货物运输损失的保险,分为陆运险和陆运一切险两种。陆运险的承保责任相当于海洋运输货物保险中的水渍险;陆运一切险的承保责任与海运险中的一切险雷同。陆运险和陆运一切险的承保责任有:被保险货物在运输途中遭遇自然灾害或意外事故,包括在驳运过程中,因运输工具受损所造成的损失;被保险人对遭受承保责任内危险的货物采取抢救、防止或减少货损的措施而支付的合理费用;被保险货物在陆运途中外来原因所致的全部或部分损失。

1. 陆运险的责任范围

被保险货物在运输途中遭受暴风、雷电、地震、洪水等自然灾害,或由于陆上运输工具(主要是指火车、汽车)遭受碰撞、倾覆或出轨。如在驳运过程中,包括驳运工具搁浅、触礁、沉没或由于遭受隧道坍塌、崖崩或火灾、爆炸等意外事故所造成的全部损失或部分损失。保险公司对陆运险的承保范围大致相当于海运险中的"水渍险"。

2. 陆运一切险的责任范围

除包括上述陆运险的责任外,保险公司对被保险货物在运输途中由外来原因造成的短少、短量、偷窃、渗漏、碰损、破碎、钩损、雨淋、生锈、受潮、发霉、串味、玷污等全部或部分损失,也负赔偿责任。

3. 陆上运输货物保险的除外责任

①被保险人的故意行为或过失所造成的损失。
②属于发货人所负责任或被保险货物的自然消耗所引起的损失。
③由于战争、工人罢工或运输延迟所造成的损失。

保险责任的起讫期限与海洋运输货物保险的仓至仓条款基本相同,是从被保险货物运离保险单所载明的启运地发货人的仓库或储存处所开始运输时生效。包括正常陆运和有关水上驳运在内,直至该项货物送交保险单所载明的目的地收货人仓库或储存处所,或被保险人用作分配、分派或非正常运输的其他储存处所为止。但如未运抵上述仓库或储存处所,则以被保险货物到达最后卸载的车站后,保险责任以 60 天为限。不过,在陆上运输货物保险中,被保险货物保一运险和陆运一切险外,经过协商还可以加保陆上运输货物保险的附加险,如陆运战争险等。陆运战争险与海运战争险,由于运输工具有其本身的特点,具体责任有一些差别,但就战争险的共同负责范围来说,基本上是一致的。即对直接由于战争、类似战争行为以及武装冲突所导致的人,如货物由于捕获、扣留、禁制和扣押等行为引起的损失应负责赔偿。

(三)航空运输货物保险

航空货物运输保险是以航空运输过程中的各类货物为保险标的,当保险标的在运输过程中因保险责任造成损失时,由保险公司提供经济补偿的一种保险业务。

1.保险范围

(1)凡在中国国内经航空运输的货物均可为本保险之标的。

(2)下列货物非经投保人与保险人特别约定,并在保险单(凭证)上载明,不在保险标的范围以内:金银、珠宝、钻石、玉器、首饰、古币、古玩、古书、古画、邮票、艺术品、稀有金属等珍贵财物。

(3)下列货物不在保险标的范围以内:蔬菜、水果、活牲畜、禽鱼类和其他动物。

2.保险责任

由于下列保险事故造成保险货物的损失,保险人负赔偿责任:

(1)火灾、爆炸、雷电、冰雹、暴风、暴雨、洪水、海啸、地陷、崖崩;

(2)因飞机遭受碰撞、倾覆、坠落、失踪(在三个月以上),在危难中发生卸载以及遭受恶劣气候或其他危难事故发生抛弃行为所造成的损失;

(3)因受震动、碰撞或压力而造成破碎、弯曲、凹瘪、折断、开裂的损失;

(4)因包装破裂致使货物散失的损失;

(5)凡属液体、半流体或者需要用液体保藏的保险货物,在运输途中因受震动、碰撞或压力致使所装容器(包括封口)损坏发生渗漏而造成的损失,或用液体保藏的货物因液体渗漏而致保藏货物腐烂的损失;

(6)遭受盗窃或者提货不着的损失;

(7)在装货、卸货时和港内地面运输过程中,因遭受不可抗力的意外事故及雨淋所造成的损失。

在发生责任范围内的灾害事故时,因施救或保护保险货物而支付的直接合理费用,但最高以不超过保险货物的保险金额为限。

(四)邮包保险

以邮包方式将货物发送到目的地可能通过海运,也可能通过陆上或航空运输,或者经过两种或两种以上的运输工具运送。不论通过何种运送工具,凡是以邮包方式将贸易物货运达目的地的保险均属邮包保险。邮包保险按其保险责任分为邮包险(parcel post risks)和邮包一切险两种。前者与海洋运输货物保险水渍险的责任相似,后者与海洋运输货物保险一切险的责任基本相同。

1.邮包险

邮包险负责赔偿被保险邮包在运输途中由于恶劣气候、雷电、海啸、地震、洪水等自然灾害或由于运输工具遭受搁浅、触礁、沉没、碰撞、倾覆、出轨、坠落、失踪,或由于失火、爆炸等意外事故所造成的全部或部分损失。此外,该保险还负责被保险人对遭受承保责任范围内危险的货物采用抢救、防止或减少损失的措施而支付的合理费用,但以不超过获救货物的保险金额为限。

2.邮包一切险

邮包一切险包括邮包险的责任外,还负责被保险邮包在运输途中外来原因所致的全部或部分损失。

二、跨境电子商务保险含义及产生的必要性

(一)跨境电子商务保险的含义

保险,本意为稳妥可靠保障,萌芽于海上贸易的风险分摊形式,后发展成一种保障机制,用来规划人生财务的一种工具,是市场经济条件下风险管理的基本手段,是金融体系和社会保障体系的重要的支柱。其主要是指投保人根据合同约定,向保险人支付保险费,保险人对于合同约定的可能发生的事故因其发生所造成的财产损失承担赔偿保险金责任,或者被保险人达到合同约定的年龄、期限等条件时承担给付保险金责任的商业保险行为。从经济角度看,保险是分摊意外事故损失的一种财务安排;从法律角度看,保险是一种合同行为,是一方同意补偿另一方损失的一种合同安排;从社会角度看,保险是社会经济保障制度的重要组成部分,是社会生产和社会生活"精巧的稳定器";从风险管理角度看,保险是风险管理的一种方法。

保险承载着覆盖国际贸易中长期保存风险和发挥经济赔偿作用的原始使命,同时新保险产品也应运而生,用以对接数字化贸易遇到的新问题。跨境业务保险除了跨境电子商务一般的正品险、货损险、丢件险、有效期险及延时险之外还包括出口信用保险、跨境人员意外伤害保险、跨境车险、跨境货物运输保险、跨境工程保险、替代种植保险、跨境人民币结算再保险业务等。由此可以得出,跨境电子商务保险即跨境电子商务企业为了应对意外风险损失等购买的一份保障合约,用以分担企业在发生合同约定的情况时产生的损失。

(二)跨境电子商务保险的产生

跨境电子商务从用户感知的层面来看,只是一个下单、支付、物流派送的过程。但实际在底层的供应链层面,是一个非常复杂的体系,包括海关报关清关、检验检疫、跨境运输、海外仓储、采购分销等诸多环节。我们曾经简单梳理过,一个跨境电子商务订单需要经历15个环节才会到达消费者手中。跨境电子商务是一个很大的产业链,而非一个单一"场景"。这个产业链的不同环节存在着不同类型的风险点,需要分门别类地对这些风险进行缜密的分析和风险的管理,用户不会因为了解跨境消费的环节多、流程长等就为极差的购物体验买单,在跨境消费的过程中发生的退货、延迟、丢失、破损、假货等风险对于用户来讲都是不可控的,而这些不可控的因素往往会影响平台,影响跨境电子商务服务商的口碑。

当前我国跨境电子商务经营主要以出口为主,并形成了初步规模,跨境电子商务平台的大卖家很多都是由传统工贸工厂和国内电商转型而来的,部分传统工贸工厂意识到未来订单从集中化走向碎片化,逐渐由跨境电子商务 B2B 转型为 B2C;而国内电商最容易赚钱的红利期已经过去,平台的流量需要靠资金投入来获得,部分卖家亦发挥现有的运营优势转型做跨境电子商务。在更高利润的驱动下,越来越多的跨境卖家建立起了自有品牌,站内外引流,通过海外仓的物流把产品卖给更多的海外消费者。同时,跨境电子商务发展过程中衍生出不同的组织形态与业务模式,许多卖家为了避免对跨境平台的过度依赖,提前构思和布局,借助跨境平台和自建网站双管齐下,更好地满足消费者需求,也为企业发展提供多层保障。随着跨境电子商务线上线下的不断融合,用户的良好体验势必会促进产业进一步发展。虽然我国跨境电子商务经营已经形成了较好的发展形势,但我国跨境电子商务经营还处于发展阶段,经营中还存在一定风险,仍需进行不断改革与完善。

跨境电子商务

(三)跨境电子商务的风险

1. 汇率风险

跨境电子交易往往包括跨境商品交易、支付结算、物流配送等服务环节,从支付到结算存在时间差。跨境电子商务时效产生汇率风险。跨境电子商务完成交易过程的各阶段时效是影响汇率风险的重要因素。以跨境 B2C 收款为例,从用户下单到商家将货款结汇到国内账户,要经历四个阶段:一是用户下单、商家发货到用户收货的物流时间,视不同国家和物流方式,需要 3~15 天不等;二是用户收到产品后确认收货时间,因用户操作习惯而异,平台自动确认收货通常为 5~7 天;三是商家发起提款,平台将货款划转至对应的收款账户,有的电商平台为 T+7,即发起提款后七天到账;四是商家通过收款服务商,从海外账户转到国内账户并完成结汇。不同平台受时效影响存在一定差异,如速卖通受全部四个阶段时效影响,而亚马逊、eBay 则不需要买家确认收货,因此不受第一、二阶段时效影响。具体来说支付资金大多会在第三方支付平台(比如 Papal 和连连 Pay)上保留一段时间,在该期间内会出现无法避免的汇率波动,这无疑会给跨境电子商务企业带来风险。

2. 知识产权侵权风险

相较于传统的知识产权侵权问题而言,跨境电子商务领域内的知识产权侵权问题具有明显"无界性"。所谓"无界性",是指跨境电子商务往往是发生在 2 个或以上国家、地区主体之间的贸易,该类交易涉及的跨境往往不受地域、国界限制,交易对象也不仅限于境外的单一的国家或地区。而知识产权却具有明显的地域性,受政治、文化及经济发展水平影响,各个国家对本国知识产权的立法、保护内容、保护力度等方面存在着诸多差异,且其权利的保护范围也仅在该国有效。因此,在跨境电子商务贸易中,尤其是 B2C 模式下,即便跨境电子商务经营者在其本国就所销售的产品享有合法的知识产权,也无法确保其在产品所销售到的国家拥有合法的知识产权。因为这样做不仅本身是很难实现的,而且会大大增加经营成本,降低经济效率。这种跨境电子商务的无界性和知识产权保护的地域性特征之间的矛盾,是跨境电子商务领域知识产权侵权问题产生的根本原因。

近年来,随着我国跨境电子商务交易规模的极速增长,跨境电子商务领域的纠纷,尤其是知识产权类纠纷也日渐增多,知识产权已经成为境外企业制约我国跨境电子商务从业者的重要竞争手段之一。2015 年年初,由于涉嫌销售仿冒产品,中国 5 000 余名商户使用的 PayPal 账户被美国法院的临时限制令冻结,涉及金额高达 5 000 万美元,最终因应诉维权成本高、法律意识单薄等原因,不少商户 PayPal 账户被清零,中国企业无故遭受了巨大的经济损失;无独有偶,在 2018 年-2019 年,小猪佩奇商标及著作权权利人娱乐壹英国有限公司聘请美国律师,以相同的"钓鱼取证"方式,再次利用法院的临时限制令,冻结了中国上千家企业的 PayPal 账户。在 B2C、C2C 模式下,跨境电子商务出口商往往通过第三方平台网站进行产品销售,而用户网购的产品往往是基于生活所需,具有品种多样、单笔交易额低、交易单数量大等特点,一旦发生知识产权纠纷,往往会通过第三方平台网站的交易规则解决纠纷,而很少会通过单独起诉的方式解决,因此,平台交易规则是否公平公正也影响着知识产权纠纷的产生。然而,平台规则的制定往往还受制于平台所在国法律的规定,如所在国过分保护本国交易者的权利,那最终通过平台规则或平台所在国法律裁决出来的结果往往对我国卖家不利。就目前而言,除阿里巴巴外,亚马逊、ebay 等大型跨境电子商务平台的经营者大部分是美国、欧洲企业,对知识产权侵权纠纷案件的解决有着主导权。以亚马逊平台为例,依照该平台规则,一旦发现涉嫌侵害知识产权的行为,在未得到法院有效裁决前,平台有权下架、冻结电商用户的账户,一旦采取下架产品、冻结账户的措施,对卖家用户来说一方面增加了维权及应诉压力,另一方面也意味着长时间地错失交易机会。

3. 物流风险

纵观我国物流基础设施的建设现状,现有的物流基础设施并不完善,无法满足国内跨境电子商务企业出口业务的经营与发展,在一定程度上增加了跨境电子商务企业的经营成本,并使海外消费者的消费体验有所下降。同时,跨境电子商务企业的物流运输要比国内物流更为复杂,涉及清关等环节,不仅会增加物流运输的时间,有些产品还会出现损毁丢失的现象,这些都是跨境电子商务企业在发展过程中普遍面临的风险之一。

(1)跨境物流自身风险

跨境电子商务企业经营与发展过程中无法避免跨境物流自身所带来的风险,风险形成的原因主要是产品在运输过程中会经过多个实体,每一次经手都会产生一定程度的不确定性,使得风险产生的概率大大增加。

(2)海关通关风险

与传统物流以及电商相比,其所面对的是一个国家内不同地区的产品的销售与运输,复杂程度较低,不会受到海关通关等影响。对于跨境电子商务而言,信息数据虽能够通过互联网进行无限制的传递与分享,但产品却会遭受各种各样的检查。因不同国家针对产品入关检查的标准与内容等均有所不同,容易出现产品通过过程中出现扣押、扣留或没收的现象。再加上外汇的变动会使得产品的出口退税具有较大的困难,而这些都在一定程度上增加了跨境电子商务企业的物流风险。

(3)清关风险

因不同国家海关规定及标准不同,跨境电子商务企业在经营与发展的过程中需要时刻关注出口国家海关规定的变化及其相关的法律法规,必须准确填写出口商品情况,避免因不了解相关法律法规而导致商品扣押等现象。

(4)仓储风险

对于通过海外仓发货的商品,企业通常会结合以往销售情况提前准备,形成批量之后,运输至海外仓,因此企业对需求的准确预测是决定仓库正常周转的前提。此外,货物仓储存在一定的资金占用风险,货物积压导致企业资金周转困难,加大仓储成本,严重影响产品销售。另外,海外仓储的不规范管理、存储量信息反馈不及时、商品未按要求存放、货物分拣方式不当等都会增加仓储风险。

(四)保险对跨境电子商务的作用

1. 出口信用保险的作用

(1)在保险责任范围内,一旦发生相关保险事故,跨境电子商务企业能获得一定的赔偿。当跨境电子商务企业在合法合理地进行外贸交易,因各种原因不能按时收取货款时,作为投保人的跨境电子商务企业有权就此向保险人申请赔偿,而作为保险人的出口信用保险公司有义务及时根据签订的相关保险合同赔偿跨境电子商务企业的经济损失,帮助跨境电子商务企业避免因货款原因造成资金断流而遭受重大损失,进而为企业正常的运作提供一定的帮助。

(2)经营出口信用保险的保险公司往往能为跨境电子商务企业提供有关进口商详细准确的信息,帮助跨境电子商务企业做出正确贸易决策。作为国家支持的大型出口信用保

跨境电子商务

公司,其往往拥有丰富的贸易操作经验,以及多种多样的信息收集渠道的优势,这些是一般企业所无法比拟的。因此,跨境电子商务企业往往可以利用出口信用保险公司的信息优势来做出贸易判断,尤其对于刚步入外贸市场的企业而言,这些信息显得尤为重要。

(3)出口信用保险在帮助中小跨境电子商务企业选择进口商,扩大出口方面起到了关键性作用。现实中,许多中小跨境电子商务企业在接受海外订单时,往往会出现订单不敢接或无力接等现象,这在一定程度上制约着企业的发展。之所以会出现这种现象,是因为跨国外贸交易信息的不对称以及公司资金实力有限。然而,倘若中小跨境电子商务企业投保了相关出口信用保险,则保险公司往往能够为其提供进口商相关贸易信息,以筛选出信誉良好、资金实力不错的进口商。

2. 贷款保证保险的作用

(1)贷款保证保险能够切实解决中小跨境电子商务企业融资难问题。由于中小跨境电子商务企业融资渠道狭窄,并且多依赖于商业银行贷款,而商业银行贷款存在多种因素限制,贷款门槛较高,使得中小企业贷款难,而贷款保证保险却能很好地解决企业融资难的问题,跨境电子商务企业通过缴纳较少的保费,获得保险公司的担保,从而获得商业银行的贷款来帮助企业渡过资金紧张的难关。

(2)贷款保证保险可以有效分散商业银行中小跨境电子商务企业贷款的风险。商业银行之所以不愿放低贷款门槛,大力开展中小跨境电子商务企业贷款业务,是因为害怕中小跨境电子商务企业经营不善,无力偿还贷款,使得贷款容易造成呆账、坏账等不良贷款,从而加重商业银行的运营压力。然而,引入贷款保证保险后,保险公司能够通过资信评估严格把关中小跨境电子商务企业,即使其无法按时还款,保险公司也能按照贷款保证保险合同的相关约定,向商业银行赔付一定的金额,这就分散了商业银行对中小跨境电子商务企业贷款的风险。

(3)贷款保证保险能够放大保险公司的担保能力,帮助更多的企业获得融资,并获得更多的保费,以增加保险公司的收益。贷款保证保险形式上相当于担保,实质上是保险,其作为一项保险险种,其给保险公司创收的主要途径就是保险费。保险公司通过扩大承保资信较好的中小跨境电子商务企业的贷款保证保险,来获得更多保险费的同时,也帮助了更多企业获得融资。

3. 其他保险

(1)针对物流风险,可以投保海上保险。海上保险是保险人和被保险人通过协商,对船舶、货物及其他海上标的所可能遭遇的风险进行约定,被保险人在交纳约定的保险费后,保险人承诺,一旦上述风险在约定的时间内发生并对被保险人造成损失,保险人将按约定给予被保险人经济补偿的商务活动。海上保险属于财产保险的范畴,是对由于海上自然灾害和意外事故给人们造成的财产损失给予经济补偿的一项法律制度。通过海上保险,跨境电子商务企业可以把物流风险转移给保险公司,即使出险,也能根据海上保险合同的相关约定获得相应的赔偿,以弥补损失。

(2)对于汇率变动风险和费用增加风险,我国还未出现此类相对应的险种,但是国际上已有汇率变动保险和费用增加保险。汇率变动保险承保的是一定条件下的汇率变动对出口商造成的损失;而费用增加保险一般只承保成本中本国制造的部分(一些国家还不包括原材料),其目的是帮助本国出口商固定出口成本,便于他进行成本核算、合理报价。

第六章　跨境电子商务税收与保险

本章小结

概述跨境电子商务税收的含义及其问题的产生、面临的挑战及影响；跨境电子商务税收重复征税问题产生及解决方法；传统国际贸易保险与跨境电子商务保险的差异。

关键概念

跨境电子商务税收含义（进口关税、进口增值税、流转税、出口货物退免税、所得税）、跨境电子商务保险定义。

思考题

1. 何为跨境电子商务税收含义？跨境电子商务在经营中会涉及的税种有哪些？其定义分别是什么？
2. 跨境电子商务对税收管辖权有哪些影响？
3. 国际重复征税包括哪两种情况？
4. 跨境电子商务避免同种税收管辖权重叠所造成的国际重复征税的方法有哪些？
5. 跨境零售进口电商业务的相关税务是如何处理的？
6. 跨境电子商务保险的定义是什么？
7. 跨境电子商务经营风险有哪些？
8. 保险对跨境电子商务有哪些作用？

本章案例

跨境电子商务零售进口税收包括关税、增值税与消费税三种。根据《财政部海关总署国家税务总局关于跨境电子商务零售进口税收政策的通知》（财关税〔2016〕18号，以下简称18号文）规定，自2016年4月8日起，对跨境电子商务零售进口货物征收进口税收。

2019年4月3日，国务院总理李克强主持召开国务院常务会议，决定下调对进境物品征收的行邮税税率，促进扩大进口和消费。从2019年4月9日起，调整对个人携带进境的行李和邮递物品征收的行邮税税率，其中对食品、药品等商品，税率由15%降至13%；纺织品、电器等由25%降为20%。

根据调整，税目1、2的税率将分别由现行15%、25%调降为13%、20%。调整后，行邮税税率分别为13%、20%、50%。适用于13%一档的物品包括书报、食品、金银、家具、玩具和药品。适用于20%一档的物品包括运动用品（不含高尔夫球及球具）、钓鱼用品、纺织品及其制成品。适用于50%一档的物品包括烟、酒、贵重首饰及珠宝玉石、高档手表、高档化妆品。2018年财政部、海关总署、税务总局发布《关于关于完善跨境电子商务零售进口税收政策的通知》（财关税〔2018〕49号），将跨境电子商务零售进口商品的单次交易限值由人民币2000元提高至5 000元，年度交易限值由人民币20 000元提高至26 000元。在限值以内进口的跨境电子商务零售进口商品，关税税率暂设为0%；进口环节增值税、消费税取消免征税额，暂按法定应纳税额的70%征收。

跨境电子商务

超过单次限值、累加后超过个人年度限值的单次交易,以及完税价格超过2 000元限值的单个不可分割商品,均按照一般贸易方式全额征税,自2019年1月1日起执行。

案例:

2019年1月20日,消费者A在海关联网电商交易平台进行身份信息认证后,购买跨境电子商务零售进口化妆品2500元人民币(完税价格,下同)。2018年12月20日,消费者B从国外旅游邮寄进口化妆品2 500元。2019年1月24日,消费者C未进行身份信息认证,并以其他人的名义付款,购买跨境电子商务零售进口化妆品2 500元。已知化妆品消费税税率为30%,增值税为13%,关税为50%,行邮税化妆品税率为50%,消费者A、B、C分别需要缴纳进口税款如下:

1. 消费者A

消费者A在4月20日购买跨境电子商务零售进口化妆品,应按照18号文规定,以实际交易价格(包括货物零售价格、运费和保险费)作为完税价格,分别计算并缴纳对关税、增值税与消费税进口环节税款,也可由电商企业、电商交易平台企业或物流企业代收代缴。而由于购买化妆品金额在限制以内,因此其关税税率为0%。

应纳消费税税额=(完税价格+实征关税税额)÷(1-消费税税率)×消费税税率×70%=(2 500+0)÷(1-30%)×30%×70%≈750(元)。

应纳增值税税额=(完税价格+实征关税税额+实征消费税税额+实征关税税额)×增值税税率×70%=(2 500+0+750)×13%×70%≈296(元)。合计进口税收应纳税额=实征关税税额+实征消费税税额+实征增值税税额≈0+750+296=1 046(元)。

2. 消费者B

消费者B由于是在2019年1月1日之前购买进口化妆品,仍按照原行邮税政策纳税,由于其购买金额超过限额,应按照一般贸易方式全额征税,征收消费税、关税、增值税。

应纳关税税额=完税价格×关税税率=2 500×50%=1 250(元)。

应纳消费税税额=(完税价格+实征关税税额)÷(1-消费税税率)×消费税税率×70%=(2 500+1 250)÷(1-30%)×30%×70%≈1 125(元)。

应纳增值税税额=(完税价格+实征关税税额+实征消费税税额+实征关税税额)×增值税税率×70%=(2 500+1 250+1 125)×13%×70%≈444(元)。

合计进口税收应纳税额=实征关税税额+实征消费税税额+实征增值税税额≈1 250+1 125+444=2 819(元)。

3. 消费者C

消费者C虽然在4月20日购买跨境电子商务零售进口化妆品,但未通过海关联网的电商交易平台进行身份信息认证,且非本人支付物品的货款,也未超过单次购买5 000元,故适用现行行邮税政策。应纳进口税=完税价格×进口税税率=2 500×50%=1 250(元)。

(案例来源:由编者改编自税屋网《跨境电子商务进出口税收政策与案例分析》,王文清、叶全华,2016.8.29)

第七章 跨境电子商务客户服务

学习目标

◆ 知识目标：

了解跨境电子商务客服的工作范畴及跨境电子商务客服人员需具备的知识和能力素养。熟悉跨境电子商务主要目标国的客户网络消费特点及商务礼仪，掌握跨境电子商务客服的沟通技巧，促成在线交易，提高成交率。掌握收集跨境客户信息的渠道与方法，理解影响跨境客户忠诚度的因素，切实落实以客户为中心，提升客户忠诚度。

◆ 能力目标：

培养学生掌握跨境电子商务客户关系管理的基本理论、方法，让学生懂得处理跨境电子商务实务中不同类型的纠纷；同时具备调查客户信息、获得客户的需求信息的能力；能通过客户消费数据、大数据判断客户倾向，培养学生细致、认真精益求精的工匠精神和具体分析问题、解决问题的辩证思维。

◆ 思政目标：

让学生掌握跨境电子商务客服职业技能与在线沟通技巧，了解跨文化沟通禁忌，掌握基本礼仪，形成敬业、守信、高效、协作、精益求精等职业道德与素质，使学生能自觉树立培养良好的职业道德及职业习惯的意识；培养学生树立爱国意识，培养家国情怀与民族自信；树立正确的从业理念、价值意蕴和社会主义核心价值观。

引导案例

众腾公司在阿里巴巴旗下的跨境电子商务平台全球速卖通上开了网店，专门出售该公司的各类花卉种子。网店设计风格、种子类型等均符合欧美客户的需求，刚开始网店销量很不错。但在之后几个月里，情况急转直下，由于该种子公司对跨境电子商务客户服务不重视及语言不通，加上跨境交易使物流运输条件比境内的更复杂、对商品的包装要求更高、运输时间更长，以及公司对客户关于商品的投诉视而不见，客户评价里经

跨境电子商务

常会出现这样的投诉:"Survived for only 20 days.""Never will buy here""kind of disappointed."等等。众腾种子公司对这种情况没有进行很好的处理,导致投诉越来越多,退货率、纠纷率直线上升,销售量严重下降,直接影响到了网店的正常运营。

请思考:假设你是众腾种子公司的客服人员,如果遇到上述评价,你会如何应对?请分析跨境电子商务客服的主要职责及其对整个平台运营的作用。

随着互联网信息技术的不断发展与升级、物流技术的进步,跨境电子商务在近年来得到了很大的发展。由于订单的"小单化""碎片化"及"多频次",企业对跨境电子商务在线服务的需求也日益增大。然而,跨境电子商务在线客服与境内淘宝天猫商城等网站的"店小二"及传统的外贸销售员有很大不同,它不仅包括为客户提供服务,也承担着促进销售、管理监控等职能。

第一节 跨境电子商务客服职业技能

跨境客服的工作是一个窗口,通过该窗口客户能够了解店铺所卖产品的特性、功能,获得更完善的解答、更快速的反馈、更优质的服务。开展跨境客服工作并不难,难的是把跨境客服工作从普通做到优秀,从优秀做到卓越。提供卓越的跨境客服工作,前提是要对跨境客服管理岗位的工作有全方位的认识。

一、跨境电子商务客服的工作范畴

跨境电子商务客服属于电子商务客服的一种,是基于互联网的一种客户服务工作。跨境电子商务客服人员承担着客户咨询(价格、物流)解答、订单业务受理、商品推广、处理纠纷和投诉等职能,通过各种沟通工具为不同国家或地区的客户服务。跨境电子商务客服人员是企业信息的传递者,肩负着将客户对商品的建议、网站平台运营操作的意见等反馈及时传递给公司内部其他相关部门的重任。

跨境电子商务客服的工作范畴可概括为四部分,主要是解答客户咨询、解决售后问题、促进销售与管理监控。

(一)解答客户咨询

跨境电子商务客服人员的首要工作是答疑解惑,B2C 跨境电子商务平台的订单通常碎片化、多频次,客户会对卖家的商品或服务提出大量问题,因此,客服人员主要对"商品"和"服务"提供答疑服务。

首先,对商品方面的咨询进行解答。目前,境内从事跨境电子商务的企业主要有贸易公司、生产销售一体化企业、电商平台代运营服务公司等,贸易公司和电商平台代运营服务公司,一般同时经营多种商品,种类繁多,从 3C 商品,即计算机(Computers)、通信(Communication)和消费类电子商品(Consumer Electronics),到玩具、服装、箱包、珠宝等。这些商品类目涉及众多行业,所需的商品专业知识跨度大、专业性强,这使客服工作变得更加复杂。另外,跨境电子商务的产品规格存在地域差异。例如鞋子的尺码,国际上有几种常见的标法:欧洲码(EUR)、美国码(US)、英国码(UK)以及日本码(JP),各不相同。而我国则采用厘米数来衡量鞋的尺码大小,如23厘米。因此,若有英国客户说"I would like to buy the sandals at size 5.5",跨境电子商务客服人员应该知道这是指多大的鞋子。再如,电器设备的标规也因地区而异,中国境内的电压是220V,日本的电压是110V,英国的电压是200V。由于电压不同,电源插头在欧洲、日本、美国的要求也各异。面对如此多的不同,跨境电子商务客服人员一方面需要充分掌握产品的信息,另一方面需要知悉不同国家和地区的产品差异,这样才能为客户做出客观完整的解答,提出可行的解决方案。

其次,对服务问题进行解答。由于跨境电子商务的交易流程、服务内容比境内电商站复杂,跨境电子商务客服人员需要回答客户有关商品的运输物流方式、运输时间、海关报关清关以及产品是否符合他国的安全性标准等疑问。为减少客户由于线上购物而产生的实物体验不佳,降低跨境交易的复杂性,提升客户购物体验,提高服务满意度,客服人员需主动联系客户,如发邮件询问客户的偏好配送时间、确认发货地址等,力求让客户满意。

(二)解决售后问题

售后服务是企业保持或扩大市场份额的重要条件。正如美国著名销售人员乔·吉拉德认为真正的销售始于售后,售后是下一次销售的开始。客服人员利用售后服务的契机,与客户交流,了解需求,赢得信赖。优质的服务既能提升商品的价值,又能带来更多的潜在客户。售后服务质量的高低,与客户的沟通是否顺畅,会直接影响客户的购物满意度。由于货物是跨境销售,因此整个销售过程比境内电商更为复杂,销售完成时间更长。为减少纠纷,客服人员应该主动联系客户,将产品的实时状况如发货、物流等通知客户,让客户及时掌握订单最新动态,体现专业性也让客户感受到卖家的重视,跨境电子商务客服通过积极主动的联系,可以拉近与客户的关系,淡化国界和网络带来的距离感和陌生感,让客户感受到购物的愉悦感和体验感。

根据下单后的流程,跨境电子商务的售后服务可划分为:客户下单后,告知客户物流情况,如更新包裹状态,包裹运输延迟时主动为客户调整收货时间;鼓励客户好评与分享;妥善处理客户纠纷。

告知客户物流情况。货物发出后,客服人员可以给客户发邮件,及时告知客户物流情况。承诺的售后服务一定要兑现。

鼓励客户好评与分享。客户对商品正面的评价在电商时代尤为重要,这是口碑传播的重要途径。但一般客户是不会主动撰写或分享使用商品的心得,因此,跨境电子商务客服的一个重要任务就是巧妙邀请客户对商品进行评论,增加商品的好评率。客服人员应在客户收到货物后向客户发邮件,邀请对方到电商平台上对商品做出好评。需要注意的是,邮件发送的频率不宜过高,以免引起客户反感;而且请求好评邮件只能跟客户购买的商品有关。客服人员不能向客户有偿索要好评,否则一些跨境电子商务平台,如亚马逊会对卖家进行处罚。

对客户的不良评价或差评及时跟进解释,若出现纠纷,妥善处理客户纠纷如果客户对商品做出负面评论,或有纠纷出现,客服人员应立即跟进,查询客户差评的原因,努力消除客户的误会,客观分析客户诉求,提出合理的解决办法,争取令双方都满意。例如:客户投诉只收到部分产品时,客服应及时联系客户并询问具体收到的数量,继而提出补发或赔偿等补救措施。

(三)促进销售

销售与促销往往被认为是营销人员的工作。但实际上,在跨境电子商务领域,客服若能充分发挥主观能动性,也可能为企业和团队创造巨大的销售业绩。例如:当客户拍下产品但没有付款时,客服人员要分析客户未付款原因,是因为价格、质量、物流,还是其他因素的影响。在与客户沟通的过程中,客服可以通过强调产品卖点提高客户的购买欲,例如:在产品描述中使用"high quality"或"with competitive price",也可以说产品是"popular"或者"good value for money";如果是当季热销品,可以用"hot sale"等表达方式。客服对于产品的销售作用不仅体现在售前的产品咨询,更体现在售后的二次营销。优秀的跨境电子商务客服人员通过整理交易数据,可以识别有潜力、可持续交易的客户,有针对性地维系双方关系并推荐优质产品,使对方持续稳定下单,成为老客户。

根据阿里巴巴的统计,国外客户中有很大比例的小额批发客户习惯在全球速卖通平台寻找质优价廉、品种丰富的中国产品。这些客户的购物模式通常是先挑选几家中国卖家的店铺采购小额样品,在确认样品的质量、款式以及卖家的服务水平之后,再试探性地增加单笔订单的数量和金额,逐渐将双方的关系发展为稳定的"采购-供应"关系。因此,客服的服务水平与质量很大程度上影响着订单的成交。好的客服人员需具备营销的意识和技巧,把零售客户中的潜在批发客户转化为实际的批发客户。

(四)管理监控

以上三项工作内容是针对客户购买流程所提供的服务,可以说是对外的,而"管理监控"是对内的。跨境电子商务由于其跨国交易、订单零碎的属性,在日常的团队管理中容易出现混乱的情况。无论是在产品开发、采购、包装、仓储、物流,还是在海关清关环节,出现问题的概率都比境内电商更大。当出现问题时,由于环节非常多,责任无法确认到位,会导致问题进一步扩大与恶化;如果工作流程中的缺陷不能被有效地发现和解决,则可能引起更严重的损失。因此,对任何一个团队而言,团队的管理者都必须建立一套完整的问题发现与问责机制,当问题出现后,及时弥补流程性缺陷。在跨境电子商务岗位中,客服就充当了这一角色。虽然客服人员并不直接参与团队的管理,但是作为整个团队中每天直接面对客户的岗位,客服人员要聆听并解决客户提出的所有问题,是团队中最先意识到问题的关键人员。

跨境电子商务团队必须充分发挥客服人员的监控职能。客服人员须定期将遇到的客户问题分类归纳,并及时反馈给销售主管、采购主管、仓储主管、物流主管以及总经理等各管理人员,为这些部门的决策者调整岗位和优化工作流程提供第一手的参考信息。

二、跨境电子商务客服的作用和意义

跨境电子商务的竞争日趋激烈,优质的客户服务作用凸显。提高客户服务质量,建立客户对商品或服务的忠诚度,可以争取客户信任,赢得市场。具体来说,跨境电子商务客服的作用和意义有以下几点。

(一)塑造企业形象

客户在购买商品的过程中会对其接触到跨境电子商务客服人员的服务态度、水准与质量等方面进行客观的评价。优质的客户服务有助于树立企业的良好形象,良好的企业形象是提升客户信任的保证,进而有助于提高企业的销售量,并为企业赢得客户口碑。

(二)提高成交率

跨境电子商务客服人员是企业接触客户的排头兵,是企业的形象代表,其服务质量的好坏直接影响客户满意度,从而影响着销售的成交率。客服人员及时、耐心地解答客户的问题,如售前对商品的咨询、物流情况等,让客户觉得放心可靠、服务质量好,可以促使客户购买。相反,客服人员服务态度冷淡,不回应客户的咨询,客户就会转投其他服务好的供应商,使店铺流失订单,对企业造成损失。

(三)提高客户回头率

跨境电子商务行业的竞争非常激烈,企业获取新客户的成本比赢取回头客的成本要高得多,因为企业需要在店铺流量引流、营业推广等方面花费大量的成本以吸引新客户,而把现有客户转变成回头客,甚至忠诚客户,除了商品自身质量好和定期对客户赠送福利以外,优质的服务是关键,进而赢取客户的二次、三次甚至是多次周期性购买,为企业赢取长期利益。

(四)提供优质客户体验

跨境电子商务企业应建立一套完整的服务体系,包括售前、售中与售后等环节的服务内容,满足客户的服务需求。例如:客户在线购买时只能凭商品图片或视频判断商品是否符合要求,他可能会因不确定而放弃购买,但优秀的在线客服人员能洞悉客户未表达的需求和疑虑,并予以一一解答,为其提供贴心的售前咨询帮助,弥补客户在线购买体验不佳的不足。

三、跨境电子商务客服工作所需的技能

为给客户提供专业、周到的服务工作,跨境电子商务客服人员需要具备以下的知识和能力:

(一)外语综合应用能力

拥有第二外语基本的读写能力,能够与国外客户进行顺畅的沟通和交流。目前各大主流跨境电子商务平台以英语为主。此外,也有许多外贸企业在开发俄罗斯、东南亚、拉丁美洲等国家和地区的市场。作为跨境电子商务客服人员,首先必须具备较好的外语综合运用能力,否则没有办法开展后续的工作。

外语的综合运用能力具体指:(1)读写能力,能够读懂并理解外文门户网站及相关跨境电子商务平台网站,能够用准确、专业的外语描述商品特征、公司介绍等信息;(2)说的能力,能够使用流利的外语与境外客户进行有效沟通,尤其是在线沟通;(3)跨文化交际能力,熟悉境外客户的消费习惯和文化背景,尊重对方的文化习俗,避免因文化背景不同而产生矛盾或误会。

(二)国际贸易能力

与境内电商不同,跨境电子商务的交易受国际环境等多因素影响。作为企业的一线服务人员,必须具备扎实的国际贸易知识与技能,主要体现在以下几个方面:(1)熟悉国际贸易完整流程,包括国际贸易的相关规则、具体操作、交易先后顺序、国际快递流程;(2)知悉国际贸易法规,客服人员要充分了解目标国或地区境内的法律法规,以保证企业店铺交易的合法性。特别注意商品知识产权问题,很多跨境电子商务平台设有严格的规定来保护知识产权,如果商家一旦被平台认定为商品侵权,店铺将受冻结甚至被追究法律责任。

(三)电子商务能力

客服人员的电子商务能力主要是指对企业店铺及其网站的日常维护与运营的操作能力,包括:(1)网站编辑能力,熟悉网站的架构设计、电子商务网站的查找及推广信息的发布技巧;(2)商品图片编辑能力,掌握店铺商品拍摄及图片修改的技巧,能够进行商品描述与设置以及商品发布等;(3)商品交易流程熟悉能力,熟悉跨境电子商务平台商品在线交易的流程、货物运输流程等;(4)客户服务能力,能对客户在购买的不同阶段所提出的问题进行解答并具备处理客户问题的服务能力,如售前的商品价格咨询,售中的商品销售、议价,及售后的

跨境电子商务

物流情况、纠纷等处理能力。

(四)市场营销能力

跨境电子商务客服人员的主要职责虽然不是销售,但客户服务属于市场营销、销售、服务与技术支持过程中与客户有关的工作,其作用是通过完善的客户服务和深入的客户分析来满足客户的需求,故跨境电子商务客服人员也需具备相关的市场营销能力。

市场营销能力具体包括:(1)客户需求分析能力,熟悉客户实际需求,并能根据需求准确判断客户的购买意向,向其推荐相关商品;(2)网络渠道营销能力,能够以互联网为载体通过搜索引擎优化(SEO)、搜索引擎营销(SEM)、邮件营销、店铺推广等手段,帮助企业进行市场调研、商品销售、品牌宣传等营销活动。

(五)综合素养能力

优秀的跨境电子商务客服人员除相关专业技能外,还需要具备"软技能"——综合素养能力,才能更好地胜任客服工作。跨境电子商务客服人员的综合素养一般包括以下方面:(1)心理素质,由于跨境电子商务面对的主要是境外客户,时差的缘故,客服人员经常需要晚上上班以适应境外客户的作息时间,面对高强度的工作环境客服人员要有较好的抗压能力和吃苦耐劳的精神;(2)团队协作,良好的团队协调能力,能与团队成员很好地开展工作,服从工作上的安排;(3)商务谈判,客服人员需具备与客户开展有关商品销售的洽谈磋商能力,如议价、交易条款谈判、纠纷处理等。

四、跨境电子商务客服的沟通技巧

跨境电子商务客服与国外客户的在线沟通是跨境电子商务交易过程中的重要步骤。有专业知识和良好沟通技巧的客服,可以打消客户的很多顾虑,促成在线交易,提高成交率。因此,掌握跨境电子商务客服的沟通技巧尤为重要。

(一)遵守国际礼仪

跨境电子商务客服在工作中要遵守国际礼仪,以保障沟通的顺利进行。与面对面沟通可以通过面部表情、肢体语言进行交流不同,网络是虚拟的世界,通过网络无法切实体会客户的感受,因此在跨境电子商务客服的沟通中,对书面语言规范使用的要求很高,细微处都体现着跨境电子商务客服人员的专业性。例如:在称呼前加上"Dear",在结尾加上"Yours faithfully"等词;回信的时候若恰好是周末,带上"Have a nice weekend!"等问候,会给客户亲切感和文化认同感,提高购物的体验。

(二)学会换位思考

跨境电子商务客服在工作中要学会换位思考,切身感受客户所想。站在对方的立场分析问题,给他人一种为他着想的感觉,这种投其所好的技巧常常具有极强的说服力。在回答客户的问题时,尽量从客户角度出发,在不违反原则和不牺牲自身利益的前提下,让客户感受到真诚。例如:如果收到客户消息却没有及时回复,在回信中首句可写"Sorry for the late reply!";如果无法立即告知对方确切的信息,需要告知其后续回复的时间。

(三)表达真实、清晰

跨境电子商务客服在工作中的表达要真实、清晰,以避免不必要的麻烦。和客户交流时,要清楚地表达意见和建议。例如:在遇到不了解的询问时,可以直言不讳地告知客户自己不了解，但稍后会给对方一个确切满意的答复。避讳不懂装懂，也不要含糊不清地回答。另外，回答客户问题不要武断绝对，如"我们的质量绝对没问题""我们的服务绝对一流"等。一旦客户收到的产品与卖家承诺的差距很大时，客户就会给卖家贴上"liar"的标签。

（四）语言言简意赅

跨境电子商务客服在工作中要言简意赅，体现商务语言的特性和专业性。国际商务交往对语言要求高，与日常表达不同，商务语言要求简洁明了，体现专业性。专业、简洁的表达往往事半功倍，相反，则会降低客户的信任感。在回答问题，特别是关键问题时，应全面地回答，不要有所遗漏。针对客户对于产品、价格、性能等的提问，最好能一次性将客户的问题回答全面，这样既可以让客户感受到你的专业性，又可以避免因多次询问和回答而导致的时间浪费。例如：跨境电子商务的物流一直是客户比较关心的问题，如果没有与客户沟通好，则很容易引起纠纷。因此，在发货后，将物流方面的信息详尽地告知客户非常重要。

第二节　跨境电子商务的基本礼仪

跨境客户来自全球不同的国家和地区，不同国家和地区有其特有的风俗习惯，消费者购买需求、心理以及购买行为偏好各异。只有了解跨境客户所在国家的特有文化，才能了解不同国家人们的喜好和需求，从而更好地进行客户关系管理，促进销售业绩的增长。

一、外贸企业的影响

（一）美国

美国被认为是世界上最开放的市场之一，每年进出口贸易额非常大。美国有96%的人口上网，是全球电子商务发展最早也最快的国家。美国电商市场正在不断扩大，到2020年美国电商销售额高达5 230亿美元。美国消费市场主要具有以下特征。

1. 市场规模大，以信贷消费为主

美国是典型的消费主导经济增长模式，人们的消费能力很强，其个人消费占GDP比重一直在70%以上。美国是一个典型的超前消费国家。人们储蓄意识薄弱，个人拥有多张信用卡，消费能力强。而且，美国劳动力成本高，许多劳动密集型商品制造已转移到境外，美国对日用消费品（如文具、服装、鞋类、箱包、饰品、家具、玩具等）的进口需求量大，对商品更新换代需求较快，"喜新厌旧"较为明显。

2. 市场接纳性强

美国是一个多民族构成的移民国家，2020年的人口总数约3.26亿人，他们大多为世界各地不同民族的移民或后裔。他们有着不同的文化传统和风俗习惯，美国人口结构的多元化决定了美国消费品市场的多样化。美国多数居民既习惯于使用本民族及传统的商品，也对世界上其他民族的商品充满好奇与新鲜感，因此美国大众客户对市场上各种商品的接纳性很强，极少排斥。

美国市场容纳性强还体现在对商品档次需求的不同上。不同收入的社会阶层构成了不同层次的消费群体和不同层面的特定消费市场，美国消费市场对商品的高中低档各层次均有较大的需求。

3. 市场法规健全，行业协会左右市场

美国的市场经济比较成熟，政府对企业的经营范围与经营方式很少限制，但对各行各业商品外贸进出口以及批发、零售均有极为详尽的法规要求，且执法严厉，尤其在商标、知识产权等方面。例如亚马逊跨境电子商务平台，对打击侵犯知识产权的经营行为特别严厉，很多境内商家因商品不合规而遭受店铺冻结。因此，在美国从事经营活动，必须学习相关法律法规，依法办事，以免误触法规。

此外，美国各行业都有协会，美国的行业协会在其经济、社会生活中扮演着重要角色。行业协会代表着会员利益，它们会保护本行业的发展和利益，还会为会员提供多种服务，如定期举办各类研讨会和教育培训、协调雇主与雇员的关系、发布相关贸易资讯等，促进协会内企业的持续发展。

4. 市场重质量，讲品牌，尤其重视商品安全

美国是一个法治较为完善的国家，已建立了一套成熟、有效的商品质量安全监管体系。美国政府颁布的与商品质量相关的法律，既有适用所有商品的，如《马克尤逊——摩西保证法》《产品责任法》等，也有仅适用某类商品的，如《国家交通和机动车安全法》《联邦食品、药品和化妆品法》等。这些法律法规，法律条文细致严密，具有较强的可操作性，对如何执法都有明确的指引。另外，美国的商品质量安全监管机构众多，各司其职，如美国食品药品监督管理局（FDA）、美国消费品安全委员会（CPSC）、美国国家环境保护局（EPA）等，它们充分发挥了对商品质量安全的监管职能，确保了广大消费者的安全。所以，美国对商品的质量要求都非常严格，各种商品的标签、包装、说明都要符合美国市场要求，以分清责任。其中最为突出的是安全标准，如电子商品要符合 UL 标准，打火机要防止儿童开启发生火灾，玩具零件不能脱落而被儿童误吞；美国对各类食品的安全要求更为严格，不允许一些商品随意标明有药物功能。

美国客户对商品品牌也有较高的认可度。因为品牌很全面地包含了他们对质量概念的理解，而且也比较准确地表明了美国客户的消费层次。在美国市场上，高、中、低档产品的价格相差很大，一件中高档的西服零售价可以在 500 美元以上，而低档的只有 50 美元左右。同时，美国人对产品的包装也非常讲究。新颖、美观、大方的包装可以吸引他们的眼球。美国人对价格不是特别敏感，在美国市场上，一定要以质量为上。

5. 销售季节性强

美国消费品市场对各种商品的需求均有较强的季节性，通常分春季（3～6月）、夏季（7～9月）和节日季（11～12月）。每个季节都有商品换季的销售高潮，如从感恩节（11月底）开始便是美国人冬季节日购物的季节，而圣诞节是美国商品全年销售旺季，通常占全年销售额的三分之一。美国进口商进口订货均是根据其境内销售季节来组织的。因此，如错过销售季节，这些商品就难以销售，意味着企业这一年度退出了美国市场，甚至被竞争对手长时间排除在市场之外。此外，美国有许多节日，如情人节、母亲节就是商家销售礼品的良机。美国作为移民大国，各个民族都有自己不同的传统节日，这些传统节日也就形成了为数众多的消费市场，商家往往都想方设法利用这些传统节日来促销。根据美国的购物习惯，每月的热销品推荐如下：

1月：冬装促销季（新年，清仓冬装）。

2月：以情人节为主，推荐饰品、珠宝、手表、箱包及春装。

3月：户外产品开始升温，推荐服装、美容化妆品、园艺产品、户外用品。

4月：天气回暖，很多新人开始举办婚礼，推荐婚纱、园艺产品、礼服。

5月：以母亲节为主，推荐时尚饰品、珠宝、箱包、贺卡。

6月：毕业季节，推荐小电器、手机、消费电子、水上运动用品、户外用品。

7月：家居类会比较热门，推荐家具用品、婚礼用品、夏装和户外用品。

8月：学生返校高峰，推荐鞋服、手机、消费电子、办公用品、运动用品。

9月：户外活动偏多，推荐服装、美容化妆品、户外产品。

10月：以万圣节为主，推荐 Cosplay、服饰体育用品、毛绒玩具等。

11月：感恩节和"黑色星期五"，推荐礼品、家用电器和美容化妆品。

12月：以圣诞节、新年为主，推荐鞋服、园艺产品、取暖设备、时尚饰品、珠宝和手表、滑雪设备、消费电子。

(二)巴西

巴西是南美洲最大的国家，人口超过2亿，拥有南美洲最大的在线零售市场，互联网和智能手机覆盖率很高，电子商务增长速度在全球仅次于中国，已成为跨境电子商务的蓝海。它的消费市场主要具有以下几个特征。

1. 电商市场发展快

随着巴西经济发展，该国居民线上消费频率呈持续增长趋势。38%的巴西客户从境外网购商品，最受欢迎的跨境网购商品包括时装、电子商品、计算机和相关配件。根据速卖通提供的数据，2017年巴西速卖通的注册会员数近1 000万，同比增长68%。巴西客户的购买力也位居前列，巴西客户是速卖通上成交额最高的群体之一。2016年"双11"当天，巴西客户在速卖通下单近200万笔，同比涨幅近20%。但巴西清关非常难，查验率高，关税高。

(2)巴西客户更注重"优惠"

巴西客户热衷寻找优惠商品，因此比起配送速度，巴西人更看重价格。配送费会影响59%客户的购买决定，所以巴西近一半的网站提供免费送货，新卖家需要注意制定自己的定价策略。巴西的退货率相对全球水平更低，只有15.6%的退货率，而全球退货率达27.5%。而且巴西的消费年龄要高于大多数电商市场，37%的网购客户年龄在35岁以上。同时，巴西的移动电商也正迅速发展。

另外，巴西人普遍喜欢通过分期付款进行购物，这约占交易总量的80%。据统计，巴西家庭每月收入的40%要用来偿还分期付款的债务。

(3)支付方式本地化

支付是所有交易的重要组成部分，由于各国或地区的金融发展阶段不同，开发巴西电商市场的企业需要注意巴西的支付交易习惯。巴西人最常用的支付方式有四种：本国的信用卡、银行转账、网银和现金支付。其中以信用卡交易为主，超过60%的交易都是通过信用卡交易的。Boleto是除信用卡之外巴西人较常用的支付方式。Boleto是巴西本土使用 Bar-Code 识别码的一种支付方式，目前在巴西占据主导地位，客户可以到任何一家银行或使用网上银行授权银行转账。全球四大信用卡 Visa、MasterCard、American Express 和 Diners Club 在巴西都能使用，巴西本地的信用卡 Hipercard、Elo 和 Aura 也很流行。

(三)俄罗斯

俄罗斯电商市场是全球增长最快的5个市场之一。俄罗斯轻工业不发达，居民日常生活用品严重依赖进口。根据 Data Insight 的数据显示，2020 年，俄罗斯电商市场规模 330 亿美元左右，95.8% 的俄罗斯网民曾在线上购买过产品。电子商务的持续快速发展、80% 的互联网渗透率以及智能手机的普及，使得俄罗斯成为值得跨境卖家关注的市场。其消费市场主要有以下特征。

1. 社交媒体参与度超过全球平均数

俄罗斯人经常使用 Yandex、VK.com、Google、YouTube 等俄罗斯本土社交媒体网站和国际网站。一半以上的俄罗斯网民会在社交媒体上关注他们喜欢的品牌或零售商。因此，这种使用社交媒体的倾向不容忽视，社交媒体对电商来说是个很好的触及客户的手段。

2. 消费群体年轻化

俄罗斯的线上消费者年龄大多在 24 至 39 岁。但在 2020 年新冠疫情之下，也有越来越多年龄在 35～44 岁、45～54 岁和 55 岁以上的新用户也开始尝试线上购物。据 Fashion Consulting Group、Yandex 和 FashionSnoops 的报告显示，疫情发生后，有 1 500 万名左右的新用户在线上消费。2020 年初，俄罗斯线上消费者约有 6 000 万～6 500 万，到疫情结束后，估计俄罗斯电商消费者能达到 7 500 万～8 000 万。

3. 电商市场区域发展不均衡

俄罗斯电子商务市场地域发展失衡较为严重，约 50% 的网络购物集中于居民人均收入较高、物流基础设施完善的大城市，如莫斯科和圣彼得堡。俄罗斯本土的"经济保护主义"非常严重，这对跨境电子商务平台而言意味着挑战。

4. 追求高性价比

价格在俄罗斯人的网购决策中占很大的比重，但并不是价格便宜的产品就能受到他们的青睐，产品的质量和品牌对于他们来说也同样重要，俄罗斯人追求性价比高的产品，商品的客单价不会太高。每到大促，俄罗斯的交易额往往能增长 10 倍，可见俄罗斯的消费者看重性价比。

5. 看得懂俄式英语有助于交流

除了对产品的选择有所偏好外，俄罗斯人在沟通交流上也有自己的特点。俄罗斯客户的询盘最大的特色就是俄式英语。很多卖家第一次看到这种"俄式英语"会很吃力，建议卖家使用靠谱的语言处理软件来解决这一问题。如果能够直接使用俄语与对方交流则更好，这样会提升客户的兴趣度，也会为客户带来更好的购物体验。在交流工具的选择上，俄罗斯人习惯使用 Skype 和 SMS。

6. 俄罗斯人购物季节性强

俄罗斯季节温差较大，冬天很冷，所以人在室外非常注重保暖。帽子、围巾、手套是必备品；女性还特别热衷于购买动物皮毛的外套。所以，在冬季热销的商品有帽子、手套（包括五指分开的手套）、围巾、皮草长大衣、皮草短大衣等。卖家在发布信息时可以在标题关键词中突出当季热卖。

7. 运动产品热销

俄罗斯人热爱运动，运动是他们生活中不可缺少的一部分。他们会经常购买专门的运动服、运动鞋及配件。因此，运动产品也是俄罗斯人热衷的类目。

8. 俄罗斯人迷恋度假

俄罗斯人（特别是年轻人和孩子）有度假的习惯。一般情况下，海滩会是他们度假地点的首选,所以他们会购买很多在海滩上所需的用品,如泳装、在海滩上穿的衣服及沙滩鞋等产品。

9. 俄罗斯女性注重仪表和妆容

俄罗斯女性,无论在哪一个年龄段,在任何时候都会注重自己的着装和妆容。她们认为,这是对别人的尊重,更是她们自信的表现。所以,饰品和美容类产品也是俄罗斯人乐于购买的产品类目。在选择产品的时候,品牌类产品会成为她们的首选。

10. 节日送礼很频繁

每年新年、妇女节、男人节、情人节,俄罗斯人都要互送礼物,这时候如果能提供创意性较强的礼物,则会非常对他们的胃口。同时,俄罗斯人对初生的婴儿也十分重视,如果有新的生命降生,他们通常会在第一时间送去祝福。因此,他们常常会购买婴儿用品作为礼物送给别人。

11. 热爱时尚,追赶潮流

俄罗斯女性时刻关注着新款的服装、鞋和包。当季热门的、热卖的、新奇的和创意性十足的商品比较受追捧。俄罗斯的成年女性不喜欢太过可爱的穿衣风格,她们更喜欢欧洲的性感风格。

12. 大码服装更适合俄罗斯人

俄罗斯人的身材一般比较高大,而且也有较多肥胖的人,所以他们对大码的衣服有特殊的偏好,大码的衣服更适合他们。所以欧美模特展示的服装更能取得他们的好感和信任,他们认为这样的衣服会更合身。

(四)英国

英国总人口约6 300万,其中93%是互联网用户,英国的电商市场规模排世界第3位,仅次于中国和美国。跨境电子商务市场规模则是世界第5位。这样的一个市场是值得关注的,其消费市场主要具有以下特征。

1. 消费市场体量虽小,但电商消费能力强

英国虽然人口数量相对较小,但电商非常发达,已经渗透到了各行各业中,居民消费能力水平较高。81%的英国网民都在网络上有过多次购物的行为,这个比例在G20国家中是非常高的。英国女性网络消费者远比男性多,在英国女性网上购物族中,人均购物数量最多的群体是年龄55岁以上的老年、准老年"银发族"女性。

2. 在意产品的质量与价格

英国消费者非常务实,他们不太在乎品牌,更注重质量和价格,关注细节,对产品的要求很高,会很认真地查看产品的详细描述。商品价格是影响英国消费者行为的决定性因素,90%的英国网购者在下单前会货比三家,只有7%的人群不屑于对比各商家的售价。消费者的比价习惯不太可能发生改变,卖家只能设法提供有竞争力的价格去迎合这些愿意花时间寻求理想交易的消费者。

3. 主要电商平台及主要支付方式

英国电商网站中除了亚马逊、eBay最有名外,Tesco、Argos、John Lewis也是具有代表性的网站。

(1)亚马逊英国站

亚马逊最初是通过建立英国站来逐步攻占整个欧洲的,亚马逊英国站进驻了许多重量

级卖家。

（2）Tesco

Tesco是英国最大的零售公司,在各个领域都有展开业务,在电商领域也是一大巨头。

（3）Argos

Argos已经在英国经营了40多年,主营玩具、家具、日用品、电子设备、数码产品等,在英国有超过750家商店。

（4）John Lewis

JohnLewis是英国有名的百货公司,大部分英国客户都对JohnLewis的服务感到满意,该公司的网上下单线下取货服务获得了巨大成功。

在英国,信用卡是最受欢迎的在线购买支付方式,几乎40%的在线交易都是用信用卡支付的。在英国另一种流行的在线支付方式是PayPal,PayPal连同信用卡和借记卡包含了英国96%的在线支付。

（五）西班牙

西班牙的互联网普及率高达93%。西班牙是欧元区前五大经济体之一,也是欧洲第五大电子商务市场。2019年西班牙的电子商务交易额约为163亿美元。

西班牙买家男女比例均分,但买家的年龄主要集中在16~34岁,以学生和上班族为主。他们没有较多的资金供支配,所以对商品价格会有一定要求。西班牙人购买商品多通过关键词搜索,在购买之前会进行全站比价并参考好评,朋友和Facebook推荐的卖家是他们重点选择的对象。西班牙人的购物风格多以智能、新奇、时尚、运动、年轻为主,除了单价比较高的产品外,能接受两周内到货。卖家在西班牙销售产品除了要做到尺码齐全外,服装等产品一定要附公分尺码表。

西班牙人偏好有场景、风格、元素的产品,对3C、服装、户外用品需求量较大。他们特别懂享受,假日非常多,经常在外度假,所以户外用品中,家庭套装,需求量较大。西班牙手机普及率高,手机周边产品如手机壳、移动电源、耳塞、手机架等也非常热销。

西班牙人非常乐意接受中国产品,ZARA、SEFEA、Leftis等西班牙本土品牌有40%的产品来自中国。从出口数据来看,每年进口中国产品的国家排名中,西班牙位居前列。

（六）澳大利亚

澳大利亚的人均生产总值位居世界前列。2019年1月1日起,澳大利亚和中国关税互免,跨境电子商务出口澳大利亚是零关税的,跨境物流出口澳大利亚物流成本也大大降低。澳大利亚是一个具有潜力的电商消费市场,以下是澳大利亚消费市场的一些特征。

1. 互联网渗透率高,市场潜力巨大

澳大利亚的互联网普及率高,在2 400万人口中,有2 100万网络客户,互联网普及率高达88%,其中智能手机用户占比48%。澳大利亚也是发达国家中移动互联网用户增长速度最快的国家之一。作为世界第十大电子商务市场,约80%的澳洲人会通过网络购买商品。澳大利亚电商市场潜力不容小觑。

2. 跨境电子商务平台与本土零售网站相结合

跨境电子商务在澳大利亚呈现出迅猛发展的趋势,约有69%的在线客户因为跨境电子商务的商品品种丰富、价格优惠而选择在跨境电子商务平台上进行购买,并且以美国

(40%)、中国(32%)和英国(22%)为主。

在线跨境购买对于澳大利亚人来说并不陌生,他们的主流在线购物平台以本土零售网站与境外零售网站为主,如 eBay Australia、Amazon、Bunnings Warehouse、Gumtree Australia 等。

3. 注重质量和品牌,选购类目以玩具和服饰为主

澳大利亚人对价格的敏感度不是特别高,特别注重商品质量,愿意为高质量的商品和服务买单,比较看重品牌和价值。

从商品类目看,玩具和服饰是澳大利亚网民跨境购买的主要商品种类。此外,澳大利亚客户也越来越喜欢跨境购买家居用品及个人护理商品。这几类商品的市场前景非常可观。

4. 社交平台活跃度高

在澳大利亚,社交媒体的活跃度非常高,将近 20% 的客户使用社交平台进行购物,58% 的客户表示,他们使用社交工具的目的就是购物。澳大利亚人使用的社交平台主要以美国的社交媒体为主,YouTube、Instagram、Snapchat、LinkedIn、WhatsApp、Twitter 都有相当数量的月活用户。跨境电子商务企业进军澳大利亚时,可利用以上这些社交平台进行商品营销和品牌推广,以及提供客户服务等,提高企业商品在澳大利亚的知名度,建立良好的企业形象。

二、主要跨境电子商务目标国的生活习惯和商务礼仪

(一)美国

美国的网购人群在逐年增长,网购年龄段也趋于增大。美国当地的生活习惯有着浓郁的本地特色。

(1)饮食。美国人的饮食很简单和单一,不会因为饮食占用自己大量的时间。注重营养而不是口味,食品种类很少。对比饮食,美国人更注重精神消费,愿意把大量的钱花在健身、养生和营养品上。

(2)住房。美国人的房子基本都是自己设计和装修的,个性化十足。一般会把厨房和卧室设计得很宽敞,每家都有小院子作为花园,并进行户外活动。

(3)着装。美国人偏好宽松舒适的衣服,所以美国人的穿衣风格并不注重时尚,而是偏向于休闲风格。

(4)电子通信。美国人对手机非常依赖,喜欢通过电话、短信和朋友及家人保持联络,分享日常。

(5)运动和户外。运动和户外是美国人非常看重的两种生活方式,他们愿意花大量的金钱去做运动和户外活动。公共假期来临时,美国的海滩、健身房、国家公园都人满为患。

(6)文娱生活。美国每年都有很多的明星演唱会、大型的体育比赛及大制作的电影。美国人愿意把这些活动作为生活放松的主要方式,他们也愿意购买一些周边产品留作纪念,如动漫手办和毛绒玩具等。

(7)宠物。很多美国人会养宠物,并把宠物当作家人看待。美国家庭每年会把一笔可观的费用花在给宠物看病以及购买宠物食品、营养品和日常用品上。

总体来说,美国人性格外向、坦率、热情、自信,办事比较干脆利落,健谈,注重实际,强调

平等,追求物质上的实际利益,办事讲求效率。

美国人的问候是比较非正式的,在商业场合里,见面不一定要握手,而是比较随意地说"Hello"或是"How are you",对问候比较正确的答复应是"fine"或是"Very well,thank you",因为他们并不是真正打听你的情况,只是在说客气话。

在与美国人互相介绍时,需要站起来以示礼貌。另外,在介绍别人时,需要加上对方的职位头衔,以及相关工作信息,例如:"Judge Susan Orson,I'd like you to meet Kate Harmon."但如果是自我介绍,则不使用自己的专业头衔。

与美国人交谈时,要注意打断说话的人是不礼貌的。若想打断某人讲话,应在说话人停顿时说"Excuse me"。另外,美国人很注重时间观念。迟到被认为是不尊重人、懒散、没有纪律性的表现。所以他们对于任务的完成截止时间要求很严格,如果错过最后期限,会被视为不负责任和不可信任。

(二)巴西

巴西的官方语言为葡萄牙语,只有一小部分商务人士可以流利地使用英语。如果想开拓巴西的跨境电子商务客户,第一封商务信件建议使用葡萄牙语,并且说明,如果可以的话,以后将用英语联络。同时,商业名片也最好用葡萄牙语。

巴西人重视深厚的、长期的关系。巴西人认为,人际关系是在谈生意之前最重要的因素之一,因此需要花费一定的时间来建立良好的、令人愉悦的、放松的关系。建立信任的氛围是成功的商业关系的前提条件。

巴西南部商务人士的时间观念很严格,尤其是在全国的商业首府圣保罗(Sao Paulo),他们看重严格的计划表和准时性。与巴西商人见面,需要提前两周预约。初次会面和问候时,对巴西男性应称呼 Senhor(先生)再加上他的姓,对女性应称呼 Senhora(夫人)和她的姓。

巴西人的生活习惯如下:

(1)民俗、礼仪、社交:直来直去,活泼好动,幽默风趣,爱开玩笑;以拥抱或亲吻作为见面礼,特别正式的活动才会互相握手为礼。

(2)服饰:主张不同场合着装应当有所区别,对正式场合的穿着十分考究。

(3)餐饮:主要吃欧式西餐,因为畜牧业发达,所以食物中肉类所占比重较大。巴西特产黑豆是巴西人的主食之一。

(4)巴西人慷慨好客。到巴西人家里做客,酒杯里永远有酒,盘子与咖啡杯永远不空。巴西人勤劳、严肃、认真、自信。他们自知生活不容易,但对前途充满自信和乐观。

(三)俄罗斯

俄罗斯人的姓名一般由三节组成,第一部分为本人名字,中间为父亲名字(即父称),最后为姓氏。对于不同场合、不同人士称呼的方法也不尽相同。在正式场合或文书里,需要使用全称;在非正式情况下,则使用名和父称的缩写即可。

如果前去拜访俄罗斯人,进入室内需要脱掉外套、帽子、手套和墨镜以示礼貌。传统上,俄罗斯人对守时性要求较严格,其他国家和地区的人参加俄罗斯人举办的会议或宴会均需要按时到达。与此相反的是,一些俄罗斯企业高管会故意比约定时间晚到达,他们认为这会体现出他们的重要性和地位。与俄罗斯人见面洽谈前,需要提前预约好时间,并在见面前几天再次提醒对方会面的地点和时间。在与俄罗斯人进行商务洽谈时,"有耐心"是成功的关键因素,他们的工作节奏很慢,也希望通过较慢的谈判节奏来赢得成功。

交换名片时需要注意细节。名片必须用俄语和英语双语显示。俄罗斯的等级观念较强,但同时又强调人人平等的价值观。

俄罗斯是个注重礼节的国家,在日常生活和待人接物上都保持着该民族特有的传统礼节。

1. 穿衣风格

在俄罗斯,女士对裙子情有独钟。俄罗斯女性有一年四季穿裙子的传统,夏天通常是一身"布拉吉"(俄语),冬天无论多冷,也会穿裙子。在交际、应酬场合,女性都要穿裙子,因为穿长裤会被认为是对客人的不尊重。也正是因为这一穿衣习惯,俄罗斯女性在中老年时期患关节病者较多。由于俄罗斯女性偏爱裙装,所以平日的服装市场以裙装居多,长裙、短裙、连衣裙、西服裙应有尽有。

除了裙装外,俄罗斯人还崇尚皮装。皮装也是俄罗斯人在冬季御寒的主要服饰。皮装既能满足御寒的需要,又能体现华贵,深受俄罗斯人的钟爱。随着俄罗斯与各国贸易的增多,俄罗斯人的穿着也开始与世界时装潮流接轨,他们对高级消费品的需求与日俱增,Dolce&Gabbana、Giorgio Armani、Chanel、Versace 等都是俄罗斯人钟爱的品牌。近年来,莫斯科奢侈品和服务的市场空间增大了两倍,莫斯科人花在高档消费品上的费用每年增加 40 亿美元,甚至超过了美国。未来,俄罗斯将成为世界名牌的消费大国。

2. 饮食习惯

夏短冬长的气候特点使俄罗斯人形成了自己独特的饮食喜好和习惯。俄罗斯人以面食为主,爱吃用黑麦烤制的黑面包。肉类以牛肉为主。除此之外,还有羊肉、猪肉、生奶、都菜、黄油、奶酪等。俄罗斯人用餐的特点是肉、奶量多,蔬菜量少。这是因为俄罗斯夏短冬长,日照不足,所以新鲜的时令蔬菜和水果较少,并且很难储存。饮料方面,俄罗斯人喜欢具有俄罗斯特色的烈酒伏特加。此外,俄罗斯人还有饮茶的嗜好。俄罗斯人偏爱红茶,但俄罗斯能够出产茶叶的地方少,主要依靠进口。中国的茉莉花茶、印度的红茶深受俄罗斯人喜爱。

3. 礼节

(1)亲吻是俄罗斯的一种传统礼节。在隆重的场合,为表示尊重和友好,俄罗斯人一般会拥抱和亲吻。吻对方的脸颊 3 次,顺序是先左、后右、再左。与俄罗斯人初次见面时,一般不与女士握手,而是鞠躬。

(2)迎接贵宾时,俄罗斯人通常会向对方献上"面包和盐"。这是给予对方的一种极高礼遇,来宾必须对其欣然笑纳。

(3)称呼方面,在正式场合,他们也采用"先生""小姐""夫人"之类的称呼。但俄罗斯人非常看重社会地位,因此对有职务、学衔、军衔的人,最好以其职务、学衔、军衔相称。

(4)在俄罗斯民间,已婚妇女必须戴头巾,并以白色为主;未婚姑娘则不戴头巾但常戴帽子。

(5)逢年过节或喜庆日时,俄罗斯人讲究向亲朋好友赠送礼物。礼物可因人而异,他们认为最好的礼物是鲜花,常送的花有康乃馨和郁金香。

(四)英国

英国是一个比较传统、保守的国家。英国人矜持且内敛,从事贸易活动时很少表现出强烈的感情。他们喜欢用间接的言语、幽默和轻描淡写来保持商业状况的冷静和低调。说话间接是英国商业文化沟通中的一个重要特点。他们反感直接的冲突，经常使用礼貌用语来避免冒犯对方。英国人觉得过于直接与坦率的反对，是一种傲慢和咄咄逼人的表现，影响彼此间的商业发展。因此，与英国人进行贸易活动时，要解读他们的潜在想法，避免说出直接的想法。

英国商业文化的另一重要特色是幽默感，它经常被用来缓减紧张的情绪和气氛。虽然他们喜欢在商业环境中表现出一定的幽默感，但这并不代表英国人对交易不重视。客服人员与英国人沟通时要注意对他们的正确称谓。英国由四个不同的政治实体（英格兰、苏格兰、威尔士和北爱尔兰）组成，每个地区的人们都以自己地区独特的文化而自豪。因此，客服人员在称呼英国客户时要注意，"English person"仅代表英格兰地区的人们，而苏格兰人应称为"Scottish"，威尔士人应称为"Welsh"，北爱尔兰人应称为"Irish"，不可弄错，否则会引起他们的反感。另外，英国人喜欢直接称呼对方的名字（first name）。

（五）西班牙

西班牙是个充满风情的国家，被人们誉为世界上最令人神往的国度。西班牙人热情、浪漫、奔放、好客，富有幽默感。西班牙人的爱好十分广泛，喜欢旅游，酷爱户外活动，对足球、登山及自行车等运动情有独钟。西班牙的斗牛、弗拉门戈舞闻名世界。

由于气候温和，日照时间长，西班牙人的生活习惯比较特殊，喜欢晚睡晚起。一般是早上8:00～9:00早餐，下午2:00午餐，晚上10:00～11:00晚餐。西班牙菜肴融合了地中海和东方烹饪的精华，独具特色，最具代表性的是海鲜饭、卡斯提亚汤、中部烤乳猪、烤乳羊、西北部海鲜汤、血红鸡尾酒、生火腿等。

西班牙人十分注重生活质量，喜爱聚会、聊天，对夜生活着迷，即使在深夜，西班牙的街道也通常是拥挤的。商店和酒吧的营业时间跨度远远大于其他国家。

西班牙人在圣诞节前有相互送礼的习惯，且赠送的礼品很注重包装，有当面拆包赞赏的习惯。西班牙人赴约一般喜欢迟到一会儿，尤其是应邀赴宴。餐桌上一般不劝酒，也无相互敬烟的习惯。

西班牙人在正式社交场合通常穿保守式样的西装，内穿白衬衫，打领带。他们喜欢黑色，因此一般穿黑色的皮鞋。西班牙女性外出有戴耳环的习俗。

西班牙人很重视信誉，总是尽可能地履行签订的合同，即便后来发现合同中有对他们不利的地方，也不愿公开承认自己的过失。在这种情况下，如果对方能够善意地帮助他们，则会赢得西班牙人的尊重与友谊。西班牙人只有在参加斗牛比赛活动时才严守时间。在西班牙，不要对斗牛活动有非议。到西班牙人家中做客，可送上鲜花，他们最喜爱石榴花。

（六）澳大利亚

澳大利亚文化受西方及当地原住民的双重影响。澳大利亚人开放、直率，也外向。与澳大利亚人初次见面，打招呼和问候都可以比较随意，不用太正式。日常交往中他们通常直接用名字来称呼别人，但在正式的商业场合里，最好加上对方的头衔和姓氏来称呼以示尊重。澳大利亚人从事贸易活动时非常直截了当，对于不同意的事情会直接说"No"，他们欣赏谦虚和诚实的态度，厌恶"强买强卖"行为。另外，澳大利亚的公司文化强调部门间、员工间的互相协作，在做出重大决定前，高层管理人员喜欢与下属协商，因此需要耐心等待他们的决策结果。

第七章　跨境电子商务客户服务

澳大利亚人生活方式悠闲，但他们很守时，将迟到或没按规定时间完成任务的行为视作不专业的表现，这可能会导致负面评价的产生。突然造访在澳大利亚也是不受欢迎的，无论事情重要与否，都应提前预约好见面时间，否则是不礼貌的做法。

第三节　跨境电子商务客户关系管理

任何企业的长期生存和发展需要关注客户，跨境电子商务也不例外。一般来说，老客户带来的收益要比新客户多，因为公司获取新客户的成本相对老客户要高得多。留住老客户，长期而言，能为企业带来更多的利润。减价或其他刺激措施固然可以吸引新客户，但这些客户也会以同样快的速度在竞争者的诱惑下而选择其他价格低的企业。价格可能在某些时候是吸引客户的有效手段，获取短期收益，但不是留住客户的长久之策。客户关系管理对企业而言具有长远的战略意义。

跨境电子商务客户关系管理

一、客户关系管理基本理论

根据 Gartner Group 的定义，客户关系管理（Customer Relationship Management，CRM）是指企业为了赢取新客户，维持老客户，以不断增进企业利润为目的，通过不断地与客户沟通和了解客户需求，进而影响客户购买行为的方法。换句话说，客户关系管理是通过对客户详细资料的深入分析，来提高客户满意度，从而提高企业竞争力的一种手段。CRM 是企业的一个商业策略，而不仅是某种 IT 技术。Hurwitz Group 认为，CRM 的焦点是自动化并改善与销售、市场营销、客户服务和支持等领域的客户关系有关的商业流程。CRM 的目标是缩减销售周期和销售成本、增加收入、寻找扩展业务所需的新的市场和渠道以及提高客户的价值、满意度和忠诚度。

CRM 的内涵可以理解为理念、技术、实施三个层面。其中，理念是 CRM 成功的关键，它是 CRM 实施应用的基础和土壤；信息系统、IT 技术是 CRM 成功实施的手段和方法；实施是决定 CRM 成功与否、效果如何的直接因素。无论如何定义，CRM 的核心是"以客户为中心"，企业通过改进对客户的服务水平，提高客户的满意度和忠诚度，进而提高企业盈利能力。在跨境电子商务背景下，信息的不对称性相对以前降低了许多，企业很难依靠价格在竞争中取胜，有效的客户关系管理变得尤为重要。

客服人员要做好客户关系管理，需要在工作中切实落实以客户为中心，搜集客户信息，努力提高客户忠诚度。

二、搜集跨境客户信息

在竞争激烈的市场中，跨境电子商务要满足目标客户的需求、期待和偏好，就必须以客户为中心，掌握跨境客户的需求特征、经营状况等信息，有针对性地为跨境客户提供个性化的产品或服务，满足跨境客户的特殊需要，从而提高他们的满意度，这对于保持良好的跨境

209

客户关系、实现客户忠诚十分重要。跨境客户信息收集的渠道和方法如下:

(一)通过店铺访问信息收集

在跨境电子商务平台上,通过店铺后台可以查看最基本的客户资料,如手机号码、邮箱、地址等,但更多的客户信息,如生日、兴趣、爱好、肤色等需要客服工作人员在和客户聊天的过程中不断地收集和整理,在会员资料里面手动维护会员的等级和备注信息,方便卖家对买家进行全方位的了解,便于双方更好地沟通。

(二)通过搜索引擎收集

搜索引擎是外贸企业海外推广的有效手段之一,同时也是搜索买家资料的重要工具。利用 Google 搜索引擎寻找客户资料的一些方法和技巧如下:

1. 直接在 Google 首页输入关键词

一个产品可能有很多关键词,如产品 projector,同时也可以归入 home cinema 或 home theatre,把这些不同的关键词输入 Google 搜索框,每个关键词都会搜出很多国外相关公司的网站等信息,打开网站,就能看到公司的相关信息及联络方式。此外,还可将同一关键词翻译成不同的语言再搜索,或者用关键词加上 importer、distributor、buyer、wholesaler、agent 等进行搜索,搜索的结果也都不一样。利用搜索引擎的"爬虫"原理,一般情况下,排在前几页的搜索结果都比较有效,其网站内容基本都是最近更新的。

2. 在各国本地的 Google 首页输入关键词

Google 在世界上的多个国家都有分公司,因此可用当地的 Google 输入关键词进行搜索。例如,可以上德国的 www.google.de、英国的 www.google.uk 等进行搜索。输入关键词,很容易找到当地的客户信息,搜索的结果也更精确。此外,如果用各国本地的 Google 进行搜索,最好是通过翻译软件,将关键词翻译成当地语言再搜索,如此可找到更多当地公司的信息。

3. 巧用 Google 地图搜索

利用 Google 地图搜索关键词,会有不一样的收获。国外很多公司都会在 Google 地图上标出自己公司的地理位置,所以用地图搜索也可以找到一些相关客户的信息。通过这种方式,可以查看客户的公司所在地是市中心还是郊区,是工厂还是高层写字楼,从而判断客户是属于生产型的公司还是贸易型的公司。另外,还可以根据地图测量功能推断对方公司的规模和实力。

4. 通过国际展览会、博览会网站搜索

全球各地每年都会举办各种各样的展会,尤其是在发达国家,每年都有不少专业展,如德国的杜塞尔多夫国际鞋展、美国的拉斯维加斯国际服装展览会等。国内外大型的、固定办展的进出口商品展览会或博览会往往都有本展会的官方网站,并且拥有大量的世界范围的参展客户名录。登录这些网站,能够找到国外展商的名录及联系方式。

(三)通过其他国家的本土电商网站收集

访问境外的电商网站,除了可以查看在相应国家或地区的产品流行趋势外,还可以找到相关产品的客户信息。主动给这些客户发送信息,推送一些广告及优惠活动,对开展业务也是非常有帮助的。以下列举一些其他国家的本土电商网站。

1. 美国电商网站

美国有一些大型的以线下为基础向电商发展的平台,是美国买家的主要网购平台。

(1)Walmart,沃尔玛百货,美国最大的线下零售商,经营连锁折扣店和仓储式商店的美国跨国零售公司。

(2)Best Buy,百思买,美国跨国消费电子公司,专注消费电子类产品。

(3)Macy's,梅西百货,美国中档连锁百货公司,以消费类产品为主,产品涵盖种类丰富。

2. 俄罗斯电商网站

(1)Ulmart,俄罗斯最大的电商平台,成立于 2008 年,销售 12 万种商品,囊括家电手机、电脑、汽配、服装、母婴、家装、图书等品类。

(2)Ozon,俄罗斯老牌电商平台,1998 年上线,主营业务为在线销售图书、电子产品、音乐和电影等。

(3)Wildberries,时尚类电商平台,成立于 2004 年,是俄罗斯本土的鞋帽服装及饰品在线销售平台。

(4)Citilink,3C 家电电商平台,成立于 2008 年,为客户提供数码下载、电脑、3C 家电等产品。

3. 巴西电商网站

(1)Mercadolivre,巴西本土最大的 C2C 平台,利用好这个平台有利于了解巴西各类物价指数、消费趋势、付款习惯等市场信息。

(2)Lojas Americanas,巴西本土的连锁零售商店,1929 年成立于里约热内卢,目前该公司在巴西的 25 个州及首都巴西利亚拥有 860 家实体商店。

4. 西班牙电商网站

Elcorteingles,西班牙最大的百货集团,同时也有电商平台,在这里可以看到西班牙本土品牌的产品。

5. 法国电商网站

(1)Cdiscount,法国排名靠前的购物网站,拥有 1600 万买家,经销范围涉及文化产品、食品、IT 产品等诸多品类,商品销往南美、欧洲、非洲等地。

(2)Fnac,法国老牌的图书和电子产品零售商,拥有数百家实体店。

(3)PriceMinister,欧洲地区流量较高的电商平台,主营 3C、时尚及家居品类。

(4)La Redoute,乐都特,法国时尚品牌,1995 年开始从事网络销售,现覆盖 120 多个国家,拥有 70 多个品牌。

(四)其他收集客户信息的方法

除上述介绍的跨境客户信息收集途径和方法外,还可以利用通用的参考资料搜寻潜在客户的信息。这些通用的参考资料包括新闻、报纸、杂志、广告、人事录、股东名册、俱乐部会员名册、其他公司的客户名单、招聘资料表等。信息的收集要充分利用日益成熟的信息技术,如计算机网络、多媒体技术等。获取信息的渠道可以是多种多样的,包括客户与企业各个部门接触所使用的电话、信函、传真、邮箱、网络等。除此之外,还可以使用连锁法,即从一位客户那里认识更多的人,让客户为我们介绍客户。当与某些跨境客户交易比较顺畅、联络比较愉快时,可以请该客户帮助推荐其他潜在客户。

三、提升跨境客户忠诚度

跨境客户忠诚是指在跨境电子商务环境下客户对商品或服务的偏好,并由此产生的重复使用或购买行为。跨境客户忠诚度则是指客户由于"忠诚"而产生的重复使用或购买行为的程度,衡量的是忠诚程度的多少与高低。

在"互联网+外贸"大背景下,跨境电子商务各卖家之间要想在激烈竞争中获取市场份额,必须重视客户忠诚的特殊作用。只有加强客户忠诚度维护,才能更好地提升企业在跨境电子商务领域的销售业绩,进而获得更好的经济效益及社会效益。影响客户忠诚度的因素包括客户满意、情感维系、明确利益、转换成本、替代选择性、信任、企业内部因素及客户自身因素等,针对这些影响因素,可以采取以下策略以建立激励忠诚的机制,最终实现客户忠诚度的提升。

(一)努力实现客户满意

客户满意与客户忠诚之间有着千丝万缕的联系,客户满意是形成客户忠诚的基础,是保持老客户的最好方法。因此努力令客户满意是实现客户忠诚的重要途径之一。

客户满意是客户在购买前或购买时对产品或服务的一种预期评估与收货后产品为其带来的实际收益之间的对比。如果客户的预期太高,一旦企业销售的产品或服务的感知价值没有达到客户期望,就会引起客户不满。但如果客户预期太低,则可能根本不会选择购买我们的产品或服务。因此,跨境电子商务卖家应通过努力在业内树立良好的印象与口碑,进而使每一位客户形成对企业的良好期望。再根据自身实力和产品实际情况进行恰如其分的承诺,以免因为承诺太高抬高了客户期望。

除了培养客户良好的预期,还应提高客户的感知价值。只要让客户的感知价值超越了客户期望,那么客户满意必然实现。提高客户的感知价值可以从两个方面来考虑,一方面是增加客户的总体价值,包括产品价值、服务价值、人员价值、形象价值等;另一方面是降低客户的总成本,包括货币成本、时间成本、精神成本、体力成本等。例如,速卖通平台上销售礼服的店铺提供的为客户量身定制的服务很好地提升了其产品价值。售前、售中、售后服务也是提升客户感知的重要环节。跨境电子商务卖家在售前应清晰并充分地向客户提供上架产品的价格、规格、性能、效用、使用方法等信息;在售中及时并准确地回应客户的咨询;在售后重视客户的反馈信息,及时答复客户的疑问,处理客户的意见,且积极处理客户纠纷。

(二)奖励忠诚客户

让客户在忠诚中受益,才能更好地维护客户忠诚。

1.奖励方法

(1)累计消费回馈计划

这是最常见的一种对忠诚客户的奖励方式,它让客户在不断地重复购买中获益。通过向经常或大量购买的客户提供奖励,来达到维护现有客户对企业忠诚的目的。

有些卖家不会在产品详情页面写上活动内容,而由客服向客户发送站内信或在发货包裹里附上小卡片进行说明。因为大部分第三方跨境电子商务平台的后台活动是统一设置的,不能针对单个客户的订单进行改价,所以不少卖家会选择为客户建卡记录的方式。例如,销售儿童玩具和礼品的店铺,买家第一次购买可以享受卖家设置的平台活动(全店铺满立减、店铺优惠券、店铺打折等);之后的每一次回购都可得到购物金额10%的返点;累积的返点达到30即可零元换购店内价值30美元的商品。客户到时只需要留下一个地址,就能得到奖品。

(2)寄送礼品或升级赠品

这是比较直接的回馈忠诚客户的方法。例如,一个出售不锈钢滤茶器的商家,原定的赠品方案是单次消费满10美元的订单赠送一把金属小勺,消费满20美元的订单赠送一个硅胶滤茶网,消费满35美元的订单赠送一个不锈钢球型滤茶器。对于回购客户,直接将赠品升级,即只需要消费满10美元即可获赠一个硅胶滤茶网,消费满20美元获赠一个不锈钢球型滤茶器,如果客户消费达到35美元,则除了不锈钢球型滤茶器再加赠硅胶滤茶网。对于多次回购并且金额达到了200美元的客户,卖家再加赠一个双层玻璃红茶杯。这种赠品方式往往会给客户带来意想不到的惊喜。需要注意的是,赠品与礼品最好应与客户所购买的产品有所关联,可以是同类产品或配合使用的产品,如果是毫无关联的物品可能达不到预期的营销效果。例如,客户购买的是滤茶器,卖家却赠送了个金属戒指,可能会让买家哭笑不得。

2.提供奖励需要注意的问题

我们首先需要了解客户是否重视店铺提供的回馈利益。如果客户并不在意,那么店铺应重新审视奖励的必要性。其次,一视同仁的奖励方法不可取。按客户对店铺利润做出的贡献程度划分等级,对客户忠诚是一种有效激励。再次,还应关注奖励计划实施的效果,如是否有更多的客户有了回购行为,订单金额是否提升,社交网站上的客户群组里对奖励措施的支持与认可程度等。最后,我们应意识到,单次投入大量资金做一次促销活动并不一定能换得客户的忠诚,客户关系维护及客户忠诚的培养是一项需长期进行的工作,而且投入成本应该是在企业可控范围内的。

(三)增加客户信任,增强情感维系

1.如何增加客户信任

在跨境电子商务平台上进行交易的买卖双方是在虚拟空间完成交易行为的,这使得客户的购买行为存在较大的风险,因此客户往往会更倾向于选择信任的店铺进行购买。累积的客户满意形成客户信任,长期的客户信任培养客户忠诚。对于跨境电子商务卖家来说,应更为重视客户信任因素,以获得客户的永久忠诚。

随着网购环境的整顿,跨境电子商务卖家的经营也越来越规范,买家整体综合素质也渐趋提高。越来越多的买家在选择店铺时,不再一味看重低廉的价格。他们更重视交易的安全,包括产品质量、交易过程中个人信息及支付方式的安全性。卖家需要做的是让客户对其产生信任,进而放心地下单购物。

第一,树立"以客户为中心"的理念,了解客户需求,为客户提供可以满足其需求的产品或服务;第二,确保客户在跨境电子商务平台购物时的支付安全及个人隐私保护,杜绝交易欺诈,尊重客户隐私;第三,在店铺首页、产品相关页面,或者有条件的也可以在企业官网上凸显企业资质与品牌形象;第四,应保证自身在平台上发布的产品介绍、发货时间及客服联系方式等真实、准确、有效;第五,应如实告知客户在使用产品时可能遇到的风险,针对性地提出保证或承诺,以减少他们的顾虑,如对一些由小件零配件组成的物品注明"远离儿童"等;第六,如期履行订单,尽早发货,并及时跟踪物流信息;第七,如果客户收到的产品发现了瑕疵或有质量问题时,应积极沟通,及时采取补救措施;第八,妥善、认真地处理客户投诉,一个差评带来的负面影响可能会抹杀前期的所有努力;第九,网购客户重视企业或品牌的口碑,所以卖家要重视客户评价,尤其是社交平台上客户群体的管理,以期打造值得信赖的舆

跨境电子商务

论环境。

2. 如何打造客户与企业之间的情感纽带

当你与客户之间产生订单关系后,还应努力寻找交易之外的关联,如与客户进行情感交流与投资,通过巩固和强化与客户之间的关系提高客户转换购买的精神成本。

卖家应根据客户分级积极地与客户进行定期或不定期的沟通,了解他们的想法与意见。对于关键客户,可以邀请他们加入新品开发、设计、试用等决策中,让他们感受到与众不同的待遇。如果条件允许,可通过重要客户留下的一些信息在节假日以恰当的方式予以问候,或寄送一些试用品。细微处的贴心关怀能让客户感觉到特殊的关心,进而心存感激并回报以忠诚。

同时,及时恰当地处理好客户的异议能更好地维系与客户之间的情感纽带。因为分处两个国家的买卖双方能够基于网络建立好的信任关系非常艰难,客户在购买商品及使用商品的过程中,难免会因为感知价值与预期不符而有所抱怨。许多卖家会等客户投诉或留下差评时才着手解决纠纷,这是不明智的。建议在客户有异议的最初,就耐心并细心地对异议部分进行解答与处理,虚心接受客户的意见,承认自身工作的不足,提出妥善的解决方案。有担当的企业更容易得到客户的宽容与谅解,进而提升客户忠诚度。

(四)增加客户的转换成本

要提高客户的转换成本,首先应了解竞争对手会从时间、金钱和情感中的哪些部分入手来吸引客户,然后再通过提高客户转换成本中的一种或几种来增加客户转换的难度和代价。卖家可以先通过宣传产品及服务区别于市面上其他同类产品来让客户认识到转换成本的存在。意识到更换品牌或企业后,自身会损失原先获得的特殊服务或产品利益,或者面临新的投入与负担,也可以加强该客户的忠诚。但切忌一味地提高转换成本。增加了客户离开的障碍,却没有提供让客户满意的产品和服务,反面会引起客户的不满,损害客户忠诚。

提高转换成本的途径非常多,如航空公司提供的里程奖励、各大银行采用的信用卡积分奖励等,都属于客户难以轻易舍弃的转换成本。这些方式确实可以在一定程度上将客户"套牢",使客户避免主观上的转换,却未必能换得真正的"信赖忠诚"。再如,销售电子产品的卖家可以提供有效的服务支持,包括免费教学、指导机器保养方法、提供维修服务及低价原配件购买服务等。卖家可以根据客户的需求提供人性化、定制化的产品,让客户加入产品的设计中,使其收到的产品拥有个性化和差异化优势,并与客户建立一对一的服务关系,这样在别的选择不能体现明显的优越性时,客户会逐渐成为忠诚客户。相对于时间与精力转换成本和金钱转换成本来说,情感转换成本更难以被竞争对于模仿。

(五)提高产品的不可替代性

个性化的产品及服务是客户关系发展到一定程度时客户的必然要求。亚马逊、eBay等跨境电子商务平台上有越来越多的卖家精耕细作一个品类产品,提供个性化服务。跨境电子商务卖家若能够为客户提供独特的、不可替代的产品或服务,包括个性化的产品外观、个性化的售后服务、个性化的技术支持、个性化的专属定制方案等,就可以将自己和竞争对手区分开来,发展不可替代的优势,提高客户的依赖程度,实现客户忠诚。

许多电商平台发现了消费者的个性化需求,继而推出了个性化的推荐服务。它们根据客户的浏览习惯、购买记录等行为特征,将一些符合客户消费习惯的商品推荐到他们目所能及的页面。例如，亚马逊近年在首页置顶推出"有趣的发现"（Interesting Finds）页面。用户可以在这里发现亚马逊全网站中好玩的产品。它的前身是"Amazon Stream"，亚马逊想把这个页面打造成人们发现新奇产品的地方，从而刺激消费。

之后，亚马逊又上线了一项"My Mix"的功能，用于向消费者推荐个性化产品。"My Mix"中是一些客户喜欢的产品和亚马逊认为客户可能喜欢的产品，它相当于一个专门为某位客户所开设的商店。举例来说，如果你在"Interesting Finds"中的某件产品的左上角点了"喜欢"，亚马逊也就会在"My Mix"中放入它认为你感兴趣的东西，从而向你推荐产品。

亚马逊推出的这项功能备受消费者欢迎，短短几个月，便从最初四五个品类发展到了20多个。越来越多的客户期待拥有个性化的产品或服务。

无论是产品还是服务，客户都是为了解决某种需求而购买的，但精明的商家要明白除了产品本身的使用功能外，客户可能还希望得到更为综合性的服务。例如，销售女装的卖家可以通过了解客户穿戴的场合、对服装功能的需求等来为其做出个性化的穿搭建议，给予客户预期外的体验与感受，而不仅仅向客户推荐合适的尺码。

(六)通过社交网站建立网络客户社区

在传统客户关系管理中，企业会通过设立"会员卡"的方式为自己管理客户群体，使企业与客户之间的关系更加正式、稳固，让客户产生归属感，感受到企业的重视。这有利于企业与客户之间建立交易关系外的情感关联，以实现客户忠诚度的提升。在这个方面做得比较成功的有沃尔玛的山姆会员店，山姆会员店向会员收取年费，为会员提供区别于普通超市的舒适、高端、清静的购物环境。这种方式把大批不稳定的客户变成了稳定的客户，使得客户忠诚时间得以延长；同时，由于享受到了优质、舒适的购物环境，很多会员逐渐形成在山姆会员店购物的习惯，从而发展成一支较为稳定的拥有品牌忠诚的客户队伍。有效的客户组织管理可以让客户与企业之间基于交易的契约关系从短期变成长期，更好地帮助企业维护现有客户，培养忠诚客户，建立一个基本的忠诚客户群。

面对跨境电子商务的客户，企业进行客户组织管理较为可行的一个方法是建立网络社区。同时，跨境电子商务卖家还应运用软件或相关程序建立客户资料数据库，把客户相关信息纳入数据库，研究分析客户的产品需求、购买动因、回购理由，以优化产品服务、调整营销方案。卖家也可以为客户组建一个可以进行相互沟通交流的网络社交平台，如在Facebook上建立小组、在微信里建群等。在网络社区里，客户可以交流购买产品的体验；企业则可以在社区里与客户进行有效交流，发布店铺促销活动消息、新产品信息，了解客户需求、对产品的评价和意见等。例如，客户是更看重产品外观还是内在品质，更重视价格优惠还是文化内涵。然后，及时对客户在群组里提出的问题和建议予以反馈，让客户感受到来自卖家的重视与关怀。网络社区也让忠诚客户有了分享产品的平台，来自以往客户的评价总是比来自卖家的推广用语更能获得新客户的信任。需要注意的是，不要在群组里发布大量的营销广告，并尊重客户的隐私，营造良好的网络社区交流环境，避免高质量粉丝离开群组。

(七)培养员工忠诚

对于跨境电子商务平台店铺来说，客服人员是与客户最直接接触的一个群体，因此，需要培养忠诚的员工来为客户提供令其满意的产品和服务。首先，在招聘环节就应选择德才兼备、业务能力娴熟或有培养潜力、团队协作能力强的员工；其次，在培训环节让员工树立

跨境电子商务

"客户至上"的理念,在后期的工作中做到想客户所想、应客户所需;再次,要有良好的规章制度规范客服工作,如合理排班、客户资源分组管理等;最重要的是,应对员工有最基本的尊重,将其视为团队伙伴而不是下属,理解员工的个人困难,寻找合理有效的方案减少客服工作难度,为其提供较好的工作平台,为其规划个人职业前景,再辅以有效的激励措施,从而激发客服的工作热情及工作潜力。只有客服对企业的满意度及忠诚度提升了,他们的服务才能实现客户满意度和忠诚度的提升。

本章小结

跨境电子商务的竞争日趋激烈,优质的客户服务作用凸显。提高客户服务质量,建立客户对商品或服务的忠诚度,可以争取客户信任,赢得市场。本章介绍了跨境电子商务客服的工作范畴,概括为四部分,主要是解答客户咨询、解决售后问题、促进销售与管理监控。为给客户提供专业、周到的服务工作,跨境电子商务客服人员需要具备以下的知识和能力:外语综合应用能力;国际贸易能力;电子商务能力;市场营销能力以及综合素养能力。

跨境电子商务客服与国外客户的在线沟通是跨境电子商务交易过程中的重要步骤。有专业知识和良好沟通技巧的客服,可以打消客户的很多顾虑,促成在线交易,提高成交率。因此,掌握跨境电子商务客服的沟通技巧尤为重要。主要包括以下几方面:遵守国际礼仪;学会换位思考;言简意赅真实清晰的表达。

由于各国文化背景、风俗习惯不相同,来自不同国家和地区的客户在审美能力、消费习惯、购买能力、沟通交流等方面各有特点,跨境电子商务客服人员必须熟悉各国客户的购买行为,掌握他们的网络消费特点,才能更好地完成公司分派的任务,为公司获取长期的利益。本章重点介绍了美国、巴西、俄罗斯、英国、西班牙、澳大利亚这六个国家客户的网络消费特点、文化背景及商务礼仪。

跨境电子商务各卖家之间要想在激烈竞争中获取市场份额,必须重视客户关系管理,在工作中切实落实以客户为中心,搜集客户信息,提升客户忠诚度。跨境客户信息收集的渠道和方法主要有:通过店铺访问信息收集;通过搜索引擎收集以及通过其他国家的本土电商网站收集等。影响客户忠诚度的因素包括客户满意、情感维系、明确利益、转换成本、替代选择性、信任、企业内部因素及客户自身因素等,针对这些影响因素,可以采取以下策略建立激励忠诚的机制,最终实现客户忠诚度的提升:努力实现客户满意;奖励忠诚客户;增加客户信任,增强情感维系;增加客户的转换成本;提高产品的不可替代性;通过社交网站建立网络客户社区;培养员工忠诚。

关键概念

客户关系管理(Customer Relationship Management,CRM)是指企业为了赢取新客户,维持老客户,以不断增进企业利润为目的,通过不断地与客户沟通和了解客户需求,进而影响客户购买行为的方法。

客户忠诚指在跨境电子商务环境下客户对商品或服务的偏好,并由此产生的重复使用或购买行为。跨境客户忠诚度则是指客户由于"忠诚"而产生的重复使用或购买行为的程度,衡量的是忠诚程度的多少与高低。

第七章　跨境电子商务客户服务

思考题

1. 以小组为单位，请同学们讨论跨境电子商务客服的工作目标应该是什么，你认为最重要的三项是什么，请解释原因。
2. 跨境电子商务客服人员与传统外贸销售员、国内电商客服人员的区别有哪些。请列举并与同学分享你的见解。
3. 结合"工匠精神"，谈谈你对跨境电子商务客服工作的理解。
4. 请列举跨境客户信息收集的渠道和方法。
5. 什么是跨境客户忠诚？如何提升客户忠诚度？

本章案例

揭秘 SheIn：中国最神秘百亿美元公司的崛起

"SheIn是什么？不太了解。"当你和互联网人士讨论SheIn时，他们大多会给这样的回答。如此低的知名度和这家公司庞大的体量难以匹配。SheIn成立于2008年，总部位于江苏南京，这家跨境快时尚公司在2020年完成了E轮融资，估值超过150亿美元。十三年来，SheIn默默长大，2019年将300亿元人民币的服饰卖到海外，体量相当于1/7个Zara或者2.5个H&M。SheIn希望成为线上Zara。

12美元一件的衣服，每天上新600款

"我买的停不下来了，lol。我上SheIn成瘾了。""我从来没有看到一个商店，有那么多我喜欢的衣服。"这些评论来自SheIn的真实买家。一位客户在Facebook上发了自己的购物清单，16件商品，总计108美元。包括六套大码塑形套装，单价在6~18美元；瑜伽球、瑜伽带、瑜伽踏板拉伸器各一个，均价5美元左右；七个小饰品，最便宜的只要1.38美元。客户下单后，衣服从SheIn广东佛山的仓库发往美国加州洛杉矶附近的一间转运仓库，再通过美国邮政寄到客户手中，耗时能十天甚至更久。即便等待时间远长于隔日送达的亚马逊美国，但便宜且时尚还是让超过30%的客户再次回到SheIn下单。2019年，SheIn全年上新15万款，平均每月上新一万余款，仅一到两月就赶上了Zara全年的上新量，并且速度还在加快。

比Zara还快7天的快时尚

SheIn对标的Zara是快时尚的发明者。传统时尚产业按季节开发服装，一件衣服从设计到下单再到上架需要三个月。Zara全球7 000多家门店，每天搜集的客户诉求和销售数据，当天传输至Zara总部的数据中心。Zara先在西班牙当地快速生产小批量衣服，最少500件，但一般1 500、3 000件甚至更多。这些衣服投入市场测试，效果好则快速追加订单。Zara能在最快14天时间内将衣服制作完成送往门店。

没有门店、完全线上销售的SheIn每个环节都比Zara更快。SheIn的追踪系统将各类大小服装零售网站的产品都抓下来，总结当前流行的颜色、价格变化、花纹图案；设计师和买手根据各个渠道搜集的线索，再组合元素设计新衣服，或者去联系工厂,看有没有合用的衣服款式可以直接生产。一位SheIn男装买手表示,他日常会看1688网站,会看时装周、大牌的发布会视频,也会线下调研同类风格的门店,"遇到被店员轰出来的情况,因为会拍照,一般品牌店比较敏感。"SheIn还是Google的大客户。SheIn借助Google Trends Finder(搜索趋势发现器)发现不同国家的热词搜索量及上升趋势,如什么颜色、面料、款式会火。

SheIn将打样到生产的流程缩短至最快7天,比Zara最快的时候还少7天。SheIn判断产品表现也更快、成本更低。没有线下店,SheIn一款衣服可以一次最少生产100件,根据消费者购买反馈,决定给哪些款加单。同样生产3 000件衣服测试市场反应,Zara只能测试一至六个款式,而SheIn可以测试30个款式。这也是为什么和Zara相比,SheIn的衣服更贴合客户的需求。

当然,SheIn的低价策略并不意味劣质,SheIn有严格的品控:一件衣服线头要少于三根,并且不超过3厘米长;尺寸误差2厘米以内。如今SheIn的业务已经遍及全球。它拥有南京、深圳、广州、杭州四个研发机构,洛杉矶、列日、马尼拉、迪拜、孟买、义乌及南京七个客户管理中心。

(资料来源:新浪财经:揭秘SheIn:中国最神秘百亿美元公司的崛起)

第八章

跨境电子商务法律

学习目标

◆ 知识目标：

了解跨境电子商务立法原则、背景和历程；了解我国跨境电子商务立法现状；掌握跨境电子商务税收、消费者保护、知识产权保护的法律规范；了解跨境电子商务平台的相关规则；了解跨境电子商务纠纷解决机制。

◆ 能力目标：

能够在实践中懂得使用跨境电子商务相关法律维权；能够在实际中及时掌握跨境电子商务法的最新发展和跨境电子商务平台的最新规则。

◆ 思政目标：

理解跨境电子商务相关法律对跨境电子商务健康发展的重要性；建立正确价值观念，有较强的跨境电子商务法律意识进行合法的经营；能够用跨境电子商务法律思维，分析、判断跨境电子商务中的不良现象和问题。

引导案例

跨境电子商务中平台侵权事件

法国酩悦·轩尼诗-路易·威登集团（LVMH Moet Hennessy Louis Vuitton SA，以下简称"LVMH"）诉 eBay 网案，本案发生于 2008 年，是在电商平台法律责任认定领域具有较大影响的一个案例。在 LVMH 案中 eBay 被法国巴黎商事法院判处败诉。一审判定 eBay 须向 LVMH 集团赔偿 3 860 万欧元；其后 eBay 上诉，其赔偿金额虽获减少，但仍须赔偿 220 万欧元。LVMH 集团是全球数一数二的大型奢侈品生产商，其拥有的品牌包括路易·威登、迪奥、芬迪等。LVMH 集团指控，eBay 平台上销售的三十万件迪奥产品及十五万件路易·威登产品之中，有 9 成均属假冒产品。LVMH 集团在巴黎商事法院向 eBay 提出诉讼的主要诉因是 eBay 没有采取足够措施防止其平台销售假冒伪造产品，属严重错误及失当行为。

跨境电子商务

  2008年，爱马仕国际（Hermes International）诉eBay案，与LVMH案及蒂芙尼案十分近似。但爱马仕案的相关侵权商品是出现在eBay的拍卖网上，这与LVMH案中货物出现在eBay的主网站上又有不同。爱马仕公司是在收到投诉指出eBay的拍卖平台上在售卖假冒爱马仕手袋及饰物后，在法国特鲁瓦市（Troyes）普通法院对eBay提出起诉，指控eBay平台应为其鼓励及共同参与侵犯爱马仕商标权承担侵权责任。

  法国法院（包括一审及二审法院）认为，eBay在其拍卖平台上售卖对于爱马仕的侵权商品，而没有尽责任确保其网站不会被人非法使用，属于直接侵犯爱马仕的商标权。法院还认为，eBay的VERO（保护知识产权方案）侵权商品检查政策不足以令eBay免除其法律责任，因为侵权人只要在该检查中点击"确认其售卖的商品是正品"，便可以通过检查，从而使这类检查形同虚设。法院同时指出eBay应强制所有卖家详细提供其售卖商品的认证资料，例如商品编号、序列号、商品类型、正品证书等。一审法院认为，eBay不能受《欧盟电子商务指令2000/31/EC》第十四条的保护。eBay的拍卖网站并非一个普通的寄存服务提供者。因为eBay设立拍卖网站，建立拍卖规则，并为服务使用者提供很多工具，为其所出售的商品进行具有吸引力的包装。因此，eBay是在扮演一个网上拍卖官（Online Auctioneer）的角色，直接参与拍卖活动。法院认为eBay拍卖网必须确保其服务不会被滥用，因而倘若eBay拍卖平台被用于非法用途，eBay不能够得到欧盟指令关于"寄存服务提供者"的避风港原则的保护。一审法院的意见全部被二审法院所确认。二审法院指出，在法国，一个"寄存服务提供者"只能包括中立性的服务提供者，即其只有纯粹技术性、自动化及被动性的活动，且完全不知悉在其服务器存储的数据内容。而eBay拍卖网提供市场推广工具、争议解决程序，以至向第三方卖家的付款服务，均显示eBay扮演的是一个主动角色，而且鼓励销售假冒伪劣产品。因此，案件不能得到欧盟指令的"避风港"原则保护。

第一节 跨境电子商务的法律规则概述

一、跨境电子商务法律原则

  法律是调整特定社会关系或社会行为的规范。世界各国跨境电子商务的立法背景和目的不尽相同，然而在主要的指导思想上有异曲同工之处。跨境电子商务法律规则是以规范跨境电子商务活动为目的的各国法律、国际组织规则体系的总和。

电子商务法1

（一）电子商务法概述

  电子商务法是指以电子商务活动中所产生的各种社会关系为调整对象的法律法规的总和，是与广义的概念相对应的，包括所有调整以数据电文方式进行的商事活动的法律规范。电子商务法的内容极其丰富，可以划分为调整以电子商务为交易形式和调整为以电子信息为交易内容的两大类规范，是一个新兴的综合法律领域。

（二）跨境电子商务立法原则

1. 公平原则

  "公平"包含两个方面：首先是一切从业者公平，无论从业者的所有者形式如何、规模如何、营收状况如何等,一律平等对待。其次是一切经营方式公平,所有的跨境电子商务领域的经营方式和创新业态,只要不违反国家有关法律的规定,一律享受公平平等的对待。

2.开放(反垄断)原则

开放原则包含两个方面:首先是所有市场空间向一切从业者开放,在法律规定的风险底线之上,从业者可以自由探索所有可能的经营空间和盈利方式,不允许个别市场领域被个别从业者垄断;其次是跨境电子商务行业向全社会的开放,行业不设特殊门槛,不对进入者的资历、实力等各方面做任何特殊要求,所有从业人员均可自由进入和退出行业。

3.安全原则

安全原则包含两个方面:首先是信息安全,消费者和企业的信息均受到法律的高度重视和严格保护,在交易的各个环节均要密切保障信息安全;其次是系统安全,法律要严格防范易诱发系统性风险的行为,对市场的风险底线要做出明确规定。

4.平等(反歧视)原则

企业和企业之间,消费者和企业之间是平等的关系,任何一方不得获得凌驾于另一方之上的权力或地位,任何市场行为均要遵循和恪守平等原则。

(三)跨境电子商务法律规则发展的背景

自20世纪90年代中期以来,电子商务的迅速推行,促使世界各国制定适合并促进电子商务发展的规范。纵观全球,电子商务立法速度之快,范围之广,是其他领域的立法行为所不能比拟的。

1.全球电子商务立法概述

电子商务法律问题是国内法问题,也是国际法问题,而且主要是国际法问题。在网络空间,国界几乎不复存在。目前,各国对此都在进行研究,而且在短短的时间内,便出现了为电子商务保驾护航的法律法规——《电子商务示范法》。

2.电子商务引发的法律思考

电子商务迄今为止给传统法律带来的冲击与挑战无疑是全方位的,几乎涵盖了所有的传统法律部门。1999年1月,电子商务全球商家对话(Global Business Dialogue on e-business,简称 GBDe)在美国纽约成立,公开明确了电子商务的九大问题,如表8-1所示。

表8-1　　　　　　　　电子商务的九大问题

序号	问题	内容
1	身份认证与安全	电子签名的法律效力,电子认证的法律有效性
2	消费者信心	电子商务安全,消费者个人隐私的保护,纠纷解决机制,ISP责任
3	内容和商业通信	消息传播自由与防止有害的非法内容传播,保护用户特别是儿童的利益
4	信息基础设施和市场准入	包括可操作性和互联网的管制
5	知识产权保护	网络作品的合法使用与保护,域名问题
6	司法管辖权	主动协议管辖,通过订立合同确定准据法和选择法院,确定以自律方式为主解决纠纷
7	责任	直接责任的确定,间接责任的承担,损害赔偿的合理限制
8	保护个人数据	数据采集遵循已确定的五项原则,在线环境个人数据的保护不应严于非在线环境
9	税赋和关税	遵守WTO现时的电子商务免税做法,反对对电子商务征收新税,对电子商务交易的优惠,不应亚于非电子商务形式

3. 跨境电子商务立法的特点

(1) 电子商务的国际立法先于各国国内法的制定

由于信息技术发展的跨越性和电子商务发展的迅猛性,仅在短短几年里,就已经形成电子商务在全球普及的趋势,因而使各国未能来得及对电子商务制定系统的法律法规。同时,更由于电子商务具有全球性、无边界的特点,任何国家单独制定的国内法规都难以适用于跨国界的电子交易。

(2) 跨境电子商务立法具有边制定、边完善的特点

由于跨境电子商务发展非常迅猛,其遇到的法律问题在网络交易过程中不断出现,因而目前要使跨境电子商务法律体系一步到位是不可能的,只能就目前已成熟或已达到共识的法律问题制定相应的法规,并在跨境电子商务发展过程中不断加以修改或完善。

(3) 跨境电子商务的自由化程度较高

跨境电子商务具有全球化特点,如果对其施加不当限制,将会影响其发展速度。例如,1998年5月20日,WTO132个成员方通过了《关于全球电子商务的宣言》,规定至少一年内免征互联网上所有贸易活动的关税,从而形成电子商务"全球自由贸易区"。由此可以看出,跨境电子商务贸易自由化程度高于其他贸易方式。

(4) 发达国家在跨境电子商务立法中居于主导地位

发达国家在资金、人才、技术等方面明显具有优势,所以其跨境电子商务发展的程度和速度远远高于发展中国家和地区。由此也就决定了在跨境电子商务立法方面是发达国家处于主导地位,尤其是美国。发展中国家和地区则处于较被动的地位。

(5) 工商垄断企业在跨境电子商务技术标准的制定上起主要作用

互联网技术的发展日新月异,政府立法的步伐就难免滞后于技术的进步,有时甚至可能妨碍技术的更新。因此,美国等发达国家政府主张,跨境电子商务涉及的技术标准应当由市场制定,而不是由政府制定。目前,跨境电子商务涉及的技术标准实质上是由发达国家工商垄断企业制定的。

二、跨境电子商务法律防范发展历程

国际电子商务立法有近四十年的历史,但不论是国际组织还是电子商务发达国家的立法经验都值得借鉴,我国近年来也进入电子商务集中立法的历史阶段。为了能够从根本上保证跨境电子商务活动的安全,必须要加强对各项商务活动的法律监管意识,让用户能够掌握更多保护自我的法律知识,从源头上规避不必要的经济活动风险,提高交易防范意识,增强跨境电子商务企业对外经济发展的核心竞争力。

(一) 国际组织的法律防范措施

电子商务的实现,实质上是用先进的信息技术改造传统商业模式的一次革命。鉴于传统商业活动涉及社会生活的方方面面,因此电子商务的推广和应用必定是社会系统工程。由于电子商务是以Internet为运行平台的,而Internet是一个不受国界限制的全球性网络,因此,电子商务必然是一个全球范围内的系统工程。

1. 联合国国际贸易法委员会的相关立法过程

1982年,联合国国际贸易法委员会(以下简称贸法会)第15届会议正式提出计算机记录的法律价值问题;1985年12月11日贸法会向联合国提交《自动数据处理方法的法律建议》,被联合国大会通过,揭开电子商务国际立法的序幕。

第八章　跨境电子商务法律

第17届会议,将计算机自动数据处理在国际贸易流通中所引起的法律问题列入其工作计划。开始对电子商务立法工作进行全面研究,并将自动数据处理(Automatic Data Processing,ADP)定为大会报告的总标题之一。

第18届会议,贸法会正式提出《计算机记录的法律价值》报告,以期解决法庭诉讼程序中使用计算机可读数据作为证据的问题,开始了电子商务立法的第一步。

1990年,贸法会提出《对利用电子方法拟定合同所涉法律问题的初步研究》报告,用"电子数据交换"替代了以前的"自动数据交换",使电子商务概念正式出现在联合国大会的总结标题中。

1991年开始,贸法法下设的国际支付工作组(现改名为数据交换工作组)开始电子商务的法律工作,在审查了电子商务广泛使用引起的法律问题后,提出了有必要在 EDI 领域制定世界性统一法。

1993年10月,贸法法召开了第26届大会,全面审核了世界上第一个电子商务统一法草案——《电子数据交互及贸易数据通信有关法律方面的统一规则草案》,形成国际 EDI 法律基础。

1994年,第27届大会上,又提出了该草案的修改条文。会议指出:鉴于世界上许多国家对电子商务统一法的迫切要求,统一法应采取较灵活的"示范法"(Model Law)形式。

第28届大会通过《电子数据交换电子商务及有关的数据传递手段法律事项示范法草案》。

1998年以来,贸法会开始重点制定数字签名和认证许可法律模型,并正式启动了《数字签名统一规则》。

2000年2月,海牙国际私法会议《民商事管辖权和外国判决公约》关于电子商务工作组会议召开。

2001年7月5日,联合国贸法会第34届会议上通过了《数字签名统一规则》,并正式命名为"电子签名示范法"。

2. 世界贸易组织的相关立法过程

自1996年6月,联合国贸法会通过了《电子商务示范法》之后,世界贸易组织(WTO)就有关电子商务方面通过了三大突破性协议。1986年开始的关贸总协定乌拉圭回合谈判最终制定了《服务贸易总协定》。《服务贸易总协定》的谈判产生了一个"电信业附录"。这一附录的制定开始了全球范围内电信市场的开放。WTO建立后,立即开展了信息技术的谈判,并先后达成了三大协议:

(1)《全球基础电信协议》。该协议于1997年2月15日达成,主要内容是要求各成员方向外国公司开放电信市场并结束垄断行为。

(2)《信息技术协议》。该协议于1997年3月26日达成,协议要求所有参与方自1997年7月1日起至2000年1月1日将主要的信息技术产品的关税降为零。

(3)《开放全球金融服务市场协议》。该协议于1997年12月31日达成,协议要求成员方对外开放银行、保险、证券和金融信息市场。

1998年5月,WTO在部长级会议上通过了《关于全球电子商务宣言》。全体132个成员方共同发表声明,通过了由美国提出的关于全球电子贸易的建议,即对电子商务的运作不附加新的、歧视性的税款,此外,各国政府要在1999年对通过互联网进行的电子贸易免征税一年。1998年9月,WTO理事会通过《电子商务工作方案》。

WTO对于贸易领域的电子商务已提出工作计划,其有关电子商务的立法范围包括税收及关税、电子支付、网上交易、知识产权保护、个人隐私保护、安全保密、电信基础设施、技术标准、普通服务、劳动力问题、政府引导等。

3.经济合作与发展组织的相关立法过程

经济合作与发展组织（Organization for Economic Co-operation and Development，OECD）拥有34个成员方，其中包括欧美发达国家和日本等经济强国。该组织在国际社会和经济舞台上，具有相当的权威性。而且长期以来OECD已成为国际讨论未来贸易政策的论坛。OECD的讨论往往是世界贸易组织正式谈判的前奏曲。

1997年11月，由OECD发起召开了以"为全球电子商务扫除障碍"为主题的国际会议，与会各国的政府及企业界代表对如何推动电子商务的发展、扫除各种障碍、促进信息资源共享等问题进行了深入的讨论，发表了题为《克服全球电子商务障碍》的文件，并通过了《加密政策指南》。会后发布了四个重要文件：《OECD电子商务行动计划》《有关国家组织和地区组织的报告：电子商务的活动和计划》《工商界全球商务行动计划》《电子商务税务框架条件》，此外还发布了三个宣言：《在全球网络上保护个人隐私宣言》《关于在电子商务条件下保护消费者的宣言》《电子商务身份认证宣言》。

4.世界知识产权组织的相关立法过程

1996年12月20日，世界知识产权组织（WIPO）通过《世界知识产权组织著作权条约》和《世界知识产权组织表演与录音制品条约》，被称为"网络环境下的"著作权条约，为解决电子商务所涉及的知识产权保护问题奠定了基础。

1996年12月23日，WIPO提出网络域名程序的报告，就域名与商标的冲突法律问题提出了初步建议。

1999年4月30日公布了有关域名问题的《互联网名称和地址管理及其知识产权问题》的报告。

1999年9月14日至16日，世界知识产权组织在日内瓦召开了国际电子商务和知识产权问题首次会议。

5.国际商会的相关立法过程

随着电子商务的发展，现有的国际商务管理已远远不能满足商业往来的需要。近年来，国际商会（The International Chamber of Commerce，ICC）正以大部分精力抓紧制定有关电子商务的交易规则，以促进国际贸易的安全进行。

1987年9月，国际商会执行委员会通过了《电传交换贸易数据统一行为规则》，其目的是为电子商务的用户提供一套国际公认的行为准则。

国际商会已经正式制定的还有1997年11月6日通过的《国际数据保险商务通则（GUIDEC）》，该通则试图平衡不同法律体系的原则，为电子商务提供指导性政策。

6.其他国际性组织的相关立法过程

1996年11月，由国际互联网协会（ISOC）、国际互联网网址当局（INNA）、国际互联网结构委员会（IAB）、国际电信联盟（ITU）、国际商标协会（INTA）、世界知识产权组织（WIPO）等六个组织共同发起成立一个国际特别委员会（INHC），根据公正、公平、公开的原则受理互联网的顶级域名。

1997年5月1日，由国际电信联盟发起召开了"关于发展的稳定因特网域名注册系统"会议，来自世界各国家和地区的150位代表联合签署了《Internet因特网域名系统通用顶级域谅解备忘录》。

1997年5月，国际警察组织欧洲委员会通过《起草国际威胁政府计算机犯罪法律的提议》，呼吁加快制定电子犯罪法案，以监督计算机犯罪行为。

2000年5月15日—18日,八国集团在巴黎召开讨论网络犯罪问题的会议。

2000年7月,八国集团峰会发表《全球信息社会冲绳宪章》,组织现行贸易规则应用于电子商务,消除"数字差距",鼓励参与全球电子商务网络。

(二)典型电子商务发达国家的相关立法过程

各国政府在为创造一个电子商务环境方面发挥重要作用,为满足公众利益,各国政府应积极承担相应的责任,完善相关的法律法规,促进跨境电子商务的发展。

1. 美国

1996年,美国克林顿政府签署了《全球电子商务纲要》。

美国政府在1997年7月颁布了《全球电子商务纲要》。

1998年美国国会通过了《因特网免税法案》,这是美国历史上第一个正式的有关网络经济税收方面的法律。

2. 德国

1997年6月13日,德国联邦下议院通过了世界第一部规范计算机网络服务和使用的法律——《为信息与典型服务确定基本规范的联邦法》,简称《多媒体法》。

1997年8月1日,德国颁布了《信息与通信服务法》以及《州内媒体服务协定》。

3. 新加坡

1998年6月29日通过的《新加坡电子交易法》是以联合国《电子商务示范法》以及美国犹他州和伊利诺伊州的《数字签名法》为模型而制定的。

1999年颁布的《新加坡电子交易(认证机构)规则》是《新加坡电子交易法》的配套法律。

4. 韩国

韩国的《电子商务基本法》于1999年7月1日正式生效,该法共分为总则、电子通信信息、电子商务安全、电子商务的促进、消费者保护和附则六章。韩国的《电子商务基本法》兼容了欧美电子商务立法的优点,在立法上做到了既注重技术规范,又保护了消费者的权益。此外,为具体实施《电子商务基本法》,韩国还制定了《电子签名法》。

5. 日本

在电子商务发展的开始时期,日本便把电子商务作为国家经济发展的战略,也制定了相关的电子商务法律。日本法务省拟定的《数字签名法》是日本电子商务法律的代表。1996年,日本成立了"电子商务促进委员会(ECOM)"。此后,在电子授权认证、电子付款、ECOM等领域,该组织也制定了一些规则和协议。

6. 俄罗斯

俄罗斯于1995年1月颁布了《俄罗斯联邦信息法》,调整所有电子信息的生成、存储、处理与访问活动。与该法相配套,该联邦市场安全委员会还于1997年发布了《信息存储标准暂行要求》,并具体规定了交易的安全标准。

三、我国跨境电子商务相关法律现状

自从1994年以来,我国制定了一系列调整电子商务的法律、法规及规范性文件。但从整体来看,国家最高立法机关全国人大制定的电子商务立法还不多,主要包括《电子签名法》以及其他法律中与电子商务相关的规定,大量的电子商务立法体现在国家的政策性文件、政府规章以及地方性法规当中。2014年12月7日,全国人大常委会正式启动了《电子商务法》的立法进程,2019年1月1日该法正式施行。

跨境电子商务

(一)传统领域法律对跨境电子商务的影响

跨境电子商务是一种商业经济行为,涉及消费服务领域,也涉及知识产权领域。传统领域的法律法规对跨境电子商务活动有规制作用并产生诸多影响,但是目前,传统领域法律、法规虽逐渐建立和健全针对跨境电子商务行为的条款细则,各部法律立法目的相互交叉,调整范围相互重叠,还无法形成法律保护的合力。在消费领域方面,我国已制定《中华人民共和国消费者权益保护法》(以下简称《消法》)《中华人民共和国产品质量法》《中华人民共和国反垄断法》《中华人民共和国反不正当竞争法》《中华人民共和国价格法》《中华人民共和国食品安全法》等来保护消费者权益。其中,又以《消法》与消费者最为贴近。2013年,我国对《消法》进行了更新与修订,加大了对网络交易的规范力度,甚至针对网络购物制定了七天无理由退货制度,但并未对跨境电子商务消费做出相关规定。在知识产权方面,我国制定了《中华人民共和国商标法》《中华人民共和国专利法》《中华人民共和国著作权法》等相关法律。

在新《消法》中,网络购物七天无理由退货不等于无条件退货,消费者退货的商品务必保持完好。根据规定,消费者定做的、鲜活易腐的、在线下载或者消费者拆封的音像制品、计算机软件等数字化商品以及交付的报纸、期刊等不能要求退货;此外,其他根据商品性质并经消费者在购买时确认不宜退货的商品,不适用无理由退货。目前,新《消法》对于这类商品并没有做出明确规定,这需要在施行后的实际案例中进行归纳。

近几年,支付环节安全事故频发,如支付宝转账信息被谷歌抓取,超级网银存在授权漏洞,携程安全支付日志泄露大量用户银行卡信息等。新《消法》第二十九条规定,经营者不得泄露、出售消费者个人信息,应采用技术措施防止消费者个人信息泄露或丢失,但尚未就发生信息泄露时双方的责任认定与补偿环节做出具体的规定。使用电子支付的消费者也难以就数据泄露安全事故追究第三方支付机构的关联责任,法律条款只是明确了警示作用,实际追责方面尚存在空白地带。当消费者与境外商户发生类似纠纷时,由于双方并未签订纸质合同,境外商户一般情况下无法受到国内法律约束,具体问题的举证与追责难以实现,不利于跨境电子商务消费者依法维权。

以《消法》为例,虽然传统领域相关法律多数已实行,但其自身尚存在一些法律真空地带,尤其是针对跨境电子商务这一新兴事物而言,现有的法律条文在涉及跨境电子商务活动时,存在一些条款不适用的情况,导致跨境电子商务活动在出现类似法律诉求时无法可依,或无适当的、合理的法律条款可以参考执行。

(二)电子商务相关法律对跨境电子商务的影响

电子商务在我国发展时间较久,发展模式也已相对成熟,相关环境较为完善,关于电子商务及相关法律立法也提上了日程。一些法律草案、管理办法、规定等相继出台,也会影响跨境电子商务法律环境。我国电子商务相关立法工作较国外有所滞后,目前多集中在网络安全与支付方面。从法律层面,目前有《中华人民共和国电子签名法》,并于2015年进行了修订。针对电子商务的专门立法,即《中华人民共和国电子商务法》于2013年12月7日经由全国人大常委会正式启动进入立法进程。2018年8月31日,十三届全国人大常委会第五次会议表决通过《中华人民共和国电子商务法》,自2019年1月1日起施行。

1.《电子签名法》

2005年4月1日正式施行的《电子签名法》是我国电子商务领域立法级别最高的一门法律。该法一方面规范了电子签名行为和电子签名的安全保障措施,通过电子签名立法确

第八章　跨境电子商务法律

立电子签名具有与手写签名或者盖章同等的法律效力,从而使现行的民商事法律同样适用于电子文件。

2.《国务院办公厅关于加快电子商务发展的若干意见》

2005年1月8日,国务院办公厅以二号文件颁布了我国历史上第一个专门指导电子商务发展的政策性文件《国务院办公厅关于加快电子商务发展的若干意见》(以下简称《意见》),第一次通过政策性文件的形式阐述了国家对发展电子商务的基本态度,粗略提出了我国电子商务发展的指导思想和基本原则。

3.《电子认证服务管理办法》

为了配合《电子签名法》的实施,2005年1月28日,中华人民共和国信息产业部第十二次部务会议审议通过了《电子认证服务管理办法》,并于2005年4月1日起与《电子签名法》同步开始实施。

4.《关于实施支持跨境电子商务零售出口有关政策的意见》

2013年,商务部等部门联合发布了《关于实施支持跨境电子商务零售出口有关政策的意见》,针对跨境电子商务企业、跨境消费者在现行管理体制、政策、法规及现有环境条件中无法得以解决的实际问题,支持跨境电子商务零售出口快速发展。

5.《网络交易管理办法》

2014年3月15日正式实施的《网络交易管理办法》是我国第一部规范网络商品交易及有关服务行为的行政规章,该办法亦是在《网络商品交易及有关服务行为管理暂行办法》实施近四年的基础上,随着网络交易商业模式的发展和管理手段的完善,经过充分酝酿后产生的。

6.《电子商务法》

2019年1月1日正式施行的《中华人民共和国电子商务法》是政府调整、企业和个人以数据电文为交易手段,通过信息网络所产生的,因交易形式所引起的各种商事交易关系,以及与这种商事交易关系密切相关的社会关系、政府管理关系的法律规范的总称。该法明确规定电子商务经营者从事跨境电子商务,应当遵守进出口监督管理的法律、行政法规和国家有关规定。《电子商务法》在第二十六条、第七十一条、第七十二条与第七十三条提到跨境电子商务法律相关规定。跨境电子商务归属于电子商务范畴,但是不完全同于电子商务。具体如下:

第二十六条　电子商务经营者从事跨境电子商务,应当遵守进出口监督管理的法律、行政法规和国家有关规定。

第七十一条　国家促进跨境电子商务发展,建立健全适应跨境电子商务特点的海关、税收、进出境检验检疫、支付结算等管理制度,提高跨境电子商务各环节便利化水平,支持跨境电子商务平台经营者等为跨境电子商务提供仓储物流、报关、报检等服务。

国家支持小型微型企业从事跨境电子商务。

第七十二条　国家进出口管理部门应当推进跨境电子商务海关申报、纳税、检验检疫等环节的综合服务和监管体系建设,优化监管流程,推动实现信息共享、监管互认、执法互助,提高跨境电子商务服务和监管效率。跨境电子商务经营者可以凭电子单证向国家进出口管理部门办理有关手续。

第七十三条　国家推动建立与不同国家、地区之间跨境电子商务的交流合作,参与电子商务国际规则的制定,促进电子签名、电子身份等国际互认。

国家推动建立与不同国家、地区之间的跨境电子商务争议解决机制。

跨境电子商务

跨境电子商务涉及部门与环节远超过国内电子商务,除了依托法律确定协调机制等规则外,还需要海关、税务、检验检疫等多部门协调。跨境电子商务发展日新月异,其创新能力与变化也无确定轨迹可循,无法前瞻性地制定法律。

第二节 跨境电子商务运营活动的法律规范

一、跨境电子商务税收征管

从2013年起,国务院和各相关部委纷纷出台针对跨境电子商务行业的配套政策和法律规范,这不仅对行业发展起到了积极的推动作用,也有效保证了跨境电子商务的健康发展。

(一)跨境电子商务税收征管的问题

对纳税主体、客体、纳税环节、纳税地点、纳税商品或劳务、特许权使用费、纳税收入或纳税问题难于确定,纳税主体很容易绕过国家的关税壁垒,这就需要研究和制定相应税务政策法规。跨境电子商务环境下税收将面临以下几个难题:

1. 难于确认纳税主体和纳税对象

在传统国际贸易形式下,商品的跨国流通一般通过有固定场所的贸易公司来完成,而跨境电子商务削弱了商品和劳务提供者和消费者之间地理位置上的联系,使商品或劳务的交易活动在固定的场所转移到了没有固定场所的、开放的国际互联网络上。有些跨境电子商务企业无须在国外设立常设机构,便能在市场进行交易。

2. 难于确认纳税地点和纳税期限

传统国家贸易的纳税地点和时间很易确定。纳税地点规定以领土为原则;纳税期限是纳税人向国家缴纳税款的法定期限;国家开征的每一税种,都有纳税期限的规定。但是在跨境电子商务的交易中,交易地点随意,只要有计算机就可以进行。另外,跨境电子商务的交易是在线贸易,难于确认纳税地点和纳税期限。

3. 难于确认税收管辖权

传统税制主要是以属人原则和属地原则为基础进行税收管辖。在跨境电子商务环境下,交易的数字化、虚拟化、隐匿化和支付方式的电子化,使交易场所、提供货物和服务的使用地难以判断或确认,以致难于确认税收管辖权,也难于确认来源地税收管辖权。

4. 难于税收征管和稽查,造成税款大量流失

传统的税收征管和稽查是建立在各种票证、账簿和报表基础上的,而跨境电子商务交易的方式采取无纸化,所有买卖双方的合同,作为销售凭证的各种票据都以数据电文形式存在,这些无纸化操作导致传统的凭证追踪审计失去基础。

5. 加剧避税问题

在跨境电子商务下,很难保证所有纳税人都服从税法,同时带来黑色经济的机会。电子商务的黑色经济手段是高科技的,其结果是隐蔽的。在Internet下,交易实体是无形的,交易与匿名支付系统连接,没有有形的合同,其过程和结果不会留下痕迹作为审计线索。同时,保密技术的应用使确定纳税人的身份或交易的细节极为困难,没有明确的纳税人或交易数字,很难保证其服从税法。

第八章 跨境电子商务法律

(二)跨境电子商务税收征管的相关规定

电子商务无国界,跨境电子商务将突破国家和地区的限制,在全球范围内运作,这也是全球经济一体化的重要体现。随着电子商务的进一步发展,如何对跨越国境的电子商务进行征税,已是摆在各国税务机关面前的一个重要问题。

为了保证各国税制的公平、透明以及易于管理,OECD为跨境电子商务税制提出了几条基本规定:

(1)税制必须公平,在进行同样交易的情况下,必须以同样方法向纳税人征税;

(2)税制必须简单,税收机关的行政费及纳税人的手续费应该尽量少;

(3)对纳税人的各项规定必须明确,以便使交易的纳税数额事先就一目了然,纳税人应该知道什么东西在什么时候、什么地点纳税;

(4)无论采用哪种税制,都必须是有效的,它必须在正确的时候产生正确数额的税收,并最大限度地减少逃税、避税的可能;

(5)必须避免经济变形,企业决策者应该是受商业机遇的驱动,而不是受税收条件驱动;

(6)税收必须灵活机动,以便使税务规章与技术及商业发展齐头并进;

(7)必须把国内通过的任何税收规定及现行国际税制的任何变化汇总起来,以便确保各国之间的因特网税收公平共享;

(8)发达国家与发展中国家之间的税务基础的确定特别重要。

(三)电子商务的典型税收征管措施

1997年的美国《全球电子商务纲要》主张对网上交易免征一切关税和新税种,即建立一个"网上自由贸易区"。1998年5月20日,WTO第二届部长会议通过的《关于全球电子商务的宣言》,规定至少一年内免征互联网上所有贸易活动关税,并就全球电子商务问题建立一个专门工作组。电子商务的网络贸易税收问题将成为新一轮贸易谈判的重点之一。

1. 美国的电子商务税收立法

美国财政部于1996年下半年颁布了《全球电子商务税收政策解析白皮书》(Selected Tax Policy Implications of Global Electronic Commerrce),提出为鼓励互联网这一新兴技术在商业领域的应用,各国税收政策的制定和执行应遵循着一种"中立原则",即不提倡对电子商务征收任何性的税收。

1997年7月1日美国政府在《全球电子商务政策框架》中,号召各国政府尽可能地鼓励和帮助企业发展互联网商业应用,建议将互联网宣布为免税区,凡无形商品(如电子出版物、软件、网上服务等)经由网络进行交易的,无论是跨境交易或是在美国内部的跨州交易,均应一律免税,对有形商品的网上贸易,其赋税应按照现行规定办理。

1998年5月14日,几经修改的互联网免税法案在美国参议院商业委员会以41票对0票的优势通过,为美国本土企业铺平自由化的发展道路;5月20日,美国又促使132个世界贸易组织成员方的部长们达成一致,通过了互联网零关税状态至少一年的协议,使通过互联网进行国际交易的企业能够顺利地越过本国国界,在其他国家市场上顺利地进行销售。

2. 欧盟的电子商务税收立法

欧盟早在1997年7月签署的《波恩声明》中就已规定,不再对国际互联网贸易征收关税和特别税,但不排除对电子商务征收商品税。1998年欧盟发表了《关于保护增值税收入和促进电子商务发展的报告》。2002年5月,欧盟通过了一项针对现行增值税法的修正案,规定从修正案生效后3年内,允许非欧盟居民在向欧盟居民销售数字产品时,可以享受免征增值税的待遇。

3. 经济合作与发展组织的电子商务税务报告

1998年10月7日到9日,经济合作与发展组织(OECD)成员方部长和来自非OECD成员方、消费者以及社会利益团体的代表聚集渥太华,共同商讨促进全球电子商务发展的计划。经济合作与发展组织是税务领域里处于领先地位的国际组织,具有制定国际税务规范(如《OECD模范法公约》和《OECD转让定价指南》)的长期专业经验。1997年,OECD受国际委托制定适用于电子商务的税务框架条件,提出了《电子商务:税务政策框架条件》的报告。

(四)我国跨境电子商务出口退税政策

从交易对象来看,对于有形商品无法通过互联网进行实物交割,必须进行离线交易,跨境货物通过海关办理通关手续,因此按照国家相关规定,向海关申报纳税亦属理所当然。

从交易主体来看,B2B模式是企业之间通过互联网完成交易的谈判、签约,以在线方式完成支付,并通过离线或在线方式完成交易。B2B模式下的跨境交易具有规模大、种类多、不具备最终消费特征等特点,应按照进出境货物实施管理,由海关征收出口环节关税和进口环节代征税。

《财政部国家税务总局关于跨境电子商务零售出口税收政策的通知》(财税〔2013〕96号)规定,自2014年1月1日起,对符合条件的跨境电子商务零售出口企业执行增值税、消费税退(免)税和免税政策。从某种意义上讲,跨境电子商务网上"私人订制"的出口货物,真正让卖方实现了退免税。

二、跨境电子商务的消费者权益与保护

当今社会已经开始进入经济全球化以及信息全球化的时代,跨境电子商务已经逐渐成为企业开辟国际市场的重要机遇。但是,跨境电子商务自身的安全问题以及法律风险等逐渐对消费者自我权益保护和国家政策监督提出了新的挑战,需要各国政府制定相应的法律法规,为跨境电子商务的发展保驾护航。

(一)电子商务对消费者权益的影响

电子商务在给人们带来方便的同时,传统交易下所产生的纠纷及风险并没有随着高科技的发展而消失,相反,网络的虚拟性、流动性、隐匿性及无国界性对消费者权益保护提出了更多的挑战。如何在电子商务环境中保护消费者的权利,培养消费者的信心,也成了推动电子商务发展的一个关键问题。

首先,电子商务是利用计算机网络作为信息传播媒体的,因而与传统商务模式比较起来它获取市场信息的方式更多、效率更高、成本更低,也就意味着信息获取的完全性更高一些,亦即电子商务有着很高的信息效率。

其次,电子商务的全球性、开放性使得交易突破了原来的时空界限,扩大了交易范围,提高了交易的效率。但这同时又给经营者不法行为的滋生创造了条件,给电子商务管理带来了巨大的困难。

最后,物流和资金流的非同步性,使交易成交到交割的时间比一般的商场购物延长了,信用风险和商业风险都增加了。这样对消费者来说,可能受到的影响和损害比传统的消费模式要多得多,如欺诈、交货拖延等等。

第八章 跨境电子商务法律

(二)跨境电子商务消费者权益保护的原因

跨境电子商务正在成为消费者投诉的重点,其中又以对 B2C 和 C2C 贸易模式的投诉居多,这是因为跨境电子商务的发展给消费者权益保护带来了新的挑战。消费者时常受到各类电子商务诈骗行为的困扰,主要表现为以下三点。

1.交易双方地位的不对等

消费者和商家在虚拟空间上进行交易时,消费者分散、孤立,且常常处于弱势地位。我国的《消费者权益保护法》对消费者利益有所倾斜,目的在于维护交易双方的平等地位,但是这一点在跨境电子商务活动当中很难实现。交易当中的条款基本上是由卖方单独拟定的,消费者只能够被动接受,几乎没有商量的余地。

2.消费者的知情权无法保障

消费者权益当中重要的一条是知情权,我国《消费者权益保护法》规定:"消费者享有知悉其购买、使用的商品或者接受的服务的不同情况的权利。消费者有权根据商品或者服务的不同情况,要求经营者提供商品的价格、产地、生产者、用途、性能、规格、等级、主要成分、生产日期、有效期限、检验合格证明、使用方式说明书、售后服务,或服务的内容、规格、费用等有关情况。"

3.售后难以保证

跨境电子商务活动的售后服务一般难以保证,这主要是因为:一方面交易双方位于不同的国家,相隔距离远;另一方面很多交易过程当中没有提供有效的售后服务保证。

(三)我国电子商务消费者权益保护的法律

信息网络化的发展水平已成为衡量一个国家现代化水平与综合国力的一个重要指标。随着电子信息网络技术的迅速发展,电子商务也必将迅猛发展,消费者作为电子商务的重要组成部分,其权益的保护就显得极为重要。

纵观我国现有法律规定,对电子商务消费者权益的法律保护,散见于《民法通则》《合同法》《消费者权益保护法》《电信条例》《计算机信息网络国际联网管理暂行规定》《计算机信息网络国际联网安全保护管理办法》等法律法规条文中,内容散乱,缺陷不少,可操作性不强,远远不能适应电子商务迅速发展所要求的对消费者权益保护的迫切需要。加强对跨境电子商务消费者权益保护的法律研究和立法,已是迫在眉睫。

(四)电子商务消费者权益保护的典型法律法规

跨境电子商务交易是非面对面交易,没有面对面议价、挑选等过程,消费者只是通过描述、图片等广告或宣传订立合同,既没有直接的感官认识,更没有机会验货,在经营者没有充分公开相关信息时,往往导致消费者误解,甚至受欺诈。跨境电子商务交易也是一种非即时清结的交易。正是因为这样的特点,实际中,有的经营者利用通信交易的特点以虚假不实的广告,诱使消费者购买质次价高的商品,或者收到货款后拖延发货,甚至进行诈骗。

基于邮购的特殊性,许多国家法律将邮购作为特种买卖予以规定。马来西亚等国家和地区关于邮购法律存在特殊规定。韩国试图通过《访问销售法律》来保护及规范利用电脑进行交易的电子商务。

(五)电子商务消费者权益保护的典型法律法规

我国《合同法》未规定邮购买卖,但《消费者权益保护法》第 46 条规定,经营者以邮购方式提供商品的,应当按照约定提供;未按照约定提供的,应当按照消费者的要求履行约定或

跨境电子商务

者退回货款;并应当承担消费者必须支付的合理费用。我国《消费者权益保护法》第46条是对邮购买卖做出专门规定的唯一条款,但该条并没有明确经营者的书面通知义务,也未规定"冷静期"及无条件解约权,仅重申了《合同法》关于违约责任的规定。

三、跨境电子商务的海关监管和检验检疫法律制度

(一)跨境电子商务海关监管

1. 总体规范

海关总署《关于跨境贸易电子商务进出境货物、物品有关监管事宜的公告》,明确规定了监管范围、企业注册和备案要求、电子商务进出境货物和物品通关管理、电子商务进出境货物和物品物流监控等方面的事项。

2. 监管方面

(1)主体上、渠道上、性质上三方面纳入调整范围。主体上,主要包括境内通过互联网进行跨境电子商务交易的消费者、开展跨境电子商务业务的境内企业、为交易提供服务的跨境贸易电子商务第三方平台;渠道上,仅指通过已与海关联网的电子商务平台进行的交易;性质上,应为跨境交易。

(2)海关对电子商务出口商品采取"清单核放、汇总申报"的方式办理通关手续。电子商务企业可以向海关提交《中华人民共和国海关跨境贸易电子商务进出境货物申报清单》(以下简称《货物清单》),采取"清单核放、汇总申报"方式办理电子商务进出境货物报关手续;个人应提交《中华人民共和国海关跨境贸易电子商务进出境物品申报清单》(以下简称《物品清单》),采取"清单核放"方式办理电子商务进出境物品报关手续。

(3)存放电子商务进出境货物、物品的海关监管场所的经营人,应向海关办理开展电子商务业务的备案手续,并接受海关监管。

(4)电子商务企业或个人、支付企业、海关监管场所经营人、物流企业等,应按规定通过电子商务通关服务平台适时向电子商务通关管理平台传送交易、支付、仓储和物流等数据。

3. 企业注册登记及备案管理

存放电子商务进出境货物、物品的海关监管场所的经营人,应向海关办理开展电子商务业务的备案手续,并接受海关监管。未办理备案手续的,不得开展电子商务业务。

4. 电子商务进出境货物、物品通关管理

(1)电子商务企业或个人、支付企业、物流企业应在电子商务进出境货物、物品申报前,向海关提交订单、支付、物流等信息。

(2)电子商务企业或其代理人应在运载电子商务进境货物的运输工具申报进境之日起14日内,电子商务出口货物运抵海关监管场所后、装货24小时前,按照已向海关发送的订单、支付、物流等信息,如实填制《货物清单》,逐票办理货物通关手续。个人进出境物品,应由本人或其代理人如实填制《物品清单》,逐票办理物品通关手续。

(3)开展电子商务业务的海关监管场所经营人应建立完善的电子仓储管理系统,将电子仓储管理系统的底账数据通过电子商务通关服务平台与海关联网对接;电子商务交易平台应将平台交易的电子底账数据通过电子商务通关服务平台与海关联网对接;电子商务企业、支付企业、物流企业应将电子商务进出境货物、物品交易的原始数据通过电子商务通关服务平台与海关联网对接。除特殊情况外,《货物清单》《物品清单》《进出口货物报关单》应采取通关无纸化作业方式进行申报。

第八章　跨境电子商务法律

(4)电子商务企业或其代理人未能按规定将《货物清单》汇总形成《进出口货物报关单》向海关申报的,海关将不再接受相关企业以"清单核放、汇总申报"方式办理电子商务进出境货物报关手续,直至其完成相应汇总申报工作。

5. 电子商务进出境货物、物品物流监控

(1)电子商务进出境货物、物品的查验、放行均应在海关监管场所内完成。
(2)海关监管场所经营人应通过电子仓储管理系统进行管理并提供数据。
(3)海关按规定对电子商务进出境货物、物品进行风险布控和查验。
(4)电子商务进出境货物、物品需转至其他海关监管场所验收的,应按照现行海关关于转关货物有关管理规定办理手续。

(二)跨境电子商务的检验检疫规范

2015年11月,国家质量监督检验检疫总局发布《跨境电子商务经营主体和商品备案管理工作规范》,对跨境电子商务经营主体和商品信息备案管理做出了明确规定。

1. 备案管理

(1)向检验检疫机构提供经营主体备案信息与商品备案信息。
(2)跨境电子商务经营主体和商品备案信息实施一地备案、全国共享管理。

2. 商品禁止

(1)《中华人民共和国进出境动植物检疫法》规定的禁止进境物;
(2)未获得检验检疫准入的动植物产品及动植物源性食品;
(3)列入危险化学品和有毒化学品的物品;
(4)特殊物品(取得进口药品注册证书的生物制品除外);
(5)含可能危及公共安全的核生化有害因子的产品;
(6)废旧物品;
(7)法律法规禁止进境的其他产品和国家质检总局公告禁止进境的产品。

3. 跨境电子商务物品申报

2015年3月,国家质量监督检验检疫总局发布《中国(杭州)跨境电子商务综合试验区检验检疫申报与放行业务流程管理规范》,对跨境电子商务物品申报和物品放行做出规定。

跨境电子商务物品实行全申报:
(1)属于网购保税模式的入境物品,应由电商经营企业提前7个工作日向检验检疫机构进行申报。
(2)属于直邮模式的入境物品,应由电商经营企业提前3个工作日向检验检疫机构申报。
(3)申报时应明确物品名称、入境数量、输入国别或地区、销售者名称等。
(4)出境物品提前申报,按照"先出后报,集中办理"的原则,电子商务经营企业根据需要每月集中向检验检疫机构办理相关手续。

凡是符合检验检疫监督管理要求的跨境电子商务物品予以放行。对检疫不合格的物品检验检疫机构可以进行检疫处理后放行。

四、跨境电子商务的知识产权保护法律制度

近年来,随着我国跨境电子商务交易规模的极速增长,跨境电子商务领域的纠纷,尤其是知识产权类纠纷也日渐增多,知识产权已经成为境外企业制约我国跨境电子商务从业者

的重要竞争手段之一。2015年年初,由于涉嫌销售仿冒产品,中国5 000余名商户使用的PayPal账户被美国法院的临时限制令冻结,涉及金额高达5 000万美元,最终因应诉维权成本高、法律意识淡薄等,不少商户PayPal账户被清零,中国企业无故遭受了巨大的经济损失;无独有偶,在2018年—2019年,小猪佩奇商标及著作权权利人娱乐壹英国有限公司聘请美国律师,以相同的"钓鱼取证"方式,再次利用法院的临时限制令,冻结了中国上千家企业的PayPal账户。

为进一步规范跨境电子商务行业的合规运作,减少跨境贸易中的纠纷与矛盾,促进跨境电子商务行业的健康发展,国家工商总局联合相关部门开展了网络市场监管专项活动,严厉打击假冒仿造行为,海关总署积极采取知识产权保护措施,严厉打击跨境电子商务领域中的知识产权侵权行为。与此同时,我国于2018年8月31日出台了我国电子商务领域首部综合性法律——《电子商务法》,这部法律对电子商务平台中的卖家、平台的相关责任做了明确的界定与划分,明确了电子商务平台经营者在知识产权保护中的法定责任与义务,增强了跨境电子商务从业者的知识产权保护意识。此后,由商务部、发展改革委、财政部、海关总署、税务总局、市场监管总局出台的《关于完善跨境电子商务零售进口监管有关工作的通知》,进一步明确了包括跨境电子商务零售进口的参与主体,细化了包括跨境电子商务企业、跨境电子商务平台、境内服务商以及政府在内的各类主体的知识产权保护义务。然而,由于跨境电子商务领域涉及的知识产权存在地域性保护,再加之国内知识产权保护意识淡薄、管理制度尚未完善等原因,跨境电子商务中的知识产权保护问题仍然面临着巨大挑战。

跨境电子商务知识产权具有独特性的特征。目前,跨境电子商务知识产权活动中出现了使用者的免费利用与权利人收益保障、知识产权保护客体与互联网免费传播法则、知识产权保护的域内效力与域外效力、复杂多变现实情况与相对滞后的通行知识产权的规则的困境,知识产权保护成本激增与经济效益递减。跨境电子商务中知识产权保护理念应遵循和考虑把如何推动产业转型和优化产业结构,谋求个人利益和公共利益平衡,实现可预期性和减少非理性,注重契约精神与承担社会责任等理念贯穿到知识产权保护规则具体制度设计中。

(一)跨境电子商务的知识产权概述

1. 跨境电子商务中的知识产权类型

(1)著作权

著作权是自然人、法人或其他组织对文学、艺术和科学作品依法享有的财产权利和精神权利的总称。在我国,一般认为著作权同时具有人身性和财产性,包括人身权和财产权两部分。其中的人身权又称精神权利,指作者享有的与其人身密不可分的权利。而著作财产权来自对文学艺术作品的商业性利用的利益,是作者及其他著作权人对作品依法享有的使用和获取报酬的权利。

(2)专利权

专利是指"专利权人在法定期限内对其发明创造成果所享有的专有权利,是国家专利管理机关依照法律规定和法定程序,授予专利申请人对某项发明创造享有在法定期限内的独占实施权。"相对于著作权和商标权,专利权的专有性更强,地域性特征更加突出,获得权利的条件更加严格。

(3)商标权

商标权又称商标专用权,是指商标所有权人在法律规定的有效期内,对其经商标管理机关核准注册的商标所享有的独占地、排他地使用和处分的权利。根据《商标法》,商标重要的特征是能够与其他商品相区别,商品标记需要具有可视性的以及符合法定条件的要素才能注册为商标,商标是依附于商品或者服务存在的,商标标记具有排他性。(《商标法》第八条)。在电子商务中,除商标之外,还有几类重要的商业标记,如域名、网店名称等。

2.跨境电子商务侵权的主要形式

(1)著作权侵权。在互联网没有普及的年代,版权所有人对商品的复制、发布及播放等权利比较容易控制。随着信息网络时代的到来,作品的复制与传播便捷且成本低廉,复制严重损害了著作权人的利益。

目前,跨境电子商务主要存在以下几方面的著作权侵权行为:

第一,未经版权人的同意或授权,直接传播使用他人的著作权,如在图片的使用中存在复制后使用、进行抠图后使用、拼图后使用及使用他人的细节图等行为都构成版权侵权行为。

第二,在电商平台店铺和产品宣传中,盗用、复制他人的音像制品、图书、软件等作品。

第三,乱用他人创作、发表或登记的著作权,对店铺及商品进行宣传,包括使用卡通人物、影视作品、摄影作品和登记的美术作品都有可能构成不当使用他人的著作权。

(2)专利权侵权。专利权是知识产权的重要组成部分。专利侵权是跨境电子商务知识产权侵权的主要类型之一。专利侵权行为是指在各国专利权法律允许的有效期限内,行为人未经专利权人的许可,又无法律依据,以营利为目的实施他人专利的行为。当前,根据专利侵权行为的表现形式,可以分为直接和间接两类侵权行为。由于在跨境电子商务交易中,买家无法直接看到实物,很难判断使用者是否对该项专利权拥有使用权。因此在当前的跨境电子商务中,专利侵权问题集中体现在卖家侵犯许可销售、进口专利产品或生产厂家使用未经许可的专利方法、假冒专利产品等方面。

(3)商标权侵权。商标权是指商标所有人对其商标所拥有的独占的、排他性的权利。在我国,由于商标权的取得实行注册原则,因此商标权实际上是因商标所有人申请、经国家商标局确认的专有权利,即因商标注册而产生的专有权。在当前的跨境电子商务交易中,在店铺名称、产品的标题、信息详情页、图片及商标 LOGO 等信息中容易产生商标权侵权纠纷。例如,许多卖家在对无商标品牌的商品销售时,往往对品牌商品进行细微改动或进行拆分与添加、对商标及 LOGO 打上马赛克等,从而变成自身的商标品牌,从而导致商标权的侵权。

(二)跨境电子商务的知识产权保护的相关法律制度

1.跨境电子商务知识产权保护面临的问题

随着跨境电子商务的不断发展,其所涉及的领域也不断增多,知识产权的范围也随之扩大到专利、商标、文字音像版权等领域。不仅如此,Amazon、EBay 等国外的大型电商也纷纷进驻中国,中国商家也大量加入,中国的阿里巴巴、京东、网易考拉等海淘网站也进行了全球化布局,跨境电子商务产业越来越大,存在的知识产权纠纷问题越来越多。

(1)监管不规范

各国的法律法规不一样,相互之间的信息不对等,导致跨境电子商务买卖双方的国家管理困难。有的国家根本没有跨境电子商务的知识产权保护措施,有的国家跨境电子商务知识产权的监管很严格,这样的不对等关系导致跨境电子商务中知识产权的纠纷频发,跨境电子商务中的处理得不到统一的处理,因此纠纷现象混乱。

(2)平台管理不到位

在跨境电子商务中主要是通过自建平台、第三方平台及在线的商务平台进行交易,因此买卖双方的协议也都是在网络上签订。在平台上商家的管理不到位,导致很多平台入驻商家的信息不能得到核实,存在欺诈和贩卖盗版商品等问题。而平台管理上无法有效地制约商家的行为,导致买方的经济权益受损,侵害知识产权的商品流入市场,扰乱市场正常的运作秩序。

(3)责任主体确认不明

跨境电子商务交易中的交易主体都是通过互联网进行的,整个流程在互联网上导致双方主体不明,无法对交易主体的信息进行明确的核实和筛查,信息真实性无法得到保障。在跨境电子商务进行的时候,买家、卖家、运输公司以及第三方平台的多方参与使具体责任划分存在问题,当出现知识产权纠纷时,很难确认责任,而跨境电子商务知识产权发生的司法管制区域界限不清,国与国的处理办法不同,在维权和侵权的判定上都存在分歧。

(4)侵权认识不足

在跨境电子商务中,很多的商家只注重金钱利益,没有对知识产权加以保护的意识,对于知识产权的保护在利益面前变得一文不值,并且在跨境电子商务中存在侥幸心理,钻政策漏洞。而选择购物的消费者由于自身的辨识能力低,过度追求名牌效应,贪图小便宜购买海外过于便宜的产品,并不知道这些产品存在侵犯知识产权的问题。

(5)海关侵权行为认定困难

跨境电子商务不同于传统的贸易,跨境电子商务是涉及不同国家和制度的。在跨境电子商务进行的过程中,呈现出境内和境外情况都很复杂的特点,即商品的进货渠道复杂,商品的生产来源多样,国内销往国际还存在代加工等问题。而国外销往境内的产品进口渠道很多,涉及的品牌种类也繁多。产品的真假难以辨识,海关对于品牌的认识不足,在鉴定的过程中难以确定侵权行为。这些情况都给知识产权的保护造成了困难。

2. 跨境电子商务知识产权侵权防范措施和建议

首先,要提高跨境电子商务企业的知识产权保护意识,提升企业自主创新能力,完善企业知识产权制度建设是应对普通跨境电子商务知识产权侵权风险的根本性措施。在我国跨境电子商务企业"走出去"的过程中,企业应当充分注重知识产权的保护,在拓展海外市场前,充分了解进口国相关知识产权法律规定;提前做好知识产权布局,视产品的市场需求及企业资金状况,在全球主要市场提前注册、申请相关知识产权;做好知识产权风险排查与预警工作,在产品生产、采购、营销环节中尽可能避免知识产权侵权行为的发生。

其次,在遭遇到被控侵犯知识产权的纠纷时,企业应冷静分析案件情况,针对个案采取不同措施。如确属侵权的,企业则应主动删除、下架被控侵权产品链接,与此同时,企业可以利用平台、通过各种渠道找到权利人网站、查找权利人的公司页面等,获取权利人的联系方式,主动沟通协商和解事宜,争取尽快达成和解方案。如无法联系到权利人或无法得到权利人回应的,跨境电子商务企业可以考虑委托境外当地律师协助处理、应对纠纷。当和解金额过高、条件过于苛刻时,跨境企业可以考虑在律师的帮助下积极应诉,以便在诉讼中争取将赔偿金降低至合理金额。

再次,国内跨境电子商务平台应构建知识产权自治规则,对跨境电子商务企业建立以事前预防侵权、事中解决纠纷、事后有效惩处为方向的知识产权保护机制。

最后,不断加强与主要贸易伙伴及世界贸易组织、世界知识产权组织等国际组织的合作,推动构建世界电子贸易平台;通过参与双边、多边国际条约的签订,在世界范围内推动形成跨境电子商务知识产权保护新规则。

3. 域外电子商务领域商标权保护的法律实践

(1)欧盟法规

《欧盟商标指令(EU Trademark Directive)2008/95/EC》是一个关于欧盟成员方内本地商标的统一性规定,在这一指令中,对何种本地商标可被拒绝注册、注册后的商标应被赋予哪些权利及其权利限制以及商标许可、商标使用及撤销程序等,做出了规定。这一指令制定的目的是使欧盟各成员方的商标法得到统一使用。但该指令并不直接在成员方中生效,各成员方仍须根据指令所确定的原则制定其自己的商标法。

《欧洲理事会共同体商标条例 207/2009》在欧盟地区中,一个商标既可在相关国家当地的商标局注册,也可在欧盟的"欧洲内部市场协调局"(Office of Harmonization for the Internal Market)进行注册。一经注册,商标便在整个欧盟地区生效,不论该商标是否已在其他国家的商标局注册。这些在欧盟当局注册的商标称为"欧共体商标"(European Community Trade Mark),其法律依据是欧洲理事会制定的《欧洲理事会共同体商标条例 207/2009》,其内容也包括何种商标可被拒绝注册,注册后的商标应被赋予什么权利及其权利限制,以及商标许可、商标使用及其撤销等等。欧洲理事会规章不适用于欧盟成员方本地的商标法,故应注意不要与《欧盟商标指令 2008/95/EC》混淆。由于欧盟地区有两套不同的商标法律,一套适用欧盟成员方当地层面注册的商标,另一套适用于在欧盟层面注册的商标,所以,在参考欧盟商标侵权的案例时,应分清案例中涉及的是个别成员方注册商标,还是欧盟层面注册的商标。

(2)美国案例

在蒂芙尼诉 eBay 案中,美国联邦第二巡回法院还给出了与商标法有关的具体观点。这些观点与欧盟法院的观点形成鲜明的对比,主要包括两点:虚假宣传和商标淡化。

第一,关于虚假宣传。美国法律规定,任何人不得在商业广告或推广中对任何自己或他人的产品、服务或商业活动的性质、特征、质量、生产地等做出虚假陈述。而且已有判例进一步判定,即使广告字面上并非虚假,但若内容会误导消费者或令其产生混淆,仍须承担虚假广告责任。第二巡回法院认为,eBay 上的蒂芙尼产品真假并存,法院不应要求 eBay 一旦发现有假冒产品便须停止所有相关产品广告,否则便会严重打击电商平台的发展。尽管 eBay 在其网站内的确曾发布信息声称正在售卖蒂芙尼的产品,但一个免责声明便足以免除电商平台承担虚假广告的责任。第二巡回法院最终并未决定 eBay 是否须承担虚假广告责任,而是将案件发还下级法院重新考察所有证据,判断 eBay 网是否曾经误导消费者认为其网站上所销售的皆为真货。

第二,关于商标淡化(Trademark Dilution)。商标淡化是指一个产品的标记或商业名称与一个已注册的商标或商业名称相似或相近,令人对该产品产生混淆,使商标权利人拥有的商标遭到淡化的一种侵犯商标权行为,是一种直接侵权行为。法院认为,由于 eBay 从未在网站上表示过那些假冒产品不是第三方的产品而是 eBay 自己的产品,eBay 不应承担商标淡化责任。这一判断符合"避风港"原则的基本原理。

五、跨境电子商务企业的行为规范

(一)跨境电子商务经营者经营活动的要求

1.跨境电子商务经营者经营活动的一般要求

(1)实名登记和注册。跨境电子商务经营者属于电子商务经营者的范畴,根据《中华人

跨境电子商务

民共和国电子商务法》第十条的规定,电子商务经营者应当依法办理市场主体登记。但是,个人销售自产农副产品、家庭手工业产品,个人利用自己的技能从事依法无须取得许可的便民劳务活动和零星小额交易活动,以及依照法律、行政法规不需要进行登记的除外。

(2)备案、通关信息申报或联网、数据共享。跨境电子商务参与者应当向海关进出口商检、外汇、流通主管和行政执法部门备案,及时准确地向跨境通关服务平台传输商品信息、支付信息、物流信息和其他必要的交易信息。

(3)交易警示与协助。跨境电子商务经营者应当了解跨境商品所在地和进出关境的法律政策及变动情况,及时向消费者发布相关信息。

(4)商品报关。跨境电子商务经营者应当通过跨境通关服务平台向海关如实申报,履行代缴关税义务。对于境内消费者直接向境外购买的商品,跨境物流经营者有权代消费者进行通关申报、代缴关税的义务。

(5)信息保存。跨境电子商务参与者应当妥善保存在平台上发布的交易及服务的全部信息,包括各自系统上生成的商品信息、交易信息、物流信息、支付信息以及日志信息。应当采取相应的技术手段保证上述资料的完整性、准确性和安全性。跨境电子商务参与者对客户身份信息的保存时间自其最后一次登录之后起不少于4年;交易信息保存时间自发生之日起不少于4年。(《中华人民共和国合同法》第一百二十九条规定)

2.跨境电子商务平台经营者的特别义务

(1)跨境电子商务平台经营者应详细告知用户跨境电子商务交易流程、提示跨境电子商务交易的商业风险和法律风险,积极协助当事人进行沟通或协助安排翻译、物流、支付、通关等第三方机构提供的专业服务。

(2)跨境电子商务平台服务商和境外代购服务提供者对于境外交易当事人的身份信息应当进行必要的核查,警示跨境电子商务交易中常见的欺诈行为,提示境内电子商务交易当事人注意防范风险。

(3)跨境电子商务平台服务商根据本平台的交易特点,可向相关主管部门申请为本平台的跨境电子商务交易提供人民币结算的便利,鼓励跨境电子商务交易各方使用人民币进行跨境结算。

(4)跨境电子商务平台经营者不得在平台上进行禁止入境商品的交易,对其他风险等级较高的入境商品应明确商品登录和风险担保规则。对于违反我国法律禁止性规定的跨境电子商务交易,应当及时向监管机构报告。

(5)跨境电子商务平台内经营者应遵守消费者权益保障规则,接受消费者符合法律法规规定的退换货请求。平台内经营者拒绝或超过时限未办理消费者合法的请求事项的,跨境电子商务平台服务商应协助处理。

(二)跨境电子商务企业的行为规范

有关跨境电子商务企业的行为规范的内容涉及以下几个方面。

1.跨境电子商务企业

(1)承担商品质量安全的主体责任,并按规定履行相关义务。应委托一家在境内办理工商登记的企业,由其在海关办理注册登记,承担如实申报责任,依法接受相关部门监管,并承担民事连带责任。

(2)承担消费者权益保障责任,包括但不限于商品信息披露、提供商品退换货服务、建立不合格或缺陷商品召回制度、对商品质量侵害消费者权益的赔付责任等。当发现相关商品存在质量安全风险或发生质量安全问题时,应立即停止销售,召回已销售商品并妥善处理,防止其再次流入市场,并及时将召回和处理情况向海关等监管部门报告。

(3)履行对消费者的提醒告知义务,会同跨境电子商务平台在商品订购网页或其他醒目位置向消费者提供风险告知书,消费者确认同意后方可下单购买。告知书应至少包括以下内容:相关商品符合原产地有关质量、安全、卫生、环保、标识等标准或技术规范要求,但可能与我国标准存在差异;消费者自行承担相关风险;相关商品直接购自境外,可能无中文标签,消费者可通过网站查看商品的中文电子标签;消费者购买的商品仅限个人自用,不得再次销售。

(4)建立商品质量安全风险防控机制,包括收发货质量管理、库内质量管控、供应商管理等。

(5)建立健全网购保税进口商品质量追溯体系,追溯信息应至少涵盖国外启运地至国内消费者的完整物流轨迹,鼓励向境外发货人、商品生产商等上游溯源。

(6)向海关实时传输施加电子签名的跨境电子商务零售进口交易电子数据,可自行或委托代理人向海关申报清单,并承担相应责任。

2. 跨境电子商务平台

(1)平台运营主体应在境内办理工商登记,并按相关规定在海关办理注册登记,接受相关部门监管,配合开展后续管理和执法工作。

(2)向海关实时传输施加电子签名的跨境电子商务零售进口交易电子数据,并对交易真实性、消费者身份真实性进行审核,承担相应责任。

(3)建立平台内交易规则、交易安全保障、消费者权益保护、不良信息处理等管理制度。对申请入驻平台的跨境电子商务企业进行主体身份真实性审核,在网站公示主体身份信息和消费者评价、投诉信息,并向监管部门提供平台入驻商家等信息。与申请入驻平台的跨境电子商务企业签署协议,就商品质量安全主体责任、消费者权益保障以及本通知其他相关要求等方面明确双方责任、权利和义务。

(4)平台入驻企业中既有跨境电子商务企业,也有国内电子商务企业的,应建立相互独立的区块或频道,为跨境电子商务企业和国内电子商务企业提供平台服务,或以明显标识对跨境电子商务零售进口商品和非跨境商品予以区分,避免误导消费者。

(5)建立消费纠纷处理和消费维权自律制度,消费者在平台内购买商品,其合法权益受到损害时,平台须积极协助消费者维护自身合法权益,并履行先行赔付责任。

(6)建立商品质量安全风险防控机制,在网站醒目位置及时发布商品风险监测信息、监管部门发布的预警信息等。督促跨境电子商务企业加强质量安全风险防控,当商品发生质量安全问题时,敦促跨境电子商务企业做好商品召回、处理,并做好报告工作。对不采取主动召回处理措施的跨境电子商务企业,可采取暂停其跨境电子商务业务的处罚措施。

(7)建立防止跨境电子商务零售进口商品虚假交易及二次销售的风险控制体系,加强对短时间内同一购买人、同一支付账户、同一收货地址、同一收件电话反复大量依法订购,以及盗用他人身份进行订购等非正常交易行为的监控,采取相应措施予以控制。

(8)根据监管部门的要求,对平台内在售商品进行有效管理,及时关闭平台内禁止以跨境电子商务零售进口形式入境商品的展示及交易页面,并将有关情况报送相关部门。

3. 境内服务商

(1)在境内办理工商登记,向海关提交相关资质证书并办理注册登记。其中,提供支付服务的银行机构应具备银保监会或原银监会颁发的《金融许可证》,非银行支付机构应具备人民银行颁发的《支付业务许可证》,支付业务范围应包括"互联网支付";物流企业应取得国家邮政局颁发的《快递业务经营许可证》。

(2)支付、物流企业应如实向监管部门实时传输施加电子签名的跨境电子商务零售进口支付、物流电子信息,并对数据真实性承担相应责任。

(3)报关企业接受跨境电子商务企业委托向海关申报清单,承担如实申报责任。

(4)物流企业应向海关开放物流实时跟踪信息共享接口,严格按照交易环节所制发的物流信息开展跨境电子商务零售进口商品的国内派送业务。对于国内实际派送与通关环节所申报物流信息(包括收件人和地址)不一致的,应终止相关派送业务,并及时向海关报告。

第三节　跨境电子商务的风险防范与争议解决

一、跨境电子商务网上纠纷与解决机制

(一)跨境电子商务网上纠纷

1.跨境电子商务网上纠纷的概念

跨境电子商务网上纠纷指各交易方因跨境电子商务中商品和服务交易而产生的纠纷。其不仅是指因依靠网络这个工具所进行跨境电子商务活动而引发的各种争议,而且隐含的另一层意思是通过网络这个工具来协助解决各种跨境电子商务争议,即在线解决纠纷。

2.跨境电子商务网上纠纷的种类

伴随着全球网络环境的普遍化和复杂化,基于跨境电子商务平台的交易逐渐呈现几何式增长趋势,跨境电子商务逐渐成为人们生活中不可缺少的一部分。相应地,由此衍生的网上纠纷,包括其管辖权等内容的界定成为一大管理难题。一般来说,跨境电子商务网上纠纷分为以下两类。

第一类是典型的网络交易纠纷——违约类纠纷。

第二类是衍生的网络交易纠纷——侵权类纠纷。

3.跨境电子商务网上纠纷的特点

(1)管辖难。

(2)取证难。

(3)合同纠纷的法律适用难。

(二)电子商务网上纠纷的解决机制

当前的电子商务交易状况导致通过司法程序解决纠纷存在诸多困难,为保护消费者权利,寻求法院外的纠纷解决机制已经成为国际社会的共识。2000年12月,OECD、海牙国际私法会议和ICC在荷兰海牙专门以"建立网络环境下的信用——在线争议解决机制"为议题召开了联合国会议,探讨了ADR机制并提出完善建议,之后又提出了ODR机制。

1.ADR机制

(1)ADR机制的概念

ADR(Alternative Dispute Resolution)指选择性争议解决机制,又称替代性争议解决机制。它是指除诉讼方式以外的其他各种解决争议方法或技术的总称,主要包括传统的仲裁、法院附属仲裁、建议性仲裁、调解仲裁、调解、微型审判、简易陪审审判、中立专家认定事

实等。

(2)ADR机制的分析

与诉讼程序相比,ADR具有以下显著的优点:①程序简便、迅速,成本低;②方式灵活多样,当事人可根据争议的性质选择适宜的形式;③有利于保护当事人的隐私及商业信息;④在专家中立者的帮助下,当事人更容易获得双赢的解决办法。因此,ADR作为替代诉讼解决国际民商事争议的办法,已成为现代法律发展中的一大趋势。

2. ODR机制

(1)ODR机制的概念

所谓网上纠纷解决机制(Online Dispute Resolution,简称ODR),又被称为"在线争议解决机制",它由网上调解、网上协商、网上仲裁和其他由个人和组织提供的用于非正式冲突管理的信息管理工具组成,是一种将替代性纠纷解决机制(ADR)与网络信息技术相结合来管理冲突的一种解决纠纷的制度性安排。

(2)ODR的发展概况

ODR发展最快的是美国,互联网上绝大部分ODR网站设在美国,美国政府也积极参与推动ODR的发展,美国联邦贸易委员会和美国商业部在2000年6月举行了一个公开的论坛会议。该论坛会议就ODR的全球方案、采用新技术、保证它的公平与效率以及对消费者和企业的ODR教育等方面,提出了大量的方案和建议。

(3)ODR机制的优势

由于网络本身具有的便捷性,利用网络手段解决争议的ODR模式具有一些突出优势。这些优势对所有的当事人,无论是卖方还是消买方是有利的。具体说来,ODR模式的优势主要有:①开放性;②经济性;③公平性;④相对较弱的对抗性;⑤仲裁与调解相结合的灵活性。

(4)跨境电子商务ODR存在的问题

在跨境电子商务消费中发生纠纷,传统的纠纷解决办法消耗时间长,费用高,程序复杂,消费者基本上会自动放弃其权利不想大费周折去异国他乡打官司,因为这场官司的费用远远比诉讼金额要多得多。因此,面对此种纠纷,需要一种高效便利的纠纷解决方式。

第一,是在线纠纷解决机制的技术障碍。地区发展不平衡:虽然网络无国界性,网络技术的发展与经济水平的发达程度有关,因此不同地区的网络技术在实际中出现发展不平衡的现象是常见的。在线争端解决机制存在的基础就是网络技术,因此在线争端解决机制也表现出区域差异。在线信息传输的安全性问题:在线争端解决机制有一个优点就是对当事人隐私的保密。但是在网络环境下,就算技术再发达,对在线纠纷解决的账户进行了加密,还是需要ODR网站履行保密义务。

第二,在线纠纷解决机制的信任缺失。消费者对在线争端解决机制不信任有多种原因,其中最重要的首先是ODR网站自身的建立缺少官方权威的认证标准,执业者的专业程度也有待提高;其次是在线纠纷解决网站独立性和公正性存在缺陷。

第三,在线争端解决机制程序缺乏保障。目前,ODR程序没有法律的明确规定,如果当事人道德水平低、缺少诚信,则会出现ODR程序被滥用的情况,造成资源浪费。在现有的ODR中,当事人使用、退出、执行ODR具有随意性,不管程序进行到什么程度,当事人都可以单方退出程序。

第四,管辖权的合法性和有效性存在争议。在线争端解决机制管辖权的合法性存在争议;在线纠纷解决机制中管辖条款的有效性问题

第五,法律缺失与执行困难问题。截至目前,我国未对在线纠纷解决机制做出具体规定

跨境电子商务

导致裁决做出后存在法律效力和执行难等问题。虽然我国目前有一些法律如《合同法》《电子签名法》《中华人民共和国调解法》以及最高院的《关于使用中华人民共和国仲裁法若干问题的解决》在一定程度上肯定了电子合同和电子签名的效力,也为在线仲裁提供了法律方面的依据。

二、跨境电子商务风险防范

(一)完善我国跨境电子商务风险法律防范体系的构想

1.制定符合发展规律(国际惯例)的跨境电子商务战略

在市场经济环境下,我国不能否定市场主体——企业的主要作用,但也不愿意放弃政府的积极推动、宏观规划和严格管理的重要角色。《国务院办公厅关于加快电子商务发展的若干意见》中的五大原则反映出,我国缺乏大国的国际视野和权力限制的意识,欠缺对电子商务发展趋势和风险的预判。

2.建立统一的、多层次的、可协调的跨境电子商务法制环境

在我国,具有根基作用的文件应该是《国务院办公厅关于加快电子商务发展意见》(国务院 2005)、《国民经济和社会发展第十二个五年规划纲要》(国务院 2011)、《商务部"十二五"电子发展指导意见》(商务部 2011)、《电子商务"十二五"发展规划》(工信部 2012)、《关于跨境电子商务零售进口税收政策的通知》(财关税〔2016〕18 号)等诸多政策文件。

(二)确立积极主动的跨境电子商务国际合作和竞争姿态

至 2015 年 1 月底,我国已经与 10 个国家和地区签署了自由贸易协定。在《内地与港澳更紧密经贸关系安排》(CEPA)的"关于贸易投资便利化"附件中,原则性规定了内地与香港地区、内地与澳门地区在包括电子商务等八个领域开展贸易投资便利化合作。

本章小结

世界各国跨境电子商务的立法背景和目的不尽相同,然而在主要的指导思想上有异曲同工之处。跨境电子商务法律规则是以规范跨境电子商务活动为目的的各国法律、国际组织规则体系的总和。从整体来看,国家最高立法机关全国人大制定的电子商务立法还不多,主要包括《电子签名法》以及其他法律中与电子商务相关的规定,大量的电子商务立法体现在国家的政策性文件、政府规章以及地方性法规当中。跨境电子商务重要关联环节会存在诸多法律问题,这些环节包括跨境电子商务平台责任、消费者权益保护、跨境税收、海关与商检等。跨境电子商务知识产权侵权主要表现为商标权侵权、著作权侵权、专利权侵权。

关键概念

跨境电子商务通关、检验检疫、知识产权保护、跨境电子商务侵权

思考题

1.简述跨境电子商务立法原则。
2.试论述跨境电子商务通关的主要法律规定。

3. 试论述检验检疫的主要法律规定。
4. 简述跨境电子商务侵权的主要形式。
5. 试论述跨境电子商务知识产权保护面临的问题。
6. 试论述电子商务纠纷的解决机制。

本章案例

职业打假人第一次败诉,跨境电子商务怎么规避法律风险?

2015年5月8日至16日,熊某在某跨境电子商务公司的实体店处购买了荷兰某品牌的奶粉9罐,后发现所有产品包装均无中文标签说明。熊某认为,电商公司违反了我国食品安全法第六十六条规定,预包装食品没有中文标签的不得进口。熊某要求电商公司退回购买奶粉货款1 887元,并十倍赔偿18 870元。

跨境电子商务公司认为,其与熊某的交易方式系跨境电子商务,具有特殊性,是以消费者的名义报关、通关,海关对此种货物也是按照个人行邮物品进行监管和收取关税,不需要提供中文标签。且货物一直处于海关严格监管之下,交易过程合法有效,通关产品亦没有质量问题,不应当承担退还货款和十倍赔偿的责任。

法院审理认为,跨境电子商务是一种新型的国际贸易方式,其与传统的进出口贸易有重大区别。其一,消费者在订购时应当向跨境电子商务公司提供完整、准确的个人信息;其二,跨境电子商务服务过程中是以消费者本人的名义向海关报关、纳税;其三,境外商品通关的性质是消费者个人行邮物品,而不是贸易商品。另查明,电商公司将涉案奶粉样品委托重庆出入境检验检疫局检验,其结果符合我国相应的食品安全标准。

据此,法院认为该案的核心要素是电商公司是以熊某的名义和费用来处理事务,即熊某与电商公司之间成立的是委托合同关系,而非买卖合同关系。本案中,熊某作为委托人,电商公司作为受托人,由电商公司为消费者提供采购商品、通关纳税、物流托运等服务,并收取消费者的购买价款、关税、运费和委托报酬,电商公司并非是销售者。换言之,电商公司向熊某出售的是服务,而非商品本身,亦不承担食品安全法中销售者的法律责任。且熊某未证明因电商的过错造成了自己的损失。故法院判决驳回原告熊某的诉讼请求。

该案是跨境O2O体验店购买的法律纠纷,跨境O2O体验店展示跨境商品不能作为销售,不能标识价格和直接购买,也是一个容易出错的误区。

(资料来源:云通关。原始出处:跨境进口老歪. 职业打假人第一次败诉,跨境电子商务怎么规避法律风险[EB/OL].(2016-10-12).)

讨论:
1. 上述案例的法律问题涉及跨境电子商务的哪些关联环节?
2. 本案中的跨境电子商务企业为何能够胜诉?

第九章 跨境电子商务职业发展与创业

学习目标

◆ 知识目标：

了解跨境电子商务人才的培养目标以及人员需求特征；掌握跨境电子商务行业所需的人才类型；掌握跨境电子商务人才应具备的素养及能力；理解与创业相关概念、内涵、要素；熟悉跨境电子商务公司的主要岗位的设置与职业能力要求。

◆ 能力目标：

顺应行业需求，提升职业综合能力以及夯实专业技术能力；市场对跨境电子商务人才的信息技术能力提出新要求；跨境电子商务人才还需要具备沟通能力，能够与客户进行便捷、有效的沟通；还须具备商务英语交际能力，以满足在跨境电子商务工作的国际谈判、国际交流的需求等。

◆ 思政目标：

理解跨境电商创业对职业发展的重要性；树立正确观念，有较强的创业能力进行跨境电商的商业活动；能够借鉴跨境电商的实际案例对商业活动进行指导，培养解决实际问题的能力。

引导案例

近年来，中国传统进出口贸易增长放缓。相比之下，跨境电子商务却保持高速增长，交易规模在进出口贸易中的占比逐年上升。中国跨境电子商务的快速发展主要受两个方面有利因素的影响：一方面，欧美等发达经济体实施的量化宽松等刺激政策带来经济复苏；另一方面，中国制造的性价比优势通过网络即时传达至海外终端，获得消费者的追捧。

根据CBNData报告，中国跨境电子商务交易规模近年来持续攀升，海关总署数据显示，2020年我国跨境电子商务进出口1.69万亿元，增长了31.1%，其中出口1.12万亿元,增长40.1%。2021年第一季度我国跨境电子商务出口增速远超进口,高达69.3%。"新冠"疫情常态化时期,跨境出口贸易正强势来袭,未来将占据更加重要的地位。

新卖家在开展具体的跨境电子商务业务之前,面对这个庞大而陌生的行业,首先需要从多个角度去认识它,如什么是跨境电子商务,它的发展现状如何,跨境电子商务业务有什么流程,国家是否支持这个行业的发展等;其次,要对各类跨境电子商务平台有所了解,尤其是亚马逊、Wish等几大具有代表性的平台,为之后选择具体的平台开设跨境电子商务店铺做准备;最后,需要创建跨境电子商务团队,了解跨境电子商务公司有哪些岗位,需要招募什么样的人才及如何创立公司。

第一节 跨境电子商务职业发展

一、跨境电子商务人才培养目标

(一)顺应行业需求

高校要深入市场进行调研,精准把握当前企业跨境电子商务人才需求现状。同时,积极转变跨境电子商务人才培养思路,将专业建设与产业发展结合起来,将行业需求与岗位有机对接起来,从而根据行业发展需求培养跨境电子商务人才。此外,要充分利用大数据技术,加强对市场人才需求信息的收集与分析,从而根据市场人才培养需求,制定跨境电子商务人才培养的长期可持续性目标。目标的制定既要保持相对的稳定性,又要根据跨境电子商务人才需求的变化进行动态化调整,确保人才培养目标的前瞻性和科学性。

(二)提升职业综合能力

从事跨境电子商务行业的人才不仅需要具备多专业领域的理论知识,更需要很强的实践能力,这就需要合理调整跨境电子商务人才的培养定位,从知识性人才培养转向实操型人才培养,突出综合能力主线,具体来说,需侧重以下能力的培养。

首先,夯实专业技术能力的培养。跨境电子商务人才需精通国际贸易知识,熟悉物流知识,了解电子商务知识等,并且能够具备市场调研能力,能够对产品线进行全面分析,从而胜任跨境电子商务的工作岗位。

其次,市场对跨境电子商务人才的信息技术能力提出新要求,需要培养跨境电子商务人才的图像处理能力,能够对照片、视频等进行处理和加工,具备商务网页制作能力,具备网络营销能力与网络推广能力等。

再次,跨境电子商务人才还需要具备其他综合能力。包括沟通能力,能够与客户进行便捷、有效的沟通,还须具备商务英语交际能力,以满足在跨境电子商务工作的国际谈判、国际交流的需求等。

(三)完善课程培养体系

跨境电子商务人才培养需要课程作为支撑,需基于跨境电子商务人才培养目标和定位,

跨境电子商务

完善跨境电子商务课程,从而使课程与行业需求、岗位能力要求更加匹配。

首先,课程应对接行业和岗位需求。跨境电子商务人才课程设置要主动对接跨境电子商务行业、岗位的需求,设置相应的课程。通过课程教学促进跨境电子商务人才的成长,使学员走向岗位后能够体现出较强的适应性,避免人才培养与行业需求脱节的现象。其中,实现"课证融通"和"1+x"证书是重点,使学生既获得学历证书的同时,获得职业资格证书以及其他能够提升学生竞争力的各种证书等。

其次,课程应对接岗位能力要求。跨境电子商务人才培养在完善课程体系的同时,要进一步推动课程实施和学生未来从事电子商务工作的对接。即课程的设计既要尊重课程自身的规律,又要符合电子商务岗位能力的要求。在课程实践教学和实习中,应积极推进项目教学,坚持以任务为导向,使课程的实施能够满足学生职业综合能力的提升与未来工作岗位能力要求保持高度的一致性。跨境电子商务专业要根据学生专业技能的发展,进一步拓展实践教学平台,深化校企合作,构建立体化的课程实施模式。

总之,电子商务行业对跨境电子商务人才的要求不断提高,这就需要高校进一步加强跨境电子商务人才需求分析,确立市场导向,根据市场人才需求,加强当前跨境电子商务人才供需现状分析,针对存在的突出问题,不断优化跨境电子商务人才培养路径,从而为跨境电子商务发展提供有力的人才支持。

二、跨境电子商务从业人员需求特征

目前,跨境电子商务所需的人才和传统的国际贸易、英语、电商专业的人才差异较为明显。现如今跨境电子商务专业人才不仅需通晓电子商务的理论知识;还需熟悉企业电子商务的运营和管理;能够从事电子商务平台的设计与建设;具备电子商务解决方案策划、网络营销、国际物流、跨境支付、跨境管理等能力,更需具备良好的外语沟通能力;具备国际贸易实务技能等。

跨境电子商务与传统的对外贸易方式相比,产品类目多、更新速度快,且具有海量商品信息库、个性化广告推送、口碑聚集消费需求,企业可以通过在线调研及沟通获得大量的产品和消费者个人数据,并综合运用网站优化策略、差异化服务策略、关系营销策略和搜索引擎营销策略开展售前、售中、售后服务。而传统的电子商务专业主要通过系统的电子商务基础理论学习与专业技能训练,培养学员具备扎实的计算机技术及经济管理知识,使学生能在现代信息技术条件下从事商务活动,培养具备突出的专业技能和创新能力的复合型人才。这类人才的核心能力是能够熟练地应用现代信息技术,处理在信息技术应用过程中出现的问题,并能为企业应用信息技术从事商务活动提出方案。

因此,传统的电子商务专业主要设置在信息系,在人才培养方面分成商务管理类和商务技术类。商务管理类注重学生市场调查、网络营销、网络推广能力的培养,而商务技术类则注重数据库技术、编程语言、网络技术等能力的培养,且都以境内电子商务发展为目标,涉及跨境电子商务的还较少。很显然,高校现有的电子商务专业人才在商务英语沟通、跨文化交际、国际贸易等方面都达不到跨境电子商务专业人才的要求。同样,传统的国际贸易专业将人才培养目标定位为培养掌握国际经济与贸易的基本理论与基本技能,熟悉国际贸易规则和惯例,具有国际经济与贸易理论观察分析能力、国际贸易政策实施能力和国际贸易实务操作能力,能够胜任国际商务部门、企业以及政府机关从事国际经济与贸易业务及管理工作的高素质应用型专门人才。

三、跨境电子商务从业人员职业素养

在很多人的观念中,专业只体现在技能上,只要自己的技能高人一等就可以立于不败之地。可正是由于自己能力的超群造成了相当一部分"专家"的不易亲近,让他们与外界形成了隔阂,这样并不利于他们成为合格的职业人,更谈不上自身职场上的成功。决定成功的核心要素是个人的职业素养。技能只是必要条件而不是充分条件。将要从事电子商务职业的大学生们应该怎样提升自己的职业素养呢?

(一)跨文化交流能力

伴随经济发展全球化、世界经济一体化的快速发展,国际的经济文化交流频繁。这就需要跨境电子商务从业人员应该具有一定的外向性格,且能够熟练运用外语表达自己的意思,同时解答对方的问题。对于跨境电子商务来说,进行交易的双方或多方是跨越国界的,在语言、文化、习惯等方面存在较大差异。因此,电子商务从业人员还需要了解和理解对方的社会文化背景,这样才能比较深入地进行交流与沟通。因此,跨文化交流是保障跨境电子商务成功的基础和前提。而具备良好的外语沟通能力是做好跨文化交流的必要条件。

(二)信息技术处理能力

伴随着互联网信息技术的不断发展,信息的传播呈爆炸式的、指数级的,互联网完全改变了信息传递的方式和速度。电子商务的核心就是选择相应的产品在平台上发布,对产品相关信息进行进一步精细化管理。对跨境电子商务平台的运营情况进行有效的调查,有效收集相关的平台信息,对信息进行更深入的调查和分析,从而对运营模式进行进一步优化调整。跨境电子商务从业人员还应具备快速建站、SEO优化、营销推广等能力,运用有效的信息技术对产品进行包装,达到产品增值的目的。在"互联网+外贸"的背景下,虽然客户资源拓展较为简便,但维护客户资源也是一件比较困难的事。因此,跨境电子商务从业人员应该具有较高的职业素养,不断强化自身的服务能力,能够熟练掌握各跨境电子商务平台运营规则,在各国的社交媒体和交易平台上与客户实现有效的交流。

(三)法律意识与风险防范意识

跨境电子商务的参与主体往往处于不同国家的法律环境之中,对于跨境电子商务来说,对其影响最大的是各国不同的法律法规的规范和约束,这既是跨境电子商务能否成功达成交易的前提,也是决定跨境电子商务能否健康发展的保障。由于电子商务的发展,全球贸易规则正在发生巨大的变化,这就需要跨境电子商务从业人员能及时了解国际贸易体系、政策、规则、关税细则等方面的变化,在政策和法规的变化中找寻更有价值的行业和产品,同时,对进出口形势也要有更深入的了解和分析能力,避免在跨境电子商务贸易中存在违法行为。这就要求跨境电子商务人才应具备相应的法律知识,以增强法律意识和风险防范意识,注意在经营中如何规范对外经营活动,如何与产品供应商、平台经营者、支付主体、物流商家、海关代理等明确责权利,遭遇争议与诉讼时应如何应对等。

总的来说,跨境电子商务人才须具有高度的职业责任心、严谨的工作作风、踏实的工作态度,一丝不苟地完成本职工作的职业意识和能力,顽强的进取精神,认真刻苦钻研学习的品质,健康的心理和健壮的身体素质、较强的法律意识、和谐的人际交往和合作能力及语言表达能力。

第二节 跨境电子商务创业

一、创业理论基础(创业相关概念、内涵与要素)

(一)创业的概念

"创业"一词最早出现在《孟子·梁惠王下》,"君子创业垂统,可为继也"。《辞海》中对创业的解释是:"创业,开创基业"。杰弗里·蒂蒙斯曾在其所著的创业领域的经典教科书《创业创造》(New Venture Greation)中将创业定义为:创业是一种思考、推理结合运气的行为方式,这种行为方式是机会驱动、注重方法和与领导相平衡的,创业导致价值的产生、增加、实现与更新。科尔把创业定义为:发起、维持和发展以利润为导向的企业的有目的性的行为。

关于创业,到目前为止没有统一的定义。国内把创业分为狭义的创业和广义的创业两种。狭义的创业一般是指创业者成立一个符合国家法律法规要求的经营组织,通过不同的方法和手段,对其所拥有的资源进行整合,创办一个企业并创造利润的过程。广义的创业是指社会生活中各领域的人们为开创新的事业所从事的社会实践活动,强调主体的能动性的社会实践中所体现的一种特定的精神、能力和行为方式。创业不仅只是创办企业,只要所从事的事业符合经济社会发展需要,为经济社会发展、民生建设做出贡献,无论你是公司经理还是普通员工,只要是以创造性精神和能力成就事业都可以看成是创业。

本书中除特殊说明情况外,一般是指狭义的创业。

(二)创业的内涵

尽管国内外学者对创业的定义表述各不相同,但都包含以下核心内涵:首先,创业的主体都是具有创造意愿的人。在历史的发展过程中,我们可以看到,不管是在哪种岗位上取得杰出成绩,在企业运营实践中获取利润,或者为人类社会进步与发展做出杰出贡献的,其主体都是具有创造意愿和创新思维的人。其次,创业是一种创造性的行为或者活动。这种创造性活动可以在工作岗位上实现,可以在学习生活中实现,可以在企业运营中实现,可以在社会发展过程中实现,这种行为和活动才是创业的主要内容。再次,创业的结果是创造社会价值。不管哪种创业形式,最终实现的结果都是创造社会价值,这种价值可以是经济上的,可以是科技上的,可以是艺术上的,可以是管理上的,也可以是社会发展其他方面的,甚至可以是引起社会变革的。

(三)创业的要素与一般过程

创业可以理解为一个复杂的、系统的价值实现过程,也需要一些核心的要素。"世界创业教育"之父杰弗里·蒂蒙斯提出了基于创业三要素的创业过程模型。蒂蒙斯认为,在创业过程中,由于机会模糊、市场不确定、资本市场风险以及外部环境变化等因素经常影响创业

第九章　跨境电子商务职业发展与创业

活动中,创业过程充满了风险。因此,创业者必须依靠自己的领导、创造和沟通能力来发现和解决问题,掌握关键要素,对商机、创业团队和资源三者进行最优化的配置,并且还要随着事业的发展而不断进行动态平衡,以保证新创企业顺利发展。

在蒂蒙斯的模型(图 9-1)中,由商会、资源和创业团队三个创业核心要素构成一个倒立三角形,创业团队位于这个倒立三角形的顶部。在创业初期阶段,商业机会较大,而资源较为稀缺,于是三角形向左边倾斜;伴随新创企业的发展,可支配的资源不断增多,而商业机会则可能会变得相对有限,从而导致另一种不均衡。创业者必须不断寻求更大的商业机会,并合理使用和整合资源,以保证企业平衡发展。商机、资源和创业团队三者必须不断动态调整,以实现动态均衡。这就是新创企业的发展过程。

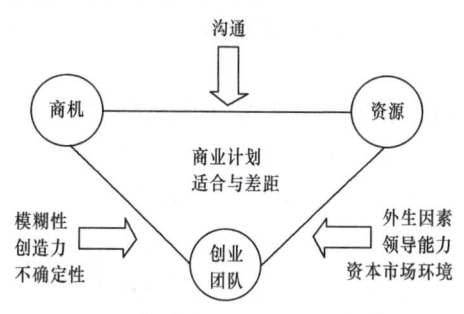

图 9-1　创业过程模型

总体而言,Timmons 模型主要包括以下几个要点:①创业过程是由机会驱动、团队领导和资源保证的;②创业过程依赖于商机、创业团队和资源这三个要素的匹配和平衡;③创业过程是连续的寻求平衡的行为组合。以上结论简单来说就是:在任何创业活动中,上述的三要素都是"缺一不可",创业长久之道是动态把握创业过程,抓住创业过程关键点,踩准创业节奏。

蒂蒙斯认为,商业机会是创业过程的核心要素,创业的核心是发现和开发机会,并利用机会实施创业。因此,识别与评估市场机会是创业过程的起点,也是创业过程中的一个关键阶段。资源是创业过程不可或缺的支撑要素,为了合理利用和控制资源,创业者往往要制订设计精巧、用资谨慎的创业计划书。而创业团队则是实现创业这个目标的关键组织要素。因此,我们可以总结出创业的一般过程,即识别与评估商业机会→撰写商业计划书→获取资源与组建团队→管理新创企业。

二、跨境电子商务各环节主要岗位与职位能力

(一)主要岗位及职能

跨境电子商务类的工作岗位是指需要使用到电子商务专业知识,并从事境内外网络贸易工作的商务技能型、应用型岗位。

中国电子商务研究中心与电商人才服务商赢动教育共同发布的《中国跨境电子商务人才报告》指出,68.4%的企业对一定技巧和实战训练的中级人才的需求量,要远高于对资深高级人才的需求,同时也高于对掌握了基础操作和入门知识的低级人才需求。根据对能力要求的深度不同,具体介绍如下:

跨境电子商务

（1）初级岗位的人员，需掌握跨境电子商务的基本技能，对跨境电子商务的流程有所了解，并能够处理相关的一般性事务，属于基础型人才。具体来说，初级岗位主要包括客户服务、视觉设计、网络推广、跨境物流、报关员等岗位。

（2）中级岗位的人员，需熟悉跨境电子商务业务，对现代商务活动有一定了解，掌握跨境电子商务的基础知识，是懂得跨境电子商务能做什么的新型专业人才。中级岗位主要有市场运营管理、采购与供应链管理、国际结算管理。

（3）高级岗位的人员，需对电子商务前沿理论有清楚的认识，具备前瞻性思维，能将跨境电子商务的经营上升至战略层次，能把握跨境电子商务的特点和发展规律，并能够引领跨境电子商务产业向前发展，属于懂得为什么要做跨境电子商务的战略型人才。因此，这个级别的岗位所需要的人才是对跨境电子商务有深度认识的高级职业经理人，以及能够促进跨境电子商务产业发展的领军人物。

创业初期阶段，创业者可以根据业务需求建设团队，最需要的是运营、客服、网络推广、视觉设计等基础型人才，具体可以参考表10-1。随着企业的发展，业务逐渐复杂，竞争也不断加剧，团队将会加大对综合运营的商务型人才的需求。

表 10-1　　　　　　　　跨境电子商务团队的岗位设置及主要职能

岗位名称	岗位职责
跨境电子商务运营（助理/专员/总监）	1. 负责境外电商平台的店铺开通及店铺的整体运营 2. 负责与店铺的整体规划、营销、推广、客户关系管理系统等相关的经营性工作 3. 负责店铺的日常操作、商品上传、订单跟进、客户咨询服务、售后跟进 4. 负责收集市场和行业信息，对营销数据、交易数据、商品管理、顾客管理等数据进行分析，为公司营销推广提供依据，帮助提升销售业绩
跨境电子商务客服	1. 为客户提供在线交流、邮件或电话服务，引导客户完成前期的咨询，促其购买 2. 跟踪订单物流状态，及时发现货物在途的问题，并跟客户沟通，解决 3. 处理商品售后服务、投诉、评价等工作，让客户满意 4. 做好新客户开拓及老客户维护工作 5. 搜集和统计客户相关数据，整理客户咨询和投诉的内容，及时反映客户的问题，并与各部门沟通
跨境电子商务美工/视觉设计师	1. 负责公司、店铺、品牌整体视觉方案的制订，能独立做出概念设计方案 2. 指导美工、摄影人员完成相关店铺、商品页面、商品素材等的设计及优化
跨境电子商务营销/推广专员	1. 运用社交媒体（如 VK、Yoube Facboo Twite Pinteret 等）进行营销，推广品牌和商品，引导社交媒体的使用者购买商品，引进流量 2. 在境外热门、知名的网站搜索平台上推广 3. 根据境外市场以及工作具体需要进行推广活动的策划，并制订相应的具体活动方案 4. 负责准备境外市场推广所需的资料等，并做好相应的活动预算，控制活动成本 5. 联系和协调合作单位，并配合市场部门进行相关推广活动 6. 根据境外市场推广活动的效果进行评估，并编写推广效果评估报告 7. 定期进行境外市场信息的收集、整理、分析，并提出合适的推广创意 8. 根据境外市场的具体情况制订各媒体投放组合策略，管理并优化广告
跨境电子商务采购员	1. 执行采购订单和采购合同，落实具体采购流程 2. 负责采购订单制作、确认，安排发货，跟踪到货日期 3. 填写有关采购表格，提交采购分析和总结报告
跨境电子商务物流专员	1. 了解国际订单处理、电子商务通关、检验检疫的规则和流程 2. 协助本部门处理好与外贸、海关、商检等部门的联系

(二)职位能力要求

跨境电子商务其实是在解决国际贸易的问题,是电子商务在贸易领域的一个扩展和应用。因此,了解国际贸易流程、贸易政策等一系列国际贸易实务对于跨境电子商务来说是非常重要的。一个跨境电子商务从业者应懂得外贸流程与操作,掌握国际贸易的术语应用,了解信用证和通关业务,熟悉国际物流的运行周期,了解通关周期和关税情况等。

跨境电子商务职业核心能力包括基本职业素质及英语能力、产品网上销售能力、网站网络综合推广能力、企业在线售后服务能力、网站及网络平台商铺运营能力、网上创业能力等。具有一定外语技能,熟悉跨境电子商务贸易中的网络营销、快速通关以及便捷物流组织与运营的应用技能型复合人才,正是未来跨境电子商务市场所需的。

(1)跨境电子商务运营岗位的能力要求

跨境电子商务运营岗位的人员,首先应了解境外目标用户的消费理念及文化、熟悉国际贸易知识和流程。应具备店铺定位和产品定位的能力,包含核心消费市场、客户需求点、店铺特色等的定位。其次应具备网店选品与定价的能力。包括对店铺进行设置,产品关键词的设置、产品图片的选取、产品的描述等,并结合实际情况制定符合自身特点的价格策略。还应熟悉与国际知识产权、商标、专利等相关法律法规,具备进行分险识别、侵权规避和侵权处理能力。

不同的跨境电子商务平台,拥有差异极大的跨境电子商务规则。因此,跨境电子商务运营岗位的从业人员还应熟悉各种跨境电子商务平台的定位和各自的运营规则,掌握具有针对不同需求和业务模式的运营技能。

(2)跨境电子商务客户服务岗位的能力要求

跨境电子商务客户服务岗位的人员,应熟悉互联网 B2C、C2C 网上购物流程,熟练应用邮件、在线沟通工具,熟练运用外语(英语、德语、法语、俄语、阿拉伯语等)与客户进行交流。其次,由于发达国家(地区)用户自身权利意识较强,监管机构对消费者权利的保护较为严格,经常出现投诉、退货甚至触犯知识产权的纠纷问题,因此客服人员还需要了解不同国家(地区)法律法规以及国外消费者心理和购物体验,应具备处理产品纠纷的能力,与客户保持良好的服务和信任关系。

(3)跨境电子商务美工/视觉设计岗位的能力要求

跨境电子商务美工/视觉设计岗位的人员负责产品拍摄及图片处理并负责整个店铺视觉营销及产品活动营销设计。因此,应具备良好的创意构思能力、优异的综合视觉把握能力,及较强的营销思维,对平台规则有一定的了解。掌握图片处理、商品上传和优化的技能;熟悉常用软件(Word、Excel、PowerPoint、Photoshop 等)的运用,及具备文字排版能力的专业人才。

(4)跨境电子商务营销/推广岗位的能力要求

跨境电子商务营销/推广专员应熟悉海外国家和地区的文化、经济和法律制度,具备良好的跨文化沟通能力、业务协调和公关能力。掌握网络营销方法,能够利用各种网络,以增加未来工作企业网页浏览和传播效果,并能够利用境内外电商平台销售产品,开发客户和扩大跨境业务。同时还应具备熟练应用站内外推广工具的能力,能够精准地进行跨境的网络策划、网络广告投放、信息采集与数据分析等,以最终通过网络推广开拓国际市场。

跨境电子商务

(5)跨境电子商务采购岗位

跨境电子商务采购专员应熟悉产品,对产品的价格进行调研、分析以及做出调价安排,提升产品市场占有率;观察在线产品及了解匹配排名的最新情况,评估、分析产品的关键词,提升产品关键词的搜索排名,合理修改产品搜索标题,更新产品信息。

(6)跨境电子商务物流岗位

跨境电子商务中的物流环节既是成本中心,又是利润中心,是用户体验的关键,还可以极大地提升企业的运营效率。跨境电子商务物流专员应熟悉贸易地理、国际船务航线和国际快递业务等。还应具备跨国订单处理能力,熟知国际物流发货流程和规则。因此,应了解合理配置人力和产品资源的流程,了解跨国界供应链,能熟练操作 MIS 和 ERP 软件。能熟练填制各种外贸单证,及时处理境外客户的订单;能利用 EDI 通关、报检、退税,实时跟进物流情况、商品投保、货物结算等一系列业务处理。

跨境电子商务从业人员需要有专业知识和复合技能作为支撑,才能很好地开展相关对外贸易工作。能够熟练掌握并运用各项跨境电子商务平台运营规则,与海外客户进行外语交流,运用良好的外贸操作手段,在各国的社交媒体和交易平台上与客户实现有效的交流。

本章小结

本章首先介绍了跨境电子商务人才的培养目标以及人员需求特征;分析了跨境电子商务行业所需的人才类型,以及如何提升人才素养及能力。其次阐述了创业的概念、内涵、要素以及创业的过程。最后分析了跨境电子商务公司主要岗位的设置与其对应的职位能力要求。

关键概念

人才目标、人员需求特征、职业素养、职位能力、创业过程

思考题

1. 跨境电子商务行业需要哪些人才?这些人才需要具备哪些能力?
2. 什么是创业?广义的创业和狭义的创业有何区别?
3. 创业的内涵是什么?
4. 创业的过程模型的主要内容是什么?
5. 跨境电子商务公司设置的主要岗位有哪些?对应的职位能力要求是什么?

本章案例

2010年,时尚服饰美特斯·邦威旗下的邦购网上线,该平台集合了网络购物、时尚资讯和互动社区等多个板块。当时美特斯·邦威非常乐观地宣称:"时尚、快乐购物就从邦购开始。无论您在何地,轻点鼠标,丰富多元、快速变化的时尚品款将会让您第一时间体验到惊喜和购物愉悦。"

美特斯·邦威希望从传统渠道转变为传统渠道与电子商务渠道并行的双渠道模

式。为此,美特斯·邦威同时推出了全新的线上品牌——AMPM。据悉,2011年1月3日,邦购网的日销售突破了30万元人民币,日交易量超过1 000笔,平均每笔交易金额超过300元人民币。

但是,在之后不到一年的时间,美特斯·邦威发布公告称:因盈利难以保障,公司决定停止运营电子商务业务。美特斯·邦威无论是资源配置、物流配送,还是营销运营都无法适应邦购网的发展需求,特别是面对专业B2C的打压,无还手之力。无奈之下,邦购网亏损6 000多万元后,于2011年10月黯然收场。

思考问题:美特斯·邦威旗下邦购网平台失败的主要原因是什么?

分析提示:美特斯·邦威失败的最大原因是对电子商务在运营中所遇到的困难预测不够及时、到位,以及缺乏优秀的电子商务人才。美特斯·邦威在其传统门店的发展过程中,建立了强大的物流配套设施,但是线下物流与电子商务所需的物流要求并非完全匹配,而且没有有效解决资源配置等方面的问题。此外,在电子商务筹备以及运营中,美特斯·邦威三度更换域名,平台的信息技术也没有很好地支撑大规模用户的涌入,极大地影响了客户的购物体验,导致了最后的失败。

参考文献

[1] 陈秀梅,冯克江,等.跨境电子商务客户服务[M].北京:人民邮电出版社,2020
[2] 罗俊,黄毅,等.跨境客户关系管理[M].北京:电子工业出版社,2020
[3] 张帆.跨境电子商务客户服务[M].北京:中国人民大学出版社,2020
[4] 肖旭,乔哲,等.跨境电子商务.2版[M].北京:高等教育出版社,2021
[5] 盛立强,王佳,等.跨境电子商务基础[M].北京:高等教育出版社,2020
[6] 叶万军,隋东旭,等.跨境电子商务概论[M].北京:清华大学出版社出版社,2021